圖書在版編目(CIP)數據

清稗類鈔/徐珂編撰. —北京:中華書局,2010.1
(2025.8 重印)
ISBN 978-7-101-06815-3

Ⅰ.清…　Ⅱ.徐…　Ⅲ.稗史-中國-清代
Ⅳ.K249.045

中國版本圖書館 CIP 數據核字(2009)第 090478 號

責任印製:管　斌

清稗類鈔
(全十三册)
徐　珂 編撰
*
中華書局出版發行
(北京市豐臺區太平橋西里 38 號　100073)
http://www.zhbc.com.cn
E-mail:zhbc@zhbc.com.cn
北京建宏印刷有限公司印刷
*
850×1168 毫米 1/32・221¾印張・4497 千字
2010 年 1 月第 1 版　2025 年 8 月第 11 次印刷
印數:8101-8500 册　定價:880.00 元

ISBN 978-7-101-06815-3

徐珂編撰

清稗類鈔

第一册

中華書局

前言

謝國楨

這部書彙輯野史筆記和當時新聞報刊中，關於有清一代的朝野遺聞以及社會經濟、學術、文化的事蹟，記載較爲完備，可以供研究清代歷史的學者參考。

編者徐珂，字仲可，杭縣(杭州)人，清光緒間舉人。袁世凱在小站練兵時，曾參其戎幕，未幾辭退，遂在上海商務印書館擔任編輯。少嘗請益於譚獻，旋又師事於況周頤之門。這些學者均爲當時詞學名家，故編者長於文學，善於詩詞，尤喜搜輯有清一代朝野遺聞，以及士大夫階層所不屑注意的基層社會的事蹟。晨鈔露纂，著述不輟，以此終老，卒年六十。著有《小自立齋文》、《可言》、《康居筆記》等書，編有《天蘇閣叢刊》初二集，而以所編《清稗類鈔》用力尤勤。

纂輯朝野遺聞，評騭名人逸事的這種體裁，蓋始於劉宋劉義慶《世說新語》，到了明代，有何良俊的《四友齋叢説》、《何氏語林》等書。由記古人的嘉言懿行乃至於瑣聞趣事而漸變成有系統的「稗史類鈔」這類的書籍，則始於清初潘永因纂《宋稗類鈔》(有清康熙間刻本)。永因尚編有《明稗類鈔》，廣東順德李文田藏有舊鈔本，未能刊行。徐珂即仿此種體裁編爲是書，分門別類，按其性質、年代先後，以事類從。既有稗於遺聞，也可以資爲談助，頗有便於讀者。即以此書而論，問世之後，頗流行於一時，惟據其出版年代，時間相隔已久，因之流傳頗罕，在此研究有清一代歷史史料缺乏之際，後人纂輯，尚未有超過此書者，爲了供讀者應用，尚有重印的價值。

當辛亥舊民主主義革命之時，愛國志士、進步的學術思想家章炳麟、柳亞子、李根源等，以明末學者黄宗羲、顧炎武、張煌言的著述如《明夷待訪録》、《日知録》、《張蒼水文集》等書，作爲宣傳革命的武器，終於推翻了清代王朝的政權。對於滿洲貴族入關，以及有清一代專制的淫威和宫廷中的秘聞遺事，都是人們喜聞樂道的事情，因之有些小説家，就寫成了《清宫秘史》、《清代野史叢鈔》、《清代野記》這類的書籍，大都是憑諸傳聞，横加醜詆，或者是出於個人的愛憎，隨意喜怒笑駡，不甚符合於當日的事實。就是研究清史的專家也不能免。著者編是書時，是根據當日事實，和大量的資料，有系統地記録下來，與道聽塗説、但憑傳聞臆説者大不相同。在民國初年研究清史的學者有兩種趨勢和傾向：一種是如孟森先生所寫的《清初三大疑案》、《海寧陳家》等書，凡是清初宫廷如皇太后下嫁多爾袞，順治帝棟鄂妃之爲董小宛，乾隆帝爲海寧陳家之子，這些傳聞風説的事情，認之爲必無。另一種是以蕭一山爲代表所寫的《清代通史》，凡是這些風聞傳説之辭都記載下來，有時加以申辯，有時候不加申辯，難免以訛傳訛。他們這種做法，因爲在排滿的時候，提倡狹隘的民族氣節，又因史料尚未大量發現，但憑個人信筆出之，這也難怪。自從解放以來，故宫檔案館和各地方所發現資料日見其多，可以彌補「史闕有間」的空白點，正待從事於整理；但是前人開闢的草萊道路之功，有他的成績，是不可以埋没掉的。

編者編是書時正在民國初年，一般小説家正在逞奇獵艷，認爲可以揭露清朝宫廷中的秘密，藉以聳人聽聞的時候。編者正視這個問題，持之以比較謹嚴的態度，乃寢饋其中，廣事博采，搜輯了野史筆記和詩文集大量的資料。這些資料，如《獄訟類》中的《朱三太子案》則據徐非雲《殘明書》中的《江浙叛案録》，《全謝山(祖望)幾以皇雅篇獲咎》條，則據清董秉純《全謝山年譜》，《宮苑類・圓明園》條則據清吴長元《宸垣識畧》等書，皆根據當時史料，據事直書。尤其是還根據當時的新聞報刊，如清代中期以後的秘密教門幫會的組織，如《會黨類》中的《天地會》、《哥老會》、《大刀會》及《小刀會》等會，和清代戊戌變法時，汪康年與梁啓超在上海城北泥城橋所辦之《時務報》，爲上海創立《申報》、《新聞報》以後，國人辦報最早的地點，是頗有歷史價值和紀念意義的。因之當日時事新聞，皆賴之以傳，編者獨具別裁，是頗費苦心的。

但是，此書也有其缺點，就是全書引用的資料，不注出處，若不經過檢查，後人引用，就難以置信。又是書爲編者平時讀書隨手札記，大半是「檃括其事，貫串而成斯篇，未能悉記其來歷」，祇能說是「信以傳信，疑以傳疑」。既經其動手編製，就應當跟隨時代編製有體，不應當保留原書中的「國朝」、「王師」、「大兵」等項字眼，如清朝遺老、遺少一般所著的《石渠餘記》歌誦勝清德政等類的書籍一樣，就失去編者著書的意旨和編製的體裁，是其大失之處。同時編者纂輯的宗旨，是「事以類分，類以年次」，纂輯的企圖是恰當的。但編製的分類過多，漫無系統；如原書採録事實凡一萬三千五百餘條，分爲九十二類，分類過多，失於瑣碎，且有前後不相照應或重複之處，也有遺漏的地方。如《宮苑類》羅列清代宮殿臺閣的名色頗多，反而遺漏了武英殿。又如《會黨類》記録了南方的天地會，反而遺漏了北方的白蓮教和無爲教。如此之事，恐尚難以例舉，舉一隅就可以例其餘，讀者當分別觀之。然就此一書而論，搜輯的比較完備，且一人之精力有限，遺漏之處，自所難免；總的來説，仍不失爲研究清代掌故有用的書籍，仍可提供讀者參考。

這部書初刊於一九一七年，鉛字排印斷句本，分四八册，由商務印書館出版。這次中華書局重印，分爲一三册，加了新式標點，改正了錯字，但不涉及史實的訂誤。至於書中的錯誤觀點，讀者當能鑒別。

清稗類鈔序

有清紀元，逮於遜政，順、康—光、宣，曆垂三百。其政俗之嬗變，朝野之得失，雖鐘簴既移，簡册猶秘，今已無諱，可得言焉。夫有清之崛起於遼左也，值明之衰，既入中原，初政頗修，惟以部落之民，肆爲雄猜，外侈中怯，故用兵無已時，海内無寧宇。雍、乾時號稱極盛，而衰弱之機實基於此。蓋文字之獄，有以摧抑材智之士；川楚之亂，有以耗竭府庫之藏。咸、同搆兵，不絶如縷，外禍乘之，根本遂撥。此其興亡之大略也。殷鑒不遠，豈可忽哉！然其典章制度，始能知明之所以亡而袪其弊，提倡學術，禮用儒賢，故政雖專制，而宦寺女謁之禍，中葉以前未之有聞。於是一國之風尚，習爲儒緩，士夫之尊慕名義，代不乏人。馴至今日，雖有以術柔民之感痛，而吾人此二百八十餘年之遭際，繫諸歷史，不可忘也。則今日舉其往聞，窮嬗變之由，析得失之故，置鑑樹表，未可後時。然官書不足徵信，私書或誤傳聞，即如錢衎石氏之《碑傳集》、李次青氏之《先正事略》、李黼堂氏之《耆獻類徵》，其所甄録，大都傳誌之文，塗飾讚諛，孰爲糾正。是以近人論建州沿革，不能求諸國中，而輒有資於域外之書也。徐君仲可明習國聞，乃發故書短記，理而董之，輯爲《清稗類鈔》，凡三百萬餘言，分别部居，爲類九十有二，事以類分，類以年次，爲力勤矣。夫春秋張三世之義，曰所見，曰所聞，曰所傳聞。君爲此書，無媿斯恉。吾知欲周知有清一代之掌故者，當必加以諷籀，目爲鴻寶。昔朱竹垞氏亟稱沈景倩《野獲編》，謂其事有左證，論無偏黨，明代野史蔑有過之。此則君輯著之本懷，吾敢揭櫫以爲告於當世者也。

中華民國六年六月紹興諸宗元貞壯撰

清稗類鈔序

稗史，紀録瑣細之事者也。《漢書》注如淳曰："王者欲知閭巷風俗，故立稗官使稱説之。"因謂其所記載者曰稗史。清順、康間，金沙潘長吉有《宋稗類鈔》之輯，蓋參仿宋劉義慶《世説新語》、明何良俊《語林》而作，足以補正史，資談助，不俟讀而善之。因思有清入主中原，亦越二百六十有八載矣，朝野佚聞，更僕難數，嘗於披閲書報之暇，從賢豪長者游，習聞掌故，益以友好録眎之稿，偶一瀏覽，時或與書報相合，過而存之，亦衛正叔之遺意也。正叔名湜，宋人，嘗集《禮記》諸家傳注爲書，曰《集説》。其言有曰："他人作書，惟恐不出諸己；某作書，惟恐不出諸人。"且以當世名碩之好稗官家言也，欲就而與之商榷，輒筆之於册，以備遺忘，積久盈篋，乃參仿《宋稗類鈔》之例，輯爲是編，而名之曰《清稗類鈔》。雖皆掇拾以成，而翦裁鎔鑄，要亦具有微恉，典制名物，亦略有考證。其中事以類分，類以年次，則以便臨文參考捃摭徵引之用也。惟載筆之難，學者所歎。明胡應麟記誦淹博，所著《少室山房筆叢》尚不免時有牴牾；陳堦著《日涉編》，按日紀故事，間以古詩繫於下，六月二十三日下有宋張耒《夜泊林里港》詩云："浙浙曉風起，孤舟愁思生。蓬窗一螢過，葦岸數蛩鳴。老大畏爲客，風波難計程。家人夜深語，應念客猶征。"而七月二十三日下亦載之；清紀文達之博洽並世無兩，而《灤陽續録》所載介野園宗伯之詩爲"鸚鵡新班宴仰園，摧頽老鶴也乘軒。龍津橋上黄金榜，四見門生作狀元"四句，實爲金吏部尚書張大節作，第有五字不同，殆誤收金人詩爲近人耳；孫星衍考訂金石之詳贍爲世所稱，而《寰宇訪碑録》校釋碑文，重至二再，既列之於唐，又列之於宋，甚或新拓本年月既泐而舊拓本尚存，既據舊拓本按年月以編入，又據新拓本以附之於無年月類。凡若此者，賢哲不免，每一念及，滋益兢兢。雖嘗就正於當世名碩，且有勤敏好學之吴縣湯頤瑣寶棻、丹徒懷獻侯桂琛、龍南徐伯英時、閩侯林濾生震、嘉興高晴川紫霞、蕭山姚赭生宗舜諸君子匡我不逮，爲之檢校數過，然猶未敢自信也。博雅君子，其亦有以教之乎。

中華民國五年十二月杭縣徐珂仲可述於上海寓廬之天蘇閣

凡例

一、紀載之事，以有清一代順治至宣統爲斷，間有上溯天命、天聰、崇德者，而又述及隆裕后之崩，則以其有率宣統帝遜位之讓德也。

一、本書九十二類，凡一萬三千餘條，綜計之約三百萬餘言。

一、本書標舉二字爲類：曰時令，曰氣候，曰地理，城寨道路橋梁皆附焉。曰名勝，曰宮苑，曰第宅，曰園林，曰祠廟，陵墓附。曰帝德，曰恩遇，曰巡幸，曰宮闈，曰朝貢，曰外藩，曰閹寺，曰外交，曰禮制，曰度支，曰屯漕，曰教育，曰考試，曰兵刑，曰戰事，曰武略，曰獄訟，曰吏治，曰爵秩，曰幕僚，曰薦舉，曰知遇，曰隱逸，曰諫諍，曰箴規，曰譏諷，曰詼諧，曰種族，曰宗教，曰婚姻，曰門閥，曰姓名，字號附。曰稱謂，曰風俗，曰方言，曰農商，曰工藝，曰孝友，曰忠藎，曰敬信，曰義俠，曰技勇，曰正直，曰貞烈，曰謙謹，曰廉儉，曰狷介，曰豪侈，曰才辯，曰明智，曰雅量，曰異稟，曰容止，曰情感，曰疾病，曰喪祭，曰師友，曰會黨，曰著述，曰性理，曰經術，曰文學，曰藝術，曰鑒賞，曰方伎，曰迷信，曰方外，曰賭博，曰音樂，曰戲劇，曰優伶，曰娼妓，曰胥役，曰奴婢，曰盜賊，曰棍騙，曰乞丐，曰動物，曰植物，曰鑛物，曰物品，曰舟車，曰服飾，曰飲食。

一、本書事以類分，類以年次。一人身歷數朝而其事有散見各類者，如生於康熙卒於乾隆是也，餘可類推。然總類之中又有可分數類者，例如謙謹一類，析而爲二，則先謙後謹，而以謙謹皆備者列於謙之前。藝術一類，析而爲四，則一書、二畫、三醫、四弈，而以書畫皆備者列於書之前，且各以年代次之。他類有相同者悉視此。若性質相近之各條，或亦有時連類而及，以博其趣。

一、本書資料，以平時隨筆自行札記之事，分隸各類，或從家藏秘笈搜采而得，故與近今流傳之本微有不同。而説部報章，亦在參考之列。惟以凡所援引，泰半貫串而成，未能悉記來歷，故間有仍其口脗者，如「本朝」、「國朝」、「國初」、「王師」、「大兵」等字是也。

一、説部報章之所載，亦有輾轉稗販而得者，其中事實，或且傳聞異辭，如於朝野見重之人而述其一二遺行，社會不齒之人而紀其一二嘉言。今所以兼搜並採者，實有春秋責備賢者及勸善懲惡之意寓於其中，非僅以廣異聞已也。

一、本書之分類，雖亦力求精確，然頗有一條兼涉數事，一事可隸數類者，亦惟從其較重者入之，而亦或彼此互見，於篇幅較長之條，牽連及之。

一、凡所紀載，固不敢以考證精詳自詡，要以具有本末者爲多。

一、姓名字號，固亦務求畫一，而以其爲世所習知，因而錯綜互見者亦有之。

一、我國歷代紀年皆用干支，因附清代歷朝干支年號表以便檢查，若於徵引之原文，則仍其舊。

清稗類鈔總目録

第一冊目錄

時令類

氣候類

地理類 城寨附　道路附　橋梁附

名勝類

宮苑類 公共處所附

第宅類

園林類

祠廟類　陵墓附

帝德類

恩遇類

巡幸類

宮闈類

朝貢類

外藩類

閹寺類

外交類

清稗類鈔

時令類

太宗用大統法以推時憲

崇德丁丑十月朔，太宗以漢文曆書頒行滿洲、蒙古，初用大統法也。大統法創於明，即元之授時，本西域扎瑪里鼎所撰，而郭守敬等參改者也。

世祖頒新法時憲書

順治甲申七月，禮部言欽天監改用新法，推註已成，請易名頒行。睿親王曰：「宜名時憲，藉昭朝廷憲天乂民至意。」湯若望言：「敬授民時，全以節氣交宮，與太陽出入晝夜時刻爲重，若節氣之時日不真，則太陽出入晝夜刻分俱謬矣。大統、回回舊法所用節氣，專泥一方，且北直之節氣，春分秋分，前後俱差一二日，況諸方乎。新法之推太陽出入地平環也，則有此晝而彼夜、此入而彼出之理，舊法以一處而概諸方，故日月多應食而不食，當食而失推，五星當疾而反遲，應伏而反見，差訛難以枚舉。今以臣局新法所有諸方節氣及太陽出入晝夜時刻，俱照道里遠近推算，請刊列時憲書。」從之。至是告成，頒行。

世祖聖祖命以西法推時憲

推步之術，遞改遞密。世祖定鼎燕京，考驗西法最善，即用以推時憲。順治甲申十月朔，頒乙酉時憲書，用西洋新法，以太宗天聰二年戊辰天正冬至爲法元，定周天三百六十度，度法六十分，每日九十六刻。

康熙初，習大統、回回法者咸觝排之，聖祖博訪廷臣，屢命會同測驗，惟西法所推一一符合，於是交相讓能焉。自御纂數理諸書折衷指歸，闡晰奧窔，而渾圓橢圓之旨，歲差里差之說，既不悖於古，而有驗於今，西法之善彌顯。其日躔月離恒星經緯諸表，俱以實測爲憑，隨時修改，故占候無違，而協紀授時，益用精密。

聖祖授時廢西洋新法

康熙乙巳三月，徽州府新安衞官生楊光先進《摘謬論》、《選擇議》各一篇，言湯若望新法十謬及選擇不用正五行之誤，下議政王大臣等集議。將湯若望及所屬各員罷黜治罪，於是廢西洋新法，用大統舊法。

聖祖授時改回回法

康熙戊申八月，聖祖以舊法不密，用回回法。時欽天監監副吳明烜疏言：「現用舊法，不無差謬，與五官正戈繼文等所進書暨回回科七政書三本互有不同，宜令四科詳加校正以求至精。」下禮部議。尋議：「五官正戈繼文等推算七政金、水二星差誤，監副吳明烜之七政書與天象相近，理應頒行。主簿陳聿新推算己酉年時憲，已頒各省，止於本年暫用。其七政經緯躔度月五星淩犯等書，及日月交食，自康熙庚戌以後，俱交吳明烜推算。」從之。

聖祖仍用西法以推時

康熙己酉三月，復用西洋新法。先是，戊申十一月，命大臣傳集西洋人與監官質辯，至午門測驗正午日景。西洋人南懷仁言監副吳明烜所造康熙己酉七政時憲閏十二月，應是康熙庚戌正月。又有一年兩春分、兩秋分之誤。命大學士圖海、李霨等赴觀象臺測驗。己酉正月丁酉，是日立春。南懷仁預推午正太陽：依象限儀，在地平上三十三度四十二分；依紀限儀，離天頂正南五十六度十八分；依黃道經緯儀，在黃道線正中，在冬至後四十五度零六分，在春分前四十四度五十四分；依赤道經緯儀，在冬至後四十七度三十四分，在春分前四十二度二十六分，在赤道南十六度二十一分；依天體儀，於立春度分所立直表，則表對太陽而全無影；依地平儀，所立八尺有五寸表，則太陽之影長一丈三尺七寸四分五釐。於是六儀並測，一一符合。圖海等言：「測驗南懷仁所指皆然，吳明烜所指不實。應將康熙庚戌時憲交南懷仁推算。」得旨：「前時議政王大臣以楊光先何處爲是議行，湯若望何處爲非議廢，及今日議復之故，向馬祐、楊光先、吴明烜問明再議。」尋議：「傳問監正馬祐等，所指皆合天象，每日百刻，雖前代行之已久，但南懷仁推算九十六刻之法既合，應將九十六刻推行。又南懷仁言羅睺、計都、月孛星係推算所用，其紫炁星無象，不關推算，應自康熙庚戌始，將紫炁星不入七政書。至候氣係古法，現今推算，亦無用處，俱應停止。」從之。三月，南懷仁言：「雨水爲正月中氣，吴明烜於康熙己酉十二月置閏，是月二十九日值雨水，卽爲康熙庚戌之正月，置閏當在庚戌二月。」從之。

聖祖以康熙永年表授時

康熙戊午八月，預推七政交食表告成。掌欽天監事南懷仁接推湯若望所推法，爲書三十二卷，名曰《康熙永年表》。

聖祖御定七政四餘萬年書以授時

康熙戊戌四月，御定七政四餘萬年書告成，始順治甲申至康熙辛丑，按排列節氣日時日月五星交宫入宿度分，自後準式續增。

高宗御定萬年書以授時

乾隆辛酉十二月，御定萬年書告成，始天命九年下元甲子，按年排列節氣時刻，冠以前代三元甲子編年，自黄帝上元甲子始。

進曆頒曆

欽天監歲有定期進呈次年曆樣，十一月初一日頒曆於百官。其進呈御用者，有上位曆、七政曆、月令曆。又上吉日十二紙，每月粘一紙於宫門。御賜諸王有中曆，各布政司則皆禮部所頒欽天監印造曆，遍及民間。無欽天監印者，爲僞造，律處斬。

御用時憲書

御用時憲書寫本名曰《上書》。首頁節氣，次頁年神方位，三頁六十花甲子，四頁六合，末二頁紀年，與頒行本同。每日於五行下注明陰陽，於除危後添注「寶義專制伐」五字，蓋五行生尅之謂也。上生下爲寶，如甲午木生火；下生上爲義，如辛丑土生金；上下同宫爲專，如戊戌同屬土；上尅下爲制，如庚寅金尅木；下尅上爲伐，如壬辰土尅水之類，其義不過陰陽剛柔之理耳，於用事宜忌無關。

每日但注吉神，不注惡煞，每日宜忌及款式，俱與頒行本不同，因列其式於左。

上弦某時某刻	角	吉神 歲德月德母倉天德 月恩四相時陽兵吉	宜祭祀祈福求嗣上册進表章頒詔覃恩肆赦施恩封拜詔命公卿 招賢舉正直施恩惠恤
		生氣不將續世明堂 益後青龍天赦三合 兵福要安五合官日	孤寡布政事行惠愛雪寃枉緩刑獄慶賜賞 賀宴會入學行幸遣使上官赴任監政親民
某某日甲子水陽	開	玉宇吉期兵寶守日 天巫福德六儀金堂 金匱天恩歲德合月德合	結婚姻納采問名嫁娶搬移解除沐浴裁製 營建宮室繕城郭興造動土豎柱上梁開市
		相日三合天醫天馬 寶光臨日敬安普護 五富天喜時德駟馬	納財立券交易修置產室開渠穿井安碓磑 栽種收養納畜整容剃頭整手足甲求醫療
	義	天后時陽福生聖心 陰神司命候 東風解凍	病埽舍宇平治道塗行幸進人口經絡捕捉針刺

書高一尺二寸，寬約七寸，每四頁爲一月，分四層，寫陰陽字，用朱書。吉神一層，全用朱書。每日，推其所應有之吉神，注之。五日注候，半月注氣，一月注節，節氣候三字朱書，某節某氣亦朱書。墨注某時某刻，其某候則墨書。如其日應注日出日入時刻，則朱書於吉神之後，分作兩行，又墨書晝若干刻，夜若干刻。於日出日入之後，分作兩行，若是日應書躔及某將，亦注於吉神之後，朱書。此日二字下，

云某時某刻日躔某某在某宫，爲某月將，某月將三字復朱書。其每日所宜宜字朱書，其宜用何時，亦雙行注於下，與頒行本同，但朱書耳。其日不宜者，亦注明不宜某某，不宜字則墨書矣。但其日注宜，則不注不宜；注不宜，則不注宜。宜與不宜，不同日注也。遇上下弦，則書於上格日辰之右，朱書上弦及下弦二字，墨注時刻。遇日干與皇上景命同者，則亦朱書。

卑州不奉正朔

雍正丁未，曹亮疇權知浙江安吉州事。某年冬，藩司發下時憲書數百本，令散賣繳價。禮房吏慮其難售，議弗受，擬稿詳覆，呈上判行。中有「卑州僻在山陬，從來不奉正朔」云云，亮疇大駭，呼入責之，不任咎。

春分秋分之祭

春分前後，京師之官中祠廟，皆有大臣致祭，世家大族亦於是日致祭宗祠。秋分亦然。

宫中五祀

宫中五祀。每歲正月，祭司户之神於宫門外道左，南向；四月，祭司竈之神於大内大庖前中道，南向；六月，祭中霤之神於文樓前，西向；七月，祭司門之神於午門前西角樓，東向；十月，祭司井之神於大内大庖井前，南向。中霤門二祀，太常寺掌之；户竈井三祀，内務府掌之。而每歲十二月二十三日，皇帝又自於宫中祀竈以爲常。

每月薦新

奉先殿每月薦新，仍沿明制。而列聖秋獮木蘭，凡親射之鹿獐，必驛傳至京，薦新於奉先殿。

善月惡月

京師諺曰：「善正月，惡五月。」

京師逛廟日期

京都各廟，輒有市集，百貨充盈，游人紛沓，俗謂之逛廟。逛，游也。逛廟有定期。京師廣寧門外財神廟，廟貌巍焕，報賽最盛，每歲正月初二日，九月十七日亦然。傾城往祀，商賈妓女尤夥。廟祝更神其説，謂借神前紙錠懷歸，俟得財，當十倍以酬神，故皆趨之若鶩也。初三日，看旃檀寺打鬼。自初一日至十五日，游大鐘寺。十九日，游白雲觀。觀，元之長春宫也，爲城外巨刹，花木甚多。俗稱正月十九日爲燕九，亦稱閹九，又稱會神仙。前數日，游人已多，而閹人夥，以元代邱長春乃自宫者也。二十日，看雍和宫打鬼。三月初三日，游蟠桃宫。十五日至二十八日，游東岳廟。清明，游南城城隍廟厲壇。四月初一日，游西山。亦名妙高峯。山有天仙聖母廟，同治間，孝欽后曾爲穆宗祈痘於此。先期預詔廟祝，必俟宮中進香後，始行開廟，謂之頭香。初一日至十五日，藍靛廠廣仁宮進香，游西直門外萬壽寺。二十八日，游北頂。北方多山廟，必在山極頂，連類而及，故謂廟亦曰頂。五月初一日至十五日，游南頂。即碧霞元君廟，在永定門外。舊有九龍岡，環植桃柳，南鄰草橋河。是日，游人輒就河上葦棚小飲，且有歌者侑酒。初一日至初五日，游崇文門外卧佛寺。初一日至初十日，游都城隍廟。十三日，十里河關帝廟進香，游月壇外瓜市，至立秋止。六月初一日，草橋中頂進香。初六日，觀善果寺晾經會。二十四日，關帝廟賽會。七月十五日，城隍廟赦孤，釣魚臺看河燈，各寺燒法船，觀阜城門内荷花燈市，兒童點蒿燈荷葉燈。八月初三日，游崇文門外竈君廟。九月初九日。游法藏寺，登塔，齊化門外土城登高。十月初一日，游城隍廟厲壇。

滿洲歲時紀略

上元夜，好事者輒唱秧歌。唱者，以三四童子扮婦女，別有三四人扮參軍，各持尺許兩圓木戛擊，相對舞，有一持傘燈賣膏藥者前導，以鑼鼓和之，舞畢乃歌，歌畢更舞，達旦始已。

正月十六日，婦女步平沙，曰走百病；或連袂打滾，曰脱晦氣，入夜尤多。

正二月内，有女之家，多架木打鞦韆，曰打油千。

十月，少年臂鷹走狗，逐捕禽獸，名打圍。按定旗分，不論平原山谷，圈占一處，曰圍場。無論人數多寡，必分兩翼，由遠而近，漸次相逼，曰合圍。或日一合再合，所得禽獸，必餉戚友。

西藏歲時紀略

西番不識天干，以地支紀年，亦以十二月爲一歲。

歲首，商民停市三日，互以茶酒果食爲禮。

元旦，達賴喇嘛設宴於布達拉，延漢、番官員會飲，選幼童十餘人，作跳鉞斧戲。

初二日會飲如元日，以數十丈皮繩繫於布達拉山，童女猱升而上，以木板護胸，手足四舒，如矢離弦，應聲而下。

初三日，有翻杆之戲，於諦穆佛寺前立一高杆，自鳴鑼鼓，唱歌曲，而上下於高杆，其輕捷不讓獼猴。

自初六日至二十一日，於拉薩宮殿爲大布施。是日，甘丹、別蚌、色拉、桑鳶四大寺及各處喇嘛悉來誦經。其在内者曰内招，在外者曰外招，衆跏趺坐於地，行列整肅。内招日得三餐，或數人與以銀錢一枚，外招則半。時或散給衣帽布疋木碗，出入之喇嘛不下十餘萬。布施之費，大抵爲蒙古及各方信徒所捐助者，若無施主，達賴自捨之。其費，歲需數十萬金。

十八日，集唐古忒步騎兵三千，戎裝而執械，繞大昭三匝，至琉璃橋南，發巨礮驅鬼。礮大小不一，最大者，鑄於唐時，鐫有「威勦除叛逆」五字。演畢，出金銀紬緞布茶勞之。各寺喇嘛集於大招，擁達賴下山，謁佛登臺，講《大乘經》，謂之放朝。土民越數千里而來者，踵相接，以金珠寶玩陳列炫奇，舉首跪而獻之達賴。達賴受之，以麈尾拂其首，或以手摩其頂三度，其人必自誇得活佛之降福。

上元日，懸燈於大招，立木架數層，設大燈萬餘盞，綴五色油麵，麵作人物龍蛇鳥獸狀，自夜達旦。視天之陰晴雨雪，及燈焰之晦明，以占年歲豐歉。

二十四日，有揚武之式，即觀兵也。是日，達賴坐寶殿之側樓，駐藏辦事大臣坐於正樓同閱之。文武諸官皆衣禮服，集樓下。兵皆戎衣，所騎之馬亦鐵葉甲，露兩眼，手持金爐，中一人操大鈴。兩旁列喇嘛六十餘，擊大鼓、持大鐃鈸銀笳者各四人，各色旗旛數十對，持之者，皆白袍白帽。次則魔像，喇嘛抬之。次有童子五六十人，從行，皆作鬼裝。次有護法神者，披白袍鎧，盔插鶏毛，口流涎沫，爲癡愚狀。若有憑附之者，送至市外。番兵放銃焚草而始畢事。

二十五日，爲競馬競走之戲。其距離凡二里餘，馬皆駿逸，十餘歲之童騎之，舉動活潑，揚鞭疾驅，按其先後，以判勝負。勝者，達賴賞以紬緞手帕。而首至之馬，例當獻於達賴，達賴償以五十金。供此役者，家免一年差役。競走亦如競馬，遠近大小不一，賞亦從同，捷足者先得之。

二月二十九日，送瘟神，又名打牛魔王。相傳西藏爲瘟神託足之地，達賴坐牀，乃始逐之。故歷年預雇一人扮瘟神，向番官商民歛錢，可得千金。自大招逐出，卽起解，營官護送，悉以王爺稱之。解至山南，安置之於桑葉寺石洞。洞在寺之大殿旁，幽深而寒慄，體健者，年餘輒死。然瘟神入洞數日卽潛回，不至喪命。是日，大招前之官兵，均如揚武狀，一人扮達賴喇嘛，與瘟神先後至招。旛幟不一色，擊鼓吹笳，亦如前狀。有花衣黑帽者十數人，帽各插鬼頭，衣之前後悉繡鬼形，在招前跳舞誦經。扮達賴者，鋪墊坐招前，與一戴鬼頭之法師對坐。須臾，瘟神出，面塗黑白，與達賴相詰難，詞屈。復擲骰以賭勝負，達賴之骰以象牙爲之，面面皆六，三擲皆盧；瘟神之骰以木爲之，面面皆梟，三擲皆梟，負而色赧，意欲別鬭法術。達賴與法師及揭諦神明斥其非，瘟神負隅不行，即遣五雷逐之，衆喇嘛誦經送至河下，焚草堆如前。

三月初一日，掛大佛亮寶於布達拉山上，凡各寶玩及御賜物件，均陳於大招。喇嘛分列成行，衣繡花袈裟，扮種種神鬼，餘執旗旛寶品，自大招徐行上山。達賴坐樓前黄繖下俯視，漢、番各官均在盛寶房前向北支帳房游觀，男婦闐咽，山坡無隙地。有紬畫大佛像，懸於山上第五層樓，垂至山麓，約長三十餘丈。中有達賴袈裟一襲，乃歷代相傳之物，以珍珠綴成，珠之大者如指。

四月十五日，有龍王塘大會。廟在水中央，須以舟渡，内多神像。正殿旁有一大祕戲像焉，即歡喜佛是也。喇嘛指爲佛公佛母，四壁所畫，亦皆此式。

五月十五日，有工布塘蠻家大會，噶布倫之柳林附近數處，以此爲最勝。緑陰滿地，藏江之水映帶左右，樓臺亭榭，可憩遊人。是日也，婦女臨水祓濯，歌飲竟日。

六月初七日，唱蠻戲。以後藏之娃爲之，喬裝男女，頭戴紙扇面兩枚，手執竹弓一，以跳舞，所唱爲唐公主時事。噶布倫家各唱一二日，大會親朋，日耗數百金。三十日，別蚌寺及色拉寺掛大佛，亦裝神鬼，男女皆豔服，或唱或歌，爲翻杆子跌打各種跳舞。

七月十五日，別以故牒一人司農事，其地頭目牒巴，伴之游市郊，佩弓挾矢，導以旂旛，射飲一日，慶豐年也。

七月十三日至八月五日，人擕天幕至河岸，招邀戚友浴於河，男女皆有之，俗謂可除疾病也。

七月二十五日，爲宗喀巴成聖之日，各寺窗户牆壁間皆燃燈，觀其燈焰之色，以卜歲之吉凶。

十月十五日，爲唐文成公主誕辰，士女盛妝參賀，比户皆飲酒。

十二月二十九日，木鹿寺有跳神逐鬼戲。喇嘛飾各種神佛鬼怪，薄暮至大招，放銃吶喊，謂以驅逐邪鬼。遊觀之男女，皆盛服聚歌，飲醉而歸。

宫禁之歲暮新年

乾清宫每歲封寶後，工部内府進燈竿二，盤龍楠木柱，高與宫檐齊，上銜五色八角圓燈，樹於東西墀中。

封寶日，宫中駕幸之所，以爆竹前導。

臘日，内廷翰林題椒屏進上，謂之椒屏歲祝，皆桃符遺製也。

封寶前一日，例進門聯。

立春日，南齋翰林進春帖子詞三章，五言一首，七言二首，用硬黄矮紙小摺細書，拜筆墨牋紙之賜。御筆福字賜近臣，舊例也。道光初年，加賜壽字。

新正二日，重華宫茶宴，聯句。

歲暮新春之打莽式

歲暮將祭享，選内大臣打莽式。例演習於禮曹，其氣象發揚蹈厲，蓋公廷萬舞之變態也。王公貴戚於新正競引之，以相戲樂，其態婉孌柔媚，或令婦女爲之，此又莽式之一變耳。

孝欽后宫中之歲暮新年

孝欽后命宫人清理年事，輒以十二月十三日始，妃嬪各有所司，如洗佛像易幔帳之類是也，餘令太監爲之。事畢，孝欽開辭歲名單，列名之人得預於辭歲。

孝欽命製新衣賞妃嬪。妃嬪平日所衣，爲灰鼠裘，年終則賞白狐。

新年供神之餅餌，皆妃嬪所親製者，孝欽必先製一方以爲之倡。製糕有專室，太監預以米粉白糖酵和爲團，製法與饅首略同，蒸之即墳起。宫中以此卜各人之年運。

二十三日，裝各種乾鮮果碟，上插長青枝，陳之神前。宫眷皆隨孝欽入廚，以糖果置玻璃碟，陳竈神前。

二十四日，孝欽寫福壽字，爲新年賞賜京外王大臣者。紙色有紅黄淡緑之别。書久而倦，則命人代之。

年終，各省督撫進呈貢物，孝欽一一審視，擇所愛者留置左右，餘皆庋之於庫。某年，直隸總督進黃緞衣一襲，以珍寶綴成大牡丹花，葉以翡翠製之，光彩奪目，孝欽大喜，元旦曾一衣之。兩廣總督所進爲珍珠四囊，囊各數千粒，大小如一，光色相同。妃嬪進手巾香皂，以孝欽極愛妝飾也。太監宮女進餅餌。禮物既多，陳列數屋皆滿，必俟孝欽有命始可移動。

祀竈節前後，孝欽卽命停止召見。

除夕之晨，孝欽徧禮神佛祖宗。禮畢，入宮者絡繹不絕，計有孝欽之嗣女固倫公主，醇王、恭王、慶王之福晉，洵、濤二貝勒之夫人，又有非近支而先世得有封號者及滿洲大員之妻女。既見孝欽，退至他室休息。午後二時，咸集於殿，以次序立，由皇后率領行禮，卽辭歲也。禮畢，各賞紅緞平金荷包一個，中裝小銀錁一錠，以押歲。

除夕奏樂，達旦始已。孝欽召集來賓，擲骰爲戲，宮眷各得犒銀，多者銀二百元。孝欽坐久而倦，乃以銀元擲之地，宮眷欲博其歡也，盡力奪之。夜半，陳炭於銅盤，熾以取暖。盤以銅爲之，置房中，內燃板炭，孝欽取松枝少許，投之盤，宮眷亦各折小枝及大塊松香以入之。頃刻，滿室氤氳，蓋取吉羊之意也。是時，宮眷或裹餃、剥蓮實，以充元旦之食品，蓋元旦不食飯也。

天將明，孝欽略睡。及醒，宮眷進食品數盤，分盛蘋果、青果、蓮子。蘋果者，取其平安；青果者，取其長青。孝欽受之，以「汝等平安」之吉語爲答。梳洗畢，羣向之賀年，次及於德宗隆裕后。

宮眷無事，侍孝欽觀劇，晚戲既畢，則命太監奏樂，孝欽自唱，宮眷和之。又命太監唱，唱不成聲者，衆皆笑，孝欽顧而樂之，惟德宗訖無笑容。一日，宮眷德菱詢以何故不樂，德宗但以英語之祝新年佳勝一語爲答。

正月初二日之晨，孝欽上殿禮財神，宮眷亦隨叩。

新年五日，宮眷日侍孝欽博。

初十日爲隆裕后萬壽，是日禮節，略與德宗萬壽禮同：宮眷先遞如意，繼叩頭，隆裕立而受之，蓋以宮眷皆隨侍孝欽，故示謙也。向例，帝后妃不同食，惟萬壽日則會餐。孝欽命宮眷二人至德宗宮，承候設席。食時，不及在孝欽宮中之肅静，宮眷在側可談話，食酒肴。坐席之始，妃斟酒奉德宗、隆裕，席終，宮眷復命。衆知孝欽派往，不過監視之意，故亦無可報告也。

十五日爲燈節，夜懸各燈，或如鳥獸，或如花果，悉以白紗製之，上加彩繪。有一燈爲龍形，約長十五尺，支以十竿，太監十人執之，又一監在前，執一燈球，取龍戲珠之意。各處音樂齊奏，燈光月色交相輝映，並放花炮。以夜間露重，則有木屋，可移動，孝欽率宮眷坐於中觀之。放數小時，夾以鞭炮。此夜乃新年之結局也，次日，來賓皆出宮。

除夕元旦之風景

除夕元旦風景，凡繁盛處所，大略相同。除夕之日，街市商店交易輒至天明，游者採辦年貨者，至是更擁擠。及夜，寺廟之禮神者車馬往來，幾弗能過，而乞丐之集於道旁者尤夥。至買賣之盛者爲香燭店、年畫鋪、風箏紙鳶店、玩物攤，其他如茶食店、廣貨鋪、雜貨鋪、茶葉店、首飾店、典質鋪，人亦擁擠。惟戲園，則先數日而已輟演。時至中夜，多爆竹聲，蓋比户已迎竈君下界矣。

元旦，雖極繁盛之街衢，皆閉門息業，惟見有婦女進香於寺廟游行於通衢而已。午後，則茶館戲園游人甚多。

黄陂之歲暮新年

黄陂居民，以十二月二十四日爲小除夕，凡耕具織具均置空室，祀送竈神。至除夕之日，老幼男女，五鼓即起梳洗，手持香至祖墓，名曰標山，請祖先回家度歲喫年飯。或家有新喪者，其戚友於是日必攜香燭冥鏹，叩靈辭歲。至夕，接竈出行，即行拜年禮：首爲天地君親師，次祖先，次父母，拜畢燃爆竹，開門上廟。

初一日謁宗族，初二日謁舅氏，初三日謁外舅外姑。年前有新喪者，孝子白袍墨套，冠無緯空梁冠，以有服兄弟二人衣白袍者作陪，至戚族家叩首謝孝，曰管新靈。

宫廷新年玩具

宣宗之孝全后，爲承恩公頤齡女。幼時隨宦蘇州，明慧冠時，曾仿世俗所謂乞巧板者，斲木片若干方，排成六合同春四字，以爲宫中新年玩具。

立春日打春

立春日，迎春東郊，省城府城由知府主政，縣城由縣令主政。先期，禮房吏呈紅單，開列禮節。前一日，將事各官咸朝服乘顯轎，列全副儀仗出東門，行迎春禮。且或借優伶冠服，招雇貧人乞丐，令衣之以隨行。時東郭外之壇廟中，供設紙紮之勾芒神，卽俗呼太歲者。又土牛紙牛各一，土牛之製，以板凳一條，塗以爛泥，裹以蘆蓆而已；紙牛，則依欽天監所頒，以五色紙紮成，空其中實以五穀，卽翼日各官所鞭打者也。官蒞壇廟，先祭，一跪三叩首，乃迎神與牛以歸。立春既屆，各官又朝服將事，重行祭禮。禮畢，各執絲鞭打牛，五穀紛墮於地，則謂豐登有兆，相率稱賀而散。

立春日之春色

迎春之典，各省惟府縣官衣朝服，坐顯轎，陳設儀仗、萬民傘、德政牌，行城中一周而已。廣州則由商店斂貲，雇妓或小家女子之有姿首者，扮演故事，坐方榻，以二人舁之，隨官輿後，遊城市，謂之春色。次日，又舁往各官署乞賞，所費亦不貲。

庚子西安行宮之立春

光緒庚子十二月立春，先一日迎春，祀勾芒神。京都舊例，是日，應由順天府進春牛及春山寶座，庚子雖在行在，亦與順天無異。特選畫工依欽天監頒行之式，寫《春牛圖》進呈，而順天府亦寫圖由驛馳至，同於是日呈進。

立春日，宫中以大盤二，各盛生蘿蔔二條，鏤字爲聯，分呈兩宫，謂之咬春。内監有善鏤字者，刻畫甚精，沿明制也。

元旦立春

諺云：「百年難遇歲朝春。」青浦諸聯於乾隆壬辰、辛亥，嘉慶庚午，三遇之。

元旦上元曲宴宗室

嘉慶以前，每歲元旦及上元日，欽點皇子皇孫及近支王貝勒公，曲宴於乾清宫及奉三無私殿，皆用高椅盛饌，每二人一席，賦詩飲酒，行家人禮。

祭堂子

京諺有三不問，堂子祭典其一也。順治甲申，建堂子於長安左門外玉河橋東：祭神殿五間南嚮，上覆黄琉璃瓦；前爲拜天圜殿，八面櫺扇北嚮；東南土神殿三間南嚮，即古之國社也，所以祀土穀而諸神祔焉。中植神杆，以爲社主，諸王亦皆有陪祭之位，神杆爲大社惟松東社惟柏之制。光緒庚子之變，八國聯軍入京師，爲日本人圈入使館界内，殿宇皆廢，僅餘視牲亭，上蓋黄琉璃瓦風剥雨溼，頹敗不堪矣。

或謂堂子之神曰武篤，本貝子，或曰非也，乃明將軍劉綎。劉以勇聞天下，死之日，口齧一卒，脅挾二卒，足踐二卒，見者猶懍懍也。定鼎後，劉屢在宮中作祟，故太祖設堂子之祭以禳之。劉爲明桂王部下大將，所部嘗持鹿角，遇敵則布爲方陣，雖有萬馬，不能前矣。太祖以計擒之，劉至死猶揮刀殺數十人，太祖遥望見之，詫爲天神下降。或曰，此爲明之鄧將軍。鄧嘗隸島帥毛文龍部下，善戰，没而有靈，立廟島上。太祖起兵時，戰急甚危，禱之，顯靈，脱於難，立廟遼陽，每祭必先之，元旦亦先必謁廟，躬奠致敬，否則宮中時時爲厲。或曰將軍爲明之有功將帥，戰没海上者也。然明將之死於遼事，無鄧將軍其人者。萬曆間征朝鮮，副將鄧子龍數有功，戰死海上，豈其神邪？或曰開國初，太祖常微服至遼東，以覘形勢，爲邏者所疑，子龍知非常人，陰送出境，太祖篤於舊誼，遂祔祀於社以祀之。

堂子牆外，松柏成林，滿人欲請神杆者具呈禮部，任擇其一，仍以稚者補之。祭堂子時，皇太后在慈寧宮，親令妃嬪養肉以進。祭畢，撤賜諸大學士，邸抄所載某某謝賞神肉恩是也。

旗員亦祭堂子，祭畢，家人席地而坐，拔刀切肉大肆飲啖，所謂喫跳神肉是也。間亦餽送朋友，然非莫逆者不能得。

至其典禮，則每歲正月初一日，皇帝率王公、滿洲一品文武各官詣堂子，行拜天禮。前期十二月二十六日，内務府官詣坤寧宮請神，送往堂子。至除夕，内務府派員於圜殿内焚舊紙錢，欽派總管大臣一人，率諸王長史或一等護衛，於圜殿内掛新紙錢，總管大臣於殿内高案下所立杉柱上掛紙錢二十七張，諸王長史護衛等，依次各掛紙錢二十七張。初二日奉神還宫。

正月初三日、每月初一日，司俎官一人、司俎一人，於堂子圜殿内高案下杉柱上掛紙錢二十七張，陳時食一盤、醴酒一盞於案。别設小案，陳椀二，一實酒一虚設。司香上香，奏三弦琵琶之内監二人，坐於圜殿外角路西東嚮；鳴拍板拊掌之守堂子人，坐於東西嚮；司俎官立於圜殿外階下之東。司祝進跪，司香授盞，司祝接盞獻酒，司俎官贊鳴拍板，即奏三絃琵琶，鳴拍板拊掌，舉盞以獻。凡六獻，每獻司俎官贊歌鄂囉囉，守堂子人歌鄂囉囉。獻畢，以盞授司香，司祝一叩興，合掌致敬，司俎官贊停拍板，三絃琵琶拍板暫止。司香授神刀，司祝接神刀進，司俎官贊鳴拍板，即奏三絃琵琶，鳴拍板拊掌，司祝一叩興，司俎官贊歌鄂囉囉，衆歌鄂囉囉。司祝擎神刀禱祝時，則歌鄂囉囉誦神歌，祝禱三次如前儀。如是九次畢，司祝一叩興後，禱祝三次，以神刀授司香，司俎官贊停拍板，三絃琵琶拍板皆止。司祝跪祝，一叩興，合掌致敬退。所供酒食，給守堂子人。

春秋立杆大祭，豫於延慶州山取徑五寸長二丈之松，梢留枝葉九節，製爲神杆，立於圜殿前石上。懸神旛掛楮，圜殿杉柱亦掛楮，司祝於兩處擎神刀誦神歌，致祝如儀。

每歲四月初八日佛誕前期，内務府於堂子饗殿中間懸掛神幔，於覺羅妻内擬定正副贊禮二人，即司祝。屆時，由坤寧宫恭請佛亭，並貯菩薩、關帝神像二木筒，舁送於堂子。至時，奉神位於祭神殿，謹將大内所備紅蜜及諸王所備之蜜，各取多許，貯黄瓷浴池内，以淨水攪匀。司香啓亭門，司祝請佛於黄瓷浴池内，浴畢後，以新棉墊座安奉亭中，仍請入宫。

坤寧宮廣九楹，内西大坑供朝祭神位，北坑供夕祭神位，朝夕則祭，皆設香碟淨水並糕。朝則司祝擊神刀誦神歌，三絃琵琶和之，以致祝，遂進牲。夕則司祝束腰鈴，執手鼓，踏步，誦神歌以禱，鼓拍板和之，亦進牲。撤香龕燈火，展背燈青幕，衆退出，闔户。司祝振鈴，誦歌四次，致禱，乃捲幕，開户，明燈撤内貯像。朝祭神，爲釋迦牟尼佛、觀世音菩薩、關聖帝君。夕祭神，爲穆哩罕神畫像神蒙古神。而祝辭所稱，乃有阿琿、年錫、安泰阿雅喇、穆哩穆哩哈、納丹岱琿、納爾琿軒初、恩都哩僧固、拜滿章京、納丹延瑚哩、恩都蒙鄂樂、喀屯諾延。諸號中惟「納丹岱琿」爲七星之祀，「喀屯諾延」即蒙古神，以先世有德而祀，其餘均無可考。正月初二日、每月初一日，月祭儀略同。月祭之翼日，卸神杆，斜仰倚柱上，乃祭天。灑米致祝，解牲頸骨及膽，陳熟肉並米，貯於杆之斗，乃立杆。

四季獻神，上駟院白馬二，慶豐司牛二，廣儲庫金銀緞布多件，由乾清右門至坤寧宮陳之，奉金銀緞布等，至朝祭夕祭，神前祝如儀。以馬牛出三日，乃留銀備牲，金緞布馬牛交犧牲所。

又背燈祭，有四時獻鮮之禮，春雛雞，夏鵝，秋魚，冬雉。凡皇城内風、雲、雷、雨廟之祀，以及各祀廟之歲供，皆内務府掌之；大内祭所用薩滿衣，衣庫掌之。

又掛柳枝求福之神，稱爲佛立佛多鄂謨錫瑪。瑪者，祈福則祭，爲保嬰而已。

辛丑西安行宫之元旦

光緒辛丑，孝欽后、德宗在西安行在。元旦，百官朝賀，德宗御前殿正坐，王公班在階上，樞臣及各部院秩一品者在階下，侍郎以下各官皆在二門外。

都人之元旦

京語謂元旦爲大年初一，屆日，於子初焚香接神，燃爆竹以致敬。接神後，王公百官入朝朝賀，復謁親友，謂之道新喜。親者登堂，疏者投刺而已。是日，無論貧富貴賤，皆以白麪作角而食之，謂之煮餑餑。富貴之家，瀋以金銀小錁及寶石等藏之餑餑中，以卜順利，食得之者，終歲大吉。又陳几於庭，上列素殺乾果之屬，名天地桌，或五日或半月而徹，内城比户如是，殆卽遼金拜天禮歟。

青海蒙番之元旦

元旦賀年，俗尚紅。染硃紅於牲畜之背，縱放山巔。客至其帳，主人以紅布覆客騎，延之入，男婦鮮衣持哈達，以次接見。然見其人，必視其牲畜，禮也。馬駝牛羊，則用紅布結球以投之，每羣一球。帳前有犬，則獨投一球。

正月初二祭財神

正月初二日，京外致祭財神，燃放鞭炮，晝夜不休，商店尤盛。

正月初五爲破五

正月初五日，京師謂之破五。破五之内，不得以生米爲炊，婦女不得出門。至初六日，則王妃公主及命婦冠帔往來，互相道賀，亦於是日歸寧。而闤闠諸商，亦漸次開市矣。

正月之順星散燈花

正月初八日黄昏之後，京師居人以紙蘸油，燃燈一百有八盞，焚香而祀之，謂之順星。十三日至十六日，由堂奥以至大門，燃燈而照之，謂之散燈花，又謂之散小人，亦辟除不祥之意也。

上元驚蟄

歸安閔峙庭中丞鶚元，九歲時，其外舅毛尚書於元宵宴客，閔以舊姻與焉。毛作對屬客曰：「元宵不見客，點幾盞燈，爲河山生色。」是日適屆驚蟄，閔對曰：「驚蟄未聞雷，擊三撾鼓，代天地宣威。」

上元調將

嘉、道以前，京師每遇上元節，五城各設燈棚，寶馬香車，極承平歲華之麗。是夕三鼓後，步軍統領於正陽門城上，以燈繩曳取城外武營官名帖，謂之調將。

上元放和合

嘉、道以前，圓明園正月十五日放和合，例也。和合卽煙火盒子。大架高懸，一盒三層，一層爲天下太平四大字，二層爲鴿雀無數羣飛，取放生之意，三層爲四小兒擊秧鼓唱秧歌，唱「太平天子朝元日，五色雲車駕六龍」一首。

上元廷臣宴

嘉慶以前，每歲上元後一日，欽點大學士九卿之有勳勩者宴於奉三無私殿，名廷臣宴。如曲宴宗室禮，蒙古王公皆預焉。

康熙兩上元盛典

康熙壬戌元夕前一日，聖祖饗羣臣於乾清宮，作昇旁嘉宴詩，人各一句，七字同韻，仿柏梁體。上首唱曰：「麗日和風被萬方。」以次而及滿大學士勒德洪、明珠，皆拜辭不能。上爲代二句曰：「卿雲爛漫彌紫閶，一堂喜起歌明良。」且戲曰：「二卿當各釂一觴以酹朕勞。」勒德洪果捧觴叩首謝。次日，頒御製序一首。乙丑元夕，聖祖命於南海子大放燈火，使臣民縱觀，仿大酺之意。先於行殿外治場里許，周植栈木，而絡以紅繩，中建四棚，懸火箱其中。平樹八杆，卽八旗也，旗人認旗色分駐，而當前四緑旗，則漢人所駐之地。官民老穉男婦皆許進觀。初設鹵簿，及駕奉兩宮從永定門赴行殿，諸王羣臣次第至。賜官廚肴饌，人酒三甌，能飲者不計。於是徹仗張燈，有宮眷五十人出，皆虹裳霓衣，被以雜綵，人擔兩燈，各踞方位，高低盤舞，若星芒撒天，珠光燴海，真異觀也。既，則火發於箭，以五爲耦，耦具五花，掄升遞進。乃舉巨礮三，火線層層，由下而上，其四箱套數，若珠簾焰塔，葡萄蜂蝶，雷電車鞭，川奔軸裂，不一而足。文既，則九石之燈，中藏小燈萬，一聲迸散，則萬燈齊明，流蘇葩瑤，紛綸四重。箱中鼓吹並起，篆鞉簫築，次第作響，火械所及，節奏隨之，霹靂數聲，煙飛雲散。最後一箱，有四小兒從火中相搏墜地，礮聲連發，別有四小兒衣花裲襠，杖皷拍版，作秧歌小隊，穿星戴焰，破箱而出。翕倏變幻，難以舉似。然後徐闢廣場，有所謂萬國樂春臺者，象四征九伐萬國咸賓之狀，紛綸揮霍，極盡震炫而後已。次日校獵，聖祖親御弓矢，九發皆中，於是詔進百戲，都盧尋橦，拍張觳觝，畢陳於前，羣臣從觀者皆有詩。

孝欽后上元撒金屑

孝欽后嘗於元夕取金葉屑一升臨高撒之，飄揚可觀，謂之金屑滿天飛。屑墮宮人頭額，謂之金花點額，凡受點者皆得賜食。

辛丑西安行宮之上元

光緒辛丑，孝欽后、德宗在西安，西安元夜燈火最盛，兩宮以年歲荒歉，宵旰憂勞，不許民間放燈。宮中惟以紙糊數燈懸於門楣，至十六夜後，卽命撤之。

正月開印

官署開印之期，必於正月十九、二十、二十一三日之内，由欽天監選擇吉日吉時，先行知照，朝服行禮，開印之後，則照常辦事矣。

正月送子

淮安有送子之俗，恆在元宵後二月初二日前。凡老年無子，及成婚多年而未育者，戚友咸送以紙糊之小紅燈，閒有用磚代者，此磚須取自東門外之麒麟橋塊，否則無效，蓋取麒麟送子意也。由送者先期擇日，備柬通知受者之家，臨時，約集十餘人，鼓樂大作，持燈或磚送往。受者則遠迓門外，以所送之燈或磚懸於望子者之床中，並以酒筵款待送者，他日得子，則有重酬。

二月朔之太陽糕

二月朔，京師市人以米麪團成小餅，五枚一層，上貫以寸餘小雞，謂之太陽糕。都人祭日者買而供之，三五具不等。

二月二日龍擡頭

二月二日,古之中和節也,都人呼爲龍擡頭。有食餅者,謂之龍鱗餅;有食麪者,謂之龍鬚麪。婦女亦停止針線,意恐傷龍目也。

孝欽后宫中之花朝

二月十二日爲花朝,孝欽后至頤和園觀剪綵。時有太監預備黄紅各綢,由宫眷剪之成條,條約闊二寸,長三尺。孝欽自取紅黄者各一,繫於牡丹花,宫眷太監則取紅者繫各樹,於是滿園皆紅綢飛揚,而宫眷亦盛服往來,五光十色,宛似穿花蛺蝶。繫畢,卽侍孝欽觀劇。演花神慶壽事,樹爲男仙,花爲女仙,凡扮某樹某花之神者,衣卽肖其色而製之。扮荷花仙子者,衣粉紅綢衫,以肖荷花,外加緑綢短衫,以肖荷葉。餘仿此。布景爲山林,四周山石圍繞,石中有洞,洞有持酒尊之小仙無數。小仙者,卽各小花,如金銀花、石榴花是也。久之,羣仙聚飲,飲畢而歌,絲竹侑酒,聲極柔曼。最後,有虹自天而降,落於山石,羣仙跨之,虹復騰起,上升於天。

吴興尚黄明

浙江吴興風俗,清明後一日,謂之黄明。鮑西岡鈔令吴興日,有詩曰:「喜見柔桑開雀口,清明明日又黄明。」又曰：「冷風疏雨過黄明。」

禪房送春

青浦城西南真静禪寺，水木清華，花竹掩映，勝境也。道光某年，陳東橋、潘溢塘、顧培真、莊茶村、蔡得硯於立夏前一日至寺作餞春會，寺僧若愚、脱塵亦與焉。酒酣，蔡成送春詩，情緒悽愴，合座爲之不歡。脱塵援筆和之，有「自此春心更寂寥」句，陳曰：「阿師得大解脱矣。」

浴佛節之緣豆

四月初八日爲浴佛節，宫中煑青豆，分賜宫女内監及内廷大臣，謂之喫緣豆，以爲有緣者方得啖之也。光緒間，駐京各使眷屬訂期四月初九日，覲見孝欽后於寧壽宫。外部侍郎聯芳奉派爲翻譯，先一日入宫，察看布置之是否合法。是日適爲浴佛節，孝欽與諸宫女方作投瓊之戲，大啖緣豆。聯芳趨經宫外，低首疾馳。孝欽遥望見之，大聲呼其名，聯驚而趨入，賜以緣豆一小碟，聯就階下跪啖，叩首謝恩而退。

端午龍舟

乾隆初，高宗於端午日命内侍習競渡於福海。畫船簫鼓，飛龍鷁首，絡繹於波浪間，頗有江鄉競渡之意，召近侍王公同觀。仁宗親政，亦屢循舊制。後以雨澤愆期，輒命罷演。

孝欽后宫中之端午

自五月初一日起，軍機大臣、尚書、侍郎，以及近支宗室、妃嬪、太監，均獻孝欽后以禮物，開列黄紙禮單進呈。中以洋貨爲多，太監輒以大盒盛之而入，孝欽留洋貨而已。

初三日，爲全宫獻禮期，均盛以黄盒，置大院中。隆裕后進自製之鞋及手巾荷包，陳設第一排，妃嬪宫眷所獻種類甚多。

初四日，爲孝欽回賞之期，視獻物之厚薄以答之。若宫眷，則人各一衣，銀數百兩。

初五日，大内演劇，所演爲屈原沈江故事。而宫眷所躡之履，則如小兒之虎頭鞋，且簪綢製之小虎於冠，孝欽所命也。王公福晉亦皆入宫賀節。

京師端午

京師謂端午爲五月節，初五日爲五月單五，蓋端字之轉音也。端午以前，世家大族，皆以粽相餽貽，副以櫻桃、桑椹、荸薺、桃杏及五毒餅、玫瑰餅。其供佛祀先者，則以粽、櫻桃、桑椹爲正供，亦薦其時食之義也。

五月二十三日分龍兵

京師謂五月二十三日爲分龍兵，蓋五月以後，大雨時行，隔轍有雨，故須將龍兵分之也。

展端陽

青浦朱香涇有月寧侯水神廟，每年端午將屆，衙署胥役輒斂貲賽會，迎其入城，備物齋之。水中賽龍舟，且有飾成鳳形虎形之船，船中有臺閣，有鞦韆，自初一至初五，無日不然。某年閏五月，好事者又爲展端陽之舉，復迓神入城，張燈演劇，士女塡咽，蓋道光以前事也。

七月喇嘛放頭會

蒙人奉達賴喇嘛爲神明，每年七月中有放頭會，與盂蘭勝會、水陸勝會略同。入會男女必輸金錢，多者，達賴爲之摩頂，或以木槌擊之，雖膚肉墳起，大如鷄卵，不敢言痛，且引爲慶幸，謂是年萬事如意，可免災害，且藉以稱雄於閭里焉。

七月初三日祓齋

七月初三至八月初三，爲回教祓齋之期，俗曰過年。期内日僅一餐，蓋日夜誦經持戒，直至中夜而始一食。七月杪，各家懸燈結彩，以誌慶賀。

宮廷七夕

七夕，宮中設果桌祭牛女，皇后親行拜祭禮，其神牌曰「牽牛河鼓天貴星君」，「天孫織女福德星君」。孝欽后嘗命以盆盛水置日光中，取小針數枚投之，針浮水面，則觀盆底影，以驗人性之巧拙。

廣州七夕

七月初七日，牛郎會織女之佳期也。廣州人尤重視之，凡家有閨女者，必拜七夕，所費頗不貲，以物品陳設多者爲貴，任人遊覽。

陳煒卿七夕詩

餘杭女史陳煒卿，名爾士，爲嘉興給事中錢儀吉之婦，嘗賦七夕詩，命意最高。詩云：「梧桐金井露華秋，瓜果聊因節物酬。卻語中庭小兒女，人間何事可干求。」

中秋泥塑兔神

中秋日，京師以泥塑兔神，兔面人身，面貼金泥，身施彩繪，巨者高三四尺，值近萬錢。貴家巨室多購歸，以香花餅果供養之，禁中亦然。

中秋後迷童子

廣州有迷童子之俗，多行於中秋節後之數夕，以其時月明如晝也。其法，先擇一童子，令合眼危坐，作法者乃先燒符一度。其咒語極簡。令數人手持香火，向童子前後畫圈搖拂。久之，童子即喃喃自語，衆乃呼曰：「師傅至矣。」復問曰：「師傅喜用刀耶，抑劍耶？」問至童子點首，即爲合意。衆乃以器械授童子，即能飛揚起舞，若有家法。及演畢，童子復卧倒，呼其名，即醒。或曰，是殆野鬼游神所憑藉也，願精於精神學者一研究之。

八月二十六日爲宫中節日

八月二十六日，爲宫中節日，蓋太祖未入關時，轉戰甚苦，一日糧絶，太祖及軍士皆以樹皮充飢，即是日也。故滿人以爲紀念日，屏除豪華，宫中尤重之，皆不食肉，以生菜裹飯而食，亦不用箸，以手代之，孝欽后亦然。蓋專制君主，每以土地人民爲私産，欲其子孫追念祖宗創業之艱難也。

京師九月九

京師謂重陽爲九月九，屆日，都人士輒提壺攜榼，出郭登高。南則在天寧寺、陶然亭、龍爪槐等處，北則在薊門烟樹、清淨化城等處，遠則在西山八刹等處。

展重陽

道光某年十月初九日，青浦諸聯招友集横雲山下，作展重陽會。丹楓烏桕間，清吟淺酌，俗客屏跡。歸舟泊小赤壁，以「復遊於赤壁之下」七字分體拈韻，題名石上，拍手曰：「此小小《燕然銘》也。」

十月朔

十月朔，南人有名之曰十月朝者，俗又謂之鬼時節，與清明同，有家祭，有墓祭，第非若清明之比户皆然耳。京都人民之祭掃也，所焚者，冥鏹之外，尚有以紙蕭成之衣，故亦謂爲送寒衣。

大内之十一月十二月年事

十一月初一日，宫中始燒煖炕，設圍爐，舊謂之開爐節。

十二月初八日，爲一大節，俗所謂臘八是也。宫廷極重此節，雍和宫熬臘八粥，則派王公大臣監視，而大員且有拜臘八粥之賜者，又必須以清晨覲見，碰響頭謝恩。二十四日，乾清宫庭中設萬壽燈八仙望子四架。二十六日，各宫殿掛門神對聯。二十八日，宫中及甬道東西兩廊設五色羊角燈。

十一月月當頭

十一月十五日，爲月當頭之期，小兒女恆徹夜不睡，以俟月之臨階，取影驗之。

冬至郊天

每歲冬至，太常寺預先知照各衙門，皇上親詣圜丘，舉行郊天大祭。前一日，御駕宿齋宫，午夜將事，壇上帝幄皆藍色，執事者衣青衣，王大臣服貂蟒。壇旁有天燈竿三，高十丈，燈高七尺，内可容人，以爲夜間駿奔助祭者之準望。屆期，正陽門列肆懸燈彩，上辛常雩亦如是，附近廟宇，不准鳴鐘擂鼓，亦不准居民施放鞭砲，以昭敬慎。

冬至胙肉納於懷

皇帝祀天圜邱，所受福胙，必納之懷，擕回齋宫，以示祇承天庥帝賚之意。亦以長至令節，北方隆寒，胙肉冰凌堅結，不至沾漬衮衣也。

冬至慶賀

光緒朝某年冬至，百官慶賀孝欽后表文一道，其文如下：「臣等誠懽誠忭，稽首頓首上賀。伏以淑則昭垂，尊養愜萬方之願；繁釐茂介，熾昌開百世之基。欽惟慈禧端佑康頤昭豫莊誠壽恭欽獻崇熙皇太后陛下，德協坤元，道隆豫順。椒闈式禮，宏燕翼之詒謀；蘭殿敷仁，衍鴻龐而啓運。普天錫慶，薄海臚歡。臣幸際熙朝，欣逢長至，伏願慈暉普蔭，四時和而玉燭長調；壽寓延洪，五福備而金甌永固。臣等無任瞻天仰聖懽忭之至，謹奉表稱賀以聞。」

九九銷寒

宣宗御製詞，有「亭前垂柳珍重待春風」二句，句各九言，言各九畫，其後雙鈎之，裝潢成幅，曰《九九銷寒圖》。題「管城春色」四字於其端。南書房翰林日以陰晴風雪注之，自冬至始，日填一畫，凡八十一日而畢事。

十二月封印

京師大小官署，例於每年十二月之十九、二十、二十一三日之内，由欽天監選擇吉期吉時，照例封印，頒示天下，一體遵行。

十二月打竈

十二月，禮部舉行打竈典禮。二尚書四侍郎咸升座，堂下盔甲手八人，佩箭上堂，見堂官行禮，與劇中演《四郎探母》番邦公主見駙馬爺之禮無異，禮畢，侍立左右。又有四人有頂戴者抬一簸箕，置堂上，又有以長筷擊簸箕者。

祀竈唱訪賢曲

乾隆一朝，大内祀竈，在坤寧宫行之。室有正炕，設鼓板，后先上至，駕臨，坐炕，自擊鼓板，唱訪賢一曲，唱畢，送神，乃還宫。至嘉慶時始罷。

庚子西安行宫之除夕

光緒庚子，德宗奉孝欽后西狩，即於西安度歲。除夕前數日，召行在官員有内廷差使者各賜綢緞數端。至除夕，德宗御便服小冠，冠頂綴紅絨結，垂肩黄絲穗，長尺有咫。内監皆服蟒袍，外罩青色半臂，而以藍布裹頭，如營兵。

清稗類鈔

氣候類

大沽口氣候

大沽口冬季約有三閱月之冰凍。四月至七月午後四時，潮漲高九尺至十尺。八月晨十時，潮漲高七尺。口外沙線起落無定，最大汽船不能進口，潮漲，則較次者可至塘沽。

宣化氣候之異

宣化去京師數百里耳，而氣候截然不同，以居庸關爲之隔也。自岔道至南口，中間所謂關溝，祇四十五里，而關北關南幾若别有天地。光緒乙酉五月下旬，有人入都，在宣化，衣則夾也；過居庸，衣則棉也；出南口而炎蒸漸盛，入都門而摇扇有餘暑矣。迨八月下旬，則寒風凜烈，木葉亂飛，已似冬初光景。曉起登輿，竟有非此不可之勢。前人詩云：「馬後桃花馬前雪，出關争得不回頭。」誠非故作奇語。蓋可以三秋如此推之三春也。

秦皇島氣候

秦皇島夏季熱度，最高當華氏表八十六度；冬，最低在零度下平均四十餘度。

長春氣候

長春卽寬城子，其熱度，冬夏均較奉天低五六度。冬至前後封河，二月杪三月初開凍。九十月至三月爲雪期，時或下雨。山水最大時在五六月，漲落甚速。

洮南氣候

洮南在長春西北，冬日寒甚，夏日午間之熱，乃或甚於關内。故其地種藝雖晚，而收穫反較關内爲早。雨澤極稀。

寧古塔氣候

寧古塔四時皆如冬，北斗在北，較内地微高。月出較早。七月露，露冷而白，如米汁。流露之數日卽霜，霜則百卉皆萎。八月雪，其常也，一雪地卽凍，至來年三月方釋。五六月如内地二三月，亦復有欲裸裎之時，日昃須入户矣。春多風，風烈，常十餘日不能出户。入夏多雹，雹下則黍苗殞。

黑龍江氣候

黑龍江四時皆寒，五月始脱裘。六月晝熱十數日，與京師略同，夜仍不能卻重衾，七月則衣棉矣。立冬後，朔氣砭肌骨，立户外呼吸之頃，鬚眉俱冰。出必時以掌温耳鼻，少懈則鼻準死，耳輪作裂竹聲，痛如割。宣統朝則漸暖，不似前此江水之七月即冰也。

上海大雪

江南地暖，上海居海濱，東鄰日出處，氣候尤和，每歲雪時，大小皆以寸計。咸豐辛酉十二月二十七、八等日，大雪至三晝夜，深至四五尺，港斷行舟，路絶人跡，老屋茅舍率多壓倒。時粤寇分股取川南，歇浦以東皆爲兵窟，爲雪所阻，遂踞巢不出。於是難民乘機逃者數十萬，其被擄者日服役，夜閉置樓上。時以雪地無聲，可免傷損，皆從牕中跳遁，因而得脱者又不知凡幾。

甘肅氣候

甘肅氣候，夏日微熱，冬嚴寒，頗具大陸之性。

西寧一晝夜備四氣

西寧氣候，冬日最冷時可至攝氏寒暑表零下二十度，夏日極熱時，華氏表不及九十度，常衣夾衣，甚或衣棉衣。青海沿邊一帶，每至夏秋，一晝夜而四氣皆備，晨衣棉，及午而易袷衣，午餘仍衣絮，入夜則可披氄裘。某君至柴達木，適在暑夏涼秋時，氣候忽變，其熱度高於西寧。夏時乾燥異常，日中蒸氣如釜，木葉自萎。貼麵餅於牆，曝而能熟，臨時可取食，隔宿則堅硬如石。牛羊肉不曝自乾，可醃爲熟脯。午後必衣紗葛，沙中熱至不能插足，不就林蔭，易致疾病。牲畜道斃者，一宿卽臭爛，故毒瘴特甚。往往百里無甘泉，必攜革囊木桶，盛淸水，調麵煮茶，有餘，分飲馬匹。然七月卽雪，雪至必裘，晨起卽融。秋日溫度常較海東爲高，土人云：「嚴冬始有積雪。」極寒時，河水亦積堅冰，至來春方釋。夏多雹，冰塊大如桃，百卉爲之殞。或有黑霜厚積如氈，則草木皆枯矣。大戈壁在其北部合黎山之南，當青海、安西之交，東自英額池起，西至柴達伊吉河止，南自布隆吉河起，北至邊界止，東西二百八十里，南北百六十里，面積四萬四千方里。其地質爲最細之沙，中含沙粒，小沙陀高低不一，沙之深雖不逮大漠，而過客鮮有度此者。戈壁之南無大山屏障，常遇暴風，發時塵埃蔽天，晝爲之昏。飛沙盤旋空中，高數十丈，沙邱沙淖一日數移。每遇風日晴和，沙浪閃爍，則成五色紋，早晚常有雲氣，結爲漠市，城郭宮室、人馬雞犬，歷歷可數。馬頭漸近，則一片荒沙耳，其奇幻與海市蜃樓正同。

伊犂炎熱

道光以前，伊犂天氣炎熱，焦鑠千里，人皆避入窨中，至夜始出。

雪嶺之寒

青海有雪嶺，其地有漢番僦居焉，天寒不能支，相率遷避。土垣頹圮，不可息處，過客率插帳而居。曉風凜冽，晝日蕭森。夜深，霜花簌簌有聲，無敢揭帳，揭則手腫不可握。涕沫凌封髭鬚，耳鼻麻木，指不敢捻，先用温水巾覆之，再近圍爐。行人以毡裹首，露二睛，俗名毡胄，戴之立雪中，兩頤猶冷如冰。古人所云「積雪没脛，堅冰在鬚」，猶未盡其狀也。有時風吹帳倒，則爇薪於上風以禦寒威，而後舉手，否則墮指裂膚，且凍死矣。

青海小島氣候

青海有小島，六月即雨雪，山之巔常年不消，然又不甚苦寒，夏有裸裎之時。四時多風，風必烈，拔木滚石。近岸至變爲平地，風起聞怪聲，山崩地裂，皆枯樹摧折之聲也。然山中又不甚苦風，以樹木層層遮蔽故耳。

永綏氣候

永綏僻處萬山，罕見人跡，氣候與内地迥殊，每值黑霧濛濃，對面不相見。且春夏霪雨連綿，秋冬霜雪早降。時下冰凌，屋溜凍結，自簷至地，其大如椽，謂之冰柱，苗人以木杵撞開，始能出入。城外雖稍平曠，然亦寒居十七，熱居其三，春多寒，仲夏猶時挾纊。立秋日晴，則後二十四日大熱，甚於三伏；是日雨，則涼暖不常。諺云：「秋風十八暴。」言雨多也。中秋前後，即衣薄絮，雪深尺許，則沍凍。冬雨，則轟雷。四境山多田少，漢與苗各因山之所宜，占四時之候，以爲種植，故所收多雜糧。沿邊一帶，人烟稠密，其節序寒燠，稍爲適宜。

廣州氣候

廣州天氣，寒燠不時，蓋地近温帶。冬令不見霜雪，嚴寒之日甚少，惟有時驟寒驟暖耳。十二月間，晨起僅可單衣，午後忽轉北風，即驟涼矣。六月間，遇西江水漲，或陰雨連朝，則又驟涼矣。每見地方官迎春時，身衣裘，而乃汗出如漿。元旦賀年，竟有持扇者。山陰俞壽羽鶴齡有詩云：「昨宵炎熱汗沾巾，今日風寒手欲皴。裘葛四時都在篋，無衣難作嶺南人。」光緒壬辰十一月二十八日忽下雪，次日嚴寒，簷口亦有冰條，木棉樹枯槁，數年始復活。聞道光間亦然。自壬辰以後，則屢有集霰之年，無復如咸、同間之和煦矣。

閩中冰雪

冰雪爲閩中所罕見，官場習慣，歲暮新正，必衣紫貂及各色狐皮，閩中實不需此。故有用銀鼠石鼠爲衣，以天馬皮出鋒者，亦異狀也。達官貴人新正賀歲，有強御貂裘者，無不汗流浹背矣。

成都氣候

古人謂成都常夜雨，又稱漏天，皆言雨水之多也。今則氣候温和，寒熱適度，晴雨亦均，惟春秋冬三季多陰雨耳。若晴，正月可夾衣，二月可單衣，三月則必冷，俗謂之凍桐子花。四月中旬可棉衣，五月或不熱，三伏日之熱亦不至華氏寒暑表百度。而七月上半月之炎熱與六月下半月同，八月初亦有熱至九十度以外者。九月初則多陰雨，俗稱濫九皇，可衣夾棉或呢絨。十月初可衣小毛，無大雪及大冰雹，而降雪時期，恆在交春之時。

川邊氣候

大相嶺以南多風，輒日中起，至夜中息。雅州氣候與内地略同。清溪較寒，盛夏猶着夾衣。大渡河一帶頗熱，越巂、瀘沽、西昌等處無盛暑。會理州四時和暖，無盛寒亦無盛暑。沙江一帶，自三月起卽異常炎熱，然一雨便成秋也。

金川雪牆

光緒甲辰八月，李心衡至金川，見控卡一路積雪不斷，四望皓如玉山。初甚驚訝，後聞陳遊戎大剛言：「歷夏日秋陽，照爍漸消，此特至薄時也。若自嚴冬至二三月，密雪層積，高及數丈，壓房屋且不見，乃驚人耳。」李曰:「駐防汛兵,何以得活耶?」疑其言似欺人者。陳曰:「不然,他日子自知之。」後李過懋功,時正月中旬也,初至山巔,一望無垠,輿馬逕度,若不知有城牆卡房也者。夫役等從他途就塘兵烤火,炊茶熟,請小憩。扶掖循路逕曲折入,如行小巷。坐塘房中,見房前雪高倍於屋,巉削似照牆。蓋汛兵日加鋤掃,開闢一線路,始得安作息,通行旅也。夾路雪牆,天光透澈,如琉璃屏障。門闢在望,往來行人不絕,惟輿馬不能過,直須屋上行耳。

西藏氣候

西藏天氣凝寒,地氣瘠薄,千山雪壓,六月霜飛。石多田少,五穀難成,有粟黍豆莜之産者,僅藏東巴塘彈丸地耳。

雲貴天氣

雲南多晴多風,貴州多陰多雨。

雲南之瘴

土司地方之氣候,大抵不良,平原之地,尤劣於山嶺。如臨安府屬之十五猛,普洱府屬之十版納,鎮邊廳屬之孟連、上下猛、允猛、角董,順寧府屬之耿馬、猛猛,永昌府屬之孟定、潞江、灣甸、登魯埂掌，騰衝府屬之芒市、遮放、猛卯、隴川，皆係著名煙瘴，入夏以後，内地之人莫不視爲畏途。

内蒙氣候

内蒙地處高原，距海面自二千尺至六千尺不等，帶山環繞東南，瀚海橫亘西北，水源缺乏，地氣薄弱。早晚甚寒，正午驟熱，正午與早晚有相差四十度者。平時西北風爲多，孟秋即下雪，白露前後。入冬井水亦凍，季春尚以雪充飲料，六月亦有下雪時也。

清稗類鈔

地理類 城寨附 道路附 橋梁附

全國環遊紀程

今欲環遊本國，周歷直隸、奉天、吉林、黑龍江、山東、河南、山西、江蘇、安徽、江西、福建、浙江、湖北、湖南、陝西、甘肅、新疆、廣東、廣西、雲南、貴州、四川二十二省及蒙古、西藏、青海等處，汽船汽車而外，所恃以爲交通之具者，人與馬騾所致力之舟車是也。

自江蘇上海縣至安徽懷寧縣

吳淞屬江蘇寶山縣。汽船沿江蘇境江蘇南北距四百里，東西距八百里，無高山峻嶺，而有揚子江橫貫其中。湖之大者曰洪澤，曰高郵，曰太湖。之黄浦江而下，水流浩瀚，東北行三十里，至吳淞口，爲光緒間所闢商埠，兩岸建礮臺，海口有燈塔，以便船舶夜行。有鐵道通上海，並由蘇州而達江寧。崇明縣屬江蘇太倉州。既出吳淞口，有島横扼揚子江即長江。入海之處曰崇明縣，蓋江水自上流挾沙至此，積滯而成也。長一百八十里，廣五十里，土宜植棉，島民約百萬。

江陰縣屬江蘇常州府。自吴淞入揚子江，由北口轉西北，經狼山，屬江蘇通州。以傍岸淤淺，下椗江心，行客至此，皆攜裝刺小艇以渡北岸之通州。其南岸爲福山鎮，屬江蘇常熟縣。江面寬廣，沙灘深淺不定。少頃西行，至江陰縣稍停，江之南岸有礮臺，設兵駐守，蓋此爲揚子江第一門户也。江陰以西有圌山，江面至此頗隘，水流峻急。

丹徒縣江蘇鎮江府府治。自江陰西行，至丹徒下椗，裝卸客貨，約半日之久，地爲通商巨埠，往來揚子江、運河間者必取道於此，故船舶雲集，貿易繁盛。租界臨江，土名銀山門，城東北有焦山，西南有金山。

江寧縣江蘇江寧府府治，一稱南京。越丹徒而南至江寧，江蘇省會也。商埠曰下關，在神策門外江岸，明太祖孝陵在朝陽門外。城中有秦淮河、莫愁湖、雨花臺諸勝。

蕪湖縣屬安徽太平府。自江寧泝江而上，過采石磯，屬安徽當塗縣。壁立千仞，最擅形勢，蓋已入安徽境安徽界江蘇之西，東西距七百餘里，南北距九百里。西南境多山，餘皆平衍。揚子江通其南，淮水貫其北，中有巢湖，水廣而淺。矣。由此而西經東、西梁山，水受山束縛，江面驟窄，礮臺夾江而守。至蕪湖，地在揚子江南岸，形勢便利，爲安徽最盛之商埠。

懷寧縣安徽安慶府府治。蕪湖西上至大通鎮，屬安徽銅陵縣。以客貨裝卸頗繁，亦椗泊焉。俄而西行至此，地當長江北岸，爲安徽省會，江水三面環城，西有衆山高聳，地勢雄壯。

鄱陽湖屬江西。自懷寧泝江西行，入江西境。江西東西距八百里，南北距千里，三面環山，惟省北地勢開展，控引江湖，土質肥腴，近湖之區尤勝。西境萍鄉縣有煤礦，且有鐵道二百餘里西通湖南醴陵，以資轉運。東北景德鎮瓷業之隆，甲於世界。過馬當山，遥望小孤山，高峯獨聳，峭立江心，上有小姑廟，巍樓傑閣，下臨無地，江流湍急，其西即湖口內湖外江。鎮。江水衝擊，聲如洪鐘者，石鐘山也。

自江西湖口鎮至南昌縣

自湖口鎮改乘小汽船南行，入鄱陽湖。湖長二百七十里，廣六十餘里，我國大湖當以此爲第一。

南昌縣江西南昌府府治。星子縣江西南康府府治。既至鄱陽湖，見有漁舟無數，知漁利甚溥也。過星子，則見廬山聳峙於前，山有白鹿洞。宋儒朱子講學之地。南行至吴城鎮，屬江西都昌縣。小泊，鎮當贛江入湖之處，至此而舟入江矣。冬令水淺，汽船不易駛。由此而南，至南昌，江西省會也。南昌以南爲贛江，水益淺，多灘，禾田兩岸相望，時見古塔。

自江西湖口鎮至湖北夏口廳

九江縣江西九江府府治。南昌之遊畢，返湖口，復乘汽船上駛。江流迅疾，五十里至九江，地居揚子江上下遊之中央，商務繁盛。租界在城西江干一帶，遥望廬山環亙，約數百里，西人率於山上避暑。

黄岡縣湖北黄州府府治。自德化西駛入湖北境，湖北居揚子江西遊，爲中原要地，東西距千二百里，南北距八百里，東西北多山，南路平坦。江、漢交流，湖陂相屬，故水陸運輸最爲利便。土質腴美，農業最豐，西境岡嶺縱横，礦産尤盛，大冶之鐵、夏口之煤皆已開採。至武穴小泊。過富池口，南北岸萬山拱合，上流爲田家鎮，形勢險要，自此而蘄州、湖北黃州府蘄州州治。黃石港、黃岡皆泊舟片時。黃岡城西北之赤壁山，屹立江濱，石壁皆赤色。東有宋蘇軾故居。夏口廳屬湖北漢陽府。舟過黃岡西北行，江流曲折，至夏口泊焉。地當揚子江北漢水東，爲京漢鐵道中樞，列肆之長約十里，水陸交便，貿易至盛，英、法、俄、德、日皆有租界。汽船至此，將仍泝江而下，以還上海。

自湖北夏口廳至武昌縣

武昌湖北武昌府府治。自夏口西渡漢水至漢陽，湖北漢陽府府治。其地有專製鐵板鐵軌之鐵政局。南渡揚子江，爲武昌，湖北之省會也，面江而負山。漢陽門上有黃鶴樓，燬於火矣。

岳陽縣湖南岳州府府治。自武昌復至夏口，改乘淺水汽船，西南溯江而上，過陸溪口三國時，周瑜攻曹操之地，亦稱赤壁。南入荆河口，洞庭湖、揚子江會合處也。入湖南境，湖南當洞庭湖之南，東西距九百里，南北距千里，全境多山嶺，其尤著者曰衡山，五嶽中之南嶽也。省北近湖之處多平原，水之大者曰湘、沅、資、澧，湘最巨。地質腴厚，産米、麻、煙、棉、茶、紙、木材，礦産尤多煤。南境瑤、苗雜處。近自漢口敷設鐵道縱貫本省之地，達於廣東省城。至岳陽。地爲湘省門户，租界在城北十五里，全省貨物出入，皆由此。城有岳陽樓，俯視洞庭，夙推名勝。

洞庭湖　長沙縣湖南長沙府府治。洞庭湖在湖南省東北，周九百餘里，爲五湖冠，多沙洲島嶼，君山尤大，近湖多沮洳之地。沿湖東岸行，入湘江，上溯，過湘陰縣，屬湖南長沙府。附近有汨羅水。楚屈原懷石自沈於此。南行至長沙，湖南之省會也。據湘江東岸，民物殷阜，後闢爲商埠。

自湖南岳陽縣至湖北宜昌縣

沙市屬湖北。宜昌縣湖北宜昌府府治。由長沙折回岳陽，復乘淺水汽船溯江上行，西北至沙市，貿易繁盛，俗稱小漢口，租界在鎮之西。自此而上，江中時有沙磧，舟人駕駛惟謹。至宜昌，泊焉，汽船之航路止於此。再上，則江水湍急，數里一灘，改賃民船，乃可上達。楚蜀客貨之轉運，必於宜昌上下，故爲巨埠。

自湖北宜昌縣至四川成都縣

三峽　自宜昌賃民船入川，溯江上行，兩岸石山壁立，煙霧繚繞，非亭午夜分，不見日月。前望衆山，迴環若甕，舟行至近稍一轉折，則豁然又開一境。過西陵峽、黄牛峽、巫峽，崖瀑飛流，破石堆聚，與風水相激，舟行偶不慎，則撞石粉碎。上行俱賴縴夫拖纜，至極險之灘，客必登岸步行，待舟過灘畢，始復登舟。

奉節縣四川夔州府府治。過三峽至巫山，入四川境。四川東西距二千餘里，南北距千餘里，地多山，雪山及北嶺之脈周於四境。揚子江流其南，省中鴉礱江、岷江、嘉陵江、烏江諸大川並匯焉。西南境有鹽井、火井。西有瞿唐峽，兩崖對峙，中貫一江，急水迴復。再上有灧澦堆，大石高十丈餘，突出江心，以水之漲落爲隱見，故舟行頗危。至奉節，江山高闊，地勢較平。有諸葛武侯廟、杜甫宅諸古蹟，城外沙渚有武侯八陣圖遺址。自奉節而西，江流沸湧，又多石灘，然猶不若巫山、瞿峽之奇險也。舟至是，可泊萬縣城下。

萬縣屬四川夔州府。地處衝要，商務繁盛，自此西上，灘險如前時。過忠州，四川忠州直隸州，州治有陸贄、白居易遺蹟。西南爲酆都縣，屬四川忠州。以境有豐水、平都山得名。小説家附會鬼山陰洞地獄閻王之説，可笑。至巴縣，泊焉。宜昌、巴縣之間，大灘二十一，小灘六十三，水勢湍急，間有一二淺水汽船，輒多阻滯。

巴縣四川重慶府府治。川東商埠也。地當嘉陵江、大江交會之處，而據其要道，三面臨水，城就峭壁爲之，依山之起伏爲高下，城中商肆民居鱗次櫛比。

宜賓縣四川敘州府府治。大江　自奉節溯江上駛，過七門灘，大石橫江，其數七，望之如門。至瀘州，四川瀘州直隸州州治。改賃輕舟，則以自此而上江流益狹，牽挽愈難也。西行至宜賓，泊焉。地當岷江、大江之匯，控扼通衢，蓋自出江蘇寶山之吳淞口，行四十餘日入大江大江發源青海，初名木里烏蘇江，旋東南流改名金沙江，以水雜金沙也。又曲折東北流，會犍犛江、岷江、嘉陵、漢水諸川，經雲南、四川、江西、安徽、江蘇諸省而入於海。至此乃止焉。

樂山縣四川嘉定府府治。成都縣四川成都府府治。自宜賓北泝岷江至奉節，沿岸多鹽場火井。峨眉縣屬四川嘉定府。境有峨眉山，爲著名勝境。北過眉州，四川眉州直隸州州治。復北行，江山平遠，風景如畫。至成都，三國時蜀漢建都於此，有漢司馬相如、諸葛武侯故居，城外有薛濤井，水可造紙。土潤而腴，民殷物阜，乃四川之省會也。

自四川成都縣至西藏

鐵索橋　居成都，定乘輿入藏之計畫，雇馱馬，延譯人。既定，遂遵陸西南行，經邛郲九折坂二十四盤而飛越，嶺聳峭盤折，勢如螺旋。渡瀘水，須步行過鐵索橋。橋以巨鐵索九條綳於兩岸，長三十餘丈，上鋪木板，廣九尺餘。俯視洪流，令人目眴足弱，河西百餘里，即康定縣也。

康定縣四川康定府府治。相傳漢諸葛亮征蠻時，曾遣將造箭於此，故一稱打箭爐。　此爲由川入藏之孔道，四圍皆山，形勢險峻。中有廢澗，敞若平地，有土城。番人聚族而居，多疊石爲碉樓，有大寺，喇嘛數千。內地人頗有往貿易者，川茶藏産，輒以此爲交易之所。

裏化廳一稱裏塘。巴安縣四川巴安府府治。　由康定西行，渡鵶礱江，江窄流急，岸有戍兵，行客皆以皮船以牛皮縫製，僅載一人一舟子。運渡。有大雪山，積雪常年不化。至裏化，小住，所遇皆食肉衣皮之番人，惟土司衣冠尚遵國制。　裏化西行五百餘里，至巴安，風土人情與裏化相似。

昌都縣四川昌都府府治，一稱察木多。　自巴安西行，渡金沙江，轉西北，入西藏境，西藏東西距五千里，南北距二千里，南境即喜馬拉雅山，爲世界第一高嶺，西北有葱嶺山，有崐崘山，皆高峻而有瀑布。故江河甚多，雅魯藏布江最巨，自西而東貫全藏之境，東南流折入印度界。怒江、瀾滄江皆發源於此。　則見山巔終年積雪，冬夏皆奇寒。沿途多劫賊，土人稱曰夾壩，商旅皆結隊行，執兵自衞。行一千五百里，始抵昌都，爲前藏門戶。有土城，番民築碉以居，毗連約數里，城下建營壘，列市肆，頗有都會氣象。

嘉黎縣四川嘉黎府府治，一稱拉里。　自昌都而西渡瀾滄江，旋經瓦合大雪山，五峯緜亙，天雪相連。復渡怒江上流，踰朔馬拉山、魯貢拉大雪山，其險峻視瓦合大雪山尤甚。至嘉黎，則已距昌都一千五百里。其地爲藏之咽喉，有營寨，地苦寒，積雪多陰晦。

拉薩　自嘉黎西南行，經高山數重，既過鹿馬嶺，則地勢平坦，路旁有温泉，自平地石罅中出，氣蒸而沸，濺沫，色如硫黃。經墨竹工卡，有水西流，即藏河也。至察里，俗傳釋玄奘西行自此至印度。風景和煦，山川平曠，多逆旅，皮船可徑渡。由此西行，接近拉薩，已抵中藏地矣。拉薩爲西藏都會，設駐藏大臣於此。東西約七八里，南北約三四里，居民五萬，率爲喇嘛。主教者爲俗稱活佛之達賴喇嘛，兼握政權，居布達拉大寺，寺在高阜之上，環門砌石爲牆，佛座最深密，羣僧侍焉。

甘孜州　自拉薩西行，路平地沃，乘木舟以渡雅魯藏布江。南爲厄木多克池，中有大島，僧寺壯麗。西南行，至甘孜。又南行十餘日，至亞東，其地爲藏南要隘，南距英屬印度界僅二百四十餘里。附近有營汛駐守，築邊牆，曰鎮西關。光緒二十年開爲商埠。遊畢，仍還甘孜。

日喀則　甘孜西北行二百餘里，至日喀則，即後藏也。左有當多汛，右有朋錯嶺，皆天然要隘。有大寺曰札什倫布，倚山面江，垣宇壯盛，班禪喇嘛居之。其遠近瞻禮受法傳戒者，與前藏布達拉寺相等，惟所屬喇嘛較少。又由日喀則城西南行，曲折二千餘里，至聶拉木，爲西藏南疆要隘，有道通尼泊爾都城，商賈多由之而入印度。

西藏之遊既竣，乃循舊路，沿揚子江而下，仍至漢口。

自湖北夏口廳至京師

至是而定北遊京師之計畫，易汽船而爲汽車焉。乃自夏口啓程，乘京漢鐵道汽車至灄口，陂塘相屬，地勢窪下。北經孝感縣，屬湖北漢陽府。出武勝關，峻嶺重岡，山脈雄厚。車行至此，穴山而過，約十餘里，北入河南境。河南古稱中原，東西南北相距各約千里，地勢西北多山，東南平衍。黄河横貫北部，洛河入之。東南有沙河、汝河，皆入於淮。近省之地當黄河下流，屢有衝決，民多苦之。至信陽州，屬河南汝寧府。過遂平、西平二縣，均屬河南汝寧府。郾城縣屬河南許州。而抵許州。河南許州直隸州州治。地益平曠，與南方風土逈異。北至新鄭縣，屬河南開封府。其西爲登封縣，屬河南河南府。境有嵩山，五嶽之中嶽也。高六千尺，周百二十里，三峯最高，中有峻極，東曰太寶，西曰少室。

開封縣河南開封府府治。自新鄭北至鄭縣，河南鄭州直隸州州治。開封在其東，河南省會也。地近黄河，屢遭水患。城西二十餘里，爲宋故都，有宋宫及艮嶽故址，並唐時猶太教所建教堂遺蹟。城南有朱仙鎮，爲四大鎮湖北之漢口、廣東之佛山、江西之景德及朱仙爲四大鎮。之一，舊時貿易甚盛。

黄河　鄭州北行四十里，至滎澤縣，屬河南鄭州。地濱黄河。黄河發源青海，與長江之源僅隔一山脈，東北流過甘肅省，出長城外，作弧背形，復入長城。南流經山西、陝西之間，至潼關，水勢寖盛。折而東向，横經河南、直隸、山東三省而入於海。河流挾沙，遷徙不定，每一汛至，氾濫數百里，輒成巨災。

汲縣河南衛輝府府治。黃河有鐵橋，上鋪軌道，以通汽車，長數百丈，鐵柱深入沙中。渡河行數十里，入汲縣界。旋見城郭壯麗，有衛河環其北，太行山在河南省西北境，緜亙數千里，山東省在其東，山西省在其西。峙其西。出城，渡衛河，有比干墓。過淇縣，屬河南衛輝府，有殷三仁故里。至宜溝驛。有周子貢故里。

安陽縣河南彰德府府治。自宜溝驛北行，經湯陰縣，屬河南彰德府，有宋岳飛故里，祠中樹枝皆南向。北至安陽。曹魏曾都於此。城之西南有山，產白石。由東北之臨漳屬河南衛輝府，有漢曹操銅雀臺故址。而北渡漳河，入直隸境。自元代建都，後明成祖由南京遷都於直隸之順天，後因之。南北距六千餘里，東西距千餘里，背山臨海。運河北流至天津，匯九河之水入於海。自北而西羣山重疊，有古北口、獨石口、張家口，外制蒙古，屹然天府。其南湖泊至多，有魚米之利，惟北境高寒，冬令多墐户以居。高阜纍纍，遥望之有七十二，或曰此曹操疑塚也。北行至磁州。

磁州屬直隸廣平府。正定縣直隸正定府府治。磁州盛產煤，多陶户，其地山明水秀，略似江南。由此北行，過邯鄲縣，屬直隸廣平府，古趙國所都。經沙河縣，屬直隸順德府。四望平沙，或積成邱阜。北由邢臺縣直隸順德府府治。而至正定，自正定以西，別築鐵路達山西之陽曲縣，山西太原府府治。長五百里。

清苑縣直隸保定府府治。自正定北行，過定州，直隸州州治。其西山嶺蟠曲，爲北嶽恆山之支脈。北至清苑，直隸之省會也，商賈雲集。自京而西至晉、秦、隴、蜀諸省，皆由此。

涿州屬順天府。出清苑北行，渡易水，道左有碑，記燕太子丹送荆軻入秦事。北至涿州，蜀漢昭烈帝及其將張飛故里。出城渡永濟橋，橋跨拒馬河，長可里許。北過良鄉縣，屬順天府。經蘆溝橋，其下卽桑乾河，橋左別建鐵橋，汽車行其上直達京師，穿西便門城缺處，至正陽門西車站止焉。蓋京漢鐵路，南起漢口，計程二千八百里，至此而盡。

京師　京師在直隸省，別之曰順天。居白河之西，分內外二城，外城七門，周三十八里，有琉璃窯，其附近有琉璃廠。內城九門，在外城之北，周四十里，皇室在焉。國子監在城東北隅，中貯石刻經文及周時石鼓。城東南有觀象臺，高十丈，儀器皆備，又有各國使館。內城之中曰皇城，周三千六百餘丈，皇城之中曰紫禁城。西華門之西通皇城南北曰西苑，中分南北中三海。神武門北有景山，煤石所成，頗高峻，其上有亭臺。

自京師至山西陽曲縣

當發軔之始，附乘京漢鐵路汽車，南至正定，小住。旋易正太汽車西行，渡滹沱河，有漢光武帝麥飯亭，河流迅疾，深淺不常。過獲鹿縣屬直隸正定府。而西，山徑迴復，地勢險峻。過井陘縣，屬直隸正定府。縣北有山曰井陘，亦太行山脈，其山四面高平，中下如井。

陽曲縣　井陘以西，爲山西境。山西北跨長城，東界直隸，南接河南，西鄰陝西，東西約距六百里，南北約距千餘里。近北地高山多而少雨，西南俱以汾河爲界，中有汾河爲本省巨浸，濱河之地平坦腴沃。西過壽陽縣，屬山西平定州。至楡次縣，屬山西太原府。北五十里卽陽曲，山西之省會也。西臨汾河，爲往來秦、隴、蜀、藏之通道。

自山西陽曲縣至新疆和闐縣

臨汾縣屬山西平陽府。自陽曲西南行，傍汾水東岸，經徐溝縣、祁縣、均屬山西太原府。平遙縣屬山西汾州府。而至介休縣，屬山西汾州府。南有緜山。晉介之推隱此。沿汾水而南，至靈石縣，屬山西霍州。有古石，高六七尺，非鐵非石，叩之有聲。西南至臨汾縣。

潼關　華山　越臨汾西南行，至侯馬，渡澮河，抵聞喜縣。屬山西絳州。西南經永濟縣，山西蒲州府府治。復沿汾水東岸，南渡黃河，入陝西境。陝西古稱關中，東西距七百餘里，南北距千三百里，唐以前歷代帝王多建都於此。地勢南北皆山，中央平坦，秦嶺橫亙其中，渭水流其北，漢水流其南，黃河自長城外南流而爲省之東界，渭水入焉。渭水流域東距黃河，南界秦嶺，北繞長城，萬山中有險仄之徑可四達，故爲西北扼要之區。兩山夾流，黃河自北來，至此折而向東，所謂河千里而一曲也。至潼關，倚山據河，乃爲天險。西至華陰縣，屬陝西潼州府。其南有華山，卽西嶽也。洞壑峯巒，爲五嶽之冠，最著者爲蓮華峯，峯勢相連，視泰華差小，故名少華。

長安縣陝西西安府府治。　自華陰西行，過華州、屬陝西同州府。渭南縣屬陝西西安府。至臨潼縣，屬陝西西安府。有溫泉，出驪山下，卽古華清池也。復西行五十里，抵長安，北環渭水，南屏終南，頗占形勝。城周四十里，濠廣八丈，本金、元舊址，明永樂時增修之。由東門入，見東北隅尚有小城周九里，明秦王藩城。向西轉南，則唐故宮之遺址，猶有存者。

咸陽縣屬陝西西安府。平涼縣甘肅平涼府府治。　自西安西行，渡渭水，北至咸陽。西北行至邠州，陝西邠州直隸州州治。有大佛寺，穴山爲屋，有石像。循涇水西北行，入甘肅境，甘肅居本部之西北隅，東西距三千六百餘里，南北距二千四百里。氣候甚寒，四月猶或飛雪。地多山嶺沙磧，惟沿黃河兩岸土壤腴美。黃河之外，有渭河、洮河，水急不便行舟。至涇州。甘肅涇州直隸州州治。居秦、隴東西之衝，衆山環峙，涇、汭分流，一咽喉要塞也。西北至平涼，西城有崆峒山。

皋蘭縣甘肅蘭州府府治。 出平涼而西，踰六盤山，沿途土人多穴處者。西抵皋蘭，爲甘肅省會，居黃河南，爲通西域之咽喉。皋蘭山環城而峙於南，人民漢、回雜處，富庶甲西部。

西寧縣甘肅西寧府治。 出皋蘭城西行，過黃河浮橋，以船爲之。又西行，經碾伯縣，屬甘肅西寧府。有四望山，道險狹，漢趙充國略定西羌，以此爲形勝之地。西至西寧。萬山迴合，近接青海，漢、番土產之互市在此。自此而西，踰日月山，即入青海境。青海古爲西羌，有湖曰庫庫淖爾，大如海，故名。東西距二千里，南北距千里。地勢甚高，東有祁連、西傾諸山，山巔恆積雪，巴顏哈喇山麓高出，其東之鄂陵、札陵二湖約三百里，有噶達素老峯者，上有池水噴出，作金色，黃河之源也。其西犂石山，則揚子江之源也。地氣沍寒，人民以蒙古族爲多。

張掖縣甘肅甘州府府治。 自青海復至西寧，東北行，經大通縣，屬甘肅西寧府。北至永昌。屬甘肅涼州府。西北行，至張掖。西南有祁連山，產木，水草亦美。西行四百里，經肅州，甘肅肅州直隸州州治。又西北七十里，至嘉峪關，爲萬里長城極西之端。

哈密廳新疆哈密直隸廳廳治。 出嘉峪關，道左有天下雄關碑。更西行，沙磧浩浩，已入大戈壁。其地崇岡疊阜，高澗深溝，有九溝十八阪之目。經安西州，甘肅安西直隸州州治。西北行山磧中，旬日不見草木，水鹵不可飲，必攜食水自隨。至哈密，始入新疆境。新疆爲我國極西屏蔽，本西域回部，官軍征而有之，光緒壬午置行省。東西距七千里，南北距三千里。地勢高峻，大山東西橫亙，分爲南北兩路，南路半屬戈壁，間有沃壤，北路土脈較腴。川之大者，北有伊犂河，南有塔里木河。民族龐雜，除漢族外，有駐防之滿洲及蒙古、纏回各族。纏回以布纏頭，與內地普通裝飾之回人異。

又有哈薩克、額魯特、準噶爾等人。而户口蕃廣必推纏回，故稱之曰回疆。爲新疆之門户，城小而固，有大渠一道引而注之，產瓜極甘美，附近有回城，回人居之。

吐魯番廳甘肅吐魯番直隸廳廳治。自哈密循南路而西，折而北行兩山中，以避風戈壁風戈壁者在山之南，綿亙數千里，春夏多怪風。之險，經鄯善縣，屬新疆吐魯番廳，一稱闢展。亦都會也，西至吐魯番。再西南行，至托克遜，自此而西，用紅錢。西行至焉耆府。一稱喀喇沙爾，與吐魯番皆有戍兵。

阿克蘇縣新疆温宿府府治。自焉耆西行，渡海都河，復西行，達庫車州，新疆庫車直隸州州治。經拜城縣，屬新疆温宿府。至阿克蘇。峭岸如削，其上平衍，回城依其麓，縣城在其西。

莎車縣新疆莎車府府治，一稱葉爾羌。阿克蘇以西，尤荒僻，無廛肆。西南渡葱嶺大河，抵巴楚州，屬新疆疏勒府。復西南行，至莎車。爲南路大城之一，周十餘里，城内東南隅有古塔，周約十二三丈，中有盤道，至頂三十餘丈，有市，長約十里。罪人之流戍新疆者，多居此城。

疏勒縣新疆疏勒府府治，一稱喀什噶爾。自莎車西北行，經英吉沙爾廳，新疆英吉沙爾直隸廳廳治。有界牆，回民居南，戍兵居北。西北至疏勒，爲回疆最西大城，城新舊各一，回民居舊城，新城在其西北，戍兵居之。其地爲西域要津，是以村落繁密，貿易興盛。

和闐州新疆和闐直隸州州治。自疏勒返莎車，東南行約六百里至和闐城。居崐崙山北麓，有和闐河、克里雅河之灌溉。自和闐南行，可達西藏，惟山路險惡，瘴癘逼人，故行旅絶少。

自新疆阿克蘇縣至京師

南路之行既竣，折回阿克蘇，策馬北行，踰木蘇爾嶺。嶺長百里，堅冰巨石互結而成，間有裂痕，其下無底，登陟必以冰梯，冬夏積雪，無鳥獸草木，徧山惟見馬骨。

綏定縣新疆伊犂府府治，一稱惠遠城。既踰冰嶺，復經數山，渡伊犂河，即至綏定。其地山渠交錯，土膏沃衍。自綏定東行，爲天山北路，東經精河廳，新疆精河直隸廳廳治。形勢險要，多鹻地。又東經烏蘇廳，新疆庫爾喀喇烏蘇直隸廳廳治。水土清腴，東行至綏定縣。城鄉富庶，流水繞村，風景一如内地。

迪化縣新疆迪化府府治，一稱烏魯木齊。自綏定東南行，經昌吉縣，屬新疆迪化府。至迪化，新疆省會也，商業甚盛，富庶甲關外。城西有沙岡，城東南有博克達山，山極高，冰雪積歲不消。

自迪化東北行，至古城，亦繁盛，有要路可通蒙古。自此東行，經奇臺縣，屬新疆迪化府。地絶戈壁，居天山之陰，上無飛鳥，下無青草，所謂窮八站也。

鎮西廳新疆鎮西直隸廳廳治，一稱巴里坤。過窮八站東抵鎮西，亦在天山之陰。城西北有巴里坤湖，古名蒲類海，後漢竇固追擊呼延王至此。源出天山北麓，西北流匯爲巨浸，天山以北之水泉，此爲最大，繞湖多良田，亦宜畜牧。城東別有城，舊爲滿洲兵所居。南通哈密，北有要道可達蒙古。

科布多科布多辦事大臣所轄者，爲杜爾伯特四旗，輝輝特二旗，明阿特、札哈沁各一旗，阿爾泰山辦事大臣所轄者，爲新和碩特、新土爾扈特各一旗，阿爾泰烏梁海七旗。烏里雅蘇臺在外蒙古三音諾顔部之西。自鎮西北行，入蒙古境，蒙古北接俄屬西伯利亞，爲大高原，東西距五千三百里，南北距二千七百里。大沙漠曰戈壁，西人新疆，水草俱絶，漠南曰内蒙古，漠北曰外蒙古。經札薩克圖在外蒙古。西部，踰巴彦達爾克嶺，西北行抵科布多城，科布多全部之首邑。與其北烏梁海部之地，並多湖泊。東行千三百里，抵烏里雅蘇臺。西北杭愛山，相傳卽古燕然山，漢竇憲勒石紀功之處。高大際天，東接興安、肯特諸山脈，附近川流多發源於此。

庫倫外蒙古土謝圖部之東北。買買城　自烏里雅蘇臺東行，至薩伊爾烏蘇，折向北行，至庫倫。據土拉河之濱，土人多爲喇嘛，活佛卽居此。地當俄國商路，直北有買賣城，與俄境恰克圖僅隔一栅。

張家口直隸張家口廳治，一稱張家口。居庸關　自庫倫東南行，經車臣汗部在外蒙古。之西，行戈壁中，而抵四子部落。在内蒙古烏蘭察布盟。復東南行，入直隸境，至張家口，是爲北入蒙古西至山西之要道。東南行六十里，抵宣化，直隸宣化府府治。地近邊牆，爲直北孔道。東南行，經土木堡、榆林堡，抵居庸關，巨石危崖，交聳互峙，中有溝澗，夏秋漲而冬枯。自此東南行，經昌平州，屬順天府。還至京師。

自京師至東三省仍還京師

天津縣直隸天津府府治。自京師乘汽車，循京漢鐵路西南行，踰南苑而東，過黄村、楊村，均屬順天。有大鐵橋長里許，沿白河東岸南抵天津。地爲白河、運河會合之處，距海尤近，有各國租界。

塘沽　開平均屬直隸。自天津沿白河東行，爲京奉鐵路線，其地盛産鹽。抵塘沽，汽船進口，當水淺時輒於塘沽下椗。其外卽大沽口，形勢扼要，爲京津咽喉，口門向有堅固礮臺，經光緒庚子拳亂而毁平。自塘沽折而東北行，所經者爲蘆臺、唐山、均屬直隸，唐山有大煤礦。開平、山海關、在直隸臨榆縣東，一名榆關。秦皇島等處。自開平東北行，經灤州、屬直隸永平府。昌黎縣，屬直隸永平府。抵山海關，爲長城極東之始。其地亂山高峻，逼臨海岸，關東北路甚狹，誠要隘也。其南曰秦皇島，突出海中，冬不凍，便於泊舟，故亦開爲商埠。

錦縣奉天錦州府府治。營口廳奉天營口直隸廳廳治。出山海關，循京奉鐵路入奉天境。奉天南北、東西相距各千里，長白山峙其東，醫巫閭橫其西，其巨川則西有遼河，流域之長直貫全境，東有鴨綠江，與日本之屬地朝鮮畫江而守，南部瀕海之地尤多佳港，嚴冬不冰。東北經寧遠縣屬奉天錦州府。而至錦縣，地臨遼東灣，商業頗盛。鐵路自此向東，隨遼東灣之勢，曲折而南，抵營口，地當遼河入海之左岸，汽船可溯遼河而上駛也。

大連灣 旅順兩地向爲俄人租借，俄敗於日，日據之。自營口東南行，至大石橋，附南滿洲鐵道，爲日本所有。車至蓋平縣，屬奉天奉天府。大野無際，迤西爲遼東半島，沿途皆日俄戰爭遺跡。南過熊岳城，有古時烽火臺。至金州廳，屬奉天奉天府。其南即大連灣，金州西南爲旅順口，外有黄金、饅頭諸山之險，內港廣闊，可泊大隊軍艦。我國原有礮臺船隝，俄人既租，益運礮築臺，天險人爲，俱臻其極，故光緒甲辰日俄之役，日軍猛攻數月，始能克之。

遼陽州屬奉天奉天府，遼京也。瀋陽縣奉天奉天府府治，舊爲陪京。自旅順復返蓋平，北至海城縣，屬奉天奉天府。商務繁盛。再北，道旁有温泉二，過鞍山堡，日俄苦戰之地。北至遼陽，當太子河南，爲至營口、旅順、朝鮮之要道。東北至瀋陽，奉天省會也。東北有天柱諸山，嵯峨拱峙，而又西帶遼河，北距渾河焉。

鐵嶺縣　開原縣均屬奉天奉天府。　出瀋陽北門，則西北隆業山遠望可辨，渡溪越邱而過懿路驛。有古城址。北至鐵嶺，爲奉天北路咽喉，自昔遼河水運，皆以其地爲北端。再北則爲開原城，商業亦盛，西南隅有塔，作八角形，角置佛像高十五丈。相傳爲唐代所建。開原北通昌圖縣，奉天昌圖府府治。中隔威遠堡門。

長春縣吉林長春府府治，一稱寬城子。吉林縣吉林吉林府府治，一稱船廠。　出開原東北行，泝開原河，經葉赫站，北渡葉爾蘇河，遼河之源也，北入吉林省境。吉林古爲滿洲地，南北距千餘里，東西距約倍之。山嶺蟠結，大者爲長白山，東自寧古塔西至奉天，諸山皆發脈於此山，巔有潭爲鴨綠、混同、圖們三江之源。混同上游曰松花江，自長白山北流，會嫩江、黑龍等江入海。他若圖們之入朝鮮，鴨綠之趨奉天，皆尤著者。　由吉林省會而至長春，其地爲伊通河左岸，西北直接內蒙古草地，市肆繁盛。東至吉林，則在松花江左岸，遥望長白山支峯，約略可見。

琿春廳屬吉林寧安府。　由吉林東行，出入山中，經諸窩集，俗呼森林爲窩集。則落葉積數尺，礙行路，泉水爲之阻滯，至鄂赫穆站，地始平坦。南經敦化縣，屬吉林寧安府。東南行，涉川越嶺，即至圖們江岸，與日屬朝鮮夾江相望。至琿春，則我國與俄接界之要地也。

寧安縣吉林寧安府府治，一稱寧古塔。依蘭縣吉林依蘭府府治，一稱三姓。　自琿春北行，多山谷，越老松嶺，長數十里，北至寧安，其地在瑚爾哈河左岸。自此北行，越東清鐵道，沿瑚爾哈河左岸，道路俱鏟削峻嶺而成，經八站二十餘棚，至依蘭，則其地實臨松花江。

濱江廳屬吉林雙城府，一稱哈爾濱。呼蘭縣黑龍江呼蘭府府治。龍江縣黑龍江龍江府府治，一稱齊齊哈爾。　自依蘭而西行，過賓縣吉林賓州府府治。以至阿城縣，屬吉林賓州府，一稱阿勒楚喀城，南有金黄龍府遺蹟。爲西北都會，東清鐵道經之。復乘汽車北行，抵濱江，地爲東三省鐵道中樞，故日見繁盛。北渡松花江，入黑龍江省境。黑龍江東西距三千一百里，南北距千二百里，與俄屬地接壤。興安嶺自西北入境，直貫本省全部而入蒙古。川之大者曰黑龍江，源出喀爾喀，匯集衆流東入混同江。又有嫩江，源出伊勒古爾山，南流會諸小水入松花江。省城東北有嫩江縣，即墨爾根城，爲嫩江上流要埠。東北隅有愛琿廳，據黑龍江南岸，與俄境劃江爲界。漠河有大金礦，產金至盛。經呼蘭南，有金時五國城，宋徽、欽二宗被羈於此。附近皆沃壤，西北經蒙古界而至龍江，爲黑龍江省會，當嫩江左岸，分内外二城。

扶餘縣吉林新城府府治，一稱伯都訥。自龍江沿嫩江南下，經蒙古草地，見東清鐵路自西北來，直達濱江。沿嫩江一帶，漁户弋人頗多，江中有小汽船行駛。過三河口，江流浩瀚，復入吉林省境。至新城，城濱松花江岸，商船麕集，素稱要地。東南行至陶賴洲，復附汽車，渡松花江，至農安縣，屬吉林長春府。西門外有高塔矗立。南行，復至長春。

法庫門屬奉天。新民縣奉天新民府府治。承德縣直隸承德府府治，一稱熱河。自長春舍舊路，循邊牆之西以行，入奉天省境，經懷德、奉化二縣，均屬奉天昌圖府。至昌圖縣。其南通江口，爲遼河上游要埠。南行穿法庫門，爲滿洲陸路貿易要道。西南沿遼河行，至新民，街市繁盛。自蒙古運進馬匹甚多，欲至瀋陽，則尚有約二小時汽車之行程焉。西南行經鎮安縣，屬奉天新民府。廣寧縣，屬奉天錦州府。義州，屬奉天錦州府。踰九台門，復入直隸境，至朝陽縣，直隸朝陽府府治。又西至承德。自此西行，經灤平縣，屬直隸承德府。入古北口，西南行，經密雲縣，屬順天府。返京師。

自京師南航運河至浙江鄞縣

通州屬順天府。滄州屬直隸天津府。出京師朝陽門，登舟，所過閘壩甚多，東至通州，水陸之衝要也。順流南下，至河西務，爲京津水陸之咽喉。南過丁字沽，至天津。自此西南行，泝運河，逆流而上，過楊柳青，津南沃壤也。至静海縣，屬直隸天津府。南有太公釣臺。過青縣，屬直隸天津府。南至滄州，又南過南皮縣、屬直隸天津府。東光縣，屬直隸河間府。入山東省境。山東古爲齊魯地，東西距千二百里，南北距七百里。東部濱海多山，黄河自西南來，横貫本省，東北流入海。運河縱貫本省，爲南北通衢。有商埠曰芝罘，亦稱煙臺，與東三省相距海面僅百餘里。其東曰威海衞，租與英國，爲其遠東海軍屯戍之所。東南即膠州灣，亦良港也，德國租借之，并築鐵道至濟南，經濰縣、周村鎮等地，商務亦甚盛。

德州屬山東濟南府。歷城縣山東濟南府府治。沿運河以入山東，首至德州。自此賃車陸行，過平原縣，屬山東濟南府。曠野平疇，榆柳葱蔚。又過齊河縣，屬山東濟南府。渡大清橋，其下即黄河。自此而東，遠山聳翠，皆泰山支脈也。至歷城，爲山東省會，城中掘地僅尺許即見清泉，所謂濟水伏流也。有大明湖，楊柳芙渠，一望無際，或比之浙江之西湖。

泰山　孔林均在山東曲阜縣。自歷城至泰安縣，山東泰安府府治。則見泰山在其北，即東嶽也。山多石，石罅有松，少雜樹，其陽汶水西流，其陰黄河東流，最高之峯曰岱頂，岱頂之東有日觀峯，日出時多奇景。復自泰安南趨，渡汶水，經徂徠、梁父二山，對峙若門闕，其南平疇沃衍，泗水西流。孔林在泗水南十餘里，松柏森森，有蓍草生其下，即孔子之墓也。其南曲阜縣，屬山東兗州府。城内有孔子廟堂，聖裔衍聖公世守之。曲阜之南爲鄒縣，屬山東兗州府。孟子故里也。由鄒縣西行至濟寧州，山東濟寧直隸州州治。復登舟，順運河南下。

清江浦屬江蘇清河縣。淮安縣江蘇淮安府府治。自濟寧東南行數里，一閘貫獨山湖，過微山湖口，入江蘇省境。南至宿遷縣，屬江蘇徐州府。爲水陸衝衢，其南有黄河故道。昔河流經此入海，後改北向，故名此曰淤黄河。又南至清江浦，蓋南北衝要之大埠也，又南至山陽。有漢韓信釣臺遺蹟。

江都縣江蘇揚州府府治。武進縣江蘇常州府府治。舟經山陽，南過寶應縣，屬江蘇揚州府。至高郵州，屬江蘇揚州府。地多湖，高郵以南始有田。南至江都，則地當南北水陸之衝，商業稱盛。又南至瓜洲口，渡揚子江，見金、焦二山南北對峙。過丹徒縣，南至丹陽縣，屬江蘇鎮江府。有練湖之勝。東南至武進，民物豐阜，人稱樂土。

無錫縣屬江蘇常州府。吴縣江蘇蘇州府府治。自丹陽而東有山，緜延百餘里至無錫，蓋九龍山也。南峯曰惠山，惠山之東曰錫山，登惠山，飲石泉，清洌而甘。其南曰陽山，陽山以南，巍然而葱鬱者，靈巖、穹窿、支硎、元墓、上方諸山也。靈巖之東，林木陰翳，其高出樹杪而秀者，曰虎邱。虎邱而南六七里至吴縣城，富庶爲江蘇之冠，所闢商埠，曰青陽地。

太湖在江蘇吴縣。嘉興縣浙江嘉興府府治。自吴縣南行，有寶帶橋橫跨澹臺湖上，其外即太湖地。古號具區。周八百里，中多山，山之大者曰東、西洞庭。南出吴江縣，屬江蘇蘇州府。過八坼、平望，均屬江蘇吴江縣。有鶯脰湖，南入浙江省境。浙江東爲海，南接福建，西鄰安徽、江西，北界江蘇，東西約距六百里，南北約距八百里。西南多山，東北平坦，由西南而東北畫爲二域。錢塘江貫其北，甌江流其南，運河自杭州流入江蘇境。其闢爲商埠者爲杭、鄞、永嘉三縣，而杭、鄞二關貿易尤大。

紹興浙江紹興府府治。鄞浙江寧波府府治。　自杭州浙江杭州府府治。東渡錢塘江至西興，屬浙江蕭山縣。過蕭山縣，屬浙江紹興府。至紹興。山巖環繞，泉水清甘，地產名酒。由紹興東經餘姚縣屬浙江紹興府。至鄞，爲通商大埠，租界在江北岸。

自浙江鄞縣至福建馬尾

定海縣直隸廳治。普陀屬浙江定海縣。　自鄞乘汽船東駛抵鎮海縣屬浙江寧波府。口，甬江入海處也，口外有山嶐然，曰招寶山。傍山右行，島嶼萬千，島之大者曰舟山，周百五十餘里，其南爲定海，孤懸海外之一島也。舟山之東僅三里，曰普陀，滿山佛寺，僧徒數千，山麓有潮音、梵音諸洞，海水激盪有聲，西人至夏季輒往避暑。

永嘉縣浙江溫州府府治。三都屬福建。　越定海而南，環舟有島嶼羅列，經三門灣，浙海之佳港也，南至溫州灣。溯甌江上駛，有孤嶼山峭立中流，宋高宗嘗駐此。山麓有江心寺，內祀宋文天祥。租界在南岸。自此南駛，入福建省境，福建爲古閩地，東西距九百里，南北約距千里，東南濱海。全境多山嶺，武夷、梁山、天姥爲名勝之最。川之大者曰閩江，源出南平縣界，曲折東南流，至福州之五虎門而入於海，流急多灘。氣候暄煖，罕見霜雪。民俗勤儉善貿易，多經營於南洋各島。至三沙灣。灣有小島，曰三都，周二十里，已闢爲商埠。

自福建馬尾至廣東番禺縣

馬尾屬福建閩縣。閩縣福建福州府府治。自三都南至閩江口，入江上溯至馬尾，有船政局，兩岸有礮臺。其南小山之上，有六角大塔，曰羅星塔。由此改乘小汽船上駛，兩岸巖石高聳，河面漸窄，抵南臺島，南有倉前山，租界在焉。有浮橋，達閩縣，爲福建省會，據閩江左岸，多榕樹，故又號榕城，近東門有温泉。

厦門廳屬福建泉州府。汕頭屬廣東澄海縣。香港原屬廣東現爲英屬地。九龍屬廣東香山縣爲英所租借。由閩縣出閩江口，南駛經臺灣海峽，風濤至爲險惡。至厦門，則北至遼海，南至粵海，皆有海舶往來，故貿易極盛。相距約三里曰鼓浪嶼，亦闢爲商埠。南行入廣東境，廣東爲古粵地，故又稱粵省，東西距千九百里，南北距千三百里。山嶺盤繞，北境大庾嶺與江西、湖南分界，南境面海，西南一帶伸出海外若鵝頸。有珠江匯東、西、北三江之水南流入海。氣候温暖，壤地膏腴。南部菁華所萃，故商埠爲上海之亞。經南澳島西行，折入汀江口抵汕頭。西行，抵香港，英人歷歲經營，商業隆盛，設府治曰維多利亞，有議政、定例二局。其對岸有九龍半島。九龍沿海水深可泊巨舟，英人築礮臺建船塢，與香港水陸防護均極嚴重。

澳門原屬廣東香山縣，今爲葡屬。廣州灣屬廣東遂溪縣，今爲法租借地。瓊山縣廣東瓊州府府治。北海在廣東合浦縣南。番禺縣廣東廣州府府治。自香港而西達澳門，西南行至廣州灣。南行抵瓊州海口，孤懸海外，貿易不盛。西北行至北海，外國貨品之輸入廣西者，多由此埠運往。自此折回至澳門，入珠江口，虎門礮臺在焉。至白鵝潭下椗，其旁曰沙面，租界也。與城隔一河，城北越秀山有鎮海樓。

自廣東番禺縣經雲南蒙自縣至江蘇上海縣

佛山鎮屬廣東南海縣。蒼梧縣廣西梧州府府治。臨桂縣廣西桂林府府治。自番禺循粤漢鐵道，西抵佛山，爲廣東第二大埠，貿易興盛。西至三水縣，屬廣東廣州府。當東西北三江之衝，水陸便利。自此乘汽船泝西江上駛，抵高要縣，廣東肇慶府府治。民物饒裕，爲兩粤往來要區。西行入廣西省境，廣西爲古桂林郡，故又稱桂省，東西距千二百里，南北距七百里。東南萬山參錯，川之大者曰西江，發源雲南，曲折流横貫本省，合桂、林二江之水，東入廣東之珠江，惟地多煙瘴。山中有瑤、苗種人，皆太古遺民，風俗迥異。西南之龍州廳有鎮南關，與法屬越南接壤，爲陸路通商要埠，左右石山高聳，形勢雄險，有重兵守之。抵蒼梧，地爲桂省咽喉，全省貿易皆以此爲樞紐。及西江通汽船，商業益盛。自此沿桂江北上，過恭城縣，廣西平樂府府治。漢瑶雜處，行萬山中，崖高湍急，北至臨桂，廣西省會也，當桂江東岸。

貴筑縣貴州貴陽府府治。出臨桂西北行，入貴州省境，貴州爲古黔中地，故又名黔省，東西距千餘里，南北距七百餘里。有南望、西望、板橋、石門、高連、寶陽、關索、飛雲諸名山。川之大者有烏江，北流入大江；有沅江、盤江東南流入廣西。湖南二省關隘重叠，菁密多瘴，設土司治之，分隸各縣。民俗質樸，南部有蠻獠。行萬山中，徑路崎嶇，榛莽蒙密。經都匀縣，貴州都匀府府治。黔南之藩籬也，西北至貴筑，爲貴州省會。地近烏江，無祁寒盛暑，惟土地瘠薄。城東二里有銅鼓山，嶺高百仞，俗傳諸葛亮征南，藏銅鼓於此。苗蠻雜處，以仲家苗、谷蘭苗爲最凶悍。明王守仁謫龍場驛丞，爲修文縣地，因俗化導，羣苗悦服。自此西南行，過關嶺縣。貴州安順府永寧縣。渡盤江，經普安縣屬貴州興義府。即達雲南省境。雲南有滇池，故又名滇省，東西距二千五百餘里，南北距千二百餘里。山嶺徧全境，如點蒼、鷄足、高黎貢、玉龍，其諸山並以名勝著。川之大者有金沙江、怒江、瀾滄江、盤龍江，湖之大者滇池而外，曰洱海，曰撫仙湖。內而川，廣，外而英屬之緬甸，法屬之越南，商賈懋遷，視爲衝要，誠西南雄鎮也。

昆明縣雲南雲南府府治。騰越廳屬雲南省永昌府。思茅廳屬雲南普洱府。蒙自縣屬雲南臨安府。黔滇之交界處有永安坊，題曰滇南勝境，山徑至此較平。西南經霑益州、馬龍州，屬雲南曲靖府。抵昆明，爲雲南省會。西行過楚雄縣，雲南楚雄府府治。西北抵太和縣，雲南大理府府治。其地居洱海之西，頗擅形勢。西南行過瀾滄江、潞江至騰越，當西南極邊，爲通緬甸之陸路商埠。自此東南行，復渡潞江、瀾滄江至思茅，則商埠也。東渡李仙江，經元江州、雲南元江直隸州州治。石屏州屬雲南臨安府。至蒙自，法人自越南東京所築之鐵道經此。爲陸路商埠，頗繁盛。

至此，已至我國極南之境，周游全國之事於是告竣。乃由蒙自出越南之東京海灣，東北航，經南海而還上海縣。屬江蘇松江府。

南北之見

康熙己未，鄞縣萬季野預修《明史》，要蠡縣李剛主爲之審定。剛主婉言拒之，謂明宣宗嘗稱長才偉器多出北方，頗怪季野所撰，北士殊少，而深慨於南華北樸之異，是則賢者亦不免有此見，蓋蔽於地也。

地域之有南北，不過辨正方位之一代名詞耳。民生其間，心同理同，雖有不齊，亦不過習俗稍殊而語言或異。至於取舍大端，有如渴飲飢食，夏葛冬裘，豈曾有相背而馳之理。在昔交通梗阻，老死不相往來，性習或尚離歧，而好惡仍歸一致。自風氣漸開，政教漸明，舟車漸備，斯民相生相助之需要漸切，合羣進化之功效漸著，世界且日趨於大同，況在一國之内同種之民乎？乃亦較然劃分南北，積不相能，偶或被征服，反抗不已，豈正軌哉。至此說之由來，皇古三代既未前聞，即春秋戰國各野心家力政相攻，亦惟部分競争，固無所謂南北之說。孟子教陳相而曰：「陳良楚産，北學於中國，北方之學者，未能或之先也。」此爲修詞者之襯託，無關地域。且在當時尚視楚爲南蠻，而視鄒、魯、齊、晉爲中國，故有是語。及三國分立，曹丕伐吴，曹之武力不足以取勝，始臨江歎曰：「此天所以限南北也。」南北之說，職是大興。

已墾之土地

各省已墾闢之土地，確已達二十億一千六百九十八萬二千畝：（以畝爲單位）

省　別	墾闢畝數	省　別	墾闢畝數

直隸	一三五・八〇〇・〇〇〇	山東	七五・九七〇・〇〇〇
山西	一〇一・八三〇・〇〇〇	河南	八七・九四〇・〇〇〇
江蘇	五八・六〇〇・〇〇〇	安徽	七四・八一〇・〇〇〇
江西	八九・四八〇・〇〇〇	浙江	五六・六七〇・〇〇〇
福建	六六・三三〇・〇〇〇	湖北	九一・四一〇・〇〇〇
湖南	一〇三・三八〇・〇〇〇	陝西	九五・二七〇・〇〇〇
甘肅	九六・九六六・〇〇〇	四川	一六五・六五三・〇〇〇
廣東	一三九・九七〇・〇〇〇	廣西	七一・四六六・〇〇〇
雲南	一二七・七四六・〇〇〇	貴州	六四・七七六・〇〇〇
新疆	八一・一二〇・〇〇〇	東三省	二四一・八〇五・〇〇〇
總計	二・〇一六・九八二・〇〇〇		

田畝種類

田畝分官民二種。其在直隸者，民賦田、即普通民田。更名田、即明代各藩所領編入民田者。農桑田、蒿草籽粒田、葦課田、歸併衙所地、河淤田。其在山東者，民賦田、更名田、歸併衙所地、製鹽地。其在山西者，民賦田、更名田、歸併衙所地。其在江蘇者，民賦田、山蕩漊灘。其在河南者，民賦田、更名田、歸衙田。其在安徽者，民賦田、水衙所管屯田、草山。其在江西者，民賦田塘、歸衙田。其在福建者，民賦田、汲入田、廢寺田。其在浙江者，民賦田、蕩塘湖地、衙所田地。其在湖北者，民賦田、更名田、衙田地、屯田。其在湖南者，民賦田、更名田、屯田。其在陝西者，民賦田、更名田、屯地。其在甘肅者，民賦田、土司田、更名田、屯地、蕃地。其在四川者，民賦田、屯地、土司田。其在廣東者，民賦田、屯地、地溝、車地。其在廣西者，民賦田、瑶田、僮田。其在雲南者，民賦田、馬場、夷地。其在貴州者，民賦田、苗田、土司田、屯田。其在新疆者，民賦田、回田。其在東三省者，民賦田、皇室莊、宗室莊、八旗莊、駐防莊。

旗籍田産

旗籍田産，有奉朝旨賞給之田，曰恩賞地；有親王子弟所授之田，曰貝子貝勒地；有皇室額駙所得之田，曰額駙地；有皇帝之女蒙賞之田，曰公主地；有親王以功受田得以累世承襲者，曰世襲地。世襲之地，有原定世數，襲滿應行交還。而因仍未交之地，有王府公主出聘後將原有田畝帶去之地；有將所得之地帶入内務府者；有因罪被革之王公應行交還而未交之地；有本爲漢人投入漢軍旗遂將其地帶入旗籍者：種種轇轕，異常複雜。

小江南

天津城南五里有水田二百餘頃，號曰藍田。田爲康熙間總兵藍理所開濬，河渠圩岸，周數十里。

藍嘗召閩浙農人督課其間，土人稱爲小江南。

無定河

唐人詩：「可憐無定河邊骨，猶是春閨夢裏人。」無定河，在直隸固安縣西北十里，國朝改爲永定河，非陝西之無定河也。河水東奔，潮汐無定，故有是稱。

木蘭

木蘭，在熱河東北四百里，本蒙古地，康熙中近邊諸蒙古所獻，以供聖祖秋獮。後每歲行圍，大約至巴顔溝卽轉而南，不復北往木蘭矣。

伊緜谷

乾隆戊寅，高宗巡幸木蘭，舉秋獮禮，布魯特使臣來朝於布固圖昂阿。先是乙亥，平準夷噶爾藏多爾濟等；丁丑，哈薩克使臣根札爾噶喇等，皆來朝於此，爰賜名其谷曰伊緜。伊緜者，滿語言會極歸極也。

張家口

張家口，東北通多倫經棚，以達中蒙各部；西北通庫倫、恰克圖以及阿爾太等口；西通歸綏、包頭、西蒙、伊烏兩盟以及甘、新等省，實爲貿易繁盛之區。

盛京

盛京一地，卽奉天，明季稱曰遼州衞。既而太祖收轄東南之蒙古，遂進窺中原，以遼於輿地上最關重要，乃於天命辛酉取其城，越四年，由遼陽移都其間。及順治丁酉，改瀋陽爲奉天府，遂爲行省。盛京城垣建於有明洪武戊辰，爲方式，四面有門。其後則增而爲八門，中有皇宫，乃天聰時所改建。城之高計三十五尺，周十里，有四城樓，六百五十一堞，以便置砲。方城之外有一套城，係圜形，城周三十二里，有八門，每門城牆約三里許。城中卽爲前皇宫室，已歷百餘年不用，鐘樓鼓樓，則分峙於小東門小西門間。城東二十里，林木暢茂，太祖陵寢在焉，是爲東陵。

洮南地勢

洮南在科爾沁右翼前旗，東部介於奉、吉、黑三省之間，去長春、齊齊哈爾均不過五百里，至奉天乃近千里，地勢平衍。北部有洮兒、交流兩河，至城東北五里許合流，仍名洮兒河，岸高水清，泥底面窄，發源於索倫山，東流二百餘里由月亮泡入松花江。泡類湖泊，水勢漫衍，淤泥堆積，致流不能暢，時泛溢爲災。城方五里，衢市嚴正。

兀良哈三衛

兀良哈三衛，福餘衛爲嫡酋所居，泰寧、朵顏乃其別部。自明洪武季年已建置於遼河流域，及永樂內篡，從征有功，乃割大寧地畀之，三衛益强。兀良哈者，即西北極邊之烏梁海部。塞外疆域地名，每隨人種遷移而定，如前史所謂僑置者，明時兀良哈固逾遼而西即是，至國朝，則爲極北藩盟，遠在唐努山南麓矣。蓋廣寧地即奉天廣寧縣。前屯至喜峰口外屬朵顏，錦州、義州跨及遼東屬泰寧，鐵嶺、開元等衛屬福餘。按三衛爲元裔，遼王阿禮失禮降明，處其衆於此。其遷至西北遠塞，爲避乜先、俺答之逼，當在明正統、天順間。

東道

奉天至吉林，大道三。自奉天東北走，出鐵嶺，踰開原，與東方鐵路別，經葉赫赫爾蘇諸站而至伊通州，折而東，越大水河以至吉林，是爲中道。長七百六十餘里，坦平寬廣，爲三道最。次爲西道，蒙人往來最多，故又稱蒙古道。自奉天而至長春而吉林，全途皆有吉長鐵路之汽車通行，而車騎日少，凡長八百三十餘里。蓋長春扼哈爾濱上游，當蒙旗要衝，亦形勢上必争之地也。其東道，則自奉天東繞海龍、輝發，折而北，掠磐石西鄙以趨吉林，長八百里有奇。此道出深山大林中，崎嶇犖确，行旅不多，馬賊之所潛藏，狐貂之所出没，蓋行軍之間道而用奇者之所必出也。

由吉林經新城而至龍江府，凡一千零八十餘里，自東清鐵道興，人馬車輛之往來殆倍蓰於昔日。

自吉林北出，越烏拉至舒蘭縣，折西行，至於陶賴招驛，一小都會也，東清鐵道出其東。自是更西北，經五家子站、三家子站而至新城，由陶賴招至此，凡二百十四里。沿途多村落，村之四圍繞以樹木，風景絶佳。新城者，舊日之伯都訥也。其城建於康熙癸酉，人口四萬有餘，有銀行商鋪，貿易殊盛。光、宣間，日益發達，蓋地勢既當衝要，而土性復肥沃，利於耕牧。自是西北二十八里有伯都訥站，松花江、嫩江之所合也。渡江至茂興站，新城至此百餘里矣。茂興站煙户數百，一小都會也，四十五里至新站。新站之西南爲柳官屯，户數四百餘，蒙古大村落也。有大牧場，牧馬三千餘頭，馬市盛焉。自新站出百九十六里至多耐站，其東方有貝子村，蒙民數十户，杜爾伯特旗貝子所駐也。自多耐站二百十里有奇而至龍江府。

從濱江廳西北經呼蘭府至龍江府，長五百七十四里，其大部分通東部蒙古之平原，自濱江廳及呼蘭府、雙廟子、龍江府外，皆小村落。冬期，人馬車輛往來極盛。

從琿春廳西至臨江府，長五百四十里，其大部分皆出山間谿谷中，居民少，馬賊横行，去琿春廳不遠始略平坦。琿春地沃，氣候和燠，尤爲吉、黑之冠。

從琿春廳經局子街至鄂穆赫，約六百三十里而近，蓋即從琿春廳至吉林大道之一部。沿道居民以朝鮮人爲最多，途通車輛，亦間有困難之所。

從延吉府經古洞河東行至夾皮溝，長七百一十里而弱。延吉府舊稱局子街，自鄂穆赫至琿春廳中間之要地也，距琿春河約四百二十里。街衢以東西大街爲最盛，海浪河經市街之中央，横斷南北，中有渡船，水涸時可徒涉。各署皆在河南，商店在河北。居民三分之一爲韓人，三分之一爲山東人。自延吉府至夾皮溝，皆道出萬山中，穿羊腸，走峻坂，下谿谷，森林覆地際天，午不見日。有時山澗奔流，遮絶道路，沿途人煙蕭條，行旅之中此爲最苦。

從延吉府東北經黄溝至東寧廳，不及七百里，大部分皆山間細徑，不通車。自延吉府百四十里經張家塘子至龍灣，道寬廣，便車騎，路旁田野相半，龍灣亦有旅店及商家。既過龍灣，遂入穆克特亨嶺路，峻坂干雲，深壑無底。其中王家塘子以北，道路至凹凸，甚至巨巖遮路，中容一人，側身乃過，夏日降雨之際，行潦漲溢，行人裹足。沿道無他部落，惟二三獵人之茅舍而已。自龍灣百八十里至黄溝。黄溝一帶，山下村落星散，處處見之，皆樵獵爲生者也。北進越二澗，百三十里至綏芬甸子。綏芬甸子者，朝鮮僑民實居大部，華人三十餘户耳，大率業農及業樵獵者，亦有二三旅店。道路亦出山谷間之細徑，百三十里而近至老黑山，自此至東寧廳。道路雖在山間，然已修整完善，車馬往來，得以自由，沿道人家，稍稍增加。汩汩之細流，經太平川、榆樹川、大肚子川、佛爺溝百二十里達東寧廳。綏芬廳。東寧廳者，當綏芬河、大小烏蛇溝河三流之會合點，故又名三岔口。城市爲二十年前新建，商業尚盛。

從鄂穆赫至東寧廳，東行稍偏北，長三百五十餘里，殆全不通車輛。自鄂穆赫出山間崎嶇之小道，經鳳凰店、燒鍋屯至牛圈溝，鄂穆赫以來，蓋百里矣。牛圈溝有特別之小車，以供旅客之賃者。東北道必爾騰湖，湖上漁船頗多，於窰店以東渡牡丹江，寧古塔河、虎爾哈河。有渡舟一。更前行至松嶺溝，牛圈溝以來百有五里矣。松嶺溝附近有田畝，農人種二麥，其他沿道之大部悉爲密樹雜草所覆蔭。松嶺長四十餘里，皆有森林。自是更百有五里，乃至廳治。

自鄂穆赫西南經敦化縣、牡丹江至夾皮溝，凡長四百五十五里，一部分不通車輛，蓋山間之細徑也。自鄂穆赫至黑石頭，中間山道稍廣闊，冬夏皆通車，沿道村落無多。自黑石頭行北三四里，得一湖，直徑里餘，爲圓形，湖水不少。自黑石頭經敦家店、亮白頂子、小石頭河至敦化縣，自此道路良好，中途有響水河，夏季水溢時，杜絶車馬之往來。更行約五十米突，又得一河，架木爲橋，僅通行人，渡河之地名曰香磨。又會於牡丹江之渡口，名紅石磖子，橋梁渡船皆不備，惟有小石橋一條。自敦化縣七十里，過官屯子、大石頭河、黄泥河子、太平山、前馬號至帽兒山。帽兒山者，一稱梆棰營子，牡丹江上流山間之一村落也，中、韓兩國民之所雜居。道路走山間溪谷，不通車，途中過牡丹江，江上架橋以通南北，沿道人煙蕭條。自帽兒山七十里至牡丹嶺之麓，牡丹嶺中之道路上下於山脊溪坂間，赤松柞樹一望無際，行人往來，皆穿林中，左折右避，僅行一人。途上柳樹河有舟可渡行人，沿道人煙蕭疎，惟柳樹河之北岸有十餘户，山腹山下有一二户而已。自牡丹嶺七十七里過富兒河，道路仍在山間。次越富兒嶺、金銀鼈嶺，金銀鼈嶺麓有農民十餘户。越金銀鼈嶺，出山間之細徑而上大道，稍廣闊，然途中凸凹甚多，巨石散布於道，車殆不可過。自金銀鼈嶺七十里達夾皮溝。

從寧古塔東北經穆林河至蜜山府，凡六百五十四里有餘，大部皆良好之道路，間有車難通行者二三處。自寧古塔出發，於呼石哈村東北行，過三家子、團山子之二村，至於南溝。道路自此向正西行，至磨刀石，其東北約三四里，有磨刀停車場。自磨刀石經過二三之寒村，至穆林河，自此百七十里不足至青溝子嶺。嶺上有古廟一，道路至此非常狹窄，山道至石頭河始稍平坦，過黃泥河子、狹亮子諸小村。自青溝子嶺行二百六十六里，抵蜜山府。蜂蜜鎮。

從依蘭府經蜜山府至俄國烏蘇里州伊馬驛，則九百十里不足，道上崎嶇險峻相次，以幅尚寬廣，無不通車之處，然至夏日溪流奔溢，行旅亦往往爲之裹足焉。

自吉林鄂穆赫至臨江府，寧古塔。凡六百四十餘里，途中多荒山老林，吴漢槎所經大小窩集，即此地也。自吉林東北行渡松花江，經雙岔河至額赫穆站，自此漸入山地。山中沿道，樹木甚茂，繁柯交蔭，枝條相糾，仰不見天，人行其中，如在洞窟。至拉法站，暫離林樾，已復入山。自此而東南，危嶺峭削，突兀直立，爲喇嘛磊子山，遠望頗奇特，山巔有觀音廟，行人可休憩。自拉法站更東百六十餘里，至鄂穆赫站。自鄂穆赫經都凌河子至塔拉站而東，復行於山層巖障之間。至必爾罕站，迤東地皆巖石，硊磈而行。至沙蘭站，此站户數五十餘，一小都會也。自此經扒利甸子、小藍旗溝、大藍旗溝而至臨江府。寧古塔。自臨江府至依蘭府，三姓。行程爲六百里，實不過五百五十里。道出山間，險惡難行，有數處僅容一人，不通車，蓋光緒初用兵伊犂所特闢者也。自臨江府至三姓，正北直行，傍虎爾哈河而倚白山，凡八站，此數字自一至八名之，頭站起依蘭府，八站則近臨江府矣，每站各駐兵數人。

自吉林經土橋子至五常堡，凡三百二十里而近，人馬車輛往來最多。自吉林北越烏拉，至黃山嘴子，東北進，道側皆田園，桑麻翳目，遥望東方，連山重疊，相次而來。過東孤家子，始北行，平野寬廣，時見墟墓數點，蔭以叢樹，零落如殘星。自東孤家子至黑林子，則有四大逆旅，以便旅人寄宿，此一帶町畦相連，黃綠無際。自此更北，溪流涓涓，時見道側或橫小橋，或利徒涉。近土橋子，遥望山岳皆在東北方，土橋子之東，有山河屯，乃鄉鎮也。過老山屯，渡拉林河，近五常府則民居漸稠。五常府者，山間之一都會，人口凡六千以上。自是更北行三十餘里而至五常堡，堡爲協領所駐，亦一小市集也。

自吉林經烏拉、榆樹縣、阿城縣至濱江廳，凡五百八十五里，此道往來最衝繁。沿松花江東岸行，經烏拉街，於大坡東北行至榆樹縣，沿道村落甚多。至大嶺，北行六十里渡拉林河，至拉林城。自榆樹縣以來，近百七十里矣。拉林城四方形，四面各闢一門，商業殷盛。更九十里達阿城縣。阿城縣又名阿什河，故阿勒楚喀城也。城踞阿什河左岸，商業極盛，農産亦豐。西北七十里，乃抵濱江廳。

自吉林經兩江口及萬里河、帽兒山至朝鮮之厚昌縣，計九百八十餘里。自長嶺子經兩江口及頭道流河至萬里河，中間山中小道，僅通單人匹馬，道中所見，惟山岳嵯峨，雜草暢茂，人家既稀，芻糧殆絕，山坳間僅一二窩棚，供旅人憩宿而已。至二道江，乃有舟以渡行人，渡江以後，沿道居民驟多，栽種玉蜀黍、粟米等，頭道流河沿岸，時見淘金者往還其間。自萬里河經湯河口至帽兒山，復有樹木，蒼鬱成林，鼯鼪嘯啼，數百里内殆無居人。大鋪子湯河口之間，有二細流，涸時一躍可越。由萬里河凡經三百三十里而至帽兒山，俯山而窺，臨江縣治在焉，縣臨鴨綠江，地雖小，山間之要道也。自此更百二十里而至日本屬朝鮮之厚昌縣焉。

發祥之地爲建州女真

帝室自稱滿洲爲其部族之名，非也，其部族實爲女真。女真起於遼世，或謂即古肅慎之轉音，歷遼、金、元皆稱女直，至明而復稱爲女真。康熙己未，詔修《明史》，乃盡去之。《滿洲源流攷》徧詳東夷各部族，而獨無女真專條，蓋諱之也。其世系實爲建州女真，地在吉林之興京附近。肇祖始受明之衛職，爲建州左衛指揮，即愛新覺羅氏猛哥帖木兒也。

吉林爲船廠

吉林一名船廠，以其地有修造水師戰船之廠得名。廠濱松花江，光緒庚子前猶存戰船無數，皆康熙間征羅剎時所用，羅剎即俄羅斯也。定例每年必修理一次，如是者幾二百年。庚子俄兵入吉林，取以爲柴燒之，不數日盡矣。

聖水渠

長白山有聖水渠，澄澈異常，較之七星湖水每斤輕二兩有奇。

黑龍江

黑龍江水波澄澈，視遼河之渾濁者迥別，而獨以黑名，未知其義安屬，顧名稱已古，歷千數百年矣。《唐書》東夷之靺鞨，分黑水、粟末兩部，粟末爲松花江松字之轉音，黑水則音訓相沿，尚仍其舊。滿語本稱爲哈薩連烏拉，哈薩連云黑，烏拉云大水也。古今名稱直不稍差，特不知中間忽加附一龍字緣何起義，且明以前地理誌亦未見有此。自康熙以還，朝旨及奏章始悉書是名，漸且數典忘祖矣。

察哈延山

黑龍江之西有山曰察哈延，其穴竅中白晝吐餤，晚則出火，經年不熄。近嗅之，氣味如煤，其灰燼黃白色，如牛馬矢，撚之即碎。

寧古塔

寧古塔，歷代不知何所屬，數千里内外無寸碣可稽，無故老可問。相傳當年曾有六人坐於阜，滿語六爲寧姑，坐爲特，故曰寧姑特。一譌而曰寧姑臺，再傳而爲寧古塔矣。固無臺無塔也，惟一阜如陂陀，殊不足登。本朝控制諸番，受貂狐皮貢，爰留卒以戍之。有邏車國者嬲諸番，使不得貢，敵之不勝，乃動大衆，勤舟師，遂擇八旗，旗八十人，長戍焉。復立牛禄章京，梅勒昂邦，以重其任。邏車亦不知其國在何所，云舟行萬二千里，不得其疆。其人皆長於鳥鎗，世遂譌鳥爲老，譌鎗爲羌。康熙間，其地無城郭，實枕河而居，樹短柴栅，環三重，闢四門，而命之曰城。中以碎石甃埤丈餘，闢東西門，置茅屋數椽，而命之曰衙門，章京行政地也。埤雨即圮，圮隨甃，栅内即八旗所居。當事者厚待士夫，請旨居士夫於城内，餘人則散居諸屯，有數屯焉，隨所居多寡而大小之，無舊址，無定居。如曰牡丹者，滿言一日還也，曰沙兒虎，曰沙嶺，曰泥槳，曰要羅，皆類是。山川不甚惡，水則隨地皆甘冽，或曰葠所融也。有大川，匯衆川而達於海，可以舟。有東京者，在沙嶺北十五里，相傳爲前代建都地，遠睇之蓊郁葱菁，若城郭雞犬，可歷歷數，馬頭漸近，則荒城蒙茸矣。有橋，垛存而板滅；有城闉，軌存而國滅；有宮殿，基礎存而棟宇滅；有街衢，址存而市滅；有寺，石佛存而刹滅，謁曰賀龍城，其慕容耶？

哈湯

寧古塔有哈湯之險，又曰蝦湯，淖也。數百里俱爲泥淖，其深不測，土人呼水在草中如淖者曰紅銹水。人依草墩而行，略一轉側，則人馬俱陷於紅銹水中。冬則冰。

揚子江

揚子江之名由來久矣。蓋江蘇揚州府城南十五里有揚子津，後稱揚子橋。隋以前津尚臨江，不與瓜洲接，故江面闊至四十里，北人南渡者悉集此津，而江亦以是名焉。及唐時，江濱積沙至二十有五里，瓜洲遂與揚子津相連，江面乃隘至十八里，於是渡江者，南岸則濟自京口之蒜山渡，北岸則濟自瓜洲，揚子津之名由是不著，而江竟千古矣。

瓜洲故城

瓜洲舊在江中，形如瓜字，故名。唐時始與陸路相連，宋乾德間，因以築城其上，遂恃爲濱江一重鎮焉。年代湮遠，地勢變遷，至道光時，則故城復陷落江心，瓜洲乃名存而實亡矣。惟每當風日晴和，渡江之客，猶時於波光澄清中見堞垣痕影也。

溧陽改隸鎮江

溧陽相國史文靖公，雍正己酉以山西巡撫署福建總督。明年，調署兩江，以本籍疏辭，詔勿許。其時溧陽正屬江寧府，適在總督駐所，是年六月，遂奏請以溧陽改隸鎮江府，從之。

丹徒沙田

江蘇丹徒縣境東北濱江，各地多爲沙田，名曰洲圩，如順江、御隆、大港、高資、永固、平昌、圖濱各市鄉沿江一帶，沙田有二十餘萬畝。十年一清丈，計坍塌若干，漲沙若干，招鄉人繳價承領，此常例也。

儀徵改揚子

儀徵縣，因避宣統帝御名，改名爲揚子縣。有人出一聯云「揚子雲渡揚子江到揚子縣」，或對以「端午橋逢端午日出端午門」。

上海之昔日

上海一埠，始僅一黄浦江濱之漁村耳。咸、同粤寇之役，東南紳宦及各埠洋商避難居此者日多，税源日富。華爾、戈登常勝軍之編制，亦起於是時，李文忠公鴻章因以奏平吴之大業。而當時如龔橙、王韜、容閎之徒，亦多起於上海，時獻奇計於粤寇也。

上海租界之解釋

海通以後，外人至滬經營租界，在當時定議之初，並不名爲租界，不過我政府劃定一地，准於此租地建屋耳，故租界之租字，乃係租地之租字移換而來。自我國統治權日漸放棄，於是外人始設工部局以理市政，設巡捕房以總警政，而商埠之上海，乃成爲租界之上海矣。觀法大馬路名公館馬路，則以法領事署在此而名，而當時領署不自居衙署之列可知。巡捕房普通稱之曰行，福州路之巡捕房稱老行，南京路之巡捕房稱新行，行爲買賣交易之稱謂，則當時巡捕房亦不列於衙署矣。其後，洋文之公共租界爲公共殖民地，法租界則更進而爲市鄉。宣統辛亥九月，工部局發貼告示，竟大書特書曰「各國駐滬公地」，是已悍然將租字剔去矣。今則即我華人自稱，間亦省字作法界、英界也。又上海外人勢力，以英、法、美、德爲最鉅，故居留人除日本外，亦以四國爲最多。惟滬人之稱四國人亦復各别，稱英人曰大英人，頗符國際上互相尊敬之義，稱法人則曰法蘭西人，間有音訛作拔蘭西者，與洋文原音相去更遠矣。稱美人則曰花旗人，稱德人則曰迦門人。迦門係日耳曼之省音。此種稱謂，稍一移易，如直稱德人、美人是。中下社會卽不知所對，蓋此事各有其歷史上之緣因也。惟花旗之稱，則當時以與英人語言、文字、種族一一相同，無他標異，故以國旗名其人也。

租界各馬路，在公共租界者，大率以我國行省及內地著名城市命名，在法租界者，大率以該國著名人物命名。而吾人對於兩租界之馬路，亦各有習稱之名，如南京路曰大馬路，公館馬路曰法大馬路，此等不勝屈指。惟彼之命名由於人爲，我則並未命名，偶沿有慣稱而已，故新築之路，若愛而近路，若卡德路等，則已無我國之名矣。

上海租界之沿革

上海公共租界面積，凡三萬三千餘畝，習俗所稱英租界、美租界者是也，惟英租界、美租界爲光緒己亥以前相傳之名稱。至光緒己亥，西關泥城橋以西至静安寺路，東北闢虹口迤東之地以迄引翔港，由各國公使議決，將舊時英美租界并東西新闢之地，統名曰公共租界，此租界名稱之沿革也。吾人不察，仍稱蘇州河以南洋涇浜以北爲英租界，蘇州河以北迤東爲美租界，泥城橋以西爲公共租界或新租界者，誤也。

濟南山水天下無

山東濟南形勢，南起泰山之麓，蜿蜒北來，而龍洞，而玉函，而歷山，陡然跌落平地，而爲省城，東西山嶺迴環，以黄河爲門户，以鵲華爲關鎖，海岱間一大都會也。其地本漢濟陰郡，文帝丁丑年爲濟南國，景帝初復爲郡，歷代屢有改易，明仍爲濟南府，國朝因之，改爲歷城縣。周二十餘里，其門四，東曰齊川，南曰歷山，西曰濼源，北曰匯波。後復開便門四，東門之南曰巽利，南門之西曰坤順，西門之北曰乾健，北門之東曰艮吉。其外城爲咸、同間所築，三面屹然，而獨缺其北，以匯波門爲城内出水總口，且外無居民故也。其池，則自南關黑虎泉湧出一脈，劈分兩派，東會珍珠泉，西會趵突泉，濼水相抱而爲護城河，雖久旱，色不濁，量不竭。城西北隅有大明湖，會合十數名泉，汪汪而爲巨浸，遠山倒影，清流見底，舟穿荷柳，游魚可數。古人云：「濟南山水天下無。」又云：「濟南瀟洒似江南。」信不誣也。

雞鳴島

雞鳴島，屬山東登州府榮成縣，孤懸大海中，明代曾置衛所，大兵入關，農夫野老不願薙髮者類往居之，島田腴甚，且稅吏絶跡，儼然一海外桃源。光緒甲午中日之戰，海軍中人有巡至其地者，島始發見。驟睹居民之褒衣廣袖，争呼之爲道士島，惜居民無讀書者，不能道其詳也。

小邾子故城

嶧山之間爲春秋邾國故地，邾入於魯，其後乃遷於鄒。宣統辛亥春，建築津浦鐵路，掘地見故城址。據《兗州志》攷之，知爲小邾子故城。

開通太行北道

山西潞安、澤州二府在萬山中，唐以前，有孔道可通車馬，宋後久堙塞，行旅苦之。光緒丙子丁丑間，秦、晉、豫大旱，山西災尤重，至有一村數百户餓死不留一人者，而澤、潞二郡乃大有年，穀賤，農爲之傷，而運道梗阻，竟不克輸出山外。於是朝邑閻文介公以工部左侍郎家居奉命爲山西賑務大臣，巡撫曾忠襄公方派員購米湘、鄂，隔越數千里，不得時至。文介謂：「唐會昌中用兵昭義，曾勅石雄率朔方軍由平陽東南，取道曲亭進兵，徑指上黨。既可行軍，其軌道必非甚隘，上下未及千年，不應遽無蹤跡可尋」。乃與忠襄謀，派員往勘，往來月餘，得曲亭故址，遵此入山，直抵潞安城外，則舊跡宛然，且廣闊，能並行兩軌，不必鑿山堙谷，僅平夷險阻，即可通車馬。文介大喜，因奏請以放賑餘款興工。未竣，而文介解賑務，忠襄亦調任去，張文襄繼爲晉撫，乃始成之。

望都縣

望都縣，舊名慶都，慶都者，堯母名也。乾隆丙寅，諭曰：「朕自正定迴鑾，固城、祁水之間有縣名與堯母同名，義雖述古，於意弗安，其易爲望都。」

歸化城

歸化城設官鎮守，南關顔額上爲蒙古書，下横書「翁阿洪」三大字，亦左行，用蒙古式也。城中惟官倉用陶瓦，甎壁堅緻，餘皆土室，空地半之。城南民居稠密，視城内數倍，駝馬如林，間以驢騾。其屋皆以土覆頂，楹聯皆漢字，窗户精好。

黄河水信

黄河水信，清明後二十日曰桃汛，春杪曰菜花水。伏汛以入伏始。四月曰麥黄水，五月曰瓜蔓水，六月遠山消凍，水帶羶腥，曰羶山水。秋汛始立秋，訖霜降。七月曰豆花水，八月曰荻花水，九月曰登高水。冬曰凌汛。十月曰伏槽水，十一月、十二月曰蹙凌水。河上老兵能言之。

伊河洛河瀍河澗河

伊、洛、瀍、澗四河爲夏禹治水所開。伊河之水，發源於西南，經過龍門，斜入洛河，離南門七八里。洛河水由西至東，瀍河水由北至南，兩河皆逼近城垣。澗河水由西而灣南，此河離城七里。伊、洛、瀍、澗四水，皆達黄河。伊、洛水深河寬，有船往來。瀍、澗則不及伊、洛，河道隘狹，非在發水時，直同澗流，故難以舟楫。

鄭州

鄭州爲北上大道一州縣，初無重要之位置，其風土亦至荒涼。自京漢、汴洛鐵路相繼通行，此爲交點，而鄭州之名乃盛傳於世，當道亦因時勢之需要，由散州而升爲直隸州。由開封劃三縣屬之。

邠州

陝西之邠州，距西安三百二十里，即周太王所居地，皇澗在東門外，過澗在西門外，皆爲驛路所必經。州境梨棗彌繁，綠陰數十里不斷，蓋陝省之上腴也。

明硐山距邠州西門十里，乃石山，俗名花果山，在大道旁。是山中空，有七十二洞，曲折相通，總名曰水簾洞。緣山皆鑿佛像，多而且工，大小畢具，年深漸隱，須諦視始辨。摩崖有「隆慶元年創造」六字，隆慶，明穆宗年號也。

天生墩

朔方戈壁，以嘉峪關外爲巨，其徑長百二十里，平沙無垠，風色慘黯。其中一阜名天生墩，恆有戍卒據守，至冬夏皆儲積水草，以備兵馬往來之用。先是，岳威信公鍾琪西征過此，疑是墩爲土山，飛沙日積，故沒其半，山爲發水之源，苟就其頂而深掘之，當有所見，以視儲蓄水料，其勞逸殊矣。因命步卒穿之，竭一日夜之力，至數十丈，在下兵卒忽墮無跡，穴上人俯聽之，惟聞風聲雷吼而已。岳立命輟是役，問之幕師，僅據佛氏地風水火之說解之。可知盤旋大氣，斡運地中，陰陽生尅，歸諸造化，不能以爲異也。然徐舍人燕遠曾云：「戈壁雖積沙無水，草木不生，倘擇老樹本下深鑿之，當有水泉。」在昔烏魯木齊築城時，曾用此法以引水，蓋亦木以水活之意也。

河套

河套夾岸，沃壤千里，岡阜銜接，曠無居人，舟行數百里，始一逢村落。是地沙土雜糅，投種可穫，岸旁衰草長二三尺，紅柳短柏，隨處叢生。紅柳高四五尺，春晚始萌芽，葉碧似柳，枝榦皆赤色，柳條柔韌，居人取織筐筥，色澤妍麗可愛。

甘肅少水

甘肅少水，水甚珍，有至皐蘭者，每宿旅舍，有一盂水送客盥面，盥畢，不可潑去，澄而清之，又供用矣。凡内地諸水不通河者，謂之死水，久則色變，臭穢不可食。甘省獨不然，土井土窖，絶不通河流，但得水即藏入，雖臭穢不顧也，久之，水得土氣，則清澈可食矣。甘省各處，以得雨爲利，惟寧夏不惟不望雨，且懼雨，緣地多鹻氣，雨過日蒸，則鹻氣上升，彌望如雪，植物皆萎，故終歲不雨絶不爲意。然寧夏稻田最多，專恃黄河水灌注，水濁而肥，所至禾苗蔬果無不滋發，不必糞田也。田水稍清則放之，又引濁水。

金滿縣

唐代極北之縣治，以金滿縣爲最遠且廣，尚有殘碑没蘚，摩挲可讀。地學家謂其縣即特納格爾，相近爲吉木薩地，唐時所設北庭都護府故城基址猶有存者，蓋即李衛公蒞治時所築也。是城圓徑外線約四十里，層累俱土塊疊成，每塊厚一尺，廣一尺五六寸，長二尺七八寸，堅重逾於甆磚，叩之能作鏗鏘聲。城中有古寺一，殿廊圮敗，僅餘石檻斷柱，約略可辨爲舊宇，以供佛多石質，腰以下盡陷入土，然半截猶高約七八尺，當年金碧崔巍，可想見矣。旁有鐵鐘，高亦七八尺，邊廓有銘鐫錯落，然漫滅莫可辨，審其稜角，意似八分書耳。城以東有小城一，峙崗上，與此若成犄角。土居父老云：「乾隆以前，有攻其故城者，以小城阻力，迫而用火，四圍礮臺遺址即其蹟也。」紀文達公奉檄赴烏魯木齊時，嘗與永餘齋籌畫駐兵地點，時永爲迪化城督糧道，接人論事，極見虛心，惟以是處山雜路紛，非屯營善地，磋商於文達，至數日不敢決。文達謂：「是地沿革，前曾略得於父老傳説，徵之古籍，甚爲可憑，即援李衛公所築之遺址。重度形勢，確可斷爲要隘，後人所見烏足勝之，莫若因其舊而用之，較有把握。」永然其説，因決議修築，名爲破城，後爲温大學士改爲古城營。其城孤懸天半，然山巒高下，蹊徑錯雜，非過此城不能飛度也。

關西之行路難

出嘉峪關西行，抵安西州，其地荒沙滿目，砂石縱横，高下難行，西北阻天山，南接青海，幅員爲全隴府州冠。行者出關，多駕車馬駱駝，乘暮夜西征，其故有二：一則日間四望無邊，牲畜急欲奔站，易於疲困；一則途中無水，夜涼不至大渴。若當夏季，日中尤不敢行，向晚起程，天明送站，乃行西域之不二法門。遇流沙時，馬行輒退，沙擁輪膠，其俯噴仰鳴之情狀，更可憫也。

迪化

新疆省城治迪化，卽漢車師後王庭、唐可汗浮圖城。地勢北阻戈壁，接科布多之防；南憑天山，達土魯番之道；東達巴里坤，通蒙古之捷徑；西帶阿爾雅，據伊塔之上游，西域有事，必争地也。

準噶爾山河

康熙戊申，準噶爾酋策妄阿拉卜坦來犯邊，聖祖親征，至各多里巴爾哈孫西北望鄂里雞圖有山如案，平衍長百餘里，賜名玉几山。策妄阿拉卜坦敗衄，遁居窩克阿拉里，經年，湖譯名慈母湖，距科布多二日程，所部至食魚爲活。既死，其子策凌𤅢爲台吉，殺其異母弟舒魯達瓦，阻伊里河而居，其河深廣，須舟筏乃渡。西路自巴爾庫軍營至其地，二千六百餘里，較北路爲近。

青海

青海，古曰西海，闞駰曰「西海東去西平郡二百五十里」是也。曰卑禾羌海，闞駰曰「金城臨羌縣西有卑禾羌海」亦是也。曰零海，酈道元曰：「古西零之地也。」曰鮮水，曰羌谷鹽池，漢神爵初，西羌叛，酒泉太守辛武賢請擊罕幵在鮮水上者；又趙充國請治隍陿以西道橋，令可至鮮水左右；漢元始甲子，王莽誘塞外羌獻鮮水海允谷鹽池置西海郡是也。青海之名，則見於西魏，時涼州刺史史寧與突厥分道襲吐谷渾還會於青海是也。蒙古語稱庫可諾爾，又曰庫克淖爾、諾爾淖爾，狀音字之異，總之言海也，其水高出海面九千八百五十尺。上古時，海水極廣，蓋北接蒙古瀚海，合渤澥、南溟成我國四海之名者也。北魏時周千餘里，唐時尚八百餘里，其後東西徑二百里，南北一百三十里，周圍尚六百六十里，面積二萬七千二百方里。一曰周五百八十里，面積約一萬九千三百方里；一曰周五百五十里，面積一萬八千五百方里。測其東岸，其勢逼仄，不及百三十里也。全海之形如鯿魚，口向西北，四岸羣峯環繞。海中二島，自海面凖望，則偏於西岸，東一峯名奎遜托洛亥，峯巒純白，上有石洞；稍西一峯，名察漢哈達，蒙古猶言白峯也。二島周九十里，高二百七十仞。島中約有僧寺十餘處，番名剌薩札爾，梵語剌薩，猶漢言佛地也。札爾應作招爾，梵語廟爲招，札爾其轉音也。番僧習禪定者，於冰合時裹糧而入，或返或不返。島番或插帳或巖居，約二萬人，或云五萬人，亦於冬時渡冰入口，購辦糧茶，足一歲之食。島陸往來，一日不得達岸，必在冰上經一宿也。沿岸沙石草湖約寬十餘里，有水漲痕，畜牧不至其地，平時人跡稀絶，惟野獸奔突而已。

環青海多高峯，東自察漢托洛亥山、賽前山起，西而復東，至卡裏蓋山止，內喀喇什羅山本與希拉朶山同爲一山，哈立蓋山又與卡裏蓋山同爲一山，合之凡十三峯，皆分列於各旗族山川之次。海岸窪地小湖泊密如蜂房，草湖結草如球，履之而渡，失足則陷，海水漲時，渾而爲一。最大者曰巴冷泊，漢人呼爲海耳子，附青海西岸，如海口之銜珠。四面河流瀦於海者，大小數十道，以布喀河爲最巨。布喀河上源有數處，中曰英額池，池分河道二，東流者爲哈拉西納河，東南流者爲布喀河。右曰沙爾池，分流爲河，東下百里與布喀河合。左曰西爾哈河、羅色河，兩水逕南流，合吉爾瑪爾台河與布喀河，會合於胡胡色爾格嶺吉爾瑪勒台山兩山之中。至此，數支合爲一幹，東南流七十里入於海。河流寬而味鹹，産魚最佳，世所稱青海無鱗魚者是也。

青海戈壁

青海和碩特南左翼次旗千格和之西，爲朶巴搭連圍牆，圍牆之南爲戈壁。戈壁滿語謂沙漠也，蒙語曰額倫，西羌語曰額濟納。戈壁斜長百數十里，寬三十餘里，面積逾五千方里。沙粒微細，間雜碎石，風吹之成浪紋，色純白，瑩然如銀屑。地學家言戈壁地質本花崗石，以日間酷熱夜間嚴寒漲縮之度過烈，石質霉爛而爲微細之沙粒，被風吹散遂成不毛之地，惟間有小沙陀略生水草而已。且多鹹湖，故知爲前代內海遺迹，名之曰瀚海允矣。青海之柴達木及黃河附近諸戈壁占地頗寬，上古時，青海水面本極廣闊，觀於海岸戈壁，及附近戈壁之鹽泊，爲古時之海底無疑也。戈壁有石,巨者如卵,小者如豆,沙石下有潛水,沙愈深而質愈粗,其上浮沙最細,下層沙粒如米,泉水卽潛其中,至深五六尺。能識沙中泉脈者,莫如駱駝,是以蒙、番行沙漠者,無不以駱駝隨行。夏月,無論晝夜尤爲氣燥易渴,駝更不可缺少。駝行沙漠,隨地亂嗅,以前蹄抉沙而鳴者,就其處挖下必得泉眼。其法,張布帳於上風,以障飛沙,挖坎長數尺寬祇尺許,挖去乾沙,再將溼沙挖至見水,約候十分鐘時,泉水卽溢,取之不竭。淺者,牛馬駝皆屈前蹄而飲;深者,掘坎之半爲斜坦形,以牲畜能下飲爲度。飲畢撤帳,須臾,坎爲飛沙塡滿矣。至泉眼最巨之處,駝羣必圍而長鳴,叱之不肯行,一若待人挖驗以顯其能者。

青海漠市

青海巴顏山之北,大沙漠共三處,沙性各有不同。黄河岸之大沙灘,其質爲濕沙,枯棘布滿,風力不能簸揚。虎山北之戈壁,其質爲沙粒,大如米,中含碎石,風吹之,飛揚不高。惟柴達木北部之大戈壁,東西橫亘二三百里,南北亦百數十里,其質爲最細之沙,中雜沙粒,與大漠同。漠中空氣乾燥,有小沙陀,略生水草,人畜入其中,茫然不辨南北,猶在大海風浪間,風颺沙起,則陷沙不得出。倘或風晴日煖,早晚遠望沙中,山岡矗起,結爲城郭宫室樓臺殿宇,中有旌旗,有刀劍,有寸馬豆人,各相馳驟,瞬息忽更爲樹木,爲駱駝牛馬獅象虎豹,又爲内地人、塞外人,男女衣服悉如其制,及迹至之,都歸於烏有。古書稱崑崙之山有五城十二樓,卽此種雲氣,謂之漠市。蒙、番見者,詫謂佛國顯靈,羣焉膜拜而不忍去。其餘零畸之沙磧沙窩，散亂飄忽，均無此壯觀也。

青海柴達木

青海柴達木，土壤遼闊，行程荒遠，然村居相望，一路有停驂息迹之所，循大道而進，各站皆有屋，猶如新疆之官店，旅客實稱便焉。在柴達木南部者，有古城、都藍寺、巴倫、哈多、桑托洛亥、達巴蘇圖、巴彥托懷、哈拉呼遜等處，係由海南西行之路，中以巴倫、巴彥托懷爲市鎮，巴彥托懷、桑托洛亥且有温泉可浴。在北部者，有都藍奇特、庫車、哈順、摩將悉、蘇開、琛如等處，係由海北至安西、新疆之路，摩將悉一站略形寂寞，餘皆市鎮也。在西部者，有清喀利、朱古爾、圖格爾、蘇夾、呼耳托古爾、葛摩耳、哈治格爾、租哈、賽罕托哈、失亞耳托、乃什、什來、拜巴、那林租哈、阿爾善特、潮湃、托羅伊、得布特里、哈雅阿魯、托拉塔拉林、那瑪噶、卓卡、託克多渾、哈爾馬岡、巴爾瑪、那護克、察汗托輝、巴爾、梯克、哈爾西、馬格來、巴戛伊吉、烏勒爾等處，係西藏、新疆、安西出入之路，内以圖格爾、蘇夾、托克多渾、租哈、察汗托輝舊册均稱察汗輝託。爲市鎮。托拉塔拉林，從前林木百餘里不斷，屢經野燒，千年古樹，火燼數月不滅，後惟一片焦土而已。三部村市約有四五十處，每處住數十家，少則十餘家、數家，村外圍以小圩牆，亦有有窑屋而無人煙之處。土著自蒙古以外，漢、番兩種所至皆有，西部則纏回居多。所居有窑洞，有土舍，以茅茨木板爲牆，而氈幕穹廬，常附近以爲居，人畜麕聚，即數家村落，有時亦頓成市集也。

青海巴顏喀喇山及諸山脈

青海之巴顏喀喇山，譯言大雪山，西面高度平均約一萬八千尺至二萬尺，上接中崑崙，東入青海境，曰巴顏喀喇得里奔山，納木齊圖烏蘭木倫河導源於此。又東爲阿木屯巴爾布哈山、巴顏喀喇烏拉山、匝巴顏喀喇山，匝猶言中間也，巴顏喀喇山橫貫青海，至此適中。又東南跨鄂格布拉格河，即小金沙江上源而下。南曰巴顏喀喇札拉山，北曰仄胡爾巴顏喀喇山、擇巴顏喀喇山、巴顏託胡穆嶺、公噶察哈拉嶺、漢名大雪山。郭洛克山。漢名銀坑山。自此入西藏界，爲瑪穆巴顏喀喇山，連峯萬里，諸峯擁護而東。其間巴顏喀喇烏拉山東北岡巒重疊，衍爲六七支。最北一支爲那木山，即那木洪河發源之谷。一爲阿拉克沙爾山，即柴達木河發源之谷。又南一支爲布呼集魯肯山，一支爲巴爾布哈山，一支爲固爾班圖哈圖山及烏拉得錫山，一支爲奇爾薩托羅亥山漢名牛頭山。及碩羅鄂剌嶺、木素鄂剌嶺。其最近一支則爲噶達素齊老峯、碩羅者石、蒙語石又曰七老。鄂剌者山，猶言鄂博。即古積石山也。木素鄂剌，漢名雪山。噶達素齊老，譯言爲北極星。諸山之間，則黃河重源出焉。噶達素齊老峯下，飛泉百道，旋洄亂石間，曲折而下，匯於鄂敦撻剌。蒙語鄂敦謂星，撻剌謂平川，即古星宿海也。凡山水湧溢之谷，必有亂石堆積，巨川之源，石更紛鋪數十里。星宿海南北僅寬二里許，東西長五六里，怪石嵯峨，水行石罅中，忽隱忽現，無汪洋之勢。登高俯視，似一片黃砂磧，謂爲石中海可也。上古時必係一沙石山，其石質不堅，山水湍激，岩穴洞鑿石根爲水穿嚙，崩頹坼裂，遂陷爲深谷。宣統中，岸邊頹石尚有爲水冲擊者，細砂浮落，如砂質之摶成者然。

青海大雪山

青海倒淌河之東爲大雪山，山後爲東科寺地，山之陰陡削不可上，而山之陽則斜坦而衺長。日光暴暖，一山耳，陰陽分位，寒暖判然。倒淌河卽發源於其麓，雖有數溝入注，而流尚緩弱，氣陰寒，或曰大雪山産大黄，水爲藥氣薰蒸也。西北有地名阿什漢，爲哈拉庫圖至察漢托洛亥適中之地，形勢便於控制。又北爲察漢托洛亥山，蒙古言察漢爲白，托洛亥爲頭，謂白雲覆於山頭，故邵陽魏源直譯爲白雲山也。山前爲察漢城，聖祖親征噶爾丹，遣使宣諭青海諸部落集盟於察漢托羅亥。又羅卜藏丹津之亂，誘諸部盟於察漢托羅海，卽此。道光癸未，以其地當孔道，凡諸番入口辦糧，及海番度冰上岸者悉由此道，匪案迭出，乃就其地以建城堡。在隴西各鎮標内調軍弁二十四員、兵千名駐此，以便彈壓而資防護，期限一年更换，咸豐間裁。青海長官每年秋季蒞此祭海，會集蒙、番各長目舉行會盟典禮。光緒丁未，建海神廟於城外，兩山之間可望見青海，迤西爲將軍臺，駐兵時爲演武場將臺，自此得有漢名。西望青海，水色濃緑如濯錦，天半落霞，又如金蛇萬道游泳中流，島嶼若隱若見，不可逼視。須臾，薄霧混合，海景卷藏，海心山更虚無縹緲而不可望焉。

青海雪嶺

青海有雪嶺，雪深盈丈，長里許，陰風如刀割膚，噤不能聲，人少凍且死，人多則冰淩水溜，下山陡絕處，泥滑失足，杳無蹤跡。雪花隨風飄洒，四時不辨陰晴。

臺灣渡海開禁

臺灣自古不通內地，名曰東番。明天啓中，荷蘭人居之。順治己丑，鄭成功據之而逐荷人，置承天府，名東都，設二縣，曰天興，曰萬年，其子錦改東都曰東寧省，升縣爲州。康熙辛酉，聖祖用姚啓聖議，授施琅爲靖海將軍，征之。癸亥，琅率舟師由銅山進，入八罩，直抵澎湖，殲其精銳。鄭克塽窮蹙歸命，臺灣平，改置府治，領縣三。雍正癸卯，復添設一縣。初，私渡之禁嚴，閩、粵人利其土地肥美，輒偷往開墾，久之，欲歸則不忍棄業，歸則干例禁，其父母妻子之在內地者亦不得往。大吏憫焉，曾奏寬其禁，未幾，復停罷。乾隆己卯，光山吳士功撫閩，特奏懇飭部定議：「嗣後除內地隻身無業之民，及並無嫡屬在臺者，仍遵例不許過臺，有犯卽行查拿遞回外；若在臺有業良民，果欲迎其祖父母、父母、妻妾、子女、子婦、孫男女等及同胞兄弟過臺者，許赴臺地接管官報明籍貫、眷屬姓氏、年歲，册移原籍覈覆給照，回籍搬接；其在內地眷屬，欲過臺完聚，報明該管地方官，移臺核覆，申督撫給照亦如之。過臺時，驗照放行，如人照不符而放行，及濫給路照，各該管官司均分別議處，其餘偷渡人，仍如舊例嚴禁。」疏入，下部議行。

臺灣置郡縣

康熙癸亥，臺灣初定，提督施襄壯公琅請設官鎮守。有謂宜遷其人棄其地者，聖祖召問閣臣，高陽李文勤公霨奏云：「棄其地，恐爲外夷所據；遷其人，恐奸宄生心，應如琅議。」上韙之，遂置郡縣。

宋村

浙江開化與遂安交界處，有地名宋村者，環村皆山，惟一谷可通往來。村之大小，民之衆寡，無由知悉，但聞自宋以來，歷元、明迄國朝，村人曾無斗粟尺帛之供，而地方官以其負嵎，不易征勦，亦竟純事放任不加干涉。

茅麓山

茅麓山在湖北鄖陽界，毗連三省，廣數千里，明末流賊餘黨郝摇旗等竄入，明疎宗某繼至，郝等奉爲主，恃險假息。康熙初，命圖海督師與川督李國英、護軍統領穆哩瑪率三省兵會勦。諸將皆於層巖陡壁間，攀荆援葛而進，逾年，始蕩平巢穴。故京師諺語，有險難事則曰「又上茅麓山耶」，則當日之形勢可知。

長沙

湖南長沙，在洞庭湖之南，水道以岳州爲第一門户，臨資口爲第二門户，靖港爲第三門户。其陸路，北連湖北，南連粤東，亦寰中形勢之區也。湘江中有沙墳起，若新築之馬路，長短不等，最長者曰老龍沙，長至六七里，長沙命名或以此耳。通商口岸在小西門外，風俗樸厚，人物繁庶，巨大商店羅列如林。

入蜀之路

入蜀之路，可由秦階經桔柏渡而至劍閣，亦可由鳳翔、寶雞經漢中以至寧羌。陸路不同，若取道歸州，穿夔巫入成都，卽吳漢伐公孫述之路，其地雖皆屬天彭井絡，而山川形勢迥殊。

入蜀有三谷四道

入蜀有三谷四道，西南曰褒谷，從褒入；南曰駱谷，從洋入；東南曰斜谷，從郿入。其所從皆殊，謂首尾一谷者非也。其棧道有四，從成、和、階、文出者爲沓中陰平道，鄧艾伐蜀由之；從兩當出者爲故道，漢高帝攻陳倉由之；從褒鳳出者爲連雲棧，漢王之南鄭由之；從城固洋縣出者爲斜谷道，諸葛武侯屯田渭上由之。

棺材峽

三峽有名棺材峽者，高百餘丈，上有棺，不知何年物也。光緒中，有夔州府幕遣人沿緣而上，取棺之木爲琴，果取木數片下，木質蒼堅，不知其名。

温泉

四川關外温泉，處處有之，其水自岩隙流出，就地貯池，以供人浴。外建屋宇數椽，爲官廳寢室廚房諸所，且置役看守，並司洒掃，故凡宴會者，祖餞者，多假坐於此。然屋宇之宏敞清潔，以鑪城爲最，裏塘次之，巴塘又次之，餘則僅一池耳。泉有硫質，初浴多暈者，再浴卽安。水中有微蟲，由皮膚吸人血，吸飽卽去，土人云此吸人毒也。凡有瘡疥，一浴立愈，故關外漢、蠻兩族人，鮮有瘡疥者。泉最温煖，僅能浴一二十分鐘，縱身體健全者，亦不得過三十分鐘，久則汗涔涔，令人難耐，故有寒疾者一浴亦愈。或浴已酣睡，亦妙。泉能消食，必食而後浴，否則初浴卽飢矣，故此泉又名消食泉。泉可飲牛，牛飲之，力倍增，故蠻民往往率數十百牛飲焉。泉水散漫，凝結如白雪，蠻民掃之，用以熬茶磋麵，或糊牆壁，如內地之用石炭石鹼也。

川邊番地

出汶川城五里，珉江從北來，索橋界其上，長可百餘丈，編竹爲索，横亘空中，人行輒蕩漾顛簸，心目暈眩。久之，渡橋沿草坡河折而南，卽興文坪桃關，對岸路尺許，下臨千仞，雪後冰凍，控馬行殊可畏也。是河，一源於沙派溝，一源於龍潭溝，下流入岷江。又三十里過碉頭，始見所謂碉者，其圍牆以碎石壘成之，上施木梁，以石板平其頂，可行可坐，番人家其間。中峯而高者爲戰碉，高至二十餘丈，蓋瞭望之所也，旁插旗，大小以百數，用唐古忒旁行字體，書梵經於上。沿途有轉經樓，其制，於水石湍急處架屋，屋中書經於旗，插旗於輪，寘輪於水，使水激而轉之。又三十里抵草坡瓦寺土司行署。自汶川徼外，皆加渴瓦寺安撫使地，西訖於斑斕山，與沃日接壤。

寧遠倮夷之區域

四川寧遠爲蠻疆，山谷幽阻，水泉泛濫，無道路可紀載，約計之，則在大渡河以南，敘州府上游之金沙江以北，小金沙江以東，峨馬雷屏之西，度其方面，不過千數百里。若分按之，自大渡南涉，其中除去越巂、冕寧、鹽源、西昌、會理之内地，蠻族所據之山川，亦不過千里而已。

康藏衛分三區

康、藏、衛實分三區，蓋打箭鑪以西、丹達山以東爲康；丹達山以西，如拉薩等處，凡達賴喇嘛所屬者爲前藏，班禪喇嘛所屬者爲後藏。藏，即唐古忒也。藏之外乃爲衛。今者衛已亡矣，藏已與英人立有條約矣，完全者僅一康而已。世人不知有康，一出鑪關即謂之進藏，殆以其語文風俗相同，即視康爲藏耶。抑以祇設駐藏大臣而無駐康大臣，即統名爲藏耶？以風俗論，西寧、金川亦與藏同，固不得謂西寧、金川爲藏也。

西藏

西藏，古號烏斯，唐爲土番，在青海西南，處萬山之中。其地縱橫連屬者，南界雲南怒江，北界西寧河源，西極後藏業爾欽之沙漠，東達打箭鑪。後藏可分爲二，曰喀齊，曰阿里。

由成都起程至打箭鑪九百二十里，層巒峻嶺，削壁懸崖，隔瀘河勢最險要，天時多寒少暑。打箭鑪東一百三十里有瀘定橋，即瀘水也。初以鐵索橋爲渡，後亦有以木船渡人者，水漲則不可過，仍行橋上。橋長三十一丈一尺，寬九尺，施索九條，覆板於其上。水頗險惡，有大風，亦不可行，爲通鑪要隘。

郭達山在打箭鑪東北一里，高七百餘丈，時有青羊繞山而行。相傳漢諸葛武侯七擒孟獲時，命郭達至鑪，於沙畦納安鑪造箭，故名。山上有郭將軍廟，將軍郭達也。

裏塘在打箭鑪西六百八十餘里，天寒多雨雪，昔隸青海部。層巒疊障，道路紆迴，爲西藏要地。

巴塘在裏塘南五百四十五里，土地饒美，氣候暄妍，凡游邊藏者，莫不停驂於此，幾若上海，故有「內地蘇杭，關外巴塘之諺」。然其地無城郭，無街道，漢、蠻雜處，寥寥百餘户而已。其所以得此美名者，蓋以地當衝衢，百貨齊備，飲食衣服備極奢華，而又有種種名勝之區，供人游眺故也。山則峻標甲噶，水則流合金沙，昔爲拉藏罕所屬。去巴塘九百餘里，地名乍丫，一大部落也。

金沙江之源，自達賴喇嘛東北烏泥烏蘇流出，烏泥烏蘇，譯言乳牛也。其水名烏魯烏蘇，東南流入察木多，又東南流逕中甸，入雲南境塔城關，名金沙江；至麗江府，名麗江。

巴塘至察木多一千四百又五里，中隔乍丫，路出西北，天時無異裏塘，三山環偪，二水合流，爲西藏門户。界通川、滇，北河有四川橋，南河有雲南橋。

瀾滄江有二源，一源於察木多之噶爾機雜噶爾山，名雜楮河，一源於察木多之濟魯肯他拉，名傲木楮河，二水會於察木多江巴林寺之南，名拉克楮河。流入雲南境，爲瀾滄江，南流至車里宣撫司，爲九龍江，流入緬甸境。

瀾滄之西爲哈拉烏蘇，卽禹貢之黑水，今雲南所謂潞江也。其水出自達賴喇嘛東北哈拉諾爾，東南流入察木多，又東南入雲南，爲潞江。

拉哩在達隆宗西北，距察木多一千五百餘里，天時嚴寒，山勢陡險，無城郭，所屬寺院，有堪布喇嘛主掌，兼第巴事。又有工布、江達在拉哩西南，工布僻處一隅，而江達則爲西藏孔道。天時和暖，産稻米，有水田，絶域中之沃壤也。

黑水源出西藏之喀喇池，入潞江，至緬甸入海。渡黑水，行十餘日，至烏思藏。烏思藏西南二千里，懸崖峭壁，積雪凝冰，山之巔清泉百道，奮湧争流，而四面羣山環峙，有如兒孫。西北走喀齊，西南走天竺，東北走甘陜，東南走川滇，爲名山五千二百七十，奉爲鼻祖，則崑崙山也。

渡析支，泝洄而上，四山中有沮洳場，約二百餘里，汎濫不可數計，土名苦敦腦兒，譯言星宿海，黄河發始之源也。

前藏東拉哩西一千零十餘里，有達賴喇嘛坐牀之所，曰布達拉寺， 在布達拉山。布達拉山四面皆崇山峻嶺，不生草木，殆古所謂鐵圍也。其中原隰平衍，南北約六七十里，東西約二百餘里，中通藏江，自東北繞西北流。藏江之北北山之南，平地突起一石，其周五六里，高一里許，依山疊砌高樓十三層，形勢莊嚴，則布達拉寺也。

羅卜嶺崗，在布達拉西南十五里，爲達賴喇嘛沐浴之所。水自藏布江引入池中，池有樹，壁繪諸佛像及青石梯，六佛昇天之遺跡也。

由前藏行八日九百餘里至後藏，地曰札什倫布。翁結巴寺則爲班禪額爾德尼坐牀之所。

三瞻

西藏三瞻之地，兩山抱護，形勢險固，土肥產豐。道光中，工勒布盤踞其間，以劫掠行客爲事，藏路不通。同治癸亥，蜀督駱文忠以內地兵丁不服水土，借藏兵攻破碉樓山寨，生擒工勒布，並勦其黨，惟藏中墊軍餉五十萬，乃以其地償於藏，仍由藏中派土司治理之。光緒丙申，瞻對土司有離心，蜀督鹿傳霖調兵四營往勦，奪碉樓要口，藏中所委土司子重，以餘黨逃。官軍報捷，鹿督乃改其地爲州治，名曰定瞻州。

察木多

察木多，舊名喀木，爲西藏之頭藏，據瀾滄江上源薩楚河、鄂穆楚河會流之地，當打箭鑪至前藏之中央，滇、蜀、羌、隴之孔道，藏東第一要隘也。番人所居，背倚南山，碉房深邃，洞宇縈迴，坡下建營壘，築市肆，商業殷盛，無異都會。有二橋，跨南河路通雲南者爲雲南橋，跨北河路通四川者爲四川橋，實往來通道也。

西康

西康，古康、藏、衛三區之一也，東起打箭鑪，西至丹達山，凡三千餘里；南與雲南之維西、中甸二廳接壤，北踰俄洛已達野番與甘肅交界，亦四千餘里。其西南隅，過雜瑜外經野番境數日程即爲英屬。宣統辛亥春，英人踰野番境在壓壁曲隴樹旗；是年夏，英國游擊貝爾立由雜瑜取道野番境回國，均經邊務大臣趙爾豐電政府與英交涉在案。西北隅毗連西寧，東南隅抵四川寧遠所屬各州縣之境，東北隅爲四川、甘肅之交。幅員遼闊，倍於川，等於藏，爲西藏廓爾喀朝貢之大道，駐藏大臣出入之通衢。

歷代不知經營，以地畀於酋長，官爲土司而自治者十之五，畀於呼圖克圖者十之一，流爲野番者十之三，賞給西藏者十之一。光緒丙午秋，詔設邊務大臣，漸將土司、呼圖克圖之地改土歸流；野番之地征討投誠；賞給西藏之地，如江卡、貢覺、桑昂、雜瑜、瞻對次第收回，均奏明設官，類伍齊、碩搬多、洛隆宗、邊壩四部落亦以兵力收回之。此實宜由康設官，仍以丹達山巔爲康、藏分界，則西康之疆域全矣。

西康之山

康境之山甚多，終年積雪，人迹不能到者，山雖高而無名，統而名之曰雪山，無地無之。其人力所通之處，山高有道路者番人名之曰拉，無道路者名之曰熱，猶内地之山有穴者曰岫，出脊者曰岡，大而高凸曰嵩，小而高曰岑，鋭而高曰嶠，卑而大曰扈之類也。康爲川、藏通衢，沿途大山與川交界者曰折𡸣山，自此前進則有高日山、博浪工山、三壩山、大朔山、寧静山、昂地山、王卡山、恩達山、瓦合山，與西藏交界者曰丹達山。此數山者，盛夏之時，天陰則雪；秋冬及春，有時大雪封山，不能行路，驛站亦有阻雪之日，此指大道而言也。小路之山如甘孜赴德格之濯拉，德格赴昌都之熱埡，巴塘赴鹽井之覺隴，白玉赴德格之恩作拉，登科赴召渠之恩科，亦皆高而積雪。此外尚多，不能歷數，惟登高一覽，則衆山俱小矣。

騰吉里湖

騰吉里湖爲西藏第一大湖，在拉薩西北，高於海面四千六百四十米突，東西長而南北狹，四周約七十七里。湖水極淨，與雪峰相映，最爲奇觀，水含多量鹽分，帶苦味。以氣候寒冷，湖水易冰，際嚴冬則湖面如鏡，土人常往來於冰上。每年五月始裂，聲聞於四遠。

嶺左地勢

梅江、韓江爲廣東通渠，江岸名城有潮州、嘉應州。梅江下流會韓江以入於海，而鎖鑰於汕頭，連山由南條分支，蜿蜒北走，瀕海揭陽、潮陽諸山尾閭於是，如神龍舒爪，左右拱繞，兩端兀峙，成馬嶼口，口外則雲飛波走，莽無涯涘矣。口内水深且無沙線，故爲南方之良港。口内有崎㟥礮臺，形勢頗利，近則漸廢，礮亦窳陋，石磴苔荒，大旗風冷，守臺老兵種菜煨芋而外，無所事也。

榆林港

廣東崖州有榆林港，最深，可泊大兵艦，爲我國第三船澳。某督在粤時，擬於瓊州府城外設守，經營榆林港，籌有定款，購有極巨之礮數十尊。及李瀚章繼任，則以臺礮無用，盡舉以贈直督。

粤西異境天開

粤西山水奇特，往往異境天開。相傳某邑鄉人樵採，至一峭壁，無可攀躋，其下忽露洞口，蛇行而入，屈曲十餘丈始見天日，高山平原，清流嘉蔭，靡所不有。出以語衆，且擷幽花異果，以證其實。好事者入而跡之，則有宫室廢址，及漢篆碑版，不知避秦世外者，何以入而復出也。厥後，邑人往游者繁，宰官迷信最深，以爲必係鬼神之域，懼干幽譴，固以泥丸，日久遂失所在矣。

廣西省城形勝

廣西省城居全省之北，與湖南接境二百餘里，形勢雄勁。將至城垣，羣峰攢簇，僅一線通路，南則面對府江，對岸亦環以諸山。其陸程，至邊關二千餘里，極崎嶇，間無宿店。水程則由府河下梧州，繞上左右江過潯州、南寧，亦在三千里外。灘石阻梗，水淺時，月餘始達，一遇江漲，則立須停舟，更多危險。光緒壬午，法越事起，轉運維艱，郎文報急遞，動須半月，當路頗以爲憂。以全境四至論之，改省南寧，則要害適中，於邊防大計，呼吸可通。且市廛繁盛，舟楫四達，實爲水陸衝途，滇、廣、越南百貨出入，與梧州相等。邊地戍兵，轉餉輪班，皆必由之路，開府於此，真足控制中外也。其後省垣僅通湖南一路，荒陋之狀，不可名言，世號爲第一瘠省，信然。

雲貴山水

雲南山多平坦，多高厚，水多清泠，土多黄。貴州山多槎枒，多深阻，水多湍悍，土多沮洳。

滇省水道

滇省水道甚稀，每有一溪一川，皆以江或海名之，大理之洱海，漾濞之漾濞江與瀾滄江，不過大山間一百餘尺闊之巨流耳，以視江浙之太湖，不知當以何物名之。顧江浙人之視丘爲山，要亦與滇人之以川名海，同一淺見也。

壩子

滇人稱平原爲壩子，壩子有數方里者，有十餘方里者，有數十方里者，大小不等。至其所謂壩子，非從前之府治，卽州縣治，或大村落。蓋雲南全省，本屬嶺地，山嶺居十之七，一遇平原，卽相其地勢，以爲府治，以爲州縣治，或人民集居，因成村落。至若居民數户，依稍平之坡築室而居，以種玉蜀爲生者，則名之爲鋪，而不名之爲壩子。且壩子多在兩山之間，往往將至一縣或一大村，當下坡時，卽先見萬山圜繞中平地一片，惟其形幾如釜底，推以理想，千百年前或本一大河也。

大理下關

大理下關，爲雲南迤西門户，蒼山繞其左，洱海臨其右，誠天然之形勝也。蒼山高度約距地平線七千餘英尺，終年積雪，風景絶佳。至下關西一里許，石城巍峨，古壘高矗，關前有石碑一，書「漢丞相諸葛武侯擒孟獲處」十一字。關以外水聲淙淙，如飛馬奔馳，白浪四濺，誠洱海西流之大觀也。

雲南土司轄地

臨安府屬土司，惟納樓、長舍二舍情形略近内地，江外猛丁一帶，閒有平原，其餘多屬磽瘠。普洱府屬，平原頗多。鎮邊廳屬，惟孟連、猛濱平原較大，餘則山多原少。順寧府屬，平原廣漠。永昌府屬，如保山所轄四土司，特苦磽瘠。騰衝府屬，平疇萬頃。蓋沿邊各地，山多者恒瘠，原多者恒肥也。

倮塞山

河口爲滇邊要塞，顧瘴氣甚重，附近有倮塞山，山地高，氣候甚寒，鐵道盤旋其上，守路防塞，兩可兼顧。

臘耳山

臘耳山介楚、黔之間，其山自貴州正大營起，北界老鳳、芭茅、猴子諸山，東接栗林、天星、鴨保、岑頭諸坡，故苗之介居三廳及松桃、銅仁間者，舊史統謂之臘耳山苗。

月崖

貴州思南沿河司東岸有月崖，苗人以漆畫一月於上，夜有光，而日間黯然，周三丈餘，拜之爲神。漢人既有是地，相聚而謀曰：「是苗人之以術制我也。」遂圬之。今惟白色一團而已。

蒙古道路

由張家口至庫倫都凡三千六百里，出張家口，一望皆沙漠，淡水殊少，每二三十里始有一井，非土人之拙於墾濬也，其土深厚不易掘耳，往往有掘數百丈尚不得涓滴者。人馬經此，逢井必憩，有時人尚可支持，馬則已渴甚，輾轉必需飲矣。故蒙古交通，除台站外，其所有道路，惟游牧之徑途耳。無水可飲，無柴可取，又無村落可寄宿，一片荒凉，極目不見一人。

多倫

多倫居内蒙中樞，夙爲重鎮，猶外蒙之庫倫也。自張家口至此，凡四百八十里，實則口外里數，每里足抵内地二里焉。昔爲蒙人游牧之場，康、乾以來，均由漢人陸續開墾，時移業進，漸成鉅鎮矣。

庫倫

庫倫爲外蒙總匯，位置在西經九度、北緯四十八度，居喀爾喀土謝圖汗東北部，游牧地最廣。庫倫者，蒙語城栅之意，以四圍皆木栅，故名。城南十餘里有汗山，綿延高聳，茂林蒼翠，蒙人尊之爲神山，四時致祭，禁止樵採。自京師正北偏西行，過居庸關，出張家口，西北行三十站，轉北行十四站，至庫倫，距京師四千餘里。更由庫倫北行十一站，至恰克圖，卽買賣城是也，再北行，卽爲西伯利亞。由恰克圖北行五百餘里，卽爲上烏丁次克，沿鐵路至貝加爾湖，北卽伊爾庫次克，與恰克圖相對，一爲西伯利亞之大商場，一則蒙古之大商場也。故由上烏丁次克至庫倫，實不過平常十八站地，而至京師，則須四十四站。以軍郵計，八日始達庫倫，卽草青馬肥之時，亦須六日。

國朝設庫倫辦事大臣，轄土謝圖汗、車臣汗兩部，車臣汗部西界黑龍江，南界内蒙東盟，以烏珠穆沁旗爲界。庫倫辦事，並兼轄恰克圖貿易事宜，凡四十七卡倫，恰克圖東卡倫二十八，屬土謝圖汗、車臣汗二部，恰克圖西卡倫十九，屬三音諾顔、札薩克圖二部，此四十七卡倫，皆歸庫倫辦事大臣管轄，至三音諾顔、札薩克圖二部事，則歸烏里雅蘇臺管轄。土謝圖汗部地勢平坦，水草廣茂，北部多山，南部多沙漠，庫倫卽在土謝圖汗部北偏東，察烏罕蓋山亙其南，色楞格河繞其東，自左翼右末旗分之，北則高山細流，縱横蜿蜒，南則平沙廣漠，草木不生，外蒙中部最險之域也。每卡倫，駐庫什固爾兵二百人。庫什固爾者，保安之意，猶漢語保安軍也。然此種兵皆非能戰者，且訓練無方，器械窳舊，亦徒有其名而已。

庫倫佛山

庫倫多山，有名佛山者，禁地也，徧山皆緑葉松。

哈薩克

哈薩克地居新疆，其種族爲蒙古，元之後裔也。當元之盛時，分封於哈薩克，故以哈薩克人呼之。其後子孫蕃衍，有徙居東土耳其斯坦者，有徙居伊犂、科布多、塔爾巴哈台者。其在外蒙哈薩克之哈民，以雍正丁未恰克圖界約及咸豐庚申中俄續約，劃歸俄羅斯，乃不屬於我國。哈人善騎，故俄之哈薩克馬隊頗著名。然因地近寒帶，冬日嚴寒，以南方較爲温煖，頗思内向，往往潛行越界，借地游牧，名曰潛哈，曾經奏明有案。然不敢以原屬我國之蒙、哈，令其爲我國之國民者，恐俄人以哈薩克既歸俄國，卽指哈人所借之地爲俄國之領土也。光緒壬寅、癸卯間，科布多參贊瑞洵及志鋭等先後奏請收回借地，迭經諭令潘效蘇會同瑞洵妥籌辦理，並有不得以借地爲已成之案憚於更正之諭。然邊疆大吏，皆以爲多一事不如省一事，原奏者非欲認真辦事，不過藉此以邀功，查復者則更畏難苟安，不惜飾詞以罔上，故迄未查明借地實行收回。

京師城門

京城周四十里，高三丈五尺五寸，門九，南曰正陽，南之左曰崇文，右曰宣武，北之東曰安定，西曰德勝，東之北曰東直，南曰朝陽，西之北曰西直，北曰阜成，明永樂己丑所建，順、康以來，修整宏壯，其名則仍舊貫。

阜成門又名平賊門，平闖賊也。當明末時，闖賊從此門遁出，其南壁上尚有手印之蓮花迹。城内有一胡同，曰追賊胡同，亂定後，居民惡其名，改追賊爲錐子，而書平賊爲平則。

正陽門門禁

京都城禁綦嚴，向夕卽閉，正陽門外城有門三，中央者正對天橋，爲馳道所經，故終年不啓，車馬往來成取道於左右兩門。舊例，京朝官吏除宗室親貴旗人外，皆居外城，每日晡則兩門皆閉，至三鼓時，左右兩門啓一次，以備各官入朝。內城居人之偶留於外城者，即乘此時隨入，故俗有倒趕城之說，又謂之趕夜城，然祇許入不許出，防宵遁也。自光緒庚子拳匪肇禍後，外人以此門密邇使館，時閉時啓，出入不便，要求弛禁，許之。顧初猶左右虛掩，繼乃虛掩一門，至光、宣間，則上半夜啓左門，下半夜啓右門，於是車馬雜遝，終夜有聲，而交通大便矣。

左門中有觀音殿，殿址始於明，松山之役，思宗聞洪承疇殉國，既賜祭十六壇，復建祠以表其忠。祠成而聞其生降，遂罷，後乃塑大士像以奉之。右門中有關帝廟，廟貌如生而甚短小。相傳像初塑於明宮中，尚有一巨者，同時以塑成之年月日時召術者推算，術者素以神術聞，謂：「大者身且不保，小者則香火可數百年。」語聞於思宗，特留其大者而畀小者於正陽門側。崇禎甲申難作，大內灰飛，像亦同燼，而在門側者，果無恙，至國朝而奉祀如故。

京師五鎮

永定門外煙墩爲南方之鎮，大鐘寺爲西鎮，鷄獅潭爲北鎮，黄木廠爲東鎮，煤山爲中鎮。

帶衞歸海

天津之建治營城，昉自明末，國初時，邑人周姓又曾以私財修之者也。城周九里，闢四門，北帶河，西衞安，南歸極，東鎭海，命名之始，審勢象形，具有深意。光緒庚子，聯軍破天津，八國分兵據其地。和約既定，外兵遵約撤退，而郡城與大沽礮臺同在毁棄之列，爰就圜城舊址築馬路，而所有碑石，則全爲英人移往威海，爲建造港塢之需。故津人迷信者，羣謂四門之名適有「帶衞歸海」等四字，物之成敗有定數也。

古長城

自木蘭北數百里，有土堆巍然，東至俄羅斯，西抵準噶爾，蜿蜒數千里。道光以前，屯戍墩堠猶有存者，土人云古長城也。

萬里長城

長城東起臨榆之山海關，跨直隸、山西、陝西、甘肅四省，蜿蜒屈曲，約長五千餘里。東半内外均砌巨磚，黄河之西則築以泥土。

蔡元請修築邊牆

康熙辛未，總兵官蔡元疏請修築邊牆，上初命閣臣集九卿於闕門外，面詢可否以聞。羣臣未及對，上復召大學士諭曰：「朕思衆志成城，豈在邊牆。」諸臣叩首曰：「大哉王言，臣等見不及此也。」所請遂不準行。

上海縣城沿革

光緒中葉以前，上海縣城僅七門，曰大東，曰小東，曰大南，曰小南，曰西門，曰老北，曰新北，戊申、己酉間，南市漸興，邑紳有以城垣之阻爲不便交通者，乃倡拆城築路之説。事爲固執者所聞，大倡非議，遣人持籍四出，迫令居民簽名以爲抵制，於是遂有拆城保城二黨，私鬨不已。禀之有司，有司莫能袒，則請議於文廟之明倫堂。衝突久之，卒不解決，於是模稜者謂不如不拆城而別闢高大之城門三五以利交通，二黨莫能難也，議遂定。於是復闢新東、小北、小西三門，又別拆小東、新北二門而高大之。

廣州城

廣州有舊城、新城、外城之分。舊城，昔爲尚可喜駐鎮；新城，則其子姪及漢軍藩屬官僚大小衙署在焉；外城，乃咸豐中粤寇蕭朝貴增築，以資防海，今僅存土基。粤寇既平，官署盡在舊城，漢人居東，旗人居西，中以旗望街分之，撫署爲可喜第，最宏敞；將軍署爲之孝第，尤壯麗，堂前拜台石，闊六十方尺，深半之，門前獅子二，耿精忠自肇慶取石鐫成，高大無匹。出西門三里，曰寶珠礮臺，曰白鵝潭，曰沙基，曰十三行，曰濠畔街，曰一約，曰二約以至七約，皆各國通商立埠之所也。

臺灣不建城

臺灣平後，雍正年間有請建城垣者，世宗諭云：「臺灣非內地比，此次之易於收復，亦因賊無險可據。設有城垣，賊必負隅抗拒，更費兵力矣。」故臺灣郡縣不建城，而用刺竹。

洛陽之寨

距洛陽城五里有墩，十里有鋪，十里以外，每五里設墩臺。鄉村之烟户稠密者公同築圍，形式若城，亦有門有樓，特較城稍小，其名曰寨。

湖南苗寨

鎮筸五寨而外，苗寨以土爲之，統分十里，上六里即永綏廳，下四里即乾州廳，外更有筸子長官司所轄之苗寨數十處，鎮溪所千户東南附近之苗寨數十處。苗寨在上六里下四里，初爲所官管轄，後隸保靖宣慰司，其性獷悍，土官亦羈縻之而已。千户長官司所轄，邊牆内者居多數，土官尚能彈壓之，頗知畏法敬官，邊徼有事，撻伐甫及，輒争先投誠，其風較十里爲馴。

達圍寨

四川邊外番人居達圍寨，寨凡三層。其制，下以棲人；中之右，土司居之，左爲喇嘛誦經所，中供佛；其上則土司婦女所憩。

安娘壩番寨

安娘壩番寨，疊石三層，入門拾級而上，四周約數十間，中一樓最高，有金頂，爲供佛之堂。廊下環小牛皮筩十數，中貫以柱，男婦拽而轉之，筩内皆皮紙所寫各部佛經。番人聰俊者，誦經於佛堂，不能，則日夕轉此經筩，以當課誦。

京師道路

京師街市穢惡，初因官款艱窘，且時爲董其事者所乾没，繼因民居與店户欲醵資自修街道，而所司吏役輒謂妨損官街，百般訛索，故亦任其蕪穢。又京城例於四月間於各處開溝，蓋溝渠不通，非此不能宣洩地氣也。是時穢臭薰人，易致疫癘，人馬誤陷其中，往往不得活。開溝之處，闤市獨多，差役因從而漁利。又開溝者，每故意擇大店門口居中開挖，店主以貿易不便，必重賂之，乃稍移偏。光緒中，潘文勤公在工部時，有司員某鋭於任事，以開通溝渠平易道路爲己任，鋪户聞之大喜，亦願醵資助費，而文勤執不可。某叩其故，文勤曰：「汝以通溝平道爲美，然一時之利也。汝之後，安得復有汝！將至路仍不修，而年年勒令店户出資，是貽無窮之害矣，不如其已。」遂止。

胡同本爲火弄

京師稱巷曰胡同，其義無所出。蓋閩中方言，家中小巷謂之弄。《南史》東昏侯遇弑於西弄，即巷也。元《經世大典》謂之火弄，後因訛爲胡同。

京師八大胡同

京師八大胡同，名稱最久，皆在正陽門外，即石頭胡同、臙脂胡同、大李紗帽胡同、小李紗帽胡同、百順胡同、皮條營、陝西巷、韓家潭是也。韓家潭初爲伶人專有，其家宅俗呼下處，豪客輒於此取樂。光緒庚子亂後，南妓麕集，伶人失業，始有妓女蹤跡，而入八大胡同之列。或謂有十條胡同，則益以王廣福斜街、櫻桃竹斜街也。

京師王廣福斜街

京師有王廣福斜街，始人競稱爲王寡婦斜街，後則易爲王廣福三字，地名稍雅，而失其真矣。此與麻狀元胡同可以作對。

上海租界之路

上海公共租界馬路之建築，除南京路、四川路用鐵梨木火磚鋪設外，其餘普通爲兩式，一以沙與石子拌和平鋪者，普通名之曰馬路。一以碎石大小疊砌者，普通名之曰石路。

鐵路橋

津浦鐵路之橋，河身傴仄，且河底少沙，故其橋亦普通製造。京漢鐵路之橋，河水漫溢八九里，底多沙土鬆蘇，不易建置，脚用螺旋深入數十丈，誠爲世界所未有。正太鐵路越固關井陘之險，汽車行飛崖間，易致顛隕，其軌兩端不等，一端寬四尺八寸半，一端寬三尺三寸，車至寬處，其輪軸自由伸展，至狹處，其輪軸自由收縮，此係我國某工程師之所新發明也。

蘆溝橋

蘆溝橋，在京師廣安門外。溝本桑乾河故道，因其水濁而黑，故曰蘆溝，又曰渾河，國朝改名曰永定河。橋始建於金大定己酉，長約二百餘步，石欄雙鎖，上鐫獅像百餘，姿勢各異，亦前代美術之一種也。在昔爲南北往來衝要，騷人墨客過此，必流連題詠，故燕京八景中有「蘆溝曉月」，與「長亭灞橋」同爲勝蹟。明顧元起詩云：「西山籠霧晚蒼蒼，一線桑乾萬里長。最是征夫望鄉處，蘆溝橋上月如霜。」自京漢鐵路開車，此橋遂寂寞矣。

船橋

蘭州北門外橋名鎮遠，以船爲之，横排二十四艘，自南岸達北岸，每船相離尋丈，船填土石，頭尾用大鐵索囊磚石沈河底，復用大鐵練連貫之，練環大如盤，兩岸均有鐵柱，插沙土中，大合抱，出地約丈餘，相傳爲明初所鑄。船面鋪大木板數層，以草土填平，沿河聯以紅欄。凡往來甘凉口外者，悉由此橋，車馬日以千計，諺所謂「天下黄河一道橋」是也。冬河冰合，甘督率僚屬祭河神，始拆船橋，車馬皆行冰上，正二月間冰泮，仍駕以橋。

臺灣藤橋

臺灣諸羅有遊八社，其第五社曰藤橋。高山對峙，中夾大溪，深數千仞，番人剖大藤爲經，繫於兩麓大木上，以小藤爲緯，横織如梁，翼以扶闌。行則摇曳如欲墜，過者股慄目眩，不敢俯睇，而番人以頂頂物，往來如飛。

成都長春橋

四川成都東門外之長春橋，俗呼東門大橋，一名濯錦橋。光緒癸未間修築時，發現宋碑一方，則此橋猶爲宋代所建者也。

溜渡

溜渡者，居瀾滄江上岸，至峭削，江寬二三十丈，無可施鐵索，土人細竹爲巨纜，兩端綴以石碣，更取藤作三圈，貫纜上，名曰溜筩。渡者自縛筩内，岸人舉纜力送，須臾達中途，纜受重下垂，曲如弓背，渡者以兩手攀纜遞進，始達彼岸。纜有二，以通往來，其運物亦如渡人之法，别以細索繫圈上，中路停滯，則振其索，圈動纜升，久之亦抵岸矣。以用溜渡，故稱此江爲溜筩江。

雲南鐵索橋

雲南鐵索橋，在轡水關側，兩岸壁立，下臨深谿，亂石壅流，飛濤百丈，以不能累石爲柱，則以鐵索大如臂者，貫於兩岸之崖石，或十餘條或二十條，用木絞使直，鋪板作地平，翼以欄杆。橋長者或數十丈，望之，如飛樓虚閣，往來者不知行於空中也。

滇中以瀾滄江爲最。明李定國燒斷以拒大兵，吴三桂用竹筏過兵至永昌，既逐定國，始動帑三千金修之。

貴州盤江之橋

黔中盤江一橋，視雲南瀾滄江更勝。鄂爾泰節制三省時，改驛路於此，今爲通大理之沿邊要道。

清稗類鈔

名勝類

燕京八景

金《明昌逸事》有燕京八景，曰居庸疊翠、玉泉垂虹、大液秋風、瓊島春陰、薊門飛雨、西山積雪、盧溝曉月、金臺夕照，明人更薊門飛雨爲薊門煙樹。高宗更玉泉垂虹爲玉泉趵突，蓋泉從山根仰出，噴薄如珠，實與趵突之義相合也。又更西山積雪爲西山晴雪。各景皆勒石，紀之以詩。

京都諸勝

鼓樓　鼓樓在地安門北，昔之金台坊樓，舊名齊政，元建，置銅壺滴漏，制極精妙，故老相傳，以爲宋代故物。其制爲銅漏壺四，上曰天池，次曰平水，次曰萬分，下曰收水，中奉鐃神，設機械。時至，則每刻擊鐃者八，以壺水漏爲度，涸則隨時增添，冬則用温水。

鼓樓有門三，樓之東南轉角，街市均斜鋪，樓之西，昔爲斜街，率皆歌台酒館，有望湖亭，爲達官貴人游賞之地。齊政者，取《書》「璇璣玉衡，以齊七政」之意。

鐘樓　鐘樓在金台坊東，即萬寧寺之中心閣，元至元中建。後之鐘樓在鼓樓北，明永樂中建，旋燬於火。乾隆乙丑重建，有御製碑。

鐘樓之制，雄敞高明，與鼓樓相望，有八隅四井之名，蓋東西南北街道最爲寬廣。至元中建閣四，層簷三重，懸鐘于上，聲遠愈聞之。

玉河橋　玉河橋，在東城根者曰南玉河橋，在東交民巷者曰中玉河橋，在東長安街者曰北玉河橋。水自皇城内箭亭流出，南穿城，歸正陽橋城河，橋東西兩岸皆植柳，垂蔭水面。

觀象台　觀象台在城東南隅堞堵上，元至元十六年建，中爲紫薇殿，内有御書聯扁，台上舊有元代郭守敬所製渾天儀、簡儀、銅球、量天尺諸器。康熙癸丑，以舊儀年久多不可用，御製新儀凡六，曰天體儀，曰赤道儀，曰黄道儀，曰地平經儀，曰地平緯儀，曰記限儀，均陳于台上，歷朝遵用，其舊儀移藏台下。乙未年又製地經平緯儀，乾隆甲子，又製璣衡撫辰儀，並陳台上。

占風竿亦名順風旗，上有鐵箍二十八道，蓋以象二十八宿之數也，自遠即可望之。

紫薇殿東小室曰壺房，即浮漏堂，内有銅人一，銅壺五，曰日天壺，曰夜天壺，曰平壺，曰萬水壺，曰分水壺。每逢日月蝕前三日調壺，則置銅人於萬水壺上，面南抱箭，箭又名量天尺，長三尺一寸，鐫晝夜時刻，上起午正，下盡午初。壺中安箭舟，如銅鼓形，水長舟浮，則箭上出，水盈箭盡，則洩之於池。箭上時刻與赤道相符，晝夜一周，再注水亦如之，雖遇陰雨，其時刻亦無差也。是銅人爲調壺所用，固非占日晷長短之具也。東廂三間爲測量所，又別有室三楹，爲晷影堂，南北平置銅圭於石台，長一丈六尺二寸，闊二尺七寸，周以水渠，南端置銅表高八尺，上端施銅葉，中穿圓孔，徑二分，午正，日影自圓孔透圭面，成橢圓形，南界爲日體上影，北界爲日體下影，中心爲中影。

泡子河　泡子河在崇文門東城角，前有長溪，後有廣淀，高堞環其東，天台峙其北，兩岸多高槐垂柳，河水澄鮮，林木明秀，不獨秋冬之際難爲懷也。河上諸招提苦無大者，水濱頹園廢圃多置不葺。城内自德勝河外，惟此二三里間無車塵市囂，惜無命駕者耳。宣統年間，河身尚存，經吕公祠南石橋出南水門以入通惠河。

京西諸勝

京西八里莊慈壽寺，明代爲慈聖太后祝釐之所，有浮圖十三級，與天寧寺相同。塔旁有二碑，東爲太后畫九蓮菩薩像，王錫爵書《瑞蓮賦》，西爲太后畫關帝像。後寺毁而浮圖及碑存。西直門之西北，有如山陰道上，應接不暇，去城最近者爲高粱橋，清明踏青多在此地。沿河高樓多茶肆，夏日游人多有至者，惟無明代踏青之俗矣。南岸樂善園久毁，後又以牆圍之。再西則爲可園，俗稱三貝子花園。又西北岸極樂寺，明代牡丹最盛，寺東有國花堂，成親王書。其後牡丹漸盡，又以海棠名，樹高二三丈，凡數十株，國花堂前後皆海棠。光緒中，海棠亦盡矣。又西北岸大正覺寺，俗稱五塔寺，後亦毁，惟五塔存。又西北岸有萬壽寺，寺建於明，乾隆中重修，爲太后祝釐之所。寺極宏麗，大殿後叠石象三神山，舊有松七株，最有名，光緒庚寅後樓火，并松俱燼，但存《七松證道圖》。寺西城關爲萬壽街，俗稱蘇州街，兩行列肆，全仿吴中。舊傳太后喜蘇州風景，建此仿之，後已毁盡。又西爲麥莊橋，又西爲廣仁宫，在南岸，地名藍靛廠，火器營駐此，街衢繁盛，廣仁宫每歲四月廟市半月，土人稱爲西頂。又北東岸有化成寺，又北至海甸。海甸，大鎮也，自康熙以後，御駕歲歲幸園，而此地益盛，王公大臣亦均有園，翰林院有澄懷園，六部司員各賃寺院。清晨趨朝者，咸集德勝、西直二門外，車馬絡繹。公事畢，或食公廚，或就食肆，其肆多臨河，舉網得魚，付之酒家，至足樂也。及咸豐庚申秋，御園被燬，湖上諸園及甸鎮長街，日就零落，舊日士夫居第，多在燈籠庫一帶，後亦頹廢。

水局

京師自地安門橋以西，皆水局也，東南爲十剎海，又西爲後海，過德勝門而西爲積水潭，實一水也。元人謂之海子，宋褧詞所謂「淺碧湖波雪漲，淡黄宫柳煙濛」者也。然都人士遊踪多集於十剎海，以其去市最近，長夏夕陰，裙屐尤争趨之。

十剎海

京師十剎海，在後門西，上接積水潭，名淨業湖，下通大内三海，荷花楊柳，風景幽絶。光緒中張文襄入相，建樓數楹爲寓廬，自題一聯云：「亭上有蝦兼有菜，濠邊非我亦非魚。」以此地本有蝦菜，亭舊址尚存也。潭上舊有寺，高矗梵宇，顔曰「首善第一樓」。相傳粉牆一帶，即明李西涯故宅，法梧門學士詩龕亦在其間，然已不可確指，惟海旁楊柳夾堤耳。有酒樓曰會賢堂，院宇宏敞，軒窗明徹，王公貴人，遠方游客，消夏攜尊，咸集於此，五六月間，門外車馬盛極一時。

後海

京師之後海較前海爲幽僻，人跡罕至，水亦寬，樹木叢雜，坡陀蜿蜒。兩岸多古寺名園，騷人遺蹟，成親王之詒晉齋居其北，法時帆之詩龕在其西，蝦菜亭、楊柳灣、李公橋、十刹海皆在此地。湖上看山，亦以此地爲最暢。

陶然亭

陶然亭爲都下名勝之一，亭在南下窪，爲郎中江藻所建。江，鄂人，取白居易詩「更待菊黄家釀熟，與君一醉一陶然」意以名之。地高曠，三面明窗，尤爲雅潔。秋日白楊零落，紅蓼花開，都中墨客騷人多宴於此。

金魚池

京師崇文門外南小市東偏之金魚池，本名魚藻池，取《葩經》王在之義。方塘小泊，縱横若町畦，居民皆養魚爲業，池上有殿，榜曰瑶池。明代都人，每於五月五日，走馬魚藻池以爲樂，國初亦然。今則殿址不存，舊俗亦不復舉。但見荇藻一碧，朱魚浮泳，隄旁垂柳成陰，參差掩映，饒有濠濮間想而已。

八里莊

八里莊在京城外，以國初諸老時往看花而名始著，王阮亭、查初白皆有《摩訶菴》詩。其地有酒肆，所售良鄉酒頗著名於時。

二牐

京都昆明湖，例禁泛舟，十刹海僅有踏藕小船，而二牐遂爲游人薈萃之所，每歲自五月朔至七月望，青帘畫舫，酒肆歌臺，令人疑在秦淮河上。居内城者，例自齊化門外登舟至東便門易舟，至通惠牐；居外城者，則自東便門外登舟，午飯可就牐上酒肆小飲，既酣，或徵歌板，或閱水嬉，悉隨人意。

玉泉山諸勝

京師天然名勝爲玉泉山，游者可出西直門，道坦平，垂楊夾道，過海淀鎮，鎮在京西，更前進，至萬壽山麓，孝欽后所建頤和園在焉。自此右折，再折而北，爲大路，巨石砌道，厚三四寸，縱七八尺，廣亦四五尺，惜年久失修，兩石相接處已裂巨罅。山有古寺，亦名玉泉。入山門，則見林木葱鬱，道路迂迴，山麓窪地隨處皆泉，水清澈可鑑，以手試之，冷冽如冰。池不廣，有小洲三，其上有瓦礫殘址。康熙庚中年，即金章宗芙蓉殿遺址，以擴爲園林，名静明園，當時以十六景著，曰廓然大公，曰芙蓉晴照，曰竹爐山房，曰采香虛徑，曰聖因綜繪，曰繡壁詩態，曰清涼禪窟，曰溪田課耕，曰峽雪琴音，曰玉峯塔影，曰裂帛湖光，曰風篁清聽，曰雲外鐘聲，曰鏡影涵虛，曰翠雲嘉蔭，曰玉泉趵突，流風遺韻，所存不逮其半。山之四周，地低下，前有高水湖，後有裂帛湖，距玉泉咫尺，水脈暗通，而高水裂帛，復合注於昆明湖，即頤和園所據爲勝境者也。池旁一船亭，下泊小舟一，平首而昂尾，徧身鐫竹葉形，髹以翠色，可乘之以泛玉泉神廟前，有石級，於此登巖，而泉之穴在其下，涌出作珠點。此間有童子，嘗以小杯取泉水勸游人飲。壁刊二碑，一爲「天下第一泉」，一爲「御製玉泉山天下第一泉記」。高宗碑紀云：「水味貴甘，水質貴輕，玉泉每斗重一兩，他處名泉無此輕者。池底皆碎石，碧緑水藻浮沉其間，池水不深不淺，終歲如是。」

自此左上，爲石塔，四周刊佛像，右上爲一洞，洞口前有「澄照」二字，後有「函雲」二字。由石塔而下，繞至古華嚴寺，屋尚整，惜無几案，院旁有資生洞，甚小，過一佛殿，而至伏魔洞，益小。由洞側至玉峯塔下，塔已圮，不可登，然此已爲玉泉山之巔矣。塔下一破屋，故爲樓兩層，有佛一尊，肢體不備。下山至華嚴洞，較資生、伏魔二洞稍大，四壁刻小佛，或立或坐，或卧或踞，雲紋繞之，其狀萬千，無一同者。中一石臺，置佛像，亦石質，缺首領，蓋頭爲銅質，被人盜以易錢也。此洞皆爲雲母石或石英，故現黄黑色，即地質學所謂水成巖也。正門爲含輝堂，帝后遊山時輒休憩於此。

西山諸勝

自玉泉山騎驢西行，作西山之遊。西山在京西三十里，爲太行之首，峯巒起伏，不計萬千，而一峯一名，聞者不易誌，知者不勝道也。其在京畿一帶者，以位置當太行之西，故名西山。由玉泉山來者先至荷葉山，山在玉泉西南平壤間，約八九里入卧佛寺，既唐之兜率寺，雍正間賜名十方普覺寺。門前有琉璃坊一座，前鐫「同參密藏」四字，後鐫「具足精嚴」四字，皆高宗御筆。其内一池作半圓形，蓄小金魚甚多，水石甚清。門内爲甬道，長約里許，古松奇檜，夾道森列。殿三進，最後有一卧佛，以手支頤而卧，長約一丈六尺，範銅滲金，精髹五彩。元至治辛巳，詔建西山大壽安寺，冶銅五十萬斤作佛像，殆即此也。兩隅有方桌，各陳佛鞋，爲人民製以奉佛者，大小不一，凡二十餘對，最大者長約二尺五寸，鞋頭闊八九寸。前院有桫欏樹一株，又名七葉樹，其葉七出，略如鷄爪，故名。樹最潔，古人謂爲鳥不棲蟲不生，幹圍兩人抱，約一丈一尺以上，上半已枯，心空如刳，然巨枝下垂，猶拳曲如虬龍，相傳爲唐貞觀建寺時，自西域移植而來者。自卧佛寺至香山之碧雲寺，約三里，西山佛寺累百，以碧雲爲最閎麗，故遊西山者，靡不至碧雲。高宗《西山碑記》謂「元耶律楚材裔名阿利吉者，捨宅開山，淨業始構，明正德間税監于經擴而充之，魏忠賢踵而大之，廟貌益宏」云。出山門，門前二石獅，雕鏤工細，年久冒風雨，黯然作蒼翠色。稍入爲一橋，橋下澗深二三丈，樹木雜生兩側，泉流其下，盈不及寸，而汩汩然作暴雨聲，橋之左右，徧植柏樹，濃陰下覆，涼爽宜人。更入，西爲般若堂，爲禪堂，東有小院，爲屋數間，前有鐘亭，左右對峙，腐舊已甚，其一尚有鐘懸於梁。院前壁下有石龍首，泉水自龍口噴出，清而涼，沿壁作石槽，導之下注，聲清越可聽。更入，殿宇傾圮，佛像幾無一完整者。院中爲方池，上架石橋。正殿頗舊，殿前左右有八角華表，上鐫經文，字極挺秀。更入，正中爲碑亭，内植乾隆己巳年《重修碧雲寺碑記》，碑亭之後又一殿，亦腐舊。更入一院，花木清幽，銀杏、桫欏、白骨松尤多，桫欏雖茂，不及卧佛寺四分之一矣。院甚寬廣，右爲司房，左爲客堂，正殿三間，左右各有一室，左爲方丈。出是院左折，别有一院，有榆葉梅一株，開時色艷，紅不及桃，而淡不及杏，有微香。稍入，樹木蓊鬱，山石嶙峭，復甃石爲池，有泉自石隙噴薄入小渠，曲折達寺前。泉旁舊有亭榭，柱石猶存，亭前爲王仙洞，凡三穴，空無所有，洞外有一瘦柳，半幹作一大曲，復森森而上，姿態絶佳。是院右折爲羅漢堂，内列五百羅漢像。正殿之後，歷兩石階而上，計三十餘級，有一礬石坊，雲紋精妙，四方柱徧刻之；一小橋，橋下一溝，無水，此爲金剛寶座塔院。又有古木錯列，左右碑亭各一，作六角形，内勒乾隆戊辰年御製碑文，碑作漢、滿、蒙及梵書四種並列；又有一坊，高宗書「西方極樂世界阿彌陀佛安養道場」十四字，壁作粉紅色，磚石間砌無損。歷石階三十餘級，又左右折而登，凡十餘級，爲一方形臺，以礬石爲之，壁刊佛像甚多，正面有「燈在菩提」四字。凡三折而上，作洞龕，其頂有塔七座，純以玉石爲之，中方形者最大，四隅各一次之，前面二座爲圓形，稍小，方者凡十三層，頂各有帽，在塔上俯觀兩側，白骨松數十株，宛如白龍之羣舞空中。塔下北有土邱，爲明魏忠賢葬衣冠處。相傳忠賢重修碧雲寺，預立生壙，寫碑題銜，享殿僭制，忠賢既誅，其徒私葬衣冠於此。康熙間御史張瑗奏除之，後餘荒邱縣亘三四丈而已，惟松檜甚繁茂。

游者可命碧雲寺僧備山輿，以游香山寺，高宗所建靜宜園在焉，有兵守之，非以名刺白守長，不得徑入。寺建於金大定丙午年，爲遼中丞阿里吉所捨，殿前二碑，載捨宅始末，碑石光潤如玉，白質紫章。或云，寺即金章宗之會景樓，正統中太監范宏拓之，費七十萬。門徑寬博，喬木夾蔭，流泉界之，依山以爲殿宇，寺前有石橋，橋下方池，爲知樂濠，瓔珞巖居其東，慈恩殿右爲香爐岡，乃乳峯石。昔人謂其時噓雲霧，類匡廬之香爐峯，故名。左爲來青軒，下臨絕壑，玉泉諸峯屏列於前，洵勝境也。

靜宜園，外蔽短垣，長約十里，舊時園内有二十八景，有瓔珞巖之巖石片片，錯落平立，隨處可作蒲團坐，色蒼黝。古松奇檜，如掌蓋，如列屏，而泉聲泠然，如磬音之遠至。其上爲綠雲深處，樹尤茂，巖下月河如帶，有瀑注之，長約丈許，下激山石，如飛銀花。有南北二水道，北水道以石築長堤，廣僅四五尺，中鑿水軌，寬約五尺許，深衹寸許，自下而高，水汩汩流其間，絕無阻窒泛溢，其來源實居高處可知矣。西至韻琴齋，更入則爲正凝堂及暢風樓。其後山石嶙峋，有方亭據其端，前爲見心齋，荷池一方，水皆山泉所注，清可以鑑，臨池爲軒，所謂清如許也。得月軒懸架池上，憑欄俯瞰，人影宛然，有半圓形之長廊，繞池三面。旋至昭廟，乾隆庚子建，凡三層，兩旁有邃洞，以白石爲階，折而上凡數十級，殿居其巔，備極崇宏，惜傾圮已甚，其下瓦礫歷歷，不可任步。門前有琉璃坊，題「慧照騰輝」四字，殿後有六角形御碑亭。

獅子窩，在盧師山麓，西山諸勝之一也。自香山靜宜園而來，道經門頭村，八旗校閱場將臺已巍然在望。凡越二三嶺，而達獅子窩，蓋自香山至此，已十五里矣。左入，前爲關帝殿，後爲菩薩殿，右爲霍山宗祠，再登爲望仙樓，繞廊而至碧雲天，東望平疇，煙雲彌目，石刊「奇觀」二字。由望仙樓東折，得石橋，橋旁有仙人洞，甚小。再下爲長廊，有聊齋畫壁，横廣五尺，高約七尺，凡三十五方，甚完整。廊盡處，建一方亭，由亭側登盧師山俗名青龍山。之頂，頗崎嶇，既上，甚平坦，濯濯無一樹。遥望渾河，蜿蜒如帶，而太行山脈，不知幾千萬重，聳接煙雲之内，昆明湖、玉泉山、碧雲寺皆在履舄間矣。至福惠寺，有《重建青龍山福惠寺碑記》，明嘉靖時魏雙慶、王福喜嘗捐巨資，後歸内監管理，故寺無一僧也。

西山有所謂八大處者，一曰寶珠洞，二曰香界寺，三曰龍王堂，四曰大悲寺，五曰三山庵，六曰祕魔崖，七曰重興寺，卽靈光寺，八曰長安寺。自獅子窩至翠微山，登寶珠洞，洞甚黝暗，旋至香界寺，前後越數山嶺，無往不陂，無陂不斜，或臨陡壁而進。寺在翠微山麓，舊爲平坡寺，剏於唐，明仁宗賜名圓通，康熙戊午葺之，賜名聖感寺，乾隆己巳改名。入門，老松一，蔭全院，兩側有鐘亭。更進爲天王殿，爲佛殿，後進爲高樓，凡七楹，兩旁皆有屋，丹朱剥落矣。

自香界寺至虎頭山麓之龍王堂甚近，龍王堂一名海泉菴，又名慧雲禪林，康熙辛丑重建。入門，卽至聽泉小榭，下有二泉，一在石階下鑿龍口出水，瀦爲方池，深約四五尺，中蓄金魚。此處之泉名龍泉，鋤月老人有「龍泉甜水歌」，書一小方，懸於小榭，窗懸一聯云：「當户老松生夕籟，滿山紅葉入新詩。」小榭之左爲丹楓染翠軒，殆以院落多植松楓兩木故也。又有觀音堂三間。

自龍王堂至大悲寺甚近，亦稱大悲庵，至此已在翠微山左麓矣。雍正甲辰，慧澄禪師重修。入門，有竹林，蒼翠庇牆，前爲藥師殿，殿前有銀杏二株，姿態奇古。後進歷十餘級而登，爲大悲殿，明嘉靖丁未所建。

自大悲寺至重興寺亦近，入門，可憩於歸來庵，端方嘗卜居於此，有屋五楹，四壁懸聯額，徐世昌有聯云：「緣石菖蒲蒙緑髮，纏松薜荔長蒼鱗。」端方自書一聯云：「篋有三山記，心藏五岳圖。」錫良復爲之記。門臨小池，左倚峭壁，壁上有二洞。院頗荒落，惟樹木葱鬱，山色湖光兼而有之，此可留宿，且有籐製山輿可乘。池右有石磴數十級，曲折而上，至韜光庵，更上爲八角亭，無題名，佇此可以望遠，前有菩薩殿三間。

自靈光寺至祕魔崖，約里許，崖上證果禪寺，明成化間建，相傳祕魔祖師居之。崖在盧師山半，大石嵌空幾二丈，色黝，是名祕魔崖，洞内有石磴一，相傳爲盧師晏坐處。其後復有真武洞，甚小，洞旁有軒三間，面對翠微高峯，樹木頗多。東行百餘步，有大石側立道旁，一池瀦焉，卽大、小青龍所蟄處。在祕魔崖右望，平田一片，渾河在其前。渾河卽桑乾河下流，自此向張家口而去焉。舊屋甚多，大半傾圮，山門内鐘鼓樓遺址尚存。

白河風景

自通州至天津，水程三日可達，河身甚廣，寬處約五十餘丈，古所稱白河者是也。河兩岸植楊柳，蜿蜒透迤，經數百里不絶。當三四月時，舟行其中，篷窗閒眺，千絲萬縷，籠霧含烟，水天皆成碧色，間有竹籬茅舍，隱現於桃柳之間，爲狀至麗。

秦淮河

江寧之秦淮河，自文德橋至利涉橋，夾岸河房，向爲應試士子僦居地。折而東，至釣魚巷，則鶯花舊隊也，桃葉渡在武定橋畔。

雨花臺

江寧雨花臺地不甚高，而形勢雄壯，登高一望，全城在握。山產石子，紋理圓潤，置於瓦盆石洗中，植水仙花一二株，疎影橫斜，饒有天然風韻，吳門顧希林嘗得一石，上作蝴蝶雙飛形。山之麓，茅屋三楹，茶鐺竹具，可供遊客休憩。

莫愁湖

莫愁湖在江寧水西門外，每至夏令，萬荷競放，掉舟其間，如入香雪海。湖有曾公閣，隔湖清涼山色葱蒨可人，人多假此宴客。

京口三山

京口三山，曰金，曰焦，曰北固，一曰北顧。俱負盛名。北固山有寺，曰甘露，在北門外五里許。入寺，有「天下第一江山」六大字嵌於壁，爲宋吴琚所書。寺右有樓，曰多景，對江而立，卽梳妝臺故址也。樓凡三層，樓右十步小亭，曰一覽，五步大亭，曰江山多處，亭西爲石帆樓，再左爲彭楊魁三祠，而關帝廟介於其間，最左爲高宗和東坡詩碑亭，甘露之勝盡此矣。寺對面如青螺小髻者，卽北固山，負地理歷史之重名，其風景却蠢蠢無足觀，上有礮臺。金山在西城外五里許，額題爲「江天禪寺」，曰金山寺者，俗稱也。入門，隨山而高，拾級而登，爲大雄寶殿，阿羅漢甚莊嚴。殿後上十餘級，爲藏經樓，樓後爲高宗御製詩碑亭，凡三，亭右稍上爲塔，塔七級，登臨眺矚，全城宛在目前。塔北有亭，聖祖題「江天一覽」四字，卽妙高臺遺址也。塔下有法海洞，黝黑不辨手指，有僧居之，洞外有碑曰浮玉山，蓋金山舊名爲浮玉也。焦山在東門外九里許，孤峙江中，須棹舟登之。山麓有海若庵，庵右爲高宗御製詩碑亭，再右爲文昌閣、文殊庵、東昇樓，樓憑江，極明暢，彭剛直公玉麟謂足爲焦山諸勝之首云。山上舊有普濟禪院，聖祖御題爲「定慧寺」。寺左爲行宫，右爲松寥閣，題曰「松寥竹塢」四字，爲高宗御書。再右爲瘞鶴銘亭，字漫漶已甚，有一二字爲人鑿壞，以墮水而見重，將以出水而損其天真矣。右有大牆，題「海不揚波」四大字，所對處卽不波亭。右爲海西庵，卽焦光祠，壁嵌漢三詔之碑石。後爲仰止軒，祀楊椒山像，有三詔洞，卽焦光隱處也，洞狹小，不能容膝。觀音崖有觀音閣，閣左爲夕陽樓，上爲西笑閣，折上數十級爲迴光精舍。再上爲礮台，再上爲吸江樓，上供四面佛，憑檻四眺，羣山繞膝下，象山則隔江仰首，若承顔色，實名勝也。

第一泉

金山寺有第一泉，泉欄作方形，「天下第一泉」之題没於水中，不能見，别有題碑曰「中泠泉」者，其别號也。以椀貯泉水，雖高出椀口二三分而不溢，其厚冽與杭州之虎跑泉相類，味極甘美。

劍池

蘇州虎邱之劍池，相傳爲吴王試劍處，有顔真卿書「劍池」二字。

蕪湖風景

蕪湖攬長江之勝，風景極佳。城南有赭山，山傍桃塘，堤柳春舒，池荷夏放，風景至佳。赭山之巔有高樓，舊爲庠序，後則宿兵矣。對江爲梟磯祠，靈旗映漾，宫殿蒼茫。山右爲弋磯山，有病院，與聖公會爲比鄰。

汴中名勝

九龍臺在洛城東北瀍河之左，臺高三十六階步，約十丈立方，四周皆平地，臺有廟宇十餘間，供龍神像。臺右有明季重修石碑，勒「明欽差督造府第内官監簽書右監丞孔寵重修」。又一碑，其略曰：「古有九龍臺，基跨邙嶺，地居瀍濱。」臺基所築，未詳何時。

存古閣在洛陽東關外，離城二里，藏古碑八十餘種，方圓長扁不一。魏碑最多，秦漢磚亦有數十件，並有岳武穆行書碑數塊，筆有龍馬精神。

龍門在洛河之南，距城二十五里，兩山相對，形如壁立，中有一水，曰伊河。碑像不計其數，五尊一洞，名曰一鋪，像大至數丈，小至數寸，卽以山石原質鑿成，皆北魏時許愿之所築也。天子最高，諸侯次之，大夫又次之，下至庶民祇能寸許也。

香山寺在龍門對面伊闕山上，道途平坦，柏木成林。此柏有葉無枝，葉生於桿，高而且直，名曰箭桿柏。外有瑶島、蓬壺諸坊，山秀水碧，廟宇層層如階級，清潔不凡，御碑御匾及沿山佛像亦多。

三百三十有三亭

大興朱竹君名筠，嘗督學福建，於使院西偏爲小山，號笴仙山。諸生聞之，争來人致一石，刻名其上，凡九府二州五十八縣咸具，刻名者三百餘人，因名其山之亭曰「三百三十有三亭」。

九峯山之勝

浙江仙居縣之九峯山，距城十餘里，遥望之適有九峯，遂以得名，層巒疊嶂，上出重霄，中有一峯最高，所謂主峯者是也。山下有亭，游人至，皆稍憩息，乃登山。山路蜿蜒曲折，頗不易行，路旁石壁直立，行一里許，則壁上有洞，洞有木椅一具，相傳爲葛洪修道處。又行里許，始至山門，門左側之壁上有泉眼無數，水點下滴，纍纍如貫珠，又如水晶簾，下承以池，水皆落池中，山僧卽以之烹茶。入門十數武，有一大石室，如廳事然，後壁設佛龕，龕左有石洞一，深不可測，陰冷之氣侵入肌骨，雖多秉燭亦不能入也。石室東西壁更有五六石洞，皆大如屋宇，或爲僧舍，或爲客舍，或爲庖廚。而客舍之上，又建一小樓，緣梯而升，登樓眺遠，眼界爲之一空。昔人有云：「春夏之交，草木際天，秋冬雪月，千里一色。」斯山之勝，概可知矣。山門外左右有小徑，循徑行不遠，又各有石室二間，皆山僧因洞爲之，以備人之游覽者。山僧僅四人。每歲游人以八月間爲最夥，蓋土著於是月多往游也。

琵琶亭

琵琶亭在九江城外之江岸，乾隆癸亥，瀋陽唐觀察英重修。增建高樓，題額曰「江天遺韻」，壁刊南薰殿本白太傅遺像，嘉慶中歙人方體所摹也。登樓四望，前臨大江，後對廬山，左則古木千重，右則人煙萬井。樓下迴廊旋繞，境極幽曠，游人題詠甚多。

黄鶴樓

黄鶴樓爲武昌名勝，高幾百尺，俯瞰大江，氣象雄壯。光緒癸未，鄰屋失愼，遂被焚，洎張之洞督鄂重建，改爲西式，左右置礮臺，命名曰警鐘樓，然舊時形勝已蕩焉無存矣。當樓燬時，有姜氏老人，年已八十有九，在樓煎茗二十餘年，自第二層樓躍下，得不死，樓中諸物，概能記憶。宣統庚戌，南洋勸業會開幕，有製舊時黄鶴樓雛形者，得老人指示，閲四月而告成，毫髮無異。

奥略樓

光緒末，武昌軍學兩界以南皮張文襄公之洞久督兩湖，爲之在黄鶴樓故址建風度樓，供文襄小像其中。及文襄入軍機，致電鄂中，謂：「此樓形勢，關係全鄂，不當爲一人所私。」乃改爲奥略樓，取《晉書·劉弘傳》中「恢弘奥略，鎮綏南海」語意也。

巴塘八景

巴山積雪　巴塘四周高山，勢若仰盂，山奇峭不毛，終年積雪，映日燦燦，光眩人目。山距巴塘二里，夏時巴塘甚熱，人盡衣葛，而四山之積雪仍依然也。

煖石回陽　巴塘大營官寨側有石一方，厚薄均丈餘，立於熟土中，土人呼爲火龍石。謂於乾隆某年自天墜下，而巴塘温度於是陡加數倍，且謂巴塘終年無雪，亦此石所致。由巴塘糧臺出示保護，漢人援其説，因以煖石回陽名之。

二水交馳　小巴、巴楚，巴塘之二小河也。小巴發源於大朔山下，巴楚發源於啞吧廟側，一流巴塘之東，一流巴塘之西，而混合於清真寺下，不一里而又各分東西，流入金沙江内，土人異之，因呼爲二水交馳。

温泉沐浴　距巴塘二里許有温泉，夏日可浴，水含硫質，能去疾。光緒某年，巴塘糧員張仲牧捐資建屋，以便人民就浴，並定爲單日浴男，雙日浴女，俾免競争而識區别。

板橋垂釣　巴塘丁零寺外即金沙江正流，藏民以往來不便之故，因建木橋，長八九丈餘，兩面置欄杆。漢族居巴者，因羨河中魚美，每於午後垂釣橋上，遂美其名曰板橋垂釣。

柳林較射　巴塘清真寺下有柳數百株，藏民於秋收後往往移居林内，終日較射賭酒以爲樂。數十人支布爲鵠，於五十步外，以木箭射之，連中三次者，羣具酒飲之。

桃園賞花　距巴塘五里許有桃園一，居金沙江岸，對岸爲龍王廟。漢族居巴者，每於桃花盛時邀遊其間，水聲潺潺，風聲習習，洵足開拓胸襟而忘戍邊之苦也。

古桑抱石　巴塘大營官寨有古桑一株，大幾盈抱，樹中藏一巨石，土人呼爲桑抱石，其地因以得名。某有詩云：「礦植原來性不同，古桑抱石信天工。天涯地角無論匹，要算巴山第一宗。」

三十六江樓

粤東三水江口有行臺，舊爲總督閲兵駐節之地，後遷肇慶，其地遂廢。阮元改爲書院，飛閣臨江，規模宏壯，題曰「三十六江樓」。蓋謂北江所匯者九，湞江、始興江、墨江、錦江、翁江、麻江、琶江、濱江、蒼江也；西江所匯者二十七，北盤江、南盤江、龍塘江、思興江、牂牁江、柳江、離江、誓江、潯江、西洋江、洛青江、馱蒙江、黄龍江、橘江、荔江、藤江、秀江、横槎江、邕江、秋風江、賀江、新江、白馬江、金城江、綠甕江、蕉花江、武陽江也。諸江之水同流於此，故以爲名，是可與二十四橋同爲詩料也。

榕巢

查禮檢堂爲粤西太守，署園有大榕樹一株，其榦旁出者四，檢堂謂可架屋其上也，乃斲木爲書屋，名曰榕巢，并以自號焉。窗明几淨，掩映綠陰中，退食後，輒梯而上，品書畫，閲文史，頗爲退閑勝地。丁艱去，接任者來，熟視笑曰：「此中大便甚佳！」遂穴其板作廁。

粤西奇山

粤西山勢突然而起，閔然而止，如陽朔山水，舉國推之，阮文達公總制兩廣，且有「願令陽朔」之語，以其奇也。其山皆石從土出，墳然而高，變態百端，悉肖物形，上下數十里，無一相同者。

雲南響水塘瀑布

滇中廣南府有地名響水塘者，其瀑自下而上，躍出半空。初在三里外，即聞轟雷聲，漸近里許，則對面語不相聞，惟見白雨濺空，皆噴而上，高十餘丈，碎點飛灑，濛濛成一片烟霧，闊可十畝，噴而復落，流爲澗。驛路在澗石之右，少焉循路而上，則與瀑頂相並。蓋其上又有大山，大山諸水匯於此，跌而下，正值大石如盤陀者，觸而激射，是以濺入空際，非真逆流之瀑也。

名勝聯句

嘉善金眉生安清，嘗過鄂渚，集古詩題曰：「大江流日夜，西北有高樓。」後至岳州，題曰：「對此茫茫百端集，此老惓惓天下憂。」至三醉亭，題曰：「一月二十九日醉，百年三萬六千場。」小孤山在大江中，鋭下豐上，如置石盤盎中。碧蘿紅葉，秋景尤麗，金嘗兩過之，書聯曰：「有美一人，中夜聞五銖環珮；遺世獨立，下游俯兩點金焦。」九江琵琶亭，金有一聯曰：「燈影幢幢，悽絶暗風吹雨夜；荻花瑟瑟，魂銷明月繞船時。」蘇州新修滄浪亭成，應敏齋廉訪囑金擬一聯曰：「小子聽之，濯足濯纓皆自取；先生醉矣，一邱一壑亦陶然。」南昌百花洲，遠景琵琶亭，近景滕王閣，阮文達公元嘗集白詩、王序爲聯云：「楓葉荻花秋瑟瑟，閒雲潭影日悠悠。」又吴城縣望湖亭，相傳爲吴周瑜練水軍處，粤寇之亂盡圮，彭剛直公玉麟修復之，聯云：「戰艦列千軍，想當年小喬夫壻，破浪乘風，多少雄姿英發，今我戈船來寄續，弔古憑欄，幾許事業興亡，祇贏得殘灰劫火；湖天開一碧，看此日大地山河，落霞孤鶩，無復活潑生機，誰家鐵笛暗飛聲，悲歌擊筑，把那些滄桑感慨，暫付與芳草斜陽。」又滕王閣有聯云：「奇文共欣賞，我輩復登臨。」秦淮風月，千古艷稱。同治間，粤寇既平，其兩岸河房先後興築，繁盛如昔，各處聯語頗有佳者。林氏水閣云：「六朝金粉，十里笙歌，裙屐昔年遊，最難忘北海豪情，西園雅集；九曲晴波，三生夢影，樓臺依舊好，且消受東山絲竹，南部煙花。」懷素閣水榭云：「看一水西流，畫舫清樽，且喜金吾不禁；唱大江東去，銅琵鐵板，須邀玉局同來。」夢緑軒水榭云：「璧月夜夜，瓊樹朝朝，緑水紅橋舟似織；詩老鶯鶯，公子燕燕，清歌妙舞酒如淮。」莫愁湖勝棋樓云：「湖號莫愁，女號莫愁，天下事愁原不少；王亦有像，侯亦有像，古今人像此無多。」黄山奇勝聞天下，慈光寺有歙縣曹文正公振鏞聯云：「讀經雲海花飛雨，説法天都石點頭。」普賢庵有不署名一聯云：「奇妙脱凡蹊，果到峯頭始信；光明凌絶頂，直從天外飛來。」杭州西湖冷泉亭有左文襄公宗棠一聯云：「在山本清，泉自源頭冷起；人世皆幻，峯從天外飛來。」與董思白舊聯：「泉自幾時冷起，峯從何處飛來。」一問一答，各臻其妙。又孤山以林和靖而傳，咸豐辛酉，仁和典史上杭林兆霖與其母妻姊女六人，同殉粤寇之難，杭人爲營塚於和靖墓側，立祠塚前。祠有薛慰農時雨、明克庵德二聯頗佳，薛聯云：「大節媿閻公，取義成仁，青史從今尊縣尉；忠魂依處士，補梅招鶴，孤山終古屬林家。」明聯云：「上下五百年，處士忠臣各今古；迴環三十里，于祠鄂廟共湖山。」安慶府中江第一亭，負城臨江，爲郡城勝景，太湖李振鈞有聯云：「秋色滿東南，笑赤壁以還，與客泛舟無此樂；大江流日夜，問青蓮而後，舉杯邀月更何人。」何悔餘題揚州題襟館長聯云：「當年多士登龍，追陪雅集，溯漁洋脩禊，賓谷題襟，招來濟濟英髦，翰墨壯江山之色；翳玉鈎芳草，緑蘸歌衫，金帶名葩，香霏硯席，揚華摛藻，至今傳宏獎風流，賢使君提唱騷壇，誰堪梅閣聯吟，蕪城續賦；此日有人騎鶴，爛漫閒遊，悵文選樓空，蕃釐觀圮，閲盡茫茫浩劫，園林賸瓦礫之場；祇橋畔吹簫，二分月古，灣頭打槳，十里春深，補柳栽桑，漸次復承平景象，大都會搜尋勝概，我欲雷塘泛酒，蜀井評茶。」

清稗類鈔

宫苑類　公共處所附

禁城各門

大内之制，悉因明舊，無所損益，但易大明門爲大清門，餘正衙便殿皆仍之。惟各朝房舊在午門外者，後皆移於景運、隆宗二門外，蓋國初御門之典在太和門，後改御乾清門，因亦移入，卽唐代之常朝也。常朝五日一舉，故御門五日爲期，凡題本大除授，皆於此降旨。咸豐中，因文宗違和，此典久輟，及穆宗親政，無請行者。乾清門左右置木箱二，皆藏御門儀物。質言之，實以紫禁城爲皇城，南有午門，北有神武門，東有東華門，西有西華門，而午門之内爲太和門及太和殿，更入爲中和門及中和殿，其内爲保和殿，殿後卽乾清門。

禁城無路燈

明代禁城有路燈，魏忠賢專權後，盡廢之，蓋便夤夜出入也。至國朝遂不改，禁門以内，除朝房及各門外，絶無燈，戊夜趨朝，皆暗行而入，相遇非審視不辨。惟親王有燈引至隆宗、景運二門，軍機大臣以角燈入内右門。

大清門

大清門爲大内第一正門，規制極隆重，自太后慈駕、皇帝乘輿外，皇后惟大婚日由此門入，文武狀元傳臚後由此門出，此外無得出入者。

東華門嚮明而啓

東華門嚮明而啓，屠者驅豕先入，蓋是日御膳房所需用也。次奏事御史隨之，次百官及供差人等皆入。

午門

午門爲紫禁城正門，三闕上覆，重樓九間，門前左設嘉量，右設日圭。左右各一闕，西向者曰左掖，東向者曰右掖，上覆鐘鼓明廊，翼以兩觀，傑閣四聳，與中相輔，俗稱五鳳樓。凡視朝，則鳴鐘鼓於樓上，駕出入，午門鳴鐘，祭享太廟則以鼓，凱旋獻俘，御午門樓行受俘禮。每歲十月朔，頒時憲書於午門外，若有恩詔，亦於是頒之，自丹鳳口中垂下。

禁中宮殿

乾清門之內爲乾清宮，宮門之東曰昭仁殿，西曰弘德殿。東宮及諸王讀書之所，一在門之東曰東書房，一在門之西曰西書房，皆北向。翰林院直廬曰南書房，與西書房僅隔一垣，循西廊稍北，曰繙書房，在月華門之南。月華門北曰懋勤殿，乾清宮正北曰交泰殿，交泰殿正北曰坤寧宮，宮有東西二煖殿，坤寧宮直北曰欽安殿，又北爲御花園、神武門。自昭仁、弘德而北兩翼相比者，東曰延禧宮、承乾宮、景陽宮、景仁宮、長春宮、鍾粹宮，西曰翊坤宮、永和宮、咸福宮、永壽宮、啓祥宮、儲秀宮。御茶房在乾清宮東北，御書房、古董房在景陽宮內，敬事房在景仁宮內，中正殿在長春宮之西，又西爲咸安宮，天穹殿在景陽宮東，以上皆在宮門之內。乾清門之東曰內左門，西曰內右門，北下東向者曰日精門、昭華門、基化門、景和門，近光左門西向者曰月華門、端則門、隆福門，近光右門、月華門之外曰隆宗門，門之西曰養心殿，南曰慈寧宮，太皇太后所居。景和門之東爲毓慶宮，皇太子宮也。又東爲寧壽宮。此外尚有兆祥所、遇喜所，所內永安亭、南府西路、南府中路、東庫房、西庫房、鷹房、大小狗房、鳥槍房、鴿子房、裱房、藥房、露房等名，皆不在宮殿之列。

寧壽宮

寧壽宮爲皇太后所居，每晨后妃均往候起居，謂之跪安。

咸安宫

武英殿西有咸安宫在焉，爲近支宗室子弟讀書處，特設咸安宫教習一員。

安佑宫

安佑宫在圓明園西北隅，朱扉黄甍，一如寢廟制，供奉聖祖、世宗、高宗神牌。仁宗於駐蹕御園日，行瞻謁禮，每年四月初八日率諸皇子近御王大臣拜謁，其朔望薦熟徹饌，一如典禮，皆由内務府大臣承辦。

樂壽宫

樂壽宫在頤和園湖濱，孝欽后常居之，以爲觀書憩息之所，輿至則游湖，卧室無一定。

水晶宫

大内御花園東有土阜一區，向以日者之言不宜建築，宣統己酉，興修水殿，四圍浚池，引玉泉山水環繞之，殿上窗櫺承塵金鋪，無不嵌以玻璃，隆裕后自題扁額曰「靈沼軒」，俗呼爲水晶宫。

北郊齋宮

明嘉靖更定祀典，分祀天地，北郊未建齋宮。高宗念祀典甚鉅，未可二郊，宜建北郊齋宮，規模一如南郊。乾隆己巳，上宿齋宮，天時暑熱，從者多暍，因仍舊制齋於内宫，恤臣僚也。後以齋宮爲更衣殿，不復駐蹕焉。

熱河行宫

熱河行宫名避暑山莊，皇帝夏日駐蹕之所也。極池館樓臺之勝，内有銅佛殿一所，柱壁以精銅爲之，藏銅佛像百餘尊，皆裸形祕戲圖也。

奉天行宫

行宫之建，在未入關以前，屋不宏敞，約百餘間，四重四廂而已，一曰大清門，二曰崇政殿，三曰鳳凰樓，四曰清寧宫。大清門前有大圍牆，牆之東曰東華門，額題「文德坊」，西曰西華門，額題「武功坊」。大清門後，左曰飛龍閣，右曰翔鳳閣。崇政殿有左右二翼門，殿後左有師□齋、月華樓，右有霞綺樓、協中齋。再入卽鳳凰樓，樓凡三層，樓之東西廂爲宫人所居，西曰衍慶麟趾，東曰永福關睢。餘爲僕隸所居，馬廄所在。行宫藏有古物，皆在翔鳳、飛龍二閣，翔鳳藏珠寶服飾，飛龍藏皮羊鼎盤，別有瓷器庫，藏古名瓷。翔鳳閣有高宗佩刀兩柄，約長尺許，柄以金剛石爲之，長四寸許，套以金飾之，光彩奪目，又有朝珠、珍珠、龍袍、盔、瓶、文具、大刀、銅器等物。

西安行宮

光緒庚子，德宗奉孝欽后西狩幸西安，所建行宮，大門内爲一宫庭，旁堆磚瓦纍纍，殆爲修造御園之用。此外又有大宫一座，爲召見臣工之所，皇上曾經駐蹕，惟狹窄耳。宮後花園，頗堪憑眺，又有内苑一處，孝欽后亦曾駐蹕焉。

五華故宮

雲南五華山，明永曆故宮在其上。順治丁亥，洪承疇督師，由貴筑大路入滇，李定國拒戰曲靖，吴三桂由廣西、四川旁擣其虚，至黄草壩，入省城，永曆帝遁阿瓦，三桂重購得之，縊於貴陽府。三桂開藩於滇，卽據山上故宫，增修二十餘載，備極崇麗。未幾，癸丑事作，戊午，大軍諸道會於省城，三桂孫洪化被俘。

大殿之建築

禁中大殿與頤和園之大殿不同，殿下白石階級二十層，兩邊石欄，階之盡處爲長廊，圍繞殿之四旁。廊有大柱，塗以紅色，窗扇雕刻極精，上下壽字。殿以金磚鋪地，已數百年，從未啓動，色黑，髹以漆而滑。寶座黑色，橡木所製，中嵌各色玉石。此殿用時極少，惟孝欽后萬壽及元旦用之，平日召見乃別一殿。由此往皇帝宫，極精，凡三十二間，雖多不用之屋，陳設仍秩然。其後卽皇后宫，較小，凡二十四間，以三間爲皇妃之用。帝與后宫，雖甚近而不相連，二處皆有長廊通孝欽后宫。

三殿

三殿者，太和殿、中和殿、保和殿是也。

太和殿在午門内最南，明曰皇極殿，又曰奉天，文華殿在其東，武英殿在其西，規制崇宏。殿外爲武英門，御河環繞，石橋三，雕鏤工緻。東爲凝道殿，卽武英之東配殿，凡五間。殿之前正中爲太和門，東爲昭德門，西爲貞度門，而太和門外東西相向，尚有二門，東曰協和，西曰熙和。由熙和門入，繞廊而至貞度門，爲一大院，東西兩廡，屋各二十二間，東廡之中爲體仁閣，西廡之中爲弘義閣，内府以兩廡爲銀皮段皮及瓷茶六大庫，東廡之北爲左翼門，西廡之北爲右翼門，各五間。歷階而登太和殿，殿基高二丈，殿高十一丈，廣十有一間，縱五間，上爲重簷，脊四垂，前後金扉四十，金鎖窗十六，題額曰「建極綏猷」，規模甚宏壯。殿前丹陛，環以白石闌，陛五出，各三層，下層二十一級，中層、上層各九級，三折而上。左右置金缸各二，周徑約二人抱，抉其環擲之，鏜然聲作，移時始悠然而止。陛間共列鼎十八。殿有銅獅高十丈，斑文似翡翠，濃潤欲滴。臺階上有銅龜、銅鶴各二，人稱之曰朱雀元武，日圭、嘉量各一，大鐵缸八，兩廡四周又設鐵缸二十四，蓋儲水以消防也。每歲元旦、冬至、萬壽三大節及大朝會燕饗、命將出師、臨軒策士、百僚除授謝恩各事皆御焉。丹墀内爲文武百官行禮位，範銅爲山形，曰品級山，鐫正從一品至正從九品，東西各二行三十有六，列於道旁。殿之正中有太和殿額，滿、漢文並列。出太和門，華表並峙，石橋五道横列，是爲内金五橋，橋下爲内金水河。是河自神武門西地溝引護城河水流入沿西一帶，經武英殿前而至太和門外，復流經文淵閣而出紫禁城，然皆積穢成深緑色。

太和殿左右各一門，左曰中左，右曰中右，皆三間南向，殿之後，東西兩廡各三十間。正中南向者爲中和殿，明曰中極，又曰華蓋。殿縱廣各三間，方檐圓頂，題額曰「允執厥中」，南北陛各三出，東西陛各一出。西廡第二連房爲銅器庫，凡祭祀視祝版及耕籍視五穀農器皆於此，玉牒告成，則恭進於中和殿。保和殿在太和殿後，明曰建極，又曰謹身，壯麗雖不及太和殿，而規模則過之，蓋太和殿前曾受天災，重行修復，保和殿爲明時故址也。殿九重，檐垂脊，題額曰「皇建有極」，前陛各三出，與太和殿陛相屬，殿後陛三層三出，北向，殿左右各一門，左曰後左，右曰後右，皆三間南向，前後出陛。每歲除夕筵宴外藩，每科朝考新進士，皆御焉。凡列祖實訓、實録告成，備儀仗陳設，纂修官呈進於此。殿有景泰藍香爐等物，亦明景泰帝所製，銅皆作金色，迥非新出者所及。保和殿之後，卽大内也。

英華殿

英華殿，明代所建，在壽安宫北，自皇太后、皇后以次均以此爲禮佛之所，殿前有菩提樹七株，采擷其子以爲念珠。

傳心殿

傳心殿在文華殿東，前爲景行門，祀皇師、帝師、先聖、先師之位，院東有大庖井，上覆以亭。

壽皇殿

壽皇殿在景山門内正北，殿凡九室，重檐金楹，一如太廟制，供奉列聖御容。仁宗遇元旦歲暮及聖誕忌辰皆親詣行禮，諸皇子皇孫及近支親郡王皆從。旁爲永思殿，卽列聖苫廬地，凡瞻謁日，必於永思殿傳膳辦事。

承光殿

承光殿在北海團城内，爲遼、金舊址，凡三間，中懸大匾一，書曰「大圓寶鏡」，旁柱有一聯曰：「七寶莊嚴開玉鏡，萬年福壽護金甌。」爲孝欽后書；其前兩柱，亦懸一聯云：「九陌紅塵飛不到，十洲清氣曉來多。」則文宗御筆也。

光緒己丑八月祈年殿災

京師北門外有祈年殿，光緒己丑八月二十四日寅刻，雷電交作，大雨如注，忽霹靂一聲，直擊祈年殿前所懸之額，碎墮陛上，雷火燃著懸額之木。未刻，殿中火起，煙燄自槅扇窗櫺出，燒著樑柱，其光熊熊，如赤虹亙天。守壇官弁鳴鑼報警，步軍統領發令箭，傳集官兵及五城坊官水會奔救，殿宇過高，水激不到，雖雨勢傾盆，又爲琉璃亭頂所隔，奉祀劉世印率人進殿，將列祖列宗楠木雕刻之九龍大寶座取出，而皇天上帝之寶座火已燃及，無從措手。戌刻後，祈年殿八十一楹及檀木雕成之朱扉黄座悉爲灰燼。數十里内，光同白晝，香氣勃發，蓋其楹棟皆以香楠木爲之，大逾合抱，爲明成祖時所建也。火至天明始熄，丹陛上之漢白玉石欄杆悉炸裂。二十六日，奉詔懲處太常寺各官及壇户有典守之責者，嘉獎五城水會紳董，並以寅畏天災君臣交儆之意宣示内外大小臣工。

孝欽后訓政時之殿

殿約長二百尺，寬一百五十尺，以烏木爲之，一切鋪飾皆黄建絨。偏左置長案，鋪黄緞。孝欽后入殿升寶座，兩旁有孔雀毛所製之翣各一柄，皇帝之座在其左，大臣皆跪於案前，面孝欽。殿後有若暖閣者，約長二十尺，寬十八尺，圍以雕欄，約高二尺，可容一人出入，登陛六級，即至此處。後有小屏，寶座後有屏風，長二十尺，高十尺。

崇政殿

太祖初定遼瀋，建立宫室，卑淺其制，有茅茨土階之意。所建陪京宫殿，大清門内即崇政殿，爲視政朝賀之所。其後鳳凰閣分限內外，內爲清寧宮，供奉神主，即爲燕寢之地，其旁六宮分列，制度皆極儉樸。

體仁閣弘義閣

體仁、弘義二閣在明時曰文昭、武成。

文淵閣

文淵閣之名始於明，閣制倣浙江鄞縣范氏天一閣，取天一生水地六成之二義，以貯《四庫全書》，有御製記勒石。

清福閣

清福閣凡二間，爲頤和園扼勝之處。閣四面有窗，孝欽后輒以大間爲餐室，小間爲更衣室，蓋孝欽每至一處，必有更衣室也。

翔鳳閣

七閣藏書，在奉天者曰文溯，蓋太宗統師入關，嘗釋奠於盛京文廟，即築翔鳳閣以譯書史。

樂善堂

樂善堂，高宗書齋名。高宗嘗自署十全老人，有小玉印刻此四字，内府圖書多押之。

倚虹堂

京都西直門外高粱橋，有倚虹堂船隝，孝欽后幸頤和園輒於此登舟。

浴德堂

浴德堂在武英殿西北，屋三間，堂以白色煉瓦造成，人聲回應，劃然有聲。蓋乾隆時征服回部，虜獲香妃，納入後宫，而居其父母於宫外，順治門内南闌市口，有所謂回子營者，卽當日回王居邸也。香妃入宫，大爲高宗爱幸，思念父母，欲歸不得，高宗乃於南海之濱，建望家樓，以慰其意。其後，西爲井亭，高與堂齊，亭中一井，以磚石砌成方形之水管，沿堂之後簷而過。東爲浴室，室之頂形圓如蓋，井旁之方水管直接於此。其側一小門，鐵櫺爲窗，一磚臺，有階級可登，或謂昔時此臺置一鍋爐，以煮水者。觀其布置，冷熱水俱可由管直注於浴盆，蓋此固爲高宗當日賜香妃沐浴之所。其建築倣歐西意大利形式，説者以爲當時高宗命意人設計而成也。

或又謂乾隆時，武英殿中皆貯書籍，凡欽命定刻之書，俱於殿之左右值房校刊裝潢，浴德堂爲詞臣校書之所，舊稱之爲修書處，此當在香妃逝世後之事矣。浴德堂後，院落甚寬，樹木葱鬱，有河流自西北而東南，爲内金水橋之經流，俗稱筩子河，左與社稷壇爲鄰。

十王亭

太宗撫定遼瀋，集思廣益，造亭於宮右，遇有軍國重事，集宗藩議於亭中而量加採擇，名十王亭，蓋宗藩有十人也。

大内應候室

光緒中，大内有宮眷應候室，在牡丹山上，地如郊野，室中陳設皆竹器，窗格雕成螭形壽字，内懸粉紅絲簾。室後爲竹棚，繞以欄杆，憑欄置椅，上懸紅紗燈，薄暮即燃。

大内密室

孝欽后卧室旁有一室，復自此而進一過道，兩壁繪畫極美，由壁基下抽出二木塞，此壁移開，即現一室，如地穴狀，無窗。先由上入，房之一端有一大石，上鋪黄褥，旁置香爐一，無他器具。其盡處又爲一過道，仍如前之木壁，如此層層推去，爲無數密室，蓋宮牆皆爲過道，每一過道即有一密室。其中一室，孝欽收藏珍寶，光緒庚子，孝欽西狩，珍寶皆藏室内，其後歸視，均未移動，蓋此室就外視之，爲一片黑石之牆，絶不見有密室也。

如意館

如意館在啓祥宫南，館室數楹，凡繪工文史及雕琢玉器裱褙帖軸之匠，皆在焉。高宗萬幾之暇，嘗幸院中，看繪士作畫，其用筆草率者，輒手教之。有繪士張宗蒼，以山水擅長，仿北宋諸家，無不畢肖，上嘉其藝，特賜工部主事。他如陳孝泳、徐洋輩，皆以文學優長，得欽賜舉人，一體會試，或以外郡佐雜升用，亦各視其才也。

綺花館

綺花館在頤和園，有機匠居之，織綢緞焉。每年分賞王公大臣之疋頭皆取材於是，僅黄藍紅三色，作壽字花紋。總其成者，爲尚衣某。

獅子園

獅子園爲高宗降生之地，常於世宗忌辰臨駐。

暢春園

葉洮，字金城，青浦人。胸有邱壑，大内暢春園一樹一石皆其布置。

圓明園

圓明園在掛甲屯北，距暢春園里許，園爲世宗居藩邸時賜園，康熙己丑建。高宗六巡江浙，羅列天下名勝點綴於園，其中四十景俱仿各處勝地爲之，萬幾餘暇，題爲《四十景圖詠》，命詞臣校録刊之，頒賜王公大臣。園有門十八，南曰大宫門，曰左右門，曰東西夾門，曰東西如意門，曰福園門，曰西南門，曰水閘門，曰藻園門；東曰東樓門，曰鐵門，曰明春門，曰蕊珠宫門，曰隨牆門；正北曰北樓門。爲閘三：西南爲一空進水閘，東北爲五空出水閘，爲一空出水閘。園水發源玉泉山，由西馬廠入進水閘，支流派衍至園内日天琳宇、柳浪聞鶯諸處之嚮水口，水勢遂分，西北高而東南低，五空出水閘在明春門北，一空出水閘在蕊珠宫北，水出苑牆，經長春園出七空閘，東入清河。大宫門前輦道東西皆有湖，是爲前湖。大宫門五楹，門前左右朝門各五楹，其後爲宗人府、内閣、吏部、禮部、兵部、都察院、理藩院、翰林院、詹事府、國子監、鑾儀衛、東四旗各衙門等直房。東夾道内爲銀庫，又東北爲南書房，東南爲檔案房，西爲户部、刑部、工部、欽天監、内務府、光禄寺、通政司、大理寺、鴻臚寺、太常寺、太僕寺、御書處、上駟院、武備院、西四旗各衙門直房。西夾道之西南爲造辦處，又南爲藥房。大宫門内爲出入賢良門，五楹，門左右爲直房。前跨石橋，度橋，東西朝房各五楹，西南爲茶膳房，再西爲繙書房，東南爲清茶房，爲軍機處。出入賢良門是爲二宫門，凡武職侍衛引見御此門校射，左右直房爲各部院臣工入直之所，東西設兩罩門，各衙門奏事由東罩門遞進，茶膳房太監人等由西罩門出入。門前河形如月，中駕石橋三，其水自西來東注如意門閘口，會東園各河而出。出入賢良門内爲正大光明殿，七楹，東西配殿各五楹，後爲壽山殿，東爲洞明堂。園景四十，正大光明殿其一也。正大光明殿東爲勤政親賢殿，五楹，四十景之一也。殿東爲飛雲軒、静鑑閣，其北爲懷清芬，又北爲秀木佳蔭，轉後爲生秋庭閣，東爲芳碧叢，後爲保合、太和殿，三楹，又後爲富春樓，樓東爲竹林清響。正大光明殿後曰前湖，湖北爲圓明園殿，五楹，後爲奉三無私殿，七楹，又後爲九州清宴殿，四十景之一也。七楹，東爲天地一家春，西爲樂安和，又西爲清暉閣，閣前爲露香齋，左爲茹古堂，爲松雲樓，右爲涵德書屋、富春樓，北爲御蘭芬樓。樓後爲紀恩堂鏤月開雲，四十景之一也。原名牡丹臺，乾隆甲子易名，丙戌年題額曰「紀恩堂」。堂後有池，池西北方樓爲天然圖畫樓，四十景之一也。北爲朗吟閣，又北爲竹薖樓，東爲五福堂，五楹，後殿五楹爲竹深荷淨，其東南爲静知春事佳，又東渡河爲蘇隄春曉。由五福堂渡河而北，山阜旋繞，内爲碧桐書院，四十景之一也。前宇正殿後照殿各五楹，其西岩石上爲雲岑亭，書院西爲慈雲普護，四十景之一也。前殿南臨後湖三楹爲歡喜佛場，其北樓三楹，上奉觀音大士，下祀關羽，東偏爲龍王殿，祀圓明園昭福龍王。慈雲普護之西，臨湖有樓，上下各三楹，爲上下天光，四十景之一也。左右各有六方亭，後爲平安院，西折而南度橋爲杏花村館，四十景之一也。西北爲春雨軒，軒西爲杏花村，村南爲磵壑餘清。春雨軒後，東爲鏡水齋，西北室爲柳齋，又西爲翠微堂。杏花春館之西度碧瀾橋爲坦坦蕩蕩，四十景之一也。三楹，前爲素心堂，後爲光風霽月堂，東北爲知魚亭，又東北爲萃景齋，西北爲雙佳齋。坦坦蕩蕩之南爲茹古涵今，四十景之一也。五楹，南向，其後方殿爲韶景軒，四面各五楹，軒東爲茂育齋，西爲竹香齋，又北爲静通齋。茹古涵今之南爲長春仙館，高宗舊時四十景之一也。門三楹，正殿五楹，後爲緑蔭軒，西廊後爲麗景軒。長春仙館之西爲含碧堂，五楹，後爲林虚桂静，左爲古香齋，其東楹有閣，爲柳齋，爲墨池雲，後爲隨安室。由長春仙館西南門迤西爲藻園，內爲曠然堂，五楹，堂後爲貯清書屋，堂東池上爲夕佳書屋，稍北爲鏡瀾榭，東南爲凝眺樓，爲懷新館，西北爲湛碧軒，西南爲湛清華、杏花春館，西北爲萬方安和，四十景之一也。建於池中，形如卍字。萬方安和後，度橋折而東，稍北，石洞之南爲武林春色，四十景之一也。池北軒爲壺中日月長，東爲天然佳妙，其南爲洞天日月多佳景。舊總名桃花塢，雍正丙午高宗讀書於此，額曰「樂善堂」。武林春色之西爲全璧堂，東南亭爲小隱棲遲。堂後由山口入，東爲清秀亭，西爲清會亭，北爲桃花塢，西爲清水濯纓室，又西稍北爲桃源深處，塢東爲館春軒，東北爲品詩堂。萬方安和西南爲山高水長樓，四十景之一也。西向九楹，後擁連岡，前帶河流，地勢平衍，凡數頃。其地爲外藩朝正錫宴及平時侍衛校射之所，每歲燈節則陳火戲於此處。山高水長樓之北，度橋，由山口入，梵剎一區，爲月地雲居殿，四十景之一也。五楹，前殿方式，四面各五楹，後樓上下各七楹，東爲法源樓，又東爲静室。西度橋，折而北，爲劉猛將軍廟。月地雲居之後循山徑入，爲鴻慈永祜，四十景之一也。安佑宮前琉璃坊座南面額也，左右石華表各一，坊南及東西復有三坊，環列其南，爲月河橋。又東南爲政孚殿，三楹，西向宮門五楹，南向爲安佑門，前白玉石橋三座，左右井亭各一，朝房各五楹，內重檐正殿九楹，爲安佑宮，內中龕奉聖祖御容，左龕奉世宗御容，右龕奉高宗御容，左右配殿各五楹，碑亭各一，燎亭各一。鴻慈永祐後垣西北爲紫碧山房，前宇爲横雲堂山房，東宕洞中爲石帆室，東南爲豐樂軒，北爲霽華樓，迤東爲景暉樓。横雲堂西池上爲澄素樓，西北爲引溪亭。東垣外徑，連岡三重，度橋而東則彙芳書院也，四十景之一也。内宇爲抒藻軒，後爲涵遠齋，齋前西垣内爲翠照樓，東垣内爲倬雲樓，又東爲眉月軒，樓南稍東爲隨安室，又東敞宇三楹爲問津，踰橋有石坊，爲斷橋殘雪。彙芳書院之南爲日天琳宇，西前樓下之正宇也，其制有中前樓、中後樓上下各七楹，有西前樓、西後樓上下各七楹，前後樓間穿堂各三楹，中前樓南有天橋與樓相屬，天橋東南重檐八方者爲燈亭，西前樓南爲東轉角樓，又西稍南爲西轉角樓，中前樓之東垣内八方亭爲楞嚴壇。又東别院爲瑞應宫，前爲仁應殿，中爲和感殿，後爲宴安殿。日天琳宇迤東稍南，稻田彌望，河水周環，中有田字式殿，凡四門，其東北面皆有樓，北樓玉宇爲澹泊寧静，四十景之一也。東爲曙光樓，殿之東門外爲翠扶樓，西門外别垣内宇爲多稼軒，七楹。其東臨稻畦者，前爲觀稼軒，後爲怡情悦目，爲稻香亭，又東稍北爲溪山不盡，爲蘭溪隱玉，多稼軒西池南爲水精域，西偏爲静香屋，爲招鶴磴，池後東北爲寸碧，西北爲引勝，正北爲互妙樓。澹泊寧静度河橋而西爲映水蘭香，四十景之一也。東南爲釣魚磯，北爲印月池，又北爲知耕織，爲濯龍沼，西南爲貴織山堂、祀蠶神。映水蘭香東北爲水木明瑟，四十景之一也。其北稍西爲文源閣，上下各六楹，乾隆甲午年所建，與文淵閣、文津閣皆貯四庫全書，並有記。閣西爲柳浪聞鶯。西北環池帶河爲濂溪樂處，四十景之一也。後爲雲香清勝，東爲芰荷深處。折而東北爲香雪廊，廊東爲雲霞舒卷樓，爲臨泉亭，其南爲彙萬總春之廟，正殿爲蕃育羣芳，東北爲香遠益清樓，西爲樂天和，爲味真書屋，又西爲池水共心月同明。廟東沿山徑出爲普濟橋，濂溪樂處迤北對河外稻塍者爲多稼如雲，四十景之一也。前爲芰荷香，東南爲湛綠色，東北爲魚躍鳶飛，四十景之一也。四面爲門，各五楹，東爲暢觀軒，西南爲鋪翠環流，樓南爲傳妙室。又南出山口爲多子亭，其東禾疇彌望。河南北岸仿農居村市者曰北遠山村，四十景之一也。北岸石垣西爲蘭野，後爲繪雨精舍，其西南爲水村圖。又西有樓，前後相屬，前爲皆春閣，後爲稻涼樓，又西爲涉趣樓，右爲湛虛書屋。東北度橋，折而西爲湛虛翠軒，又西爲耕雲堂，爲若帆閣，西南臨河爲西峯秀色。四十景之一也。河西爲小匡廬，東爲含韻齋，又東爲一堂和氣，又東南爲自得軒。後垣東爲嵐鏡舫，西爲花港觀魚。迤東東西船塢各二，北爲四宜書屋，四十景之一也。安瀾園乾隆壬午賜海寧陳氏園名，因仿此，有宸翰記。之正宇也。東南爲葄經館，又南爲采芳洲，後爲飛睇亭，東北爲綠帷舫，西南爲無邊風月之閣，又西南爲涵秋堂，北爲烟月清真樓，樓西南爲遠秀山房，樓北度曲橋爲染霞樓。四宜書屋之東臨池樓宇爲方壺勝境，四十景之一也。南建二坊，其北爲巘鶩殿，爲瓊華樓，殿東爲蕊珠宮，宮南船塢，西北爲三潭印月。度橋爲天宇空明，後爲澄景堂，東爲清曠樓，西爲華照樓。澡身浴德四十景之一也。在福海西南隅，即澄虛榭正宇，南爲含清輝，北爲涵妙識。折而西向爲靜香館，又西爲解愠書屋，西南爲曠然閣。北度河橋爲望瀛洲，其北爲深柳讀書堂，爲溪月松風。平湖秋月四十景之一也。在福海西北隅，正宇西爲流水音，東北出山口臨河爲花嶼蘭皋，折而東南度橋爲兩峯插雲，又東南爲山水樂，其北爲君子軒，爲藏密樓，爲蓬島瑤臺。四十景之一也。在福海中央殿前，東爲暢襟樓，西爲神洲三島，東偏爲隨安室，西偏爲日月平安報好音。東南渡橋爲東島，有亭爲瀛海仙山，西北度橋爲北島、接秀山房。四十景之一也。在福海東隅正宇後爲琴趣軒，其北方樓爲尋雲，東南爲澄練樓，樓後爲怡然書屋，稍東佛堂爲安隱幢，南爲攬翠亭。别有洞天四十景之一也。在接秀山房之南，依山臨河，西曰納翠，西南曰水木清華之閣，稍北爲時賞齋，西爲夾鏡鳴琴，四十景之一也。南爲聚遠樓，東爲廣育宫，前建坊座，後爲凝祥殿。宫東爲南屏晚鐘，又東度橋爲西山入畫，爲山容水態，西爲湖山在望，爲佳山水，爲洞裏長春。涵虚朗鑑四十景之一也。在福海東，卽雷峯夕照正宇，其北稍西爲惠如春，又東北爲尋雲榭，又北爲貽蘭亭，爲會心不遠，其南爲臨衆芳，爲雲錦墅，爲菊秀松蕤，爲萬景大全。廓然大公四十景之一也。在平湖秋月之西，前爲雙鶴齋，西爲環秀山房，西北爲規月橋，爲臨湖樓，東北爲綺吟堂，又北爲采芝徑。經岩洞而西爲峭蒨居，西爲披雲徑，爲啓秀亭，爲韻石淙，爲芰荷深處，北垣門外爲天真可佳樓，西垣外爲影山樓。坐石臨流四十景之一也。在水木明瑟東南、澹泊寧静之東，麯院風荷四十景之一也。又在坐石臨流東南、碧桐書院正東，其西佛樓爲落伽勝境，其南跨地東西橋九空，坊楔二，西爲金鰲，東爲玉蝀。金鰲西南河外室爲四圍佳麗，玉蝀東亭爲飲練長虹。又東南度橋，折而北，設城關，爲寧和鎮，其東南爲東樓門，其北爲同樂園，前後樓各五楹，前爲清音閣，東爲永日堂，中有南北長街，街西爲抱樸草堂，街北度雙橋、爲舍衛城、前樹坊楔三。城南面爲多寶閣，内爲山門，正殿爲壽國壽民，後爲仁慈殿，又後爲普福宫，城北爲最勝閣。洞天深處高宗御書四十景之一也。在如意館西稍南前宇，乃諸皇子所居，爲四所，東西二街，南北一街，前爲福園門，四所之西爲諸皇子肄業之所，前爲前垂天貺，中爲中天景物，東宇爲斯文在兹，神龕懸至聖先師像。後爲後天不老。四額世宗御書圓明園册。

圓明園被災

咸豐庚申十月十六日，英法聯軍至天津，文宗方園居，聞敵至通州，倉卒率后妃幸熱河。十九日，英人至圓明園宮門，管園大臣文豐當門説止之。敵兵已去，文知奸人必乘間起，守衛禁兵無一在者，索馬還内，投福海死。奸人乘時縱火，入宮劫掠，敵兵從之，火三晝夜不熄。

安樂渡

故事，皇帝在圓明園御舟徐行，則岸上宮人必曼聲呼曰：「安樂渡。」遞相呼喚，其聲悠颺不絶，至舟達彼岸乃已。文宗出狩時，穆宗尚在抱，戲效其聲，上撫穆宗首曰：「今日無復有是矣。」言訖，潸然淚下，内侍等皆相顧悽惶不已。

綺春園

含暉園在圓明園東，有複道相屬，仁宗三女莊敬公主釐降時，賜居於此。公主薨，額駙索特那木多爾濟照例繳進，又以成哲親王寓園西爽村均併入綺春園中。道光時，宣宗尊養孝和后於綺春園，文宗初元，亦奉孝静后居此，問安視膳，一如道光間禮。蓋文宗幼時失母，爲孝静所撫育，故即位後孝静由康慈皇貴太妃尊爲太后也。咸豐庚申淀園之災，綺春亦同歸煨燼矣。

頤和園

光緒乙酉冬，有詔天下今已太平，可重修清漪園以備臨幸，改名頤和園，然苦於籌款無術。恭邸爲孝欽后言，以興辦海軍名義，責疆吏年撥定款，就中挪移十之六七，園可成也。孝欽用其言。北洋海軍粗以成立，甲午敗後，盡移各省所解海軍經費以建頤和園，常年經費亦頗不貲。白玉石階級每年一易，易後太監必椎而碎之，碎則更修，龍舟亦然，蓋必如是而始可漁利也。

園在京外西北隅，距城可二十里，依萬壽山圍昆明湖以爲之。由東角門過仁壽門，殿宇巍巍，其上有題額曰「仁壽殿」。入殿門，門內有院，院中卽月臺，第一層行列四鼎，第二層行列二龍二鳳二缸，皆以銅鑄。殿有寶座，門皆封鎖。又西行不數武，有一額題曰「水木自親」，西卽昆明池。池之北有樂壽堂在焉，堂卽孝欽后寢宮，堂前亦有月臺。旁有一亭，如花園暖房然，中藏柏樹一株，似珊瑚狀。又曲折而西，迴廊灣轉，約數十丈，北有山，山巔有臺曰國華臺，高數十仞。臺下有殿，題曰「排雲殿」。殿最大，向爲朝賀之所，內有二聯云：「萬笏晴山朝北極，九華仙樂奏南薰。」又「寶祚無疆萬年綿茀祿，天顏有喜四海慶蕃釐。」殿內十錦橱數十座，高接棟宇。循階而上，石級十四層，月臺上列銅缸銅鼎各四，銅龍銅鳳各二。殿門旁柱上有聯，題曰：「崧岳大雲垂九如獻頌，瀛洲甘雨潤五色呈祥。」殿後有閣，題曰「佛香閣」。循級而上，入偏門，門內石坊一，上題七字，曰「暮靄朝嵐常自寫」。又北上至寶雲閣，閣如八卦形，門欄棟檻皆生銅所鑄，質堅固，叩之隆隆有聲，風雨不蝕，高約四五丈，內長方棹一，亦然。由閣東下即太湖假山，山有洞，迴環彎曲，如蟻行九曲珠然，出洞而上，不覺至佛香閣焉。閣中供佛，佛旁二侍像，皆金色。閣後有亭，曰「衆香界」，萬壽山最高處，以此及佛香閣爲極矣。南出一門，題曰「導養正性」，門前有短牆，危立山際。倚牆南望，池面皆冰，其亭臺樓閣歷歷如繪。又東下石洞至一殿，題曰「轉輪藏」，旁有數亭，亦八方形。轉輪藏有二，係木製，作十數層塔形，每層木佛數像，每藏高約三丈，能自轉不息，庚子之亂，洋人入園後，二藏遂不能自轉。有數日規，以石製之，表面鐫十二地支及晷刻度數，中豎一鋼針，太陽照之，針影在石上，即知何時何刻。又一亭，中立一大石碑，題曰「萬壽山昆明湖」六大字。轉至德暉殿，額曰「敷光榮慶」，至此，已入排雲殿之東偏矣。又西一殿，曰「聽鸝殿」，殿對面一臺，即孝欽聽戲處也。又曲折而東，上至一亭，題曰「畫中遊」，殿宇結構最妙，有數聯，句云：「境自遠塵皆入詠，物含妙理總堪尋。」「幾許崇情託遠跡，無邊佳況愜香襟。」「雲開歸岫連峯暗，飛瀑垂空漱石涼。」「幽籟靜中觀水動，塵心息後覺涼來。」「川巖獨鍾秀天地不言工，山色因心遠泉聲入目涼。」旁有石洞，入折而出，聳立一石坊，則題「山川映發使人應接不暇」十字。又至一亭，題曰「湖山真意」，結構亦極佳，爲孝欽納涼用膳處，蓋已在山之巔矣。向北俯視，園牆外約十里許即爲市。又由亭步至最高處，有一樓，題曰「智慧海」，對面有圓門三，題曰「祇樹林」。樓之後面稍低處東北數里外，平地上之短破牆垣，即圓明園，乃咸豐庚申英法人所燬者。又東行山巔數里，路皆鋪以水磨方磚，雖山嶺一起一伏，而平仍如砥，後有一亭，題曰「薈亭」。循是而下，至景福閣，爲孝欽進小米粥處。又過如意莊、平安室至樂農軒，軒正中有空椅一，即御座也。後列條几，左有西式摇椅一，上覆黄幔。又由此東南下至矚新樓、涵遠堂，堂前一池，池通山泉，水清而涔涔有聲，恍有碧天深處氣象，曲欄畫楹，備極清幽，真紅塵飛不到處也。池旁有和春堂，堂畔有橋，曰「知魚橋」。橋之四面，皆有亭臺，河流淅瀝，清而且漪。又過一院，南北房舍各四五間，南向者内存一船，北向者内藏《圖書集成》一部。又西行至德和園，内一殿，曰「頤樂殿」，殿前一大戲臺，臺高三層。登頂西望，玉蘭堂即在目焉，是爲德宗寢殿，殿兩邊廂房各十一間，每間界以木板，如戲園之包廂座然，爲賞王大臣聽戲處。又南行至昆明湖，循東偏牆而行約二里，行至宫門，左立一碑，即織女石。高約四五尺，係甲申年立，右卧一牛，即牽牛。長約四五尺，乃範銅鑄成，中有白石臺階數層，即孝欽后登小輪遊昆明湖處。又西行過十七空橋，北行至龍王廟，廟有數聯云：「天外是銀河烟波宛轉，雲中開翠幄香雨霏微。」「列岫展屏山雲凝罨畫，平湖環鏡檻波漾空氣。」廟門外東西南三面，皆立有石坊，廟後即涵虚堂，堂後即昆明湖。隔池西北望，約二三里。即石房也，偏西者，即玉泉山也。

明之重器寶物全儲大内，高宗時常幸三海，乃擇所喜之各物移列三海各處，凡本朝所收聚之物，大都在是，其中美術書畫碑册金石，不可以數計，碧犀寶石翡翠珠寶等件亦甚多。近數十年，各督撫所搜剔而呈進之寶物，悉入其中矣。

頤和園戲臺

戲臺在大院中，三面可觀，有樓五層，一層如常式，二層如寺廟，以演神鬼雜劇，三層爲佈景之用。

兩旁皆平房，其外有廊，爲恩賞王公大臣聽戲處。正對戲臺者有屋三間，高一丈，孝欽后聽戲所坐。偏右一間，爲休息室，臨窗有長坑，坐卧可隨意，有時鑼鼓喧天，孝欽能酣眠不醒。戲中佈景暗合西法，皆太監爲之，每齣竣事，亦如西劇之分幕。且孝欽暇時，喜閱小説，常自排戲以爲能也。

寶蓮航

頤和園有船隖，琢石而成，在仁壽殿西南，與萬壽山相對，舊名寶蓮航，亦名石舫。光緒中葉，昆明湖始置小輪舟二艘，復於園外東南隅設電汽房，專司園中電燈。

頤和園窗絹之字畫

頤和園糊牕之絹，均鄭沅所作，皆楷書也，下有臣某某敬書字樣，餘皆倩李某代之，並有畫花卉翎毛者。

智慧海

智慧海在頤和園中，其景與瀛臺髣髴。中秋前數日，内務府執事諸員，預傳綵匠紮成月宮一座，臚陳各物，甘鮮水乳，風薰海錯，燦然大備。中秋夜，孝欽后率領德宗、后妃等，向太陰致祭，親支王大臣及供奉諸臣，各乘龍舟來往，水天一碧，夜色清華，簫鼓之聲，中流不絶。已而賜宴，命盡歡，時撤御前珍膳，指名給予。迴帆轉柁，當在東方既白時矣。

孝欽后大興土木

光緒初，恭王當國，謹守繩尺，三海小有殘破亦未修。孝貞、孝欽兩太后率帝后等幸海時，恭王必從。孝欽輒曰：「此處宜修矣。」恭王正色厲聲而言曰：「是。」孝欽亦不再言。孝貞則曰：「無錢奈何？」及孝貞賓天，恭王出軍機，以醇王繼任，於是迎合孝欽者先修三海，包金鰲、玉蝀於海中，金鰲、玉蝀，橋名也。橋之南北二牌坊，一曰金鰲，一曰玉蝀，自國初以至光緒己卯皆在大道旁，爲西城赴後門之大道。橋旁即承光殿，俗呼圓殿，又名團城子，如一小城。然上有雉堞，中僅一殿，曰承光，亦不甚宏大，四圍配殿數十間而已。大玉甕即在此殿院內，以石亭覆之，亭柱四方刻諸臣和御製玉甕詩。玉甕直徑三尺弱，外刻龍魚波濤之狀，甕內刻高宗御製古風一篇，玉色蒼白，滑不留手，高約二尺，不知何代之物。然猶以西苑在城中，山水之趣不及郊野，乃又有重修圓明園之議。其後以圓明園荒蕪歲久，水道阻塞，不如萬壽山昆明湖水面廣闊，施工較易，乃輟圓明園工而修萬壽山，且錫名爲頤和園。不三年，園成，孝欽率帝后等居之，自移園後，每日園用萬二千金。園設電燈廠、小鐵道、小汽船，每處皆有總辦幫辦委員等數十人。光緒甲午，敗於日本，李鴻章常恨恨曰：「使海軍經費按年如數發給，不過十年，北洋海軍船礮甲地球矣，何至大敗！此次之辱，我不任咎也。」

南苑

南苑在京城南，爲元時南海子故址，亦名飛放泊，廣百餘里，國初作東西二宮，有珍禽異獸，奇花佳果。乾隆以後，謁陵回蹕，輒於此行春蒐之典。晾鷹臺在苑之迤南，蒐畢，命虎鎗營人員殪虎於此。乾隆時孝聖后、道光時孝和后皆嘗一幸南苑。光緒辛丑冬，德宗奉孝欽后回鑾；壬寅、癸卯謁東西陵，均至南苑駐蹕數日。

南北海小修工程

光緒乙酉夏，德宗幸南北海，小修工程銀十三萬兩，而任其事者，僅拆後牆以培前牆，粦塗飾一時而已。

南海

南海子，明之上林苑也。國朝因以爲閱武田狩之所，同治以還，神機營將士歲往駐紮，輒秋去而春歸。

南海遍種荷花，幾爲大内之冠，中有殿曰瀛臺，旁有佛照樓。瀛臺四圍皆水，一九曲板橋通之，壁上貼落即字畫也。皆國初三王真蹟，又有成親王寸楷《赤壁賦》一大幅，房闥曲折數十間，極精雅，卽光緒戊戌變政以後，孝欽后幽德宗之處也，自是而瀛臺之名以著。

佛照樓

佛照樓在南海，卽儀鸞殿故址，殿燬於光緒庚子之亂，回鑾後重修，三字爲孝欽后御筆，巨於栲栳。樓頂上下左右畫一蒲桃架，四壁皆蒲桃也；樓柱畫百鳥朝王，無一同者，卽此一項，已報銷十五萬金，全樓共費五百餘萬，悉倣西式。佛照樓左有一兩卷樓者，與佛照樓互相環拱，如鳥張翼。佛照樓內有電燈，其鍋鑪等件卽在附近，汽筒直上高與雲齊，一至夜間，則几上瓶鑪、壁間琴劍，皆以玻璃製就，無一不照耀通明。

團城內之宮殿碑碣

團城子在北海，入門後，有牌坊二，一曰積翠，一曰擁嵐。中施石橋，北行，入永安寺，石級百餘，陡然直聳，游人拾級而上，路狹難行，若繞行山之西麓，則坦如矣。既上一層，旁有洞口，繞西行，登白塔山頂，塔高十餘丈，圍八九丈。塔前有佛殿一，殿外全以瓦佛砌成，若頤和園之智慧海，惟佛皆紫衣，而不及智慧海瓦佛之大，其製造之工亦簡甚。佛殿銅門四扇不可開，自窗隙觀之，乃千手千眼菩薩，皆銅質，像貌獰惡，而最上中間之面目則又若婦人。在白塔山之上俯觀三海及宮禁，歷歷如在掌中。山下碑碣甚夥，有雍正時碑二座，高丈許，碑下皆有霸下，或云贔屭。霸下乃龍生九子之一，可以負重。謂之贔屭者，誤也。蓋碑首之龍形乃贔屭，因贔屭好文，故施於碑上。塔爲雍正庚戌所建，碑文爲雍正時大學士寧完我所撰。時有喇嘛名惱木汗者，請以佛教佐治，可以壽國安民，上從其請，故建白塔，費錢五萬二千餘，爲喇嘛奉經。塔上有藏文七字，山下又有高宗御製碑二座，一則考據白塔山之歷史，略云：白塔山，金時名瓊華島，故京城八景「瓊島春陰」爲其一。一名萬歲山，一名萬壽山，一名大山子。明詩「萬歲山前插大鼓，赭袍將軍號威武」，卽指此。又有一碑，大書「崑崙」二字，石色白，殆艮嶽石也，狀類石玉。碑下爲長方石，石上有古柏二株，高二丈許。碑後有高宗御題詩，題爲《悅心殿卽景作》，其詩云：「飛閣流丹切灝空，登臨縱目興無窮。北憑太液平鋪鏡，南接金鼇倒飲虹。冬已半時梅馥馥，春將迴處日融融。摩挲艮嶽峯頭石，千古興亡一覽中。」山後松柏叢雜，山麓有石洞二，西洞曲折數丈，洞口有小閣一處，署酣古堂，亦高宗御製也，俯臨巨閣，卽三希堂刻石所在。從酣古堂行不數武，有仙人承露盤，仙人銅製，聳立石上，手承巨盤。東洞曲折十餘丈，洞口小亭有高宗御製「盤嵐精舍」匾額，紆徐而下，洞中日光黯澹，陰氣森森，蓋仿椿林九谿十八澗而作，其石皆天然古秀。山之北麓，有曲檻迴廊數百間，中有一亭，高宗御製匾額，署「湖天浮玉」四字，遠望北海，一碧無際。至此，乘小舟北行，對面爲靜心齋，舟中西望有巨坊，一署華藏界，琉璃璀璨。登岸後，入靜心齋，其内爲鏡清齋，齋後爲沁泉廊，西有枕巒亭，再西有疊翠樓，東有罨畫軒，迴廊曲折，惟窗櫺殘缺，光緒庚子所損者也。迤西爲大慈真如寶殿，殿之楹柱栟櫚皆用楠木，地皆砌文石，方約二尺，富麗雄偉，爲頤和園所無。殿内有銅塔二，高約二丈，殿之正面有大佛三尊，東西有十八羅漢，而東側羅漢則短。其三殿上有御製黃紙墨書匾額二，一爲「慈育萬有」，一爲「恒河演乘」。又有一巨寺，自庚子輟工，迄未建成。五龍亭北又有一亭，卽快雪堂石刻所在。再西佛寺則前殿圓形，壯麗無比，中爲旃檀，山上列銅佛悉失於庚子歲。後殿立巨佛，背有千手眼，後爲木梯，較在雍和宮者尤雄偉，殿前碑刻仿正定之天寧寺。再西別院北向有殿五楹，中植石，分八面上下，置木轉輪，石刻五代貫休畫十六尊者，極清奇古怪之致。東有藏經版處，庚子亦燬，殆爲乾隆重定本，柏林寺所有龍藏即其版也。

雪池冰窖

雪池冰窖在北海陟山門内，爲諸冰窖之冠，御用取給於此。都城内外，如地安門外、火神廟後、德勝門外西、阜城門外北、宣武門外西、崇文門外、朝陽門外南皆有冰窖，以歲十二月藏冰，來歲入伏頒冰，各部院官學皆有之。掌以工部司員一人，以數寸之紙印爲小票，名冰票，爲領冰之券。然年久弊生，雖有此票而給冰絶少，殆不能供一人之需，故亦不復領票，而冰多售於市矣。

太液池

太液池在西苑門内，南北亙四里，東西闊二百餘步，舊名西海子。上跨石梁，約廣二尋，修數百步，兩压闌楯，皆白石鐫鏤，中流架木，貫鐵綍掣之，可通巨舟。東西峙華表，東曰玉蝀，西曰金鰲，蓋橋名也。橋有九門，爲禁院來往大道。夾岸榆柳松槐，皆數百年物，中有人字柳一株，乾隆間，風吹一枝着地，本株傾欹欲倒，高宗命以折枝撑拄，既而成活，與本株作人字形，因以名之，御製詩云：「借問人稱誰氏，依稀彭澤先生。」其風致可想。池有中海、南海、北海之分，木石亭臺，類多三朝古蹟，光緒朝，更增飾西洋物品，璀璨絢爛，益勝於前。池在金時名西華潭，元名太液，明又稱金海，四時風景，以秋爲最佳，高宗於池中立一亭，名水雲榭，大書「太液秋風」四字，爲燕京八景之一。

瓊島

瓊島卽瓊華島，踞太液池，奇石疊成，巑岏岝崿，相傳爲宋代艮嶽之遺，自汴中輦至燕者。巔有古殿，聞爲遼蕭太后洗妝臺，又有辨爲金李宸妃妝臺者，又有辨爲元英英來芳館者，最後有人辨爲廣寒殿舊址，因殘石壞礎，猶刻雲物及廣寒殿字也。後爲普安佛殿，上建白塔，又名白塔山。山左立一碣，御書「瓊島春陰」四字，亦燕京八景之一也。

暢觀樓

西直門外三貝子花園，自改爲農事試驗場，德宗奉孝欽后親往閲視，以場中高樓爲傳膳之所，孝欽命之曰暢觀樓，其餘「自在莊」、「豳風堂」諸額，亦皆御題。

皇史宬

皇史宬建自明，四周石室，中藏金匱，國朝因其舊制，尊藏實録、聖訓、玉牒諸鉅編，寶笈琅函，依次排列。至嘉慶丁卯，高宗實録、聖訓告成，則卷帙宏富，增於舊時數倍，仁宗特命所司重加修葺，將金匱分列石臺，諏吉尊藏，並諭閣臣云：「我國家億萬斯年，篤祜延釐，正未有艾。嗣後石室充盈，卽於兩配殿仿照石室規制，建造分貯，奕葉遵循，永遠無替。」此旨並交內閣存記。

大學士直廬

內閣大學士直廬在昭德門東南隅，門西向，閣南向，後於閣東北開正門，與文華殿相對。沈德潛《夜宿中書省》詩云：「獨宿絲綸閣，虛堂燈火清。窺檐星漢影，記夜柝鈴聲。報稱慚須髩，疎慵負聖明。家園通夢寐，游釣憶平生。」

侍衛直宿處

侍衛直宿處在貞度門外西廡。

槐樹院子

瀛臺之北有勤政殿，爲孝欽后、德宗居海子時披閱奏本之處，其東偏有一小院，以院有大槐樹一株，俗呼爲槐樹院子，則軍機大臣辦事處也。每日各處奏事，均先至外奏事處，次日，由軍機大臣恭呈御覽，既奉如何辦理之諭，即退值，交軍機章京遵照所諭明發廷寄交片，分别擬稿，由各大臣核定，立即繕就，復由各大臣呈覽，當日即發，統計祇須兩日。故各大臣每日入內辦事，必隨帶值班小軍機多人，以小軍機所居之地距勤政殿太遠，往返須二三小時，而交辦事件時，兩宮仍在勤政殿等候，及各小軍機膳真進呈後，費時已不少矣。

上書房直廬

上書房有樂泉，爲乾隆己卯歲張文恪公泰開直上書房時，得於園廬之東，愛其甘冽，甃以文石，繪圖徵詩，遂自號樂泉老人。嘉慶間，泉漸蕪没，僅餘涓滴。道光戊子，田季高嵩年募夫淘濬，深八九尺，甃石無恙，果有泉自西北石罅涌出，逾日而清澈一泓，其光如鏡，環植新柳，頓復舊觀。又葉棣如閣學覲儀所居處，有一小阜，可望西山，棣如築亭其上，名之曰葉亭。又祁文端於道光辛卯奉母入都，筮得井之上爻，已而被命重直南齋，並詔許就養園廬，因名直園，屋後之井曰孚井。嗣徐少空士芬居之，製竹筩爲恒升車，仿區田之法，試之有驗。辛丑季秋，置酒邀孫文定瑞珍、杜文正受田、賈文端楨、張文毅芾、何制軍桂清觀刈稻。又祁文端有《食筍齋十詠》。曰竹徑。齋南竹三叢，當塗手植，遂以名齋。東南隅兩叢、西北牆下一叢，文端所補也。春夏雨足，筍迸地而出，交柯亂葉，款扉者披翠而乃入焉。曰老屋。循竹而西，過牆而南，老屋三間，榆柳之下園廬昔燬於火，獨此屋與近光樓巋然尚存。曰借春陰館。館當老屋之北，檐角海棠一株，高三四丈，花時與客飲酒賦詩其下，取放翁詩意名之。曰東峰。上有老榆，高出羣木，下有樂泉，清冷如鏡，峰在齋東，故名。曰月湖。門對南湖，水天一碧，園木蒙密，到此豁然開朗。曰影荷橋。石橋界南北兩湖之間，荷花開時，縈紅漾碧，如畫舫然。曰見山臺。橋東北水折處突起一小岡，出館之背，頂若平臺，登之可見西山。曰藥坡岡。自北而南，尾注於齋，奇石環之，高下雜植藥草桔梗數叢，挺秀可愛，花開如紫玉琖，野菊緣坡，入秋特盛。曰雨香沜。齋之後爲北湖，鎖以重岡，跨以横橋，林陰四匝，幽邃無盡。曰洗硯池。北湖之湑，藥坡之脚，爰有磐石，可濯可沿。此十景，皆文端命名也。又程春海侍郎直舍在東峰下，有屋一區，侍郎題曰「樂泉西舫」。又食筍齋後土阜有嘉樹三，居者過者皆罔識其名，程辨爲杻，因著《杻賦》。

雍正初南書房遺跡

南書房後院壁，有世祖幼年習彈痕跡。又桐城張文端、静海勵文端二公在南書房，每入直，於阬按阬、坑、炕三字皆無牀榻義，北人皆呼卧榻爲阬。邊坐處，以辮髮抵壁，久而髮印漬紙，至康熙末尚存。

南書房舊直廬

南書房舊直廬在禁園東如意門外，乾隆間翰林入直之所。嘉慶初，復於勤政殿東垣賜屋三楹，地逾清切，而舊直廬亦不廢。道光初年，凡奉命校勘書畫者，輒留連累日，諸臣退直餘暇，亦時憩此，有宮監守之。

午門公署

稽查上諭處、内閣誥敕房皆在午門内東廡，起居注公署、繙書房皆在午門内西廡。

廣州某巡檢署

廣州某巡檢署，特宏偉，埒司院，且巡檢繫銜必特授。聞始自雍正中，巡檢某爲世宗舊人，特尊是官，後遂相沿。

葉爾羌辦事大臣署

葉爾羌，西域一大都會也。其辦事大臣衙署，卽小和卓木之花園，有大池，池中有八面亭，有長橋，高下曲直可達亭前。居室臨水，有艇艤水旁，開門可泛舟。其地恆燠，夾水長堤花木若春，垂楊兩岸，掩映碧水。西域無楊，惟此園有之，居其中者恍如游西湖也。

粵西貢院

貢院形勢之佳，粵西爲首，本明靖江王府，俗號皇城，在城東北，別有內城，向南曰正陽門，背倚獨秀峯，天然一枕。由外而內，疊階千有餘級至至公堂上，千峯環抱，若無數筆杖，奇峭插天，俗云「五百匹馬奔桂林」是也。

表門

上海舊有之縣監獄，宣統庚戌，改建新式監獄，舊時蕭王殿等附會之建築，概行廢除，獨獄門之名改後仍舊，則表門者是也。光緒朝，李超瓊令上海時，有人舉以爲問，李云：「此表字係獸名，另有一表字亦獸名，與表互爲雌雄。」至讀作何音，解作獸類是否別有引證，且獄門之名何取此表獸，迄無人得其解者。

會館

各省人士僑寓京都，設館舍以爲聯絡鄉誼之地，謂之會館。或省設一所，或府設一所，或縣設一所，大都視各地京官之多寡貧富而建設之，大小凡四百餘所。且不獨京都也，外省府州縣亦合官商而通力合作之，惟不及京師之多，且又有數省合建者。

公所

商業中人醵資建屋，以爲歲時集合及議事之處，謂之公所，大小各業均有之，亦有不稱公所而稱會館者。

清稗類鈔

第宅類

京都内城屋宇

京師内城屋宇，異於外城。外城參仿南式，庭隘而屋低，内城不然，門或三間或一間，巍峨華焕，二門以内必有聽事，聽事後又有三門，始至内眷所住之室，俗稱上房，其巨者略如宫殿。大房東西必有套房，曰耳房，左右有東西廂，必三間，亦有耳房，名曰盝音黎。頂。或從二門以内，即以迴廊接至上房，其式全仿王公邸第。蓋内城諸宅多明代勳戚之舊，及入國朝，而世家大族乃又互相仿效，所以屋宇日華。

京師正子午線

京師建築屋宇，其定方無用正子午線者，雖皇宫亦必略斜。俗傳正陽門城西數武埋有石獸，地安門外橋下有石猪，卽爲京師之正子午線。

古藤書屋

新城王文簡公士禛京師故宅在京城琉璃廠街火神廟西夾道内，有古藤一株，數百年物也，文簡昔署其門曰「古藤書屋」。

劉文清故第

劉文清公故第在京師驢市胡同西首，南北皆是，至光緒中，其街北一宅改爲食肆。屋宇不甚深邃，正室五楹，階下青桐一株，爲劉手植，街南牆上横石刻「劉石菴先生故居」七字。其後屋易主，北宅久坼，横石亡矣。

三王府四王府

乾隆朝，和珅枋國，韓城王文端公杰與之同朝，和嘗傾之，譖於高宗，謂其家有三王府四王府。上因以密旨授陝撫，令其託故猝至韓城，親視文端第，並詢所謂三王府四王府者。既見，湫隘如寒士，其三府四府，則就其姓與行而戲呼之者也，以實密奏。一日，上謂文端曰：「卿爲宰相，而家宅太陋。」命賞内庫銀三千兩修之，文端悚然不知所由。

慶僖親王得和珅故宅

慶僖親王永璘，爲高宗第十七子，貌豐頎，性直厚，敦友誼，御下甚寬，護衛於衆中倨傲之，亦不責也。高宗末年，有私議儲位並欲致和於法者，王曰：「天下至重，何敢妄覬！惟冀他日將和珅邸第賜居，則願足矣。」仁宗親政，和宅籍没，即賜王居之。庚辰春薨，仁宗震悼，賻襚甚優，異於他邸焉。

恭王邸

恭忠親王邸在京師銀定橋，舊爲和珅第，從李公橋引水環之，故其邸中山池亦引溪水。珅敗，既以賜慶僖親王，其後恭王分府，乃復得之。邸北有鑑園，則恭所自築也。

兩公主第

仁宗四女莊静公主下嫁土默特貝子瑪尼巴達拉，賜第在京師德勝門内東蔣家房，與成哲親王第均賜用玉泉山水引入邸中，城中諸邸皆無此也，其後人貝子棍布札布尚居之。高宗四女和嘉公主額駙福隆安故第在後門内馬神廟，後改大學堂。

舊居

某君言其家本居京師石駙馬大街七爺府之旁，咸豐季年，其祖經營是屋，費錢三四萬緡，有南院北院。張文襄公之洞常相過從，屢謂是屋結搆甚佳。後爲醇邸所購，爲其太福晉所居。太福晉與德宗曾親臨是屋，内監等亦相隨至，見内眷侍立，太福晉曰：「汝輩乃漢人，多裹足，不可跕立。」因賜坐焉。宣統中，一大樹被伐。中有蛇數十，蟠伏可怖，乃孝欽后昔令伐去者，時監國攝政王承旨辦理也。

接葉亭

京師爛麵胡同有接葉亭，國初杭人湯西厓少宰所築也，查他山有詩。光緒中，杭人徐花農侍郎琪亦居之，顏曰「小接葉亭」。至張叔憲之自名其居爲「接葉亭」者，非故址也。

千年鐵門限

京師宣武門外菜市口北之鐵門，其地有兵馬司署及文昌歌院，向傳居此不利，自歸安姚文僖卜居後，數十易主。後喬松年河督修葺之，題門額曰「千年鐵門限」，蓋欲爲久居之識也。然不兩年，喬由倉場侍郎外授，胡左都繼之，一年即貶官，徐壽蘅侍郎、馬恩溥閣學皆居此，甫逾年，徐丁憂，馬出爲江蘇學政，卽卒，此皆三年中事也。所謂三年者，卽同治壬申、癸酉、甲戌也。越數年，而司署、歌院皆不存，姚、喬舊居亦土木屢改，不可復識矣。

寧古塔家屋

寧人之屋似上古，爲巢爲營窟，木無斧鑿痕，卽樵而駕，貫以繩，覆以茅，列木爲牆，而墐以土，必南向，迎陽也。户樞外而内不鍵，避風也。室必三炕焉，南曰主，西曰賓，北曰奴，牛羊雞犬與主伯亞旅共寢處一區焉。後則漸分別矣，漸障之成内外矣。有牖可以臨窗坐矣，漸有廡廬矣。有小室焉，下樹高棚，曰樓子，以貯衣皮，無檻，而隘者曰哈實，以貯豆黍。

留琴堂

劉公勇棄官入蘇門，依孫夏峯，嘗築堂於孫所居之側，久之，厭其蕭寂，棄所攜一琴於堂而去，因名留琴堂。

穴居

山、陜、河南一帶，頗有仍如上古之穴處者，開山爲穴，有門有窗，光可入屋，所異者，特屋頂與牆壁皆山土耳。然冬温夏涼，且收藏食物於中，可經年不壞，且造穴屋之價，有時昂於木屋。穴上仍有樹木街道，不費地之面積。

洛陽家屋

洛陽人民之房屋形式，如南方廟宇，矮而小，無樓，且有樑無柱，樑椽卽架於壁，有諺云：「田靠天，屋靠壁，人靠命。」屋瓦有陰無陽，兩瓦搭界之處用泥灰塗之，以土築牆，磚砌少有。鄉人居土窰最多，故火患甚少。

閩屋之特式

閩中房屋形式殊甚特别，其地多木材，故用木多於磚石，磚牆罕覯。官舍巨築，率以竹木編製成壁，外附以泥，加白堊焉。平民住宅，可稱之爲板屋，上覆瓦片，餘均用木，且建屋如製橱然，數家數十家爲一宅，上下四旁，以木爲框，而中嵌以板，造成，平列地上，與地不相連屬，故從無倒塌之患。惟平時防火極嚴，設一不慎，則數十百家同時煨燼，從無一二家即止者。樓閣形式略同歐製，牕檻玲瓏，純以材木，雖三層樓亦各自爲柱，蓋其梁棟柱檻，均以筍互相投合，質言之，即垛橱耳。廁所亦在屋中，如高脚木橱，可容一二人，橱距地約三四尺，以缸承其下，前有板梯，置於院中之隙地。如廁者既入，闔其門，則院中仍可任人往來，略無所礙也。

黄莘田十硯齋

永福黄莘田大令罷官歸里，壓裝惟端溪石數枚，因名所居曰「十硯齋」。或曰：「君作嶺外官，一清如是耶。」笑指其硯曰：「我乃有此，猶愧王僧孺矣。」

阮文達重建曝書亭

秀水朱竹垞曝書亭久爲桑田，南北垞種桑皆滿，亭址無片甓存，獨嚴藕漁太史所書匾無恙。嘉慶間，阮文達公元視學按臨，醵貲重建。

退省庵

杭州西湖之湖心亭，微波弱漪，一亭巍然，朝霞夕陽，風穌鳥鳴，亦人境中結廬之佳者。自退省菴成，游人趨彼而舍此矣。退省庵者，衡山彭剛直公玉麟巡江游憩之所，視之爲家也。

辰州苗屋

荆南辰州與黔接壤，崇岡萬疊，綿亙二百餘里。中悉爲苗窟，俱卜宅懸巖上，鑿石竅以棲，間有編篁架木者。其以瓦覆屋者，每屋三五間，每間五六柱，無層次定向，亦無窗牖牆垣，繚以茅茨，檐户低小，出入俯首。

蠻房

川邊蠻房之大者名碉，式如立方體，建樓數層，最上一層即房頂，平坦如地，以石礫和黄泥面之，厚尺許，爲天溝，防雨水積滯下漏。蠻民收穫莊稼，往往曬晾於上。更於房頂之角，以土爲爐，於每日早晚二時焚香敬神。夏夜極熱，蠻民不安於室，又苦臭蟲，往往相率至房頂眠焉。如遇雨至，下中樓，乃蠻民居爲經堂、厨房、小室諸處，經堂燃燈换水，供奉甚勤，厨房則陳列銅器，小室則儲藏一切不時所需之器具，而門窗户壁天棚，皆施彩畫。最下一層，爲馬牛羊所居，糞穢不堪，蠻民之出入必經此處，關外瘟疫時行，皆由此也。牆之構造，亦以石和黄泥爲之，其樑之兩端穿牆内，中間之節合，則以柱撑之，不施釘筍，有力者能摇動之，故遇地震，全部俱傾。且蠻房僅一門出入，夜遇火災，人與牲畜無一可免矣。

廣州瓦面有曬臺

廣州房屋，瓦面均建曬臺，故用石灰砌實，上置方磚，瓦上可行走，竊賊即以瓦面爲孔道，蓋由上而下也。庭中有用鐵條木閘者。

龍土司第

龍土司所居之第凡三十層，中十層，層各五楹，有頭門、儀門、大堂、二堂、三堂，皆平屋，其後即書樓、粧樓、藏樓、繡樓、護樓，層各有廂，廂各二楹。三堂之後，左右各五層，皆樓，樓各三楹，廂各二楹，左右各分居四媵，媵各侍女四人，老媪一人，虚左後一層爲内廁，右後一層爲内庖。三堂之前，左右亦各五層，層三楹，廂二楹，皆平屋，左則二層爲外庖，庖前二層居僮僕，一層豢騾馬，右則二層爲外書房，以待賓客，前二層居僮僕，一層奉香火，蓋室西南隅奥是也。三堂之外即宅門，常扃，鑰匙交宣慰府，欲啓，發牌付司閽者馳取之。旁闢一竇，深咫有半，置轆轤，所以進飲食也。左右有巷。中絶别内外，其内置銅缸，可容十石，以刳竹穿牆引山澗水注之，分流各院以應用。護樓後有隙地可五六畝，半種箐，鑿池蓄水以供浣濯，半爲曬曝地，周以大石牆，高數仞。牆外丈餘，即巉巖峭壁矗漢高山矣。其材木皆采於海南，大都鐵梨、檀、柘之屬，地墁鉛磚，夏不發潮，冬不作冷，屋成，費不貲矣。蓋土司於前朝盛時多蓄五金珍寶，最稱豐富，及其季年諸貨絶産，而民困矣。

回人屋宇

回人多居平房，粉垣四周，上置天窗，以納日影，其貴家彩畫欂柱，亦有燕子營巢，並於房檐養鴿者。又闢廣場數畝，累石爲牆，其中古木陰森，清流環繞，頗有内地小橋曲水之趣，名曰亮噶爾，避暑處也，所在多有之。

纏回屋宇

新疆纏回多聚族而處，閭門房舍與漢人同，而門多北向。屋頂平衍，人於其上行走坐卧，並可堆積薪糧瓜果諸物。富室高構重樓，如蒙古包，牆厚七八尺。砌土爲榻，穴牆爲爐，圜上而方下，其高三尺，突出屋頂，謂之務恰克，然之，則一室曣晛而温。牆皆穿洞爲閣，庋藏食物，謂之務油克。屋頂開天窗，洞達陽氣，謂之通溜克。四壁飾以人物花卉，競爲潔麗。富家巨室，屋旁多築園林，溝以渠水，爲銷夏燕游之所，謂之博斯坦。市居者，門左右築土爲臺，旅陳估貨，謂之巴札爾。

猓猔屋宇

猓猔部落，距瀾滄江百里而近，其人居屋悉用木，橫壘四面爲牆，高可數丈，中開一穴爲門，下畜牛馬，上居人，獨木鑿齒爲梯，以便上下，最上供佛，或亦居人。

臺灣番民屋宇

臺灣番民之建築屋宇，先植棟柱於地，然後削竹爲椽，編茅爲瓦，成圓蓋，合力擎舉，置棟上。前後皆有闔扇，雕繪髹漆，色殊麗，兩旁皆細竹編爲花草等紋，外堅密而中無間隔，形狹長，遠望如畫舫。又擇平地，編藤架竹木，高建望樓，每逢禾稻黃茂收穫登場之時，至夜，呼羣扳緣而上，以延睇遐矚，平地亦持械支柝，徹曉巡伺。

清稗類鈔

園林類

京師園亭

道光以前，京師西北隅近海淀有勺園，明米萬鍾所建，結構幽邃，後改集賢院，爲六曹卿貳寓直之所。右安門外有尺五莊，爲祖氏園亭，清池一泓，茅檐數椽，水木明瑟，地頗雅潔，又名小有餘芳，春夏間，時有游人讌賞。其南王氏園亭，頗爽塏，多池館林木之盛，嘉慶辛酉，爲水所冲圮，明保得之，力爲構葺，繕未終而明遽卒，池館半委於荒煙蔓草中矣。

怡園

京師北半截胡同潼川會館南院有石山，曲折有致，昔與繩匠胡同後名丞相。毗連，爲明嚴嵩父子别墅，北名聽雨樓，世蕃所居，南名七間樓，嵩所居也。康熙間，相國王熙就七間樓遺址構怡園，中饒花木池臺之勝，其聽雨樓遺址則歸查氏，諸名士文酒流連無虚日。不及百年，池塘平，高臺摧，地則析爲民居，鞠爲茂草，僅餘荒石數堆，供人家點綴，潼川會館之石山卽東樓故物也。

德濟齋建園亭於京師

德濟齋襲簡親王爵時，邸庫儲銀數萬兩，王見之，謂長史曰：「此禍根也，不可不急消之，無貽禍於後人。」因散給族人若干兩，餘以建造別墅。故鄭邸園亭最勝，皆王所建也。

京都兩萬柳堂

元廉希憲萬柳堂，在廣渠門內東南隅，地本拈花寺，康熙中，更建大悲、彌勒二殿，昔日之蓮塘花嶼，渺不可尋。國初，開博學鴻詞科，海內應徵之士，尚就其地爲文酒之讌，後則臺榭荆榛，衣冠凌替，徒存一萬柳堂舊名而已。益都馮文毅公溥嘗於崇文門外購隙地，建萬柳堂，始創時，募人植柳隄上，凡植數株者卽可稱地主。李笠翁句云：「祇恨隄寬柳尚稀，募人植此棲黃鸝。但種一株培寸土，便稱業主管芳菲。此令一下植者衆，芳塍漸覺青無縫。十萬纖腰細有情，三千粉黛渾無用。」蓋紀實也。

萬生園

萬生園，一名三貝子花園，沿舊稱也，建於光緒丁未年。初設時，隸農工商部，仿博物院式，羽毛鱗角，以至一草一芥莫不兼收並蓄於其中，物力之大，國中得未曾有，或呼之曰萬牲，言其衆生竝立之充牣，而園門之題額，則書「農事試驗場」，蓋以供老農老圃之研求也。園在京師西直門西二三里，通大路，車水馬龍，遊人如織，夾道柳榆，遠映山色，衫影鞭絲，若在畫圖中。園之四圍築短垣，周數十里。其間花圃數十畝，稻畦數十畝，亭臺樓閣，溪澗林巖，又占地無算，大莫與京。遊者入，須操券，值銅幣十六枚。庭内有西式屋四五幢，穿廊右行過小溪，動物園在焉。行數武，至八角亭，亭分八方，圍樹鐵栅，繫猛獸其中，有美洲獅一，非洲獅二，亞洲熊一、豹一、狼一。由亭左行，長舍一行，有斑馬，有梅花鹿，有野牛，有兕，種種非温帶動物，中有一追風馬，以技得名，産於蒙古，軀小眼碧，毛棕色。追風馬廐之側爲鷄塒，鷄塒之側爲羊牢，山羊、綿羊、羚羊數十頭，以蒙古所産爲最良，白毛叢叢，可製輕裘。自羊牢右折，至一大室，圍栅兩重，飼一象，騰挪其鼻，見人輒作呼嗅聲。再行過中庭，蓄爬蟲類，虵蟒、玳瑁、龜鼈之屬皆屬焉。左爲鶴亭，又孔雀一，錦鷄一，毛羽美麗，庭前有金魚十數缸。再行，臨小溪，溪側築温室二，形長方，僅啓一户，前壁多置玻窗，後壁配樊籠，則鳥之種類奚止百十，有鸚武十數種，芙蓉鳥名。數種，雀數十種，大率皆温帶物，熱帶間有之，又有相思鳥者，體小而色妍。自温室迂行，出動物園右折，過小河，跨梁一甚長，河中畜水族及兩棲動物，且有鴛鴦、鷺鷥、野鴨等類。稍北，可繞園行，過此而北，途平坦，人行與車行分二道，極不相雜，車有蓋，張之可蔽日。道旁左麥塍而右瓜田，是爲果樹試驗區，瓜有金瓜、銀瓜、白瓜、羊角瓜、西瓜，麥有平陸、陟縣、海州、靈壽諸種。折而右向，見土阜，阜上有亭，亭下爲水田，其旁種芋薯、木棉、芝蔴、蔬菜，無所不備。水田盡處，溪流一帶，菡萏含華，碧波澄清，源長出園外，寬約盈丈，遊子盪槳其中。船有南北式之别，南式者若秦淮之畫舫，可張篷。前行繞小阜，越溪梁，爲果樹試驗第二區。再行過長橋，須下車步行，越橋南向，長楊夾道，右折有西式屋，花圃在其前。北步過橋，則爲暢觀樓，西式，高二層，構造宏壯，孝欽后避暑時曾遊之。制擬殿閣，面臨五龍橋，橋旁有二噴水池，鑄鐵獅形二，矗立其中。入門後，室中淨不可唾，更上一層，若卧房，均西式。登樓下瞰，園景歷歷在目。下樓右折，逾橋一，復上乘，與下車時地點殆成圓形，由此屈曲而北，道路蕩平，計自動物園環繞至此，得程之半。再行，折而右，逾大橋一，左轉，至花舍。出舍左旋，偏於園之西隅，祇餘緑蔭碧草而已。復行半時許，爲園門，可出。再言之，則動物園所畜，分禽獸二類，如鱷魚、油雞、斑馬、德鹿、熊、獅、狼、獵犬、倉白猴、箭猪、金跳鼠、獼猴、東陵狐、印度豹、梅花鹿、羚羊、東陵貉、印度樹貓、水旱獺、象、花猪爲獸類，禿鷲、丹頂鶴、駝鳥、雉雞、金翅雀、鸚鵡、芙蓉鳥、沉香鳥、青珍珠鳥、相思鳥、時辰雀、白玉鳥、紫丁香鸚鵡、倒掛綫鸚鵡、鯢魚鴟、梟鷹、啄木鳥、白斑鳩、松鴉、喜雀、戴勝鳥、長壽鳥、鴿翻毛鷄、七面鳥、絨毛鷄、鷺、白鵜鶘、姊羽鳥、髻鶴爲禽類。白右莊植物甚多，中以含羞草、美人蕉、仙人掌、文竹、班葉海棠、風船蔓爲最佳，温室中之洋海棠、萬年草、洋翠蘭、君子蘭、桃葉珊瑚、百子蘭、文珠蘭、荷花、五蘭、夜合香諸種爲最優美，標本陳列室所列分爲涉禽、飛攀禽、猛禽、走禽、遊禽、鰭足爬蟲、嚙齒哺乳，肉食有啼鳴禽、翼手各類，大可供博物學家之稽考。園中且有農商部所傭日本人大木氏，使當技師之任。

隨園

金陵小倉山，自清涼山胚胎，分兩嶺而下，蜿蜒狹長，中有清池水田，古木蓊鬱而幽邃。康熙時，織造隋某當山之北巔構堂皇，繚垣牖，蒔花種竹，都人游者翕然盛一時，號曰隋園，因其姓也。後三十年，袁子才宰江寧，園弛爲茶肆，宎廇陊剥，百卉蕪謝，因購得之，茨牆剪闔，易簷改塗，隨其陂陀紆廻隆陷之勢，增營臺榭，恬然引退，遂迎養居之，仍名隨園，同其音易其字也。隨園以小倉山房爲主室，宴客輒於是，而子才朝夕常坐之處，則爲夏涼冬燠所，在山房之左也。壁嵌玲瓏木架，上置古銅爐百尊，冬温以火，旃檀馥郁，煖氣盎然，舉室生春焉。夏涼冬燠所之上有樓，曰緑曉閣，亦曰南樓，東南兩面皆窗，開窗則一園新緑，萬個琅玕，森然在目，宜於朝暾初上，衆緑齊曉，覺青翠之氣撲人眉宇間，子才每看諸姬曉妝於此。咸豐癸丑，粤寇陷金陵，至同治甲子夏六月既望始克復，而城中名園勝蹟，皆成邱墟，隨園亦寸甓無存矣。

薛廬

全椒薛慰農觀察時雨，掌教江寧惜陰書院，時學舍設於漢西門之龍蟠里，里側有烏龍潭，風景爲西城冠，山水清澈，花木扶疏，寧人夙號爲小西湖，薛策杖來游，亦覺故鄉無此好湖山也。於是拓地三弓，築廬數椽，挈眷居之，其中藏書最富，陳設亦古樸，迴廊曲榭，連綴無痕，入其中者幾迷出路。臨溪闢一水榭，榭之對岸爲駐馬坡，相傳諸葛武侯曾駐馬於此，薛爲之建專祠，懸畫像，招僧主之。又建亭臺爲憩息之所，最幽僻者爲小亭，在水中央，顔以「何必西湖」四字。

胡園

胡園一名愚園，亦名植物社，在江寧城中鳳凰臺花盝岡之東南，爲胡煦齋太守所築。中匯大池，周以竹，因高就下，置亭館數十所，地極幽僻，樹木扶疏，正門内亦有竹。歷房廊至正廳，廳三楹，廳後疊石爲小山，據地不及畝許，而曲折迴環，出人意表，且有亭臺可憩。假山盡處爲亭軒，曲折盡致，仍達於正廳之後，廳旁有室曰水石軒，廳外有隙地，陳列盆景，護以石欄，欄外有方塘，曰秋水。石欄之西通一小徑，繞塘蜿蜒，循徑左有一水榭，右爲菊山，山顛有合抱之古松，數百年物也。松旁有古石矗立，相傳爲六朝遺跡。山之背，竹籬茅舍，雞犬桑麻，名曰城市山林。循菊山而南，水中有舟亭，迤東有家祠，曰棲雲閣。再東有海棠春睡軒，牕外芭蕉數本，又有鹿栅一、孔雀欄一。稍南竹深處有小屋數椽，曰竹塢。

又來園

江寧有又來園，在南門外雨花臺側，人以其爲劉舒亭明府所築也，因呼之曰劉園。劉相其林泉，擴爲屋宇，皆就天然形勢而位置亭榭臺館焉。地當南郭，里近長干有劉公墩，爲劉叔亮墓。由劉公墩渡山澗，入梅林，曰訪橋，橋西有隄亙界溪，於其曲爲罷釣灣，溪南爲又來堂。堂後拓水榭，出溪間，環以湖石，繚以文檻，曰淩波仙館。溪北爲雲起樓。溪自南而西，循荼蘼廊，自西而北，曲徑通幽，師竹之軒居其左，倚竹之亭翼其右，自北而東，入水月虛明室，自東而南，越山澗，巡迴廊，登縈青閣，俯瞰梅花數百本。沿堤過板橋，折而東，則廣且數畝，循東臯西堤，南入卧波橋而西，亦紆曲。環溪夾岸，則垂楊與桃林相間，故有小桃源之目，溪蓮尤盛。陳列之器具，皆以竹爲之，極古樸。

韜園

江寧有韜園，爲蔡和甫觀察之别墅，後入於官。門前皆垂楊，園景參以西式，南北有二大門，門内爲圓形花田，外以馬路環之。自北門入，有小屋數椽，進而爲西式樓，樓上下堊以銀光白粉，陳器亦西式。再進則劇場，可容數百人，劇場之上有露臺，臺西有廳十楹，四周皆玻璃窗，其外圍以亞字欄，屋後有高樓，樓之後門作洞式，極西有一廳，極南有小亭，圍以花木，亭有石櫈石桌。院牆之旁開一門，臨青溪，正屋後爲桃園。

公園

江寧有公園，宣統己酉，端忠愍公方督兩江時撥帑所建者也。正門在鼓樓獅子橋下，二旁門在三牌樓右，鐵道馬路交錯其間，實爲南北之要衝。正門爲一極峻之牌樓，倣法國式，亭臺樓閣，亦皆摹擬各國而構之。二門則西式平屋五楹，圍以高墉，其内則旁屋分列東西，門前築圓形之馬路。第三門爲高塔，電梯設於其中，高懸電燈。第四層爲圓形馬路，屋後仍康莊，車馬可並馳，約里許始爲公園總門。

門以鐵欄爲之，顔曰「緑筠花圃」，周以竹籬。園内路曲折，入二門，有憩息所，次爲八角茅亭，在竹院中，以鐵絲爲檻，豢各鳥，再次爲鶴亭，東有吸水機一部，張以風車，車動引水而上，至一大櫃，櫃底通鐵管直至池中，池心設浮木，上有李拐仙像，背負葫蘆，司鐵筦者扳其機，則水自葫蘆涌出。再東有玻璃屋六楹，中有中西花卉，再西爲亭，翼然而立，有天然水晶高可丈許。園極北有茶社，迴廊繞之，園東有一亭，樹鐵栅，畜一虎於中。園外極西，有圓形高亭。

拙政園

拙政園在蘇州閶、齊二門間，本大宏寺遺址。明嘉靖中，御史王獻臣始建斯園，取潘岳「拙者爲政」句命名，文徵明爲作圖記以志其勝，後其子以樗蒱一擲，償里中徐氏。國初，歸海寧相國陳之遴。陳宦於京十載未歸，圖繪詠歌，目未睹園中一樹一石，及窮老投荒，穹廬絶域，黄榆白艸，父子煢煢，而此園已籍没縣官，爲駐防將軍得矣。既復爲吴三桂壻吴人王永康所有，崇高雕鏤，備極華侈。滇黔作逆，永康懼而先死，康熙戊午，改爲蘇松道署。缺裁，散爲民居，其梓楠瑊玏皆輸京師供將作。陳其年有詩云：「此地多年没縣官，我因官去暫盤桓。堆來馬矢齊粧閣，學得驢鳴倚畫闌。」俯仰盛衰，言之慨然。之遴方盛時，曾力薦吴梅村祭酒，意將虚左以待，比梅村至京，之遴已敗，故梅村作《拙政園山茶歌》，感慨惋惜，有不能明言之情。光緒庚子夏，有往遊者，尋所謂「豔若天孫錦，頳如姹女砂」之山茶花，已不可復得，惟梅村一詩尚以銀杏木鏤成懸於水閣間。園爲八旗會館，拙政之名亦漸湮没，且半爲比鄰張宦所侵佔矣。

繡谷園

蘇州閶門内有繡谷園，嘉慶中，爲福州葉曉崖河帥所得，後歸謝椒石觀察，又後歸王竹嶼都轉。此園在國初爲蔣氏舊業，偶於土中掘得繡谷二大字分書，遂以名其園，園中亭榭無多，而位置極有法，相傳爲王石谷所修。康熙己卯，尤西堂、朱竹垞、張匠門、惠天牧、徐徵齋、蔣仙根諸名流曾於此作送春會，王石谷、楊子鶴爲之圖，時沈歸愚尚書年纔二十七，居末座。乾隆己卯，又有作後己卯送春會者，則以沈爲首座矣。先是，蔣氏將售是宅，猶預未決，卜於乩筆，判一聯云：「無可奈何花落去，似曾相識燕歸來。」人不解其義。迨歸葉氏，而上語應，後葉氏轉售與謝氏，謝又轉售於王氏，而對語亦應。一宅之遷流，悉有定數，亦奇矣哉。

味蒓園

味蒓園俗呼張園，在上海公共租界静安寺路，爲無錫張叔和別業，後屢易其主。屋不多，惟擅林木之勝，中有廣廈，曰安愷地，屋角有樓高出林杪，可望黄浦，又以西望可見龍華塔，故亦名眺華閣。西南有樓，曰海天勝處，中央有池，池有島，雜蒔松竹，蒼翠可人，相近有大草地可擊毬。

愚園

愚園爲上海租界之名園，與静安寺相近。入門過小橋，卽見一樓，樓前多喬木，有紫藤一棚，樓後爲池，池上有水亭，曰如舫，過此卽爲敦雅堂，堂後爲假山，石筍頗多，山上爲花神閣，有閩人辜鴻銘英文詩、德文詩石刻在焉。池之東西南，富有亭榭，樓之西北隅復有小樓，曰飛雲，樓西爲球場，場之東北隅爲彈子房，彈子房東爲鹿柴虎柵，西爲唐花室。

西園

西園在上海僻左之處，其地爲西門外斜橋東，門臨河，渡板橋卽爲園門。西向有長廊一曲，可臨流憑眺，循廊而出，則見有二小阜，一阜多雜花，一阜有亭。再進爲草廳，有「消遥游」一扁額，西爲芙蓉池館，其前有池，池之東北，茅亭各一，出茅亭，有草地一區，其北有高樓，樓之最上層爲平臺，可遠眺。

徐園

徐園者，海寧徐棣山所建，名雙清别墅，向在上海公共租界老閘橋北唐家衖，後移康腦脱路五號，其式如初，惟較大耳。入門有廣庭，種竹數百竿，左有屋三楹，曰東墅，爲賭棋處，右爲蘭言室。穿竹徑，出山洞，有廣廈曰鴻印軒，再北爲樓，軒之西有池，過小橋，有屋臨水，狀如舟，曰煙波畫船，其鄰有亭曰鑑亭。亭之西北隅，累石爲假山，山上張風車，風來車動，吸水機則吸水上升，復注入池中之噴水機，由此機噴出，高可丈許。

宸虹園

宸虹園以地爲上海公共租界之虹口，故名，卽靶子路也，俗呼趙家花園，爲粤人趙某所築。頗似西式園林，達官貴人恒假座以宴客，陳設器物亦舶來品爲多。

東園西園

上海城中邑廟有東西二園，東園卽内園，以假山名，有老栝一株，爲明時物，俗稱白皮松；西園爲明潘允庵豫園舊址，有香雪堂、三穗堂、萃秀堂、點春堂諸勝。三穗堂後有假山，香雪堂燬於粤寇，堂前玉華石猶存，此卽宋宣和漏網之玉玲瓏也。園中商店林立，多江湖賣技者，午後游人如織，已成一大市矣。

大虹園之塔

高宗巡幸至揚州，時江某爲鹽商綱總，承辦一切供應。某日，高宗幸大虹園，至一處，顧左右曰：「此處頗似南海之瓊島春陰，惜無塔耳。」江聞之，亟以萬金賄近侍，圖塔狀。既得圖，乃鳩工庀材，一夜而成。次日，高宗又幸園，見塔巍然，大異之，以爲僞也。卽之，果甎石所成，詢知其故，歎曰：「鹽商之財力偉哉！」

絜園

絜園爲邵陽魏默深名源別業，在揚州鈔關門內倉巷，有古微堂、秋實軒、古藤書屋諸勝，粵寇亂後，惟存大門外之影壁矣。

平地起樓臺

桐城張暎沙，名若瀛，歸田後，于西郭外創一園，名逸園，欲速成，然燭施工，樓臺牆屋草草而已。有言其不堅者，答曰：「我之年幾許矣！此足娱我，遑問我後耶。」園額跋云：「平地起樓臺，樓臺起平地。平地兮樓臺，樓臺兮平地。」此四語極饒意味，足以發人猛省。張喜作詩，不甚求工，諧謔語頗多趣致。

李園

桂林李園，在城西北角，距容門最近，爲一時勝地，以江西李翁亶誠之重望著名也。翁隻身赴粵，起鹽筴致富，宗親幾徧天下，爲阮文達公刊經解者，其子也，後又有閣學宗瀚、大理聯琇繼之，蔚爲儒宗。園宅甚多，率皆易主，其城西一宅，廳事前有湖石象韋字，意致宛然，有以韋齋爲號者，頗著詩名於嘉道間。土人云：「李翁樂善好施，省垣善舉多翁助成，垂利至今。」初有入籍桂林之議，士論亦協，適其壻高平祁氏巡撫是邦，以祝壽演劇，禁止遊人滋生事端，舊家子弟有受扑責之辱者，乃公議禁李著籍焉。李園遺址，荒落莫稽，陂水可數十畝，聞其四至，占城中十分之三。盛時船艇游泳，極似江南，亭沼花木，備極清華，四方文學之士過從宴樂，不減淮浙鹽商諸家。

海山仙館

潘園，一名海山仙館，在廣東省城西關外寶珠礮台西南隅，爲鹽商潘德畬字海珊之別墅，頗具邱壑。至其裔仕成，奢汰愈甚，同治季年虧公帑三百萬，没産入官，是園遂由南海縣收管。園價昂，一時不能售，乃用開彩法售之，券共三萬條，每條銀幣三角，既開彩，爲香山一蒙師某所得。某驟得巨産，恣意嫖賭，全園不能卽鬻，則零碎拆售，先售陳設古玩器物，次售假山石，次拆門窗，次鋸樹，未一二年，則全園已犂爲田，惟頹垣敗瓦，猶約略可數，得彩者已潦倒死矣。又潘尚有《佩文韻府》板，則抵與山西某票號。

避暑山莊之真假山

人家庭院中以石累疊如山者，曰假山，避暑山莊則就真山爲之，亦在庭院中，謂之真假山。

張漣工壘石

張漣，字南垣，華亭人，徙嘉興，又爲嘉興人。少學，好寫人像，兼通山水，遂以其意壘石，甚工，他人爲之莫能及也。百餘年來，爲此技者，類學嶄巖嵌特，好事之家羅取一二異石，標之曰峯，皆從他邑輦至，決城闉，壞道路，人牛喘汗，僅而得至，絡以巨絙，錮以鐵汁，刑牲下拜，劖顔刻字，鈎填空青，穹窿巖巖，若在喬嶽，其難也如此。而其旁又架危梁，梯鳥道，遊之者鈎巾棘履，拾級數折，傴僂入深洞，捫壁投罅，瞪盼駭栗。南垣過而笑曰：「是豈知爲山者耶！今夫羣峯造天，深巖蔽日，此蓋造物之所爲，非人力可得而致也。況其地輒跨數百里，而吾以盈丈之趾，五尺之溝，尤而效之，何異市人摶土以欺兒童哉！惟夫平岡小坂，陵阜陂池，版築之功，可計日以就。然後錯之以石，碁置其間，缭以短垣，翳以密篠，若似乎奇峯絶嶂纍纍乎牆外，而人或見之也。其石脈之所奔注，伏而起，突而怒，爲獅蹲，爲獸攫，口鼻含呀，牙錯距躍，決林莽犯軒楹而不去，若似乎處大山之麓，截谿斷谷，私此數石者，爲吾有也。方塘石洫，易以曲岸迴沙，邃闥雕楹，改爲青扉白屋，樹取其不凋者，松杉檜栝，雜植成林，石取其易致者，太湖堯峯，隨宜布置，有林泉之美，無登頓之勞，不亦可乎！」南垣遊於江南諸郡者五十餘年，自華亭、嘉興外，於江寧，於金山，於常熟，於太倉，所過必數月。其所爲園，則李工部之横雲、虞觀察之預園、王奉常之樂郊、錢宗伯之拂水、吴吏部之竹亭爲最著。經營粉本，高下濃淡，早有成法。初立土山，樹木未添，巖壑已具，隨皴隨改，煙雲渲染，補入無痕，即一花一竹，疏密欹斜，妙得俯仰。山未成，先思着屋，屋未就，又思其中之所施設，牕櫺几榻，不事雕飾，雅合自然。爲此技既久，土石草樹咸能識其性情，每創手之日，亂石林立，或卧或倚，張躊躇四顧，正勢側峯，横支豎理，皆默識在心，借成衆手。恆高坐一椅，與客談笑，呼役夫曰：「某樹下某石可置某處。」目不轉視，手不再指，若金在冶，不假斧鑿。甚至施竿結頂，懸而下縋，尺寸不爽，觀者以此咸服其能。有四子，能傳其業。

清稗類鈔

祠廟類 陵墓附

天壇

天壇在永定門内之左，都城丙方也，建自明永樂間。形圓南向，三層，内外圍以低垣，曰壝。内壝形圓，周一百六丈四尺，爲門四；外壝形方，周二百十丈一尺，爲門四，殿壝皆藍瓦朱柱。前爲圜丘，後爲皇穹宇，又後爲祈年殿，又後爲皇乾殿，西爲齋宫，西南爲神樂署，東南爲神庫。周以繚垣，上覆椽瓦，垣外爲溝。

風雲雷雨四祠

雍正十三載中，惟造風、雲、雷、雨四神祠以備祈禱，此外無營繕事。

京都東嶽廟

乾隆庚辰三月，朝陽門外東嶽廟火，殿廡皆燼，獨左右道院無恙。特發内帑，并令京内外大小官員捐助，仍以裕親王監視之，閱歲始畢工，親臨幸焉。廟中仁聖帝、炳靈公、司命君、四丞相像，皆元昭文館大學士、正奉大夫、祕書監卿劉元所塑。元最善搏换之法，時無與比，至是皆燬於火。

京都宗人府土地祠

宗人府北廊下有土地祠，黄袍冠冕，儼王者像，胥吏事之惟謹。相傳太祖征尼堪外蘭時，與明議和，邀神以盟，明人畀以土地像，蓋揶揄之也。衆皆怒，太祖曰：「此明人以土地付我之讖，可謹祀之。」定鼎後，遂移祀於宗人府焉。

太廟

太廟前殿凡十一間，四圍以沈香爲柱，正中三間，樑棟飾金，東廡西廡各十五間，以分列配饗諸王及功臣位也。中殿九間，東廡西廡各五間，以藏祭器。後殿制如中殿。

京師孔廟

京師孔廟，古柏蒼然，禮器悉備，數千年前之古樂器備列階下，又有周宣王時石鼓十具，風剥雨蝕，石文已十九脱落，字迹模糊，後人將全文鐫刻一碑，屹然立於階下。至光緒乙巳，孔子升爲大祀，因儀制較崇，殿庭舊式，諸多未合。京都大成正殿擬改建九楹五户，其殿前階陛亦擬改建三成五陛。顧爲地基所限，展拓殊難，而殿前多年古樹，又慮或有損折，審慎經時，訖未舉辦。迨宣統庚戌，經言官奏請，復由禮部、學部議覆，酌定變通辦理之法，賡續進行。乃甫將殿頂瓦片揭下，辛亥武漢事起，款絀停工。

曲阜聖廟

曲阜全城面積孔廟殆占其三分一以上，嘗戲摹其形，恰如一面字：聖廟之南直抵城南門，其北直抵城北門，東西數仞之牆，則面字中心兩直筆也；面字之首畫，爲城北門外之孔林；自孔林至北門，爲極長之輦道，蒼松夾路，匝地成陰，則面字之第二撇筆也。入聖廟大成門，以南爲奎文閣，舊藏圖書，史晨、孔宙諸碑斜封地方官朱籤，禁摹搨焉，長松大柏無數。大成門內東偏，爲孔子手植檜，其北爲杏壇。大成殿供孔子像，旁坐四賢十哲，其上諸帝所上額，自聖祖至德宗，大都爲「德齊幬載」、「聖協時中」字樣。大成殿東偏爲詩禮堂，其後有孔宅。故井旁爲魯壁，則魯恭王壞宅處也。詩禮堂前唐槐一本，古幹如鐵。大成殿之西偏爲金絲堂，陳樂器數十事。孔廟祭田凡三千六百頃，租稅所入悉以歸衍聖公，其田亘曲阜全縣之半，緜延及於他縣。孔廟樂舞生三百人，當科舉時代，每科挑秀才四人充之，朔望及丁祭則分班入值，無俸給，蓋廟中子弟以有事爲榮，而藉此亦得以列於衣冠，免其徭役。自科舉廢，變考試爲保舉，於是目不識丁者濫竽泰半矣。

糊塗廟

萬全縣北十里許有名糊塗廟者，不知所始，或云縣與山右接壤，廟祀晉大夫狐突，音訛而爲此，理或然也。宣統間廟額則曰「胡神」，鬚蜎卷而狀獰惡，絶類波斯胡。其廟踞山坳，前三楹供神，後則廟祝居之，雜樹毿毿然。

趙雲廟

正定爲漢南粵王趙佗及漢順平侯故里，城中有趙雲廟。塑像極工，以手指心，示不忘漢室也。

焦山海西庵

焦山海西庵，屋宇清潔而無偶像。丹徒焦樂山以焦處士爲其遠祖，因塑處士像納之於庵。而焦山之主廟爲定慧寺，寺有古物，若商周彝器及楊椒山字《瘞鶴銘》皆在焉。

四賢祠

王文簡公士禎嘗爲揚州推官，提唱風雅，極一時之盛。後盧雅雨爲兩淮運使，在平山堂篠園築三賢祠，祀歐、蘇兩文忠，配以文簡，四方遊客，每來謁祠，輒有微辭，以文簡不稱與歐、蘇同祀也。旋復移三賢祠於桃花菴，又以汀州伊墨卿太守附入爲四賢祠。

完顔公廟

伊通州石碑嶺地方有古塚一處，光緒末曾被日本人私掘，得石棺二具，中有金玉古器六件，銀兜鍪一件，重四十餘兩，塚旁有完顔公廟一座，中供木主，書「金故開府儀同三司左副元帥金源壯義王完顔公」等字。

丹達神廟

丹達神廟在西藏丹達山麓，極靈異。神爲明雲南參軍葉某，監餉晉烏思藏，過此墮雪窖中，迨春夏雪消，猶僵立鞘上。土人驚異，因奉其尸而崇祀焉，凡過山者必禱之。

松鶴菴

松鶴菴，在京師宣武門外響閘，爲明楊忠愍公繼盛故宅。乾隆丁未，胡雲莊司寇季堂會諸僚友醵金立祠繪像，及同事諸公神位。地甚湫隘，有古槐一株，猶忠愍手植也。

顯忠祠

盛京金州旅順島，有顯忠祠焉，乾隆中，詔建以祀明季死事諸臣黄龍、李惟鸞等者也。越百餘年爲光緒乙酉，吴武壯公長慶之部將提督黄仕林、江西人。總兵張光前字仲明，安徽廬江人。分統慶軍六營，戍守其地。庚寅六月，聿新祠宇，以崇祀事，朱曼君孝廉時爲張軍記室，爲撰顯忠祠碑文，遒壯悽婉，措辭得體，兹節録之。碑文云「迨夫飛龍戰野，其血玄黄，月靈在東，厥魄生死，一則士崩瓦解，一則東征西怨。亦有戱戱介士，斤斤將軍，雍丘軌於李由，鉅鹿隕於蘇角。田横之客，盡於海島之中；欒氏之臣，殲於短垣之下。直節動天地，英聲激河海。故以勒感孝之頌，齊永平之元年；樹比干之碑，魏太和之甲歲。上以追揚忠孝，下以顯融臣軌。何有吠堯之犬，與刑天同誅；逐日之父，與后羿共殛；京觀十仞，不别於貞詖；燎火一原，莫區於蘭艾者哉！顯忠祠者，祀皇贈左都督故明登州鎮總兵官遼東黄龍，及游擊李惟鸞，部將項祚臨、樊化龍、張大禄、尚可義。乃平南王尚可喜同族昆弟。在今盛京金州旅順之島。天聰七年六月己卯，命貝勒岳託、德格類率右翼洽格里、左翼伊爾登、昂阿喇及石廷柱、孔有德、耿仲明等甲卒萬人，取明旅順，遂以翼月甲辰攻下其地，實明崇禎六年七月也。龍既伏劍，鸞亦隕首，一軍如墨，闔門同盡，皇情載軫，廟卹有加。都督之官，仍沿明號。乾隆四十三年其月庚戌，有詔諭大學士九卿等，明代殉難諸臣三千六百餘人，專謚通謚，及應列入忠義祠之議。於是龍謚忠烈，惟鸞謚烈愍，其餘四人並從祠祀，頒勒祠額，題曰『顯忠』。故夫君子聞磬，則思死封疆之臣；王者式蛙，所以厲勇士之節。雖復刻木爲信，遺像微茫，入廟瞻逵，精靈綿邈，要使魯人結慕於展惠，秦士凝痛於子車」云云。

烈皇廟

山東萊州府有烈皇廟，神卽明思宗也。康熙初，有一士人靑巾白衣，猖狂至此，獨力營建，云神能護一方田稻。故小家農民奉之者衆，靈感甚著。

鄭成功祠

鄭成功世居福建泉州府南安縣，其先潮州人也。初名森，字大木，成功乃明隆武賜名。生於明天啓甲子年，至丙戌起兵年二十三歲，卒年僅三十九。士人愛戴，建爲祠宇，世尸祝之。沈文肅公葆楨撰鄭成功廟聯云：「開千古得未曾有之奇，洪荒留此山川，作遺民世界；極一生無可如何之遇，缺憾還諸天地，是創格完人。」外又一聯云：「由秀才封王，支持半壁舊山河，爲天下讀書人別開生面；驅外夷出境，自闢千秋新世界，願中國有志者再鼓雄風。」聞上聯爲唐景崧所擬，屬對者丘倉海也。

王義娘廟

福建同安之廈門，瀕海險徼也。世祖入關後，舉師南下，時廈門爲明遺民鄭錦所守，順治壬辰，大隊進薄鄭營，悉掠附近村堡子女而還。有一騎士挾一婦人於馬上，色頗豔，士人婦也。過同安東郭時，大隊猶未至，騎士乘隙下馬擁婦，時同行者各據地媟狎所掠婦女。婦睨道旁有古井，紿騎士曰：「願壯士念久遠，勿效他人旋亂旋棄。」騎士首肯，遂乘間落井，騎士大憤，窺井而詈，臨去連發三矢，中婦肩。越十餘日，有鄉民薛姓者經此，因拯其尸焉，顏貌如生，迺爲之拔箭整衣，殯而埋之，其地去井丈餘，前臨官道。月餘，薛夢婦求立廟，乃於次日舁運甎石築小廟，並以瓣香酬賽而肖像其中，題其額曰「王義娘廟」。

賢良祠

雍正庚戌，詔建賢良祠，祀開國以來滿、漢大臣勛德卓著者。

四神祠

大内太液池北岸大西天寺，有四神祠，狀貌偉然，甲胄峙立，乃瓜爾佳直義公費英東、舒穆祿武勳王揚古利、鈕祜祿果毅公額亦都、瓜爾佳公勞薩四像，孝莊后篤念舊勳，塑像立祀。乾隆戊寅，寺火，太監等往撲救之，急扶四像出，得無恙。

定南武壯王祠

定南武壯王祠在京師阜城門外，春秋遣太常寺卿祀享，順治辛卯，孔殉節桂林時所建也。嘉慶間，祠宇頹壞，榱桷傾折，丹青堊艧，無請修葺者，歲修祭田亦爲祠官所侵蝕。

雍和宫

京師喇嘛最多，皆在雍和宮、東黄寺、前後黑寺，而雍和宮在北新橋北，爲世宗潛邸，登極後升爲宮，乾隆初，莊嚴法相，以喇嘛守之。宮内法輪殿塑男女裸體佛像，謂之歡喜佛，蓋從蒙古俗也。

棗花寺

京都崇效寺花事最盛，順、康時以棗花名，乾隆中以丁香名，光緒中以牡丹名，然都人士皆呼之爲棗花寺。

花之寺

京師花之寺，曾經曾賓谷重修，俗呼三官廟，壁懸賓谷詩幀，花木盈庭，寺以南皆花田也，春時芍藥尤盛。

護國寺

京師護國寺爲元時脱脱丞相府，内有土殿，無磚石，元建築物也。相傳脱脱死後，奉勅即其府建廟，後祀佛。

天寧寺

京師天寧寺，卽元魏之光林寺也，地在金代南城内，古名紙坊，寺中樹木甚多，春秋佳日游事稱盛。

旃檀寺

京師有旃檀寺，寺建於明武宗時，本以備李妃離宫之所，順治間，始以奉旃佛像。此像傳言由于闐至龜兹，復由龜兹至内地，最後奉之於寺。寺之殿瓦本悉用黑色琉璃，俗因有黑老婆殿之稱。光緒庚子，聯軍入都，寺被燬，後雖稍事修葺，而當日崇皇閎麗之觀，終不可復覩矣。

大佛寺

正定府有大佛寺，佛以銅爲之，高十餘丈，爲樓五層，上有匾曰「調御丈夫」，云是梁武帝所書。又有碑曰風動碑，風起時輒摇摇欲墮，而片石寒陵，至今無恙，惜碑文爲風雨所剥蝕不可辨。光緒庚子，德宗奉孝欽后西狩，寺僧亦雲散，有竊寺中小佛售諸西人而致富者。辛丑迴鑾時，孝欽駐蹕寺中，欲復舊觀，以估工五千萬而止。

札什倫布

灤陽札什倫布，譯言須彌福壽之廟，爲黄教喇嘛諷經坐牀之所，廟後第七層供高宗御容。

延壽寺

瀋陽城外十里，四周各一塔，下有佛寺，建於崇德八年。西關一寺顏曰「延壽」，則祈天永命爲太宗祝禱地也。是年癸未太宗賓天。佛殿外碑亭翼然左右峙，碑文爲弘文院內學士劉林撰，備滿、蒙、漢、唐古特四體，鐫碑之兩面，文凡數千言。

靈谷寺

江寧朝陽門外十里有靈谷寺，相傳卽梁時同泰寺，山門前横刻「天下第一禪林」六字。自山門至大雄寶殿，一路喬松，兩行皆枝柯森鬱，莊嚴若蹕道。殿後梁時遺宇在焉，頹垣片瓦，没於荆棘。轉行至右側，卧一短碑，字裏行間不能盡識，惟一碣尚可辨讀，詞曰：「春風浩浩，春日遲遲，黄鶯啼在百花枝。個中無限意，消息許誰知。」殆明時僧人所作也。

妙相庵

江寧城中北門橋之妙相菴，卽粵寇石達開之府第，石封翼王，俗稱爲翼園者是也。

寒山寺

寒山寺在蘇州楓橋之麓，面對獅子山，虎阜踞其西北隅，登樓一望，恍然於吴諺所謂「獅子回頭望虎邱」者，爲絶妙一幅天然圖畫。寺經蘇撫陳夔龍、程德全先後重修，其景爲曲廊數折，樓閣三重。遊者出閶門經楓橋灣而至寒山寺，清溪一道，衰草長堤，至近寺門而止。倘於春秋佳日過此，則嫩緑裙腰，秋風馬耳，在在皆有詩情畫意也。

龍華寺塔

上海建築物之最古者，首指城南龍華塔，相傳爲南北朝時所建。南朝四百八十寺，寺建四百八十塔，此其一也。

岱廟

山東有泰岱，五嶽之宗也。巍巍冠諸山，山麓多寺觀，岱廟其最大者，秦所築也。廟中正殿爲嶽神殿，構造宏壯，罕與倫比。殿之前面，列太湖石九，布置錯綜，各具肖形，石空其中竅，滑澤可愛，一撫摩之，知由來已久。太湖石東旁爲炳靈宮，宮庭樹二柏，高十餘丈，已枯槁，皮剥落，大幹盤屈而上，小枝卷曲，作虬形，相傳西漢時所植。石之西旁爲環詠亭，翼然覆壇上，雖代事修葺，而傾圮殊甚。亭前矗立一大槐，槐根中空，可容兩人坐而弈其間，則斯槐之大當十圍不止，蓋唐槐也。嶽神殿前爲外殿，東西墀對立宣和、祥符兩大碑，其高不可仰讀；西偏又有大碑一，則圓形無字，隱約見雕鏤文，頗似華表。正殿之後爲道院，院西牆嵌李斯碑，刻石已焦爛，斯之篆文字畫如僵蟲，古篆也，碑下有短碣，歷敘斯碑出没轉徙之史甚悉。

大石佛寺

邠州西門外二十里至大石佛寺，俗名大佛寺，乃唐之慶壽寺也。唐貞觀年間鄂國公尉遲敬德建。依山鑿石，毫無罅隙，就石埋像。大佛法身高八丈五尺有奇，四維琢龕，加以廊楹。躡石磴入寺，寺依山建，上中下凡三層，大佛巋然嶽峙其間，年深尚無所損。山長凡數里，下臨汭水，緣山間丈許，輒鑿佛像一軀，大小不侔，咸加彩飾，貌皆温篤，藹然有見道之容。

相國寺

開封相國寺，建於北齊，乾隆時重修，光緒中復破壞，大雄寶殿及八角琉璃殿尤甚，旋募集多金，鳩工重修。惟寺中殿宇修造奇麗，河南能匠缺乏，不敢悉行拆造，惟拆一段修一段，拆一角修一角，畧仿舊式而已。

塔爾寺

塔爾寺在西寧西南五十里之塔山，爲西藏黄教之祖宗喀巴瘞胞衣地，其徒自西藏分支住此，兼守護其遺物者也。領衣單口糧者千餘人，而食指嘗逾萬，附寺所居熟番倚其舉火者又數千户。梵宇皆僧舍，悉因山勢高下疊甃而成，平地寺院之大者瓦鍍黃金，故又名金瓦寺。金玉寶石佛像無數，金佛皆嵌珠粒，巨者如豆，銀佛像更積累盈龕，有迎自西藏者，有頒自内廷者，富室大賈祈疾求福必鑄一像，滕以緞繡衣幔。歷代寶器充牣炫目，商民復矜奇鬭富以輸實之。田地周二百餘里，貲産難以數計，甘肅之精華萃於僧寺，塔爾寺又繁富之尤者也。羅卜藏丹津之亂，寺中大喇嘛被其煽誘從之以叛，雍正甲辰，川督年羹堯平青海還，欲盡屠之，鎮海堡千總某時服役於年，年詰以廟衆逆迹，某力白其誣，且泣稽顙，代爲乞命，年乃戮八人，餘衆皆得赦。某以一言保全數千生靈，寺僧感之次骨，設位生祀，歷年重有餽貽，沿以爲例。嗣後凡本堡千總至寺，寺僧猶設供張，迎送盡禮，如奉其父師焉。

東科寺

青海有東科寺，地土之廣，田租之多，佃户之衆，凡青海蒙旗、番族，皆無其富庶，每年在丹噶爾廳署納地税銀，在青海大臣署納番貢銀，數目不及民糧之什一。喇嘛入册者，亦領衣單口糧，每名每歲，祇領青稞倉斗一石六斗，定額五十一名，共領八十一石六斗，上經官吏折發，下經胥役需索，實領不及五六成。彼輩視之若有若無，全無重輕，專賴田土租税人民差徭之供，爲一寺衣食及供奉藏差之用。蒙、番承種寺田者，即歸其香錯管轄，其催科擾民無異衙蠹，其挾勢牟利甚於市儈，苛虐刑罰，權埒官府，寃横尤過之。而蒙、番迷信佛教，黠者遠颺而終不敢犯，弱者飲忍而卒不敢發，僧官之威乃無求而不遂。漢、回之迷信性稍殺，其抗拒力頗堅，故不樂用漢、回。寺中僧額有限，而徒衆盛至百數十人，皆以近寺之兔爾干、克素、藥水、白水各莊之三頁卡佃户子弟充之。寺僧得以本宗弟姪輩爲弟子，繩繩相繼，以私霸其財產，藉寺院爲專利之藪。其呼圖克圖雖爲寺院地土之主，而財產出納惟香錯攬其大權，衆僧官及喇嘛之有勢力者分其餘潤，香錯任事無年限，非年老請退則終身不易，專利數年，家貲累千萬金，富雄一鄉矣。故東科寺之富，上不歸呼圖克圖，下不歸衆僧，惟中飽於香錯及其下數人而已。會集香錯衆僧官，令自擇牧廠，具立交地印結，寺中游牧無多，僅擇留寺前荒灘一區，以外各處山壑酌留作衆佃户之畜牧場，其餘除森林外，概呈公家開墾。惟熟地堅不肯報，欲照牧廠之例，永不起征。

拉布郎寺

拉布郎寺在循化境内，距城百數十里，青海極富之寺也。

拉布寺

寺在玉樹，近通天河。

昭

蒙古僧寺之大者曰昭，可容喇嘛千餘人，其布置則經堂、法臺、説佛堂、唐王殿、唐公主殿、堪希舍、各喇嘛舍，所供神像則有泥塑、木雕、金身、銅身、彩畫之别，而彩畫又有幅軸、油壁二種，寺内壁牆概係彩畫，寺外壁牆刷以赤白土或紅色之土。神像種類最多，大都爲釋迦、地藏、觀世音、韋馱、四天王、土地、山神及邊藏上古之神，或舞爪而張牙，或人身而獸首，像獰惡。此外更有一神，紅髮青臉，血口銅牙，赤身裸體，毛如釘豎，項下懸人頭一，抱一女神，容貌娟好，作男女交合狀，蒙人呼爲歡喜佛。

内宗寺外宗寺

多倫諾爾北約一二里，地名喇嘛廟，内有二大廟，一爲聖祖駐蹕後勅建者，爲内宗寺，規模宏敞，類太和殿；一爲蒙古王公合力建造者，爲外宗寺，尤宏大。又小廟十餘，爲蒙古各旗所建，名曰倉口。有山，周圍約二三十里，曰風水山，禁人牧採，謂恐壞風水。喇嘛廟東北約二百里，地名經棚，又東北二百里，入内蒙古界，商人非有護照不得入，否則輒被土人殺死。無業華人，恆不敢入内，故其地無盜賊之警。護照領於多倫諾爾廳，具漢、蒙二文，有領之部中者，則名大單，沿途不復完税。

布達拉大昭一作招又作詔寺

西藏布達拉有大昭寺，相傳爲唐時藏王曲結松贊噶木布所建，已歷二千餘年，坐東向西，樓高四層，上有金殿五座，闌干殿宇，皆銅底鎏金，宏敞壯麗。中殿供釋迦牟尼佛，乃唐公主自中原攜至者，左廊有唐公主、藏王松贊噶木布、巴勒布王女拜木薩之像，其中神佛萬計，樓頂東南隅有拜拉穆像，土人敬畏之。内藏上古軍器，鳥槍長八九尺至一丈，與九子礮同，弓靫箭袋亦甚長大。廟前大碑，爲唐文武孝德皇帝御製，碑文與贊普聯甥舅之誼，所謂《甥舅聯盟碑》是也。高約一丈五尺，厚約三尺，寬約四尺，多剥蝕，僅存百餘字，相傳爲唐褚遂良書，鈎畫蒼勁，以木欄環衛之。碑前有海眼，以鐵錮塞，上有石砌。碑側古柳二，老幹蟠屈，傳爲唐代所植。大殿有明萬曆太監楊英所立碑，前壁上繪唐玄奘法師求經師弟四人像。

小昭寺

大昭寺北半里許曰小昭寺，樓高三層，上有金殿一座，爲唐公主建，工程稍差。然喇嘛悉能清修，有佛像，名墨珠多爾濟，又有釋迦牟尼佛、彌勒佛諸像，或云塑像内有唐公主肉身，座上書「默寂能仁」四字，其南卽頗羅奈舊宅。寺前柳林一院周匝，牆内大樹叢雜，根邊各有一石，喇嘛棲止之，寒暑不稍移，雨雪不稍避，較他處喝搶食肉之喇嘛霄壤矣。

拉木喇嘛廟

拉木，一名納木，又名南摩，人稠地廣，頗稱肥沃，有大喇嘛廟，極壯麗，所奉佛像皆狀貌猙獰。屋中排列弓矢刀矛諸兵器，云係舊時藏王之物。

光孝寺

廣州光孝寺爲漢虞仲翔故宅，在唐爲法性寺。内有風旛堂，堂前有池，池畔有菩提樹一株，相傳爲梁天監元年有智藥三藏自西竺移植者，且云百七十年後，當有肉身菩薩在樹下演大乘法，度無量衆，聯語所謂「靈根不二」者此也。菩提樹猶存，光緒間，粤吏有議毁寺以爲學堂者，某君移書力争之，得免。

海幢寺

廣州自元旦以迄上元，遊春之地以河南海幢寺爲最盛，寺在珠江南岸，即南漢千秋寺故址。明季，邑人郭岳龍購爲别業，順治初，天然和尚之徒阿字始建屋於旁，曰海幢寺。阿字故與平南王尚可喜善，康熙壬子，展拓寺基，可喜自建天王殿，福晋舒氏建大殿，總兵許爾顯建二殿及後閣，巡撫劉秉權建山門，寺用緑色磚瓦，均福晋所施。初，兩藩營造府第，咨請部示，懇照王貝勒制式，得用琉璃瓦以及臺門鹿頂。嗣奉部駁：「民爵與宗藩制異，察平靖兩藩，均由民身立爵，所請用緑色磚瓦之處，礙難准行。」時營辦磚瓦皆成，而未敢擅用，乃盡施諸佛寺，至粤秀山之觀音寺、大佛寺、武帝廟，亦皆此種磚瓦也。寺之香積廚、大齋寵亦螭磚砌成，後爲骨董家易去殆盡矣。殿東有鷹爪蘭一株，猶是郭氏園故植，蔓條作幹，高出簷牙，歷刦二三百載，而芬芳如故，亦靈卉也，寺僧壘石爲臺，架欄護之。

湧泉寺

福州東門外三十里許之鼓山，有唐代勅建之湧泉寺，寺有喝水巖、屴崱峯、靈源洞、國師巖、忘歸石、天風海濤亭、水雲亭，避暑最宜。山北約七八里之鼓嶺，有西人所築避暑屋宇。

清真寺

清真寺在長安者有八，其在西關內學習巷路西者爲最初之清真寺，而江寧之清教寺次之。唐中宗時，築此寺於新興坊，名清教寺，玄宗時，改唐明寺，元中統間，更名回回萬善寺，明爲清淨寺，國朝則爲清真寺。寺有明嘉靖癸未所立劉序撰《重修清淨寺記》，用漢文及土耳其文，又有咸豐丁巳所立《敕賜清淨寺碑記》，嗣屢經重修，較前尤壯麗矣。

祠廟聯語

聖祖遊少林寺，御書一聯云：「大地山河歸寶掌，中天日月繞金輪。」孫夏峯題孫高陽祠一聯云：「真宰相不愧科名，千古文章，争光日月；大將軍有勞社稷，一門節烈，潤色河山。」又大梁有專祀孟子廟，曰遊梁祠，沈春祥題聯云：「千里而來，何必曰利，亦有仁義而已矣；百世之下，莫不興起，況於親炙之者乎。」又百菊溪於杭州送子觀音廟題聯云：「我本是一片婆心，抱個孩兒給你；汝須行十分好事，留些陰隲與他。」後人又有一聯云：「上帝本好生，求我與以兒女，不求我亦與以兒女；下民須自愛，爲善報在子孫，爲不善亦報在子孫。」當塗太白祠，吳山尊聯云：「謝宣城何如人，只憑江上五言，教先生低首；韓荆州差解事，肯讓階前尺土，許國士揚眉。」又有吳桂卿聯云：「薦汾陽再造唐家，並無尺土酬勳，只落得采石青山，供當日神仙嘯傲；喜妃子能譏學士，不是七言銜怨，怎脱卻名繮利鎖，讓先生詩酒逍遥。」又落鳳坡龐士元廟，粟穗聯云：「造物忌多才，龍鳳豈能歸一主；先生如不死，江山未必許三分。」又廣州南珠江之中有孤島，曰海珠，島上雙忠祠祀張忠武、關忠武，皆粤人，以名將死事者也，祠有聯云：「無命復何如，徒令上將揮神筆；未捷身先死，長使英雄淚滿襟。」又濟南張曜祠，宫子行用宋人句作聯云：「新祠民祭祀，舊債帝償還。」又江寧莫愁湖觀音閣東壁懸明徐中山王像，以清涼山在對面，王墓在焉，故供養於此閣，聯云：「湖山舊是女兒家，稽首慈雲，願佳麗盡生西土；圖畫今留元老像，翻身苦海，看英雄竟付東流。」又安慶城隍廟聯云：「任憑你無法無天，到此孽鏡懸時，還有膽否；須知我能寬能恕，且把屠刀放下，回轉頭來。」署欵係彭剛直撰出句，吴竹虚撰對句。又越秀山觀音閣楹帖云：「現大士化身，問誰仙佛因緣在；弔越王遺蹟，從古英雄感慨多。」又濟南大明湖鐵公祠聯：「一盞寒泉薦秋菊，三更畫船穿藕花。」又漢口息夫人廟，楚人稱之爲桃花夫人，聯云：「息宋興亡隨逝水，死生恩怨問桃花。」又蜀丞相祠之「日月雙懸出師表，風雲長護定軍山。」聖帝廟之「吴宫花草埋幽徑，魏國山河半夕陽。」又「怒同文武，志在春秋。」東嶽廟之「帝出乎震，人生於寅。」湯陰岳忠武廟之「懔懔生氣，悠悠蒼天。」蜀中桓侯廟之「春雨樓桑，無限落花悲帝子；秋風劍閣，有人釃酒弔將軍。」又同安陳忠愍公化成，以江南提督督軍，禦英人於吴淞，中礮陣亡，敕建專祠，熊觀察一本題聯云：「昔時未讀五車書，雅量清心，温如玉，冷如冰，是大將實是大儒，使天下講道論文人愧死；此日竟成千載業，忠肝義膽，重於山，堅於石，忘吾身不忘吾主，任世間寡廉鮮恥輩偷生。」又彭剛直公玉麟建水師昭忠祠於湖口之石鐘山，門聯云：「忠臣魂，烈士魄，英雄氣，名賢手筆，菩薩心腸，合古今天地之精靈，同此一山結果；蠡水煙，湓浦月，潯江濤，馬當斜陽，匡廬瀑布，挹南北東西之勝景，全憑兩眼收來。」

昭陵

昭陵爲太宗之陵寢，在奉天城北十有餘里，陵外繞以紅牆。自西便門入甬道，兩旁古松一千二百六十五株，横觀側視，行列分明。大門内兩旁有石獅、石象、石馬等六對。院之正中南向，則高豎《大清昭陵神功聖德碑》，乃康熙戊寅年所建，御撰文述金武神功，右爲漢文，左爲滿文，碑長三十六尺，厚二尺許，碑陰無字，碑脚四角下凹，每角以石砌成龜蝦魚蟹各一，若值天雨，凹處輒潮潤。馱碑之石高六尺有半，長十八尺有奇，色白如玉，産自蜀中，其時海運未通，轉輸不便，歷十二年之久始得運至。後因碑身太高，碑頂無法安置，朝廷特懸重賞，有吴大力者，舉而加諸碑上，酹以重金，不受，遂賞給世襲四品官，然其子孫淩夷久矣。碑亭之後爲隆恩門，正面爲隆恩殿，殿外以黑金方石砌成，側視之金石瑩瑩，質尤堅，殿四圍欄杆，皆以一色青金石砌成者，東西有配殿。隆恩殿之後有石製香爐等，緊逼陵下者，有一石壁。陵形圓，高二丈餘，周圍約十餘丈。陵後有土山一，作新月形，陵上有巨碑一，上署《太宗文皇帝之陵》七字，中爲滿文，左爲漢文，字皆金色，而碑則紅漆，想亦以紅招魂之意也，殿門外亦紅色。

慕陵

宣宗萬年吉地故在東陵之寶華峪，舊制，地宫下起龍鬚溝兩道，防積水也。宣宗性儉，工程費限二百萬兩，慮起溝費鉅，以詢承修大臣松筠、戴衢亨，二人體上意，謂不修亦可。工既成，一日，行圍過此，遣人啓地宫入視，既出，靴底濕矣。宣宗大怒，承修大臣以下俱得罪，乃舍故地，而就西陵之龍泉峪卜吉焉，卽慕陵也。陵無大碑亭及石人石馬，殿廡不藻飾，無方城明樓，猶崇儉敦樸之初志耳。殿後石坊有石刻御題文，曰：「敬瞻東北，永慕無窮，雲山密邇。嗚呼！其慕歟，慕也。」凡十九字。

醇賢親王園寢

醇賢親王園寢在距都城十餘里昌平州所屬之妙高峯，其上本有佛寺，曰法源，寺有極古銀杏樹兩株，大可數抱，然已一枯一菀矣。樹後卽爲奉安龍穴，方廣約數十丈，則全以山石挖空鑿平，再用方磚鋪砌者。其龍穴結脉之處，約長一丈六尺，寬一丈，築有石室一間，中央砌石床，卽爲停放金棺之所，南向設石門兩扇，外建八角亭樓，周圍如城，北向設鐵門兩扇，奉安後，卽下千斤石錘封鎖。其對面則有朝北饗殿五楹，旁置配殿，俱用緑玻璃瓦。東偏更有殿宇三百餘間，茶座膳房悉具，以預備醇王府中四時祭享在此暫住。後更添設皇太后、皇帝駐蹕之所，並建造祠廟。統計前後所費帑銀，約銀一百四五十萬兩。

八枝箭

八枝箭在朝陽府，爲公主園寢所在地。公主爲世祖之母文皇后之姪女，下降台吉蘇克多爾，薨後葬於其地。康熙間，曾以八個佐領賜蘇克多爾，每佐領有一枝箭，故其地又名八枝箭。至嘉慶時，蘇克多爾已無後，其財産遂爲守護園寢之箭丁所有。

蒙人保守成吉思汗陵

蒙古伊克招盟中，有所謂埃錦赫牢者，成吉思汗陵也，爲鄂爾多斯人所假託，東南距神木縣一百八十里，榆林府三百里，值郡王府之南、加薩府之東，又爲東勝縣治之東南。陵基幅幀凡三十里，四周皆沙陀，近傍爲淤泥河，蒙人名曰忽幾爾圖溝，其上有廟，亦名忽幾爾圖招。守陵之官曰居陵掌，設有陵户五百家，號稱特爾罕，此特爾罕對於蒙旗有特權，一切徭役皆弗與，又以時持册出募，若游方僧道然者，而所至蒙旗，必以牛羊布施之，不敢吝也。然必輪番而出，常以七八十户居守之，居無室廬，或韋帳，或柳圈中。成吉思汗之陵亦無寶城，無享殿，以白質大氈幕覆之，兩幕相接，前幕供特牲，後幕隔以錦幃，中供石匣，成吉思汗遺骸也。歲三月二十一日爲上陵期，先時卽東北偏廣場樹大幄，以白馬白駝恭舁石匣出，奉安其中，前陳弓矢馬蹻，設牲酪，拜奠如儀。是日也，凡近地王公台吉皆躬親灌降，遠而漠北、河西，亦遣官賫祭物，不遠千萬里跋涉而來，内而燕、晉、秦、隴諸商人，則挾財貨馱茶布什物，以貿蒙人之馬牛，露天列幙，盤亘十餘里，坌涌霧積，日常數萬人，歷時七八日，始各交易而退，亦煌煌乎大觀矣。達拉特王且引申其說曰：「弓矢馬蹻，皆元成吉思汗所親御。弓矢度之神幄中，馬蹻遺於準噶爾境之沙阜上，屆祭期，乃敬舁之往，冀以親其手澤焉。白馬白駝，則由七旗輪供之，老乃一易，易時先延喇嘛僧唪經數壇，別製銀牌，結其鬣而繫之，居恆縱之草地，無與牧者，先祭三日，則自來，祭畢則自去，方祭之殷，則竟日植立幄外氍毹上，不拴繫，不嚙飲，亦自咆嘶走動也。

頑兒塚

出諸城東門三里有小邨曰許莊，許爲邨中著姓，自元明來聚族於此，邨以是得名。邨尾有頑兒塚。邨中子弟有不率父兄之教者，父兄輒行厭勝術，夜半，乘子弟熟睡，斷其髮數綹，潛瘞於塚，則頑劣者可易而爲循謹，故老相傳，謂有奇驗，故信之者彌篤云。塚傍山麓有古碣爲識，剔抉莓苔字畫尚可辨，碣之陽題曰「頑兒許大榮之墓」。其陰有銘，辭曰：「升木猱，出柙兕，緊何人，許氏子。吁嗟乎，禽犢之愛有如此，凡爲母者可鑒矣。」下署「乾隆己酉，諸城縣訓導沈圻題此數語以儆邑人」。

香冢

京師南下窪之窯臺，在陶然亭東，其地有香冢、鸚鵡冢，相傳香冢爲張春陔侍御瘞文稿處，鸚鵡冢則瘞諫草處也。香冢銘云：「浩浩愁，茫茫劫，短歌終，明月缺。鬱鬱佳城，中有碧血。碧亦有時盡，血亦有時竭，一縷烟痕無斷絶。是耶非耶？化爲蝴蝶。」又詩云：「蕭騷風雨可憐生，香夢迷離緑滿汀。落盡夭桃又穠李，不堪重讀瘞花銘。」

閬中墳墓

墳墓之制，各地異俗，大率葬平壤者多簡率，葬山陵者多堅緻。如閬中墳墓，其營造猶近古制，而異其習尚，他處僅夫妻有合墓之義，閬中士大夫之家，常合祖孫父子數世爲一墓。其俗以三世計，約幾何人，卽就山鑿一深穴以爲壙，廣大如屋，中一石榻，如其家三世共十人者，則此石榻可容置十棺，穴口就石鑿三門，含有機括，封固卽不可復開。穴上則用磁粉油泥等，築一或圓或長方之墓形。其第一世棺入壙後，卽封其墓之中門，右一門本虛設，左一門留以啓閉，子孫歲時入而洒掃。俟三世棺均入壙，則并左一門亦封之，卽永不得開矣。故閬中古墓，雖歷時至久，均復存在，縱經兵燹，從無伐墓之舉，以其堅不得開也。

外蒙古人不知墓

自過外蒙布音圖河，山灣往往有石柱對峙，上有龍紋及日月象，率已剥蝕，蓋元時顯官歸葬以誌墓者，外蒙人尚焚尸火葬，不知有墓也。志伯愚嘗過其地，詢之臺官，則以天下石柱爲答，固不知爲墓也。

清稗類鈔

帝德類

皇上日閱實録

列聖於每早盥沐後，即閱先朝實録一卷，自巡狩齋戒外，日以爲常，寒暑不間。書皆收存内閣大庫，每前一日，中書啓鑰取書，用黄綾袱包裹，盛以枏木匣，次早同奏章送入。

開國方略

天命丙寅，設八旗大臣。天聰戊辰，定文館職司；辛未，設六部；壬申，定城守官三年考察之例；甲戌，定八旗職官名；乙亥，更定内三院。崇德丙子，定内院官制，設都察院；丁丑，設八旗議政大臣；戊寅，設理藩院，定部院制；癸未，設禮部蒙古理事官。此爲澄敍官儀之始。

太祖乙卯年，定八旗軍制。天聰己巳三月，定軍例於外藩；八月，定行軍賞罰例；辛未，定出征軍制。崇德癸未，定軍律。此爲整敕戎行之始。

天命庚申六月，設納言之木於門外。天聰辛未，令貝勒大臣直言盡諫。此爲下詔求言之始。

天命丁巳，令詳慎訟獄。天聰乙亥，禁徇私枉斷。崇德庚辰，肆赦。此爲明刑弼教之始。

太祖乙卯年，令羣臣舉賢才；庚申，令貝勒大臣子弟就學三年，授舉人生員官階，優免丁役。此爲興賢勸學之始。

天聰壬申，行新定朝儀。崇德丙子，行太廟薦新禮；戊寅，諭禮部申明禁令；癸未，定内外相見禮。此爲班朝肅廟之始。

太祖甲寅年，令國人屯田曠土。天聰乙亥，禁濫役妨農。崇德丙子，禁屯積米穀令及時耕種；丁丑，令各屯堡及時勸農。此爲重農貴粟之始。

天聰丁卯，發帑賑饑；戊辰，發帑資民嫁娶。崇德丁丑，諭貸粟資民；辛巳，以歲歉諭行備荒事例。此爲孚民生之始。

天命癸亥，勖羣臣勤職；丙寅，勖諸貝勒毋習逸樂。崇德丁丑，諭諸大臣勤修國政；壬午，諭諸王貝勒勤修政事。此爲誡諭臣工之始。

太祖敷教明刑

太祖自天命元年丙辰建元以後，益勤勞國政，靡間晝夜。每五日一視朝，焚香告天，宣讀古來嘉言懿行及成敗興廢所由，訓誡國人，以議政五大臣參決機密，以理事十大臣分任庶務。國人有訴訟，先由理事大臣聽斷，仍告之議政大臣，覆加審問，然後言於諸貝勒，衆議既定，猶恐或有寃抑，令訟者跪上前，更詳問之，明核是非，故臣下不敢欺隱，民情皆得上達，國内大治。

太宗用洪文襄

松山既破，擒洪文襄公承疇歸，洪感明帝之遇，誓死不屈。太宗命諸文臣勸勉，洪不答，益厚遇之，解貂裘以賜。久之，洪歎曰：「真命世之主也。」因請降。太宗大悦，即日賞賚無算，陳百戲以賀。諸將皆不悦，曰：「洪一羈囚，上何待之重也？」太宗曰：「吾儕櫛風沐雨者，欲何爲？」衆曰：「欲得中原耳。」太宗笑曰：「譬諸瞽者獲一前導，安得不賀也。」衆乃服。

世祖韜晦

當睿親王多爾衮攝政時，世祖深自韜晦，遨嬉漁獵鄙事，無不爲之，攝政王安意無猜，得以善全，蓋自沖齡善於用晦如此。

世祖優待前明

世祖既登極，對於有明官吏人民優加待遇，約舉之有數端。一、爲明思宗暨后妃發喪成禮，自長陵以下十四陵，皆設官守之。一、明官吏降附者各予升級，仍令視事，朱姓諸王亦仍其爵。一、明之職官紳士曾殉國難者給予謚法及優卹諸典。一、被斥官吏非犯贓者，及士爲清望所歸並隱居山林而才德可稱者，皆徵辟録用。一、蹂躪之後，有鰥寡孤獨及乞丐街市者，皆給糧養之。一、正額之外一切加派，如遼餉、練餉、剿餉諸名目盡行蠲免。明季廠、衛之弊政亦一律除之。一、官制衣服暫用明制。

世祖下薙髮令

世祖初登極，以其時明弘光方稱帝於江寧，故未强國人以一律薙髮，曾下令曰：「予因前歸順之民無所分別，故令其薙髮以別順逆。今聞甚拂民願，反非予以文教定民之本心矣。自兹以後，天下臣民照舊束髮，悉聽其便。」越一年，南方大定，乃下薙髮之令，其略曰：「向來薙髮之令不急，姑聽自便者，欲俟天下大定，始行此事，朕已籌之熟矣。君猶父也，民猶子也，父子一體豈可違異？若不歸一，不幾爲異國人乎？自今以後，京城限旬日，直隸各省地方自部文到日，亦限旬日，盡行薙髮。若規避惜髮，巧辭爭辨，決不輕貸。」時有「留頭不留髮，留髮不留頭」之語，縣官令薙匠負擔行市，見蓄髮者執而薙之，違即被殺，懸其頭於擔上之竿以示衆。

世祖勤政

大兵入關時，明臣迎降，睿親王權宜任之，故勝國弊政未盡釐正。世祖勤政後，任法嚴肅，凡大臣專擅，如陳名夏、譚泰、陳之遴、劉正宗輩，無不立正典刑，故夙弊盡革。

世祖閲明孝宗實録

世祖幸南苑别殿，夜半，閲明孝宗實録，有召對兵部尚書劉大夏、都御史戴珊事，心喜曰：「朕所用何遽不若珊、大夏。」明日，宣梁尚書清標及魏文毅詣行幄備顧問。

聖祖願天下治安

聖祖八齡踐阼，太皇太后問帝何欲，帝曰：「子臣無他欲，惟願天下治安，民生樂業，共享太平之福而已。」康熙庚寅，躅租諭旨，猶述及之。

聖祖憫三等人

聖祖嘗諭閣臣曰：「天下黎元皆朕赤子，朕最憫念者有三等人：一讀書寒士，一饑寒窮民，一無知犯法之人。」

聖祖書三藩河務漕運三大事於宫柱

聖祖初親政，以三藩、河務、漕運爲三大事，夙夜廑念，爰親書大略，懸之宫中柱上。康熙壬申，諭旨述及之，猶云至今尚存。

聖祖勉諭臣僚

康熙癸丑，聖祖御弘德殿，講官進講畢，諭曰：「從來民生不遂，由於吏治不清。長吏賢，則百姓自安矣。天下善事，俱分所當爲，近見有寸長片善，便自矜誇，是好名也。」又曰：「君臣一心圖治，天下不患不治，此等光景，未易多得。朕與諸臣，何可不交勉之。」熊文端公賜履奏曰：「爲政在得人，故用舍黜陟，人主之大權，最當審量者也。」上曰：「知人難，用人不易，政治之道，全關於此，朕即欲不盡心，不可得也。」

聖祖愛惜士卒

國初定鼎未久，而遭三藩之亂，八旗士卒多爭先用命，效死疆場，丁口遂至稀少。聖祖念之，嘗憮然曰：「吾二十年之久始得一獲滿洲士卒之用，何可不厚恤也。」故時加賞恤，且爲之代償債務。以是滿洲士卒皆感之，凡有征討，爭致死焉。

聖祖知崇正學

聖祖駕幸曲阜，親謁孔林，謁孔廟，留御前曲蓋於大成殿，崇正學也。

聖祖留心書本之論

張清恪公伯行生長河壖，熟諳水性，嘗面奏河務事宜，聖祖偶有詰問，即袖出地圖，口講指畫。時兵部侍郎牛鈕在側，斥之曰：「伯行書生，但據紙上陳言妄奏耳！」上曰：「畢竟是他留心，即書本亦是他看過，爾等誰留心者。」

聖祖論居官不善之報

康熙時，年羹堯撫蜀，瀕行，陛辭，聖祖諭以「漢軍督撫如張長庚、白如梅、屈盡美、韓世琦等，皆以貪黷致富，五十年來，子孫零落殆盡，是可見居官不善之報也」。

曾國藩之論聖祖

曾國藩嘗曰：「六祖一宗，集大成於康熙，雍、乾以降，英賢輩出，皆沐聖祖之教。」又謂：「緝熙典學，日有孜孜，上而天象、地輿、曆算、音律、考禮、行師、刑律、農曹，下而射御、醫藥、奇門、壬遁、滿蒙西域外洋文字，無一不通，且無一不創新法，啓津涂也。」

世宗資助書生

世宗爲皇子時，好微行，嘗游杭州，出湧金門見一書生賣字，頗精八法，卽命其書一聯，中有「秋」字，易火於左，世宗曰：「得毋誤否？」書生條舉名帖爲辨。世宗曰：「若曷不效舉子生活，乃賣字乎？」書生自云：「嘗舉孝廉，貧不能給妻子，賣字求活，安望富貴。」世宗出囊中馬蹄金數笏，曰：「吾買有贏，不如資若求功名，得志毋相忘耳。」書生謝受之。卽上公車，連捷翰林。時世宗已踐祚，一日，覩其名，憶是書生，卽召入，書一「和」字，易口於左，詢之，書生言爲譌體，上笑不答。翌日，使奉詔詣浙江巡撫，受詔發覩，乃命其仍向湧金門賣字三年，再來供職，書生始悟。

世宗不喜諂諛

世宗不喜諂諛之言，有所聞必斥之。雍正丁未正月，太常寺卿鄒汝魯進《河清頌》，中有「舊染維新，風移俗易」語，大怒，諭交九卿公同嚴審，定擬具奏。尋刑部請照律擬絞立決，得旨，著革職從寬免死，發往湖廣荊州府沿江隄岸工程處効力贖罪。

世宗愼於建儲

世宗性雄猜，自以奪嫡踐位，恐兆争端，乃於卽位後御乾清宫，召王大臣入，諭以「建儲一事，必須詳愼。聖祖既將大事付託朕躬，朕身爲宗社之主，不得不早爲計。今親寫密封，存之匣内，置乾清宫世祖御書『正大光明』匾額之後宫中最高處，以備不虞，永爲定例。」諸臣奏：「聖見周詳，臣等遵議。」乃令諸臣退，惟留總管事務大臣，親書應立皇子名，密封錦匣收貯。

世宗密訓李衛

李衛開藩滇中，世宗密諭之曰：「汝恃寵放縱，於督撫前粗率無禮，操守亦不能純，間有巧取，如此行爲，大負倚任。嗣後亟宜謙恭持己，和平接物。」

世宗知崇正學

雍正庚戌九月，重建闕里文廟告成，黄瓦畫棟，悉仿宫殿制度，搏拊、干戚、尊俎、豆籩之器，頒自上方，世宗復以「崇敬正學」御書碑文勒石。禮部奏請遣官祭告，特詔皇五子承命以行。

世宗硃批諭旨

世宗慮本章或有漏洩，所有摺奏皆可封達上前，幾暇披覽，或秉燭至丙夜。所批輒萬言，洞徹竅要，後付刻者，祇十之三四，其未發者，收藏保和殿東西廡中。

世宗追斥撰敍

左都御史撰敍，本謚文端，雍正朝追削，並諭令於墓碑上改鐫「不忠不孝柔奸陰險撰敍之墓」。

高宗初政

高宗卽位，承世宗嚴肅之後，以寬大爲政，罷開墾、停捐納、重農桑、汰僧尼之詔累下，萬民歡悅，吴中謡有「乾隆寶，增壽考；乾隆錢，萬萬年」之語。

高宗不忘本

王大臣當從龍入關時，無不彎强善射，滿語純熟，居久之，多驕逸自安。高宗知其弊，凡射不中法者立加斥責，或命爲賤役以辱之，鄉、會試，必先試弓馬合格，然後許入場，故勳舊子弟，熟習弓馬。金川、臺匪之役，如明亮、奎林皆以椒房世臣用命疆埸，上嘗曰：「周以稼穡開基，國朝以弧矢定天下，何可一日廢武。」

高宗嚴辦僞稿案

乾隆壬申，有僞作孫文定公嘉淦奏稿者，稿幾累萬言，指斥乘輿，遍詆大學士鄂爾泰、張廷玉、徐本，尚書訥親等，傳播遐邇。事聞，上震怒，飭各省窮治，久不得主名，復命尹繼善來京，隨同在京各大臣審辦，始訊出盧魯生、劉時達等會商揑造實情。奉上諭：「各省傳鈔僞稿一案，朕屢經降旨宣示中外，此等奸徒傳播流言，其誣謗朕躬者有無虚實，人所共見共知，不足置辯，而譸張爲幻，關係風俗人心者甚大，不可不力爲整飭。乃各省督撫僅視爲尋常案件，惟任屬員取供詳解，過堂一審，即爲歸案了事，以致輾轉蔓延，久迷正線，各省就案完結情形，大略不過如此。而在江西爲尤甚，即如施廷翰案之張三、施弈度，江西承審各官草率錯謬，及到江南亦不能審出實情，幾認爲揑造正犯，經朕命軍機大臣等審明昭雪。而千總盧魯生在江西兩次到案，俱被狡飾脱漏，又經軍機大臣從解京之書辦段樹武、彭楚白等供詞互異之處，細加窮詰，始將千總盧魯生、守備劉時達傳稿情節逐層究出。比盧魯生、劉時達先後到京，朕督令諸臣虚心研鞫，反覆推求，始則借端支飾，繼則混指同寅，既不能推卸傳稿實情，又不能供出得稿來歷，詰問再四，卽各委之伊子，忍心害理，莫此爲甚。迨情竭詞窮，始得其會商揑造種種奸僞情節，并將僞稿條款，逐一默寫；及其造謀起意，於破案後，商同借線拚飾情由，一一吐露，矢口不移。當此光天化日之下，乃有此等魑魅魍魎，潛形逞僞，實出情理之外。今不待重刑，供情俱已確鑿，殆由奸徒罪大惡極，傳鈔貽累多人，好還之道，自無所逃耳。盧魯生、劉時達，著議政王大臣大學士九卿科道會同軍機大臣再行詳悉研鞫，定擬具奏。至督撫爲封疆大吏，不特此等大逆之犯，卽尋常案件，孰非民生休戚攸關！而養驕飾僞，妄自託爲敵體，可乎？此案若查辦之始，卽行竭力根究，自可早得正犯，乃粗率苟且，江西舛謬於前，江南迷誤於後，均無所辭咎。江西近在同城，鞏衛弁騰口囂囂，毫無顧忌，串供借線，幾於漏網吞舟，厥罪較重於南省。解任巡撫鄂昌、按察使丁廷讓、知府戚振鷺，俱著革職拏問，交刑部治罪；總督尹繼善及派往江西同問之周承勃、高麟勳，俱著交部嚴加議處；錢度、朱奎揚等，尚與專委承辦者有間，俱著交部議處；至衞弁乃總漕專責，瑚寶亦不能辭責，亦著交部嚴察議奏。

當日查辦之始，未知根源所在，須披葉尋枝，勢不得謂法不及衆畏難中止，以致顢頇之事，朕猶恐拖累者衆，屢經密諭各省督撫，分别發落，以省拖延，即武弁大員曾經私看者，亦悉置不問。然在伊等食毛履土，見此大逆不道之詞，當爲痛心疾首，譬聞人詈其父祖，轉樂爲稱述，非逆子而何！然使非有首先揑造之人，則伊等亦無從傳閲，是傳閲者本有應得之罪，不可謂彼所愚弄，而朕則憫其無知，譬子雖不孝，父不忍不慈。今首犯既得，不妨曲宥，除在京人犯已予省釋外，著傳諭各省督撫，通行出示曉諭，無論已未發覺，概行從寬免究釋放。凡屬此案例應擬罪人衆，蒙朕格外寬宥，務宜痛自改悔，動尊君親上之天良，戒造言喜事之惡習，安静守分，庶不致良苗化爲稂莠，永受朕保全愛養之恩。夫讒説殄行，爲聖世所不容，奸頑不除，則風俗人心何由而正？而吏治狃於因循，尤關治道，朕宵旰憂勤，與諸臣共相敦勉者，豈肯稍存姑息，致啓廢弛之漸。將此一併宣諭中外知之，欽此。」先是，御史書成不知大義所在，恐株連者多，奏請罷查辦。上以書成身爲言官，不能備悉原委，遠方傳説更難保其必無浮議，褫其職。

高宗雪睿親王寃

大兵入關，睿親王方攝政，薨後，議罪革爵。饒餘郡王阿巴泰父子略定河北，征討吴三桂，累功封安親王，以後嗣依附廉親王允禩，世宗特斥其封。高宗夙知二王功高，於乾隆戊戌，特復睿王封爵，令其五世孫淳潁襲封，並命配享太廟；安王嗣封輔國公，以承其祀。

高宗書無逸以自警

高宗於勤政殿扆間御書《無逸》一篇以自警，凡别館離宫聽政處，皆顔「勤政」二字，燕居遊覽，無不以蒞政爲務。後暮年少寢，乃默誦「無逸七嗚呼」以静心。

高宗崇奬風雅

高宗幾餘覽古，篤嗜過於儒素。乾隆間，詔建七閣，用天一閣之式，内廷齋額，采知不足之名，范、鮑兩家均榮荷賜書，疊邀天藻也。

高宗邃於音律

高宗邃於音律，凡樂工進御鈞天法曲，時换新聲，每盼晴，則令奏月殿雲開之曲。

高宗斥世臣詩稿

高宗駐蹕盛京，祗謁陵寢，以祭器潦草錯誤，革盛京禮部侍郎世臣職。又以世臣詩藁有「霜侵鬢朽歎途窮」之句，諭謂：「卿貳崇階，有何窮途之歎！彼自擬蘇軾之謫黄州，以彼其才其學，與軾執鞭，將唾而箠之。」世臣詩又有云「秋色招人懶上朝」，諭謂：「寅清重秩，自應夙夜靖共，乃以疏懶鳴高，何以爲庶寮表率。」詩又云：「半輪明月西沈夜，應照長安爾我家。」諭以「盛京爲豐沛舊鄉，世臣不應忘卻」。嚴旨斥責，卽令滿員官盛京者各書一通，懸之公署。

高宗愛民

高宗憂勤稼穡，每歲分命大吏報告水旱，地方偶有偏災，卽特旨開倉廩蠲租稅，六十年如一日。甘肅大吏以冒賑致罪，後甘省復災，近臣有以前事言者，上曰：「朕寧使官冒賑，不使民枵腹也。」後諸詞臣有以御製詩録爲簡册進者，朱珪祇録上紀詠水旱豐歉之作，名《孚惠全書》以進，上大喜，賜以詩扇，告近臣曰：「儒者之爲，固不同於衆也。」

高宗臨政之年

高宗内禪，聖壽八十有六，御製詩《五過堯村城》一首，注云：「昨歲讀蘇東坡書傳堯咨岳事，時年八十六，計予歸政年正與堯相同，實爲厚幸。」

高宗内禪

乾隆乙卯九月，高宗御勤政殿，召皇子、皇孫暨王公大臣入，宣示恩命，立皇十五子嘉親王爲皇太子，以明年丙辰爲嘉慶元年，所有册立典禮一切虛文不必舉行，至明年歸政嗣皇帝儀文，着軍機大臣會同各衙門條議以聞。又諭：「朕歸政後，應用喜字第一號玉寶，鐫刻『太上皇帝之寶』，玉册，即將御製『十全老人之寶』説鐫刻，作爲太上皇帝寶册。」旋軍機大臣奏，丙辰舉行傳位大典，應行遵辦事宜議定呈覽：一、丙辰年歸政，嗣皇帝登極頒發詔書，鈐用太上皇帝之寶，次用皇帝之寶；一、太上皇帝諭旨，稱爲勅旨；一、太上皇帝仍稱朕字；一、丙辰年太上皇帝及嗣皇帝起居注，交該衙門敬謹分纂；一、題奏行文，遇天祖等字高四格，太上皇帝高三格，嗣皇帝高二格擡寫；一、恭逢太上皇帝慶節稱萬萬壽，嗣皇帝慶節稱萬壽；一、恭逢太上皇帝萬萬壽慶節及元旦冬至賀表，嗣皇帝萬壽慶節及元旦冬至賀表，均由内閣撰擬表式；一、丙辰年恭進列祖列宗實録，交内閣照例按期嗣皇帝前恭進；一、凡大祀由各衙門具題，嗣皇帝親臨行禮；一、經筵耕籍大典及大閲傳臚各典，屆期由各衙門奏請嗣皇帝舉行；一、太上皇帝、嗣皇帝慶節令辰及掖輦巡幸地方，内外大臣慶賀請安摺，俱繕備二分呈進；一、外廷筵宴，由各衙門照例奏請嗣皇帝奉太上皇帝親臨宴坐，嗣皇帝侍坐，一切儀注，臨時具奏；一、御門聽政，嗣皇帝拆本示期遵辦；一、鄉會試朝考散館及一切考試題目，由該衙門照例奏請嗣皇帝命題；一、嗣皇帝御極後，應請太上皇帝敕旨册立皇后；一、丙辰元旦奉先殿堂子行禮，在未傳位以前，皇太子隨皇上行禮；一、陛見文武大臣及道府以上，具摺恭請太上皇帝、嗣皇帝恩訓；一、丙辰新正遞丹書克，仍奏太上皇帝詞句，且有賀六十年國慶之事，仍應於太上皇帝前恭遞。

仁宗信任李忠毅

嘉慶初，李忠毅公長庚勦除洋匪，屢敗蔡牽於浙洋，以閩師掣肘，牽尚游弋海上。上聞，逮治督臣，而代者入閩中，乃文武各官疏參忠毅逗留揑報斬獲，諭密詢浙撫清安泰。賴清力陳忠毅勦賊之勇，海戰情形之難，仁宗委任忠毅由是益篤。當時賊中謡有「不怕千萬兵，只怕李長庚」之語，亦達天聽。

仙鶴齡因賀表獲咎於仁宗

嘉慶丁卯，以誕育皇長孫，中外大臣皆具摺陳賀，疊奉嚴諭斥責。提督仙鶴齡摺中至有「誕降重熙，承華少海。玉質龍姿，前星拱極。本支百世，派衍東宫」諸語，上益震怒，將仙鶴齡及擬稿之營書郭裕昆、改擬之幕友石先幾先後降旨褫職，治罪有差。

仁宗斥姚祖同刻薄

嘉慶丁丑，萬壽恩詔，普免天下積欠錢糧，各省懽騰，争造册送户部。安徽民欠三百萬，而鳳陽一府尤多，巡撫康紹鏞閱册已定，未及奏，遷去。繼之者爲姚祖同，疑民欠不實，行令諸道府大爲覈減，屬吏震其威，勒令諸州縣減造十分之四，以其欠數虚報存庫，州縣苦之，勢汹汹將上聞。姚先奏以爲官吏欺侵，造册不實，請展限覈減。硃批云：「損上益下，朕之願也。存心刻薄，有傷政體。」姚大慙，六百里行文，以原册上。

仁宗以莊敬日彊健行不息二語分鐫寶璽

嘉慶己卯，仁宗聖壽六十，命以「莊敬日彊」、「健行不息」二語分鐫寶璽。

仁宗敬禮楊懌曾

皖楊懌曾，嘉慶時官翰林，受知仁宗，爲大理卿最久，開府楚北，風骨錚然。嘗召對，值盛暑，掀簾見上摇扇揮汗，入跽，上以扇置坐右，不復用，詢事甚詳，良久熱甚，上汗出如雨，卒不用扇，又久乃出，楊亦溼透紗袍矣。

仁宗留意微員

嘉慶中，兵馬司指揮謝煦以同知外用，初選登州，上以其地簡，特寄諭撫臣，於兗沂曹一帶對調，遂改兗州。蓋謝任中城時，曾以緝捕出力，蒙賞戴翎枝，故上猶識之也。

仁宗責臣工詩

嘉慶川楚之亂，仁宗憂甚，作詩以責臣工曰：「内外諸臣盡紫袍，何人肯與朕分勞。玉杯飲盡千家血，銀燭燒殘百姓膏。天淚落時人淚落，歌聲高處哭聲高。平居漫説君恩重，辜負君恩是爾曹。」

仁宗命移鷹狗處

鷹狗處向在東華門内長街，設總統二人，以侍衛兼之，豢養鷹狗，備蒐獮之用。其牧人皆以世家子弟充之，許其蟒袍緯帽，爲執事中品之最高者。嘉慶壬戌，仁宗以非急務，命遷於東安門内長房。

宣宗遣妃

宣宗勤於政事，披覽章奏常至夜分，某日，有寵妃取而裂之，翌晨遣出，然亦不加以他罪也。

文宗雪林則徐寃

道光末葉，穆彰阿爲滿首揆，掌機務，實主五口通商之約。鴉片之爲害甚大，世人無不知之，宣宗於林則徐之焚燬鴉片，亦念其忠，特以穆作梗，故林不免於罪而言和。道光壬寅，大學士王鼎方自東河查勘回，聞和議，痛哭争之，不能得，以憂死。其病劇時，召門下士至卧榻前，伏枕流涕，授遺摺數千言，力排和議之非，卒爲穆所尼，不得上。王殁，祁寯藻亦力争，然寯藻在軍機爲後進，且漢大臣不能決事，故穆愈得志。已而白門和議成，宣宗退朝，負手行偏殿，亙一日夜未嘗息，内侍但聞太息聲，漏下五鼓，宣宗頓足長嘆，旋入殿，以硃筆草一紙，封緘甚固。時宫門未啓，命内侍持往樞廷，戒之曰：「但與穆彰阿，毋爲祁寯藻知。」蓋卽諭議和諸臣於和約畫押之廷寄也。意穆於是時，必有危言聳論挾制宣宗者。

及文宗嗣位，頒示謄黃，爲林則徐雪冤，而著穆彰阿之罪。

咸豐季年三奸伏誅

怡親王載垣、鄭親王端華皆於咸豐初年襲爵，官宗人府宗正，領侍衛内大臣。而端華同母弟肅順，方爲户部郎中，好狹邪游，惟酒食鷹犬是務。乙卯夏，官軍既克馮官屯，剿滅粤寇之北犯者，垣、端漸以聲色惑聖聰，薦肅供奉内廷，善迎合上旨。上稍與論天下事，三奸盤結，同干大政，而軍機處之權漸移，軍機大臣皆拱手聽命而已。惟軍機大臣大學士柏葰，資望既深，性頗鯁直，不甚遷就，三奸畏而惡之。戊午科場之獄，置柏大辟，於是朝臣震悚，權勢益張矣。肅又借鑄錢局一事興大獄，户部司員皆褫職逮問，京師自搢紳以至商店，被其株累破家者甚多，皆怨肅次骨，肅恃寵而驕。時周祖培以户部尚書協辦大學士，而肅亦爲户部尚書，同坐堂皇判牘。一日，周已畫諾，肅佯問曰：「是誰之諾也？」司員曰：「周中堂之諾也。」肅罵曰：「唉！若輩憒憒者流，但能多食長安米耳，焉知公事！」因將司員擬稿盡加紅勒帛焉，並加紅勒帛於周諾上，累次如此，周弗敢校也。諸大臣受其侵侮，而唯諾維謹，大學士翁心存引疾乞退以避之。庚申七月，英、法兵船犯大沽，陷東西礮臺，入天津，逼通州，焚圓明園，肅方以協辦大學士兼步軍統領，與載垣、端華同勸文宗巡幸熱河，導上娱情聲色，實爲希寵攬權之計也。迨和議成，英、法兵退至天津，留京王大臣疏請回蹕，上將從之，爲三奸所尼，屢下詔改行期。辛酉秋七月，上不豫；十六日，上疾大漸，召載垣等及軍機大臣至御榻前，受遺詔，立皇太子，是日辰刻，文宗崩。三奸輒矯遺詔，與御前大臣額駙景壽、軍機大臣兵部尚書穆蔭、吏部左侍郎匡源、署禮部右侍郎杜翰、太僕寺少卿焦佑瀛等共八人，自署爲贊襄政務王大臣，又擅遏禁留京王大臣恭親王等不得奔喪。自是詔旨皆出三奸之意，口授軍機處行之。

八月十日，御史董元醇疏言：「皇上沖齡，未能親政。天步方艱，軍國事重。暫請皇太后垂簾聽決，並派近支親王一二人輔政，以繫人心。」三奸不悦。明日，上奉皇太后召見贊襄王大臣，命即照董元醇所奏行，三奸抗論，以爲不可，退復以本朝無太后垂簾故事，令軍機處調旨駁還。然恭王遂於此時奔赴熱河，叩謁梓宫，端等頗不以近支視之，且以其不足畏也。兩宫皇太后欲召見恭王，三奸力阻之，侍郎杜翰昌言於衆，謂：「叔嫂當避嫌，且先帝賓天，皇太后居喪，尤不宜召見親王。」肅拊掌稱善，曰：「是真不愧杜文正子矣。」然究迫於公論，而太后召見恭王之意亦甚決，太監傳旨出宫，恭王乃請端同進見，端目視肅，肅笑曰：「老六，汝與兩宫叔嫂耳，何必我輩陪哉。」王乃獨進見。兩宫泣道三奸之侵侮，因密商誅之，並召鴻臚寺少卿曹毓瑛，密擬拿問各旨，以備到京即發，三奸不知也。次日，王兼程回京，無一人知者。先是，垣等自陳職事殷繁，實難兼顧，意在彰其勞勩，詔即罷其所管火器健鋭營，外示優禮，實奪其兵柄也。兩宫俟恭王行後，即下回鑾之旨，三奸力阻之，謂：「皇上一孺子耳，京師何等空虚，如必欲回鑾，臣等不敢贊一辭。」兩宫曰：「回京後設有意外，不與汝等相干。」立命備車駕。三奸又力阻，兩宫不允。乃議以九月二十三日，派肅護送梓宫回京。上恭送登輿後，先奉兩宫間道旋蹕，垣、端皆扈從。於是大學士賈楨、周祖培、户部尚書沈兆霖、刑部尚書趙光合疏稱：「我朝聖聖相承，從無太后垂簾聽政之典，前因御史董元醇條奏，特降諭旨甚晰，臣等復有何議。惟是權不可下移，移則日替；禮不可稍渝，渝則弊生。我皇上沖齡踐祚，欽奉先帝遺命，派怡親王載垣等八人贊襄政務，兩月以來，用人行政，皆經該王大臣等議定諭旨，每有明發，均用御賞『同道堂』圖章，共見共聞，內外皆相欽奉。臣等尋繹『贊襄』二字之義，乃佐助而非主持也。若事無鉅細，皆憑該王大臣之意先行議定，然後進呈皇上一覽而行，是名爲佐助，而實則主持，日久相因，能無後患！今日之贊襄大臣，即昔日之軍機大臣，向來軍機大臣事事先面奉諭旨辦駁可否悉經欽定，始行擬旨進呈，其有不合聖意者，硃筆改正，此太阿之柄不可假人之義也。爲今之計，正宜皇太后敷宮中之德化，操出治之威權，使臣工有所稟承，不居垂簾之虛名，而收聽政之實效。我皇上聰明天亶，正宜涵泳詩書，不數年即可親政。而此數年間，外而賊匪未平，內而奸人逼處，何以拯時艱？何以飭法度？固結人心，最爲緊要。儻大權無所專屬，以致人心驚疑，是則目前大可憂者。至皇太后召見臣工禮節及一切辦事章程，仍循向來軍機大臣承旨舊制，或應量爲變通，擬求敕下羣臣會議具奏，請旨酌定，以示遵守，庶行政可免流弊，而中外人心益深悅服矣」。會欽差大臣侍郎勝保亦奏請簡近支親王輔政，以防權姦之專擅。

十月朔，車駕至京師，將至之日，諸大臣皆循例郊迎，兩宮對大臣涕泣，縷述三奸欺藐之狀，祖培奏曰：「何不重治其罪？」皇太后曰：「彼爲贊襄王大臣，可徑予治罪乎？」祖培對曰：「皇太后可降旨，先令解任，再予拿問。」太后曰：「善。」乃詔解贊襄王大臣八人之任，以恭王奕訢爲議政王，垂簾典禮，令在廷大小臣工集議以聞。先召見議政王大臣，上南面稍東席地坐，兩宮亦南面坐稍北，皇太后面諭三奸跋扈諸不法狀，且泣下。上顧曰：「阿瓔，奴輩如此負恩，即斫頭可也，請勿悲。」遂與王大臣密定計，即另派大學士桂良、户部尚書沈兆霖、户部左侍郎文祥、右侍郎寶鋆、鴻臚寺少卿曹毓瑛爲軍機大臣。初二日，恭王率周祖培、文祥等入朝待命，垣等已先至，尚未知解任之信。蓋三奸解任之旨及召見王大臣等，已在初一日申酉間特命辦事處勿知會怡、鄭二王，故皆不之知也，然已微有所聞矣。見恭王等則大言曰：「外廷臣子何得擅入？」王答以有詔。復以不應召見呵止王，王遜謝，卻立宮門外。俄詔下，命恭王將載垣、端華、肅順革去爵職，拿交宗人府，會同大學士六部九卿翰詹科道嚴行議罪。王捧詔宣示，載垣、端華同厲聲曰：「我輩尚未入，詔從何來！」王命擒出。復呵曰：「誰敢者！」已有侍衞數人來前，褫二人冠帶，擁出隆宗門。尚顧索肩輿及從人，或告已驅散矣。遂踉蹌擁至宗人府，幽之。肅方護送梓宮次於密雲，逮者至，門已閉，乃毁外户而入，聞肅在卧室咆哮駡詈，又毁其寢門，見肅方擁二妾卧於牀，遂械至，亦繫宗人府。肅瞋目叱垣、端曰：「若早從吾言，何至有今日！」二人曰：「事已至此，復何言？」垣亦咎端曰：「吾之罪名，皆聽汝言成之。」故論者謂三奸之罪肅尤甚，端次之，垣又次之。廷議既上，請均照大逆例，凌遲處死。初六日，詔曰：「載垣、端華、肅順朋比爲奸，專權跋扈，種種情形，均經明降諭旨宣示中外。至載垣、端華、肅順，於七月十七日皇考升遐，即以贊襄王大臣自居，實則我皇考彌留之際，但面諭載垣等立朕爲皇太子，並無令其贊襄政務之諭。載垣等乃造作贊襄名目，諸事並不請旨，擅自主持，兩宫皇太后面諭之事，亦敢違阻不行。御史董元醇條奏皇太后垂簾事宜，載垣等非獨擅改諭旨，並於召對時有『伊等係贊襄朕躬，不能聽命於皇太后，伊等請皇太后看摺，亦屬餘多』之語，當面咆哮，目無君上，情形不一而足。且屢言親王等不可召見，意在離間。此載垣、端華、肅順之罪狀也。肅順擅坐御位，於進內廷當差時，出入自由，目無法紀，擅用行宮內御用器物，於傳取應用物件，抗違不遵。並自請分見兩宮皇太后，於召對時，辭氣之間互相抑揚，意在搆釁。此又肅順之罪狀也。一切罪狀，均經母后皇太后、聖母皇太后面諭議政王、軍機大臣，逐條開列，傳知會議王大臣等知悉。茲據該王大臣等按律擬罪，將載垣等凌遲處死，當卽召見議政王奕訢、軍機大臣戶部左侍郎文祥、右侍郎寶鋆、鴻臚寺少卿曹毓瑛、惠親王、惇親王奕誴、醇郡王奕譞、鍾郡王奕詥、孚郡王奕譓、睿親王仁壽、大學士賈楨、周祖培、刑部尚書綿森，面詢以載垣等罪名，有無一線可原。茲據該大臣等僉稱『載垣、端華、肅順跋扈不臣，均屬罪大惡極，國法無可寬宥』，並無異辭。朕念載垣等均屬宗支，以身罹重罪，應悉棄市，能無淚下。惟載垣等前後一切專權跋扈情形，謀危社稷，是皆列祖列宗之罪人，非獨欺陵朕躬爲有罪也。在載垣等未嘗不自恃爲顧命大臣，縱使作惡多端，定邀寬典，豈知贊襄政務，皇考實無此諭，若不重治其罪，何以仰副皇考付託之重，亦何以飭法紀而示萬世？卽照該王大臣等所擬，均卽凌遲處死，實屬情罪相當。惟國家本有議親議貴之條，尚可量從末減，姑於萬無可寬貸之中，免其肆市，載垣、端華均著加恩賜令自盡，卽派肅親王華封、刑部尚書綿森迅卽前往宗人府空室傳旨，令其自盡。此爲國體起見，非朕之有私於載垣、端華也。至肅順之悖逆狂謬，較載垣等尤甚，亟應凌遲處死，以伸國法而快人心。惟朕心究有所未忍，著加恩改爲斬立決，卽派睿親王仁壽、刑部右侍郎載齡前往監視行刑，以爲大逆不道者戒。至景壽身爲國戚，緘默不言；穆蔭、匡源、杜翰、焦佑瀛，於載垣等竊奪政柄不能力爭，均屬辜恩溺職，穆蔭在軍機大臣上行走已久，班次在前，情節尤重。該王大臣等擬請將景壽、穆蔭、匡源、杜翰、焦佑瀛革職發往新疆效力，均屬罪有應得。惟以載垣等凶燄方張，受其箝制，實有難與爭衡之勢，其不能振作，尚有可原。御前大臣景壽卽革職，仍留公爵並額駙品級，免其發遣；兵部尚書穆蔭卽革職，改爲發往軍臺效力贖罪；吏部左侍郎匡源、署禮部右侍郎杜翰、太僕寺少卿焦佑瀛均著卽行革職，加恩免其發遣。欽此。」是日垣、端自縊，肅以科場、鈔票兩案無辜受害者尤多，都人士聞其將殺，交口稱快，其怨家皆駕車載酒，馳赴西市觀之。肅身肥面白，以大喪故，白袍布靴，反接置牛車上，過騾馬市大街，兒童讙呼曰：「肅順亦有今日乎！」或拾瓦礫泥土擲之，頃之，面目遂模糊不可辨云。將行刑，肅肆口大駡，又不肯跪，劊子以大鐵柄敲之，乃跪下，蓋兩脛已折矣，遂斬之。

少詹事許彭壽疏請治奸黨，詔曰：「前因許彭壽於拿問載垣、端華、肅順時，請查辦黨援，當令指出黨援諸人實迹。嗣據明白迴奏，形迹最著者，莫如吏部尚書陳孚恩；最密者，莫如侍郎劉琨、黃宗漢等；平日保舉之人，如侍郎成琦、德克津太、候補京堂富績，外間嘖有煩言。陳孚恩於上年七月，大行皇帝發下硃諭巡幸熱河是否可行，陳孚恩卽有『竊負而逃，遵海濱而處』之語，意在迎合載垣等，當時會議諸臣，無不共見共聞。大行皇帝龍馭上賓，滿、漢大臣中惟令陳孚恩一人免赴行在，是該尚書爲載垣等之心腹，卽此可見。黃宗漢於本年春間前赴熱河，皇考召見時，卽以危辭力阻回鑾。迨聞皇考梓宮有回京之信，該侍郎又以京城情形可慮，徧告於人，希冀阻止，其爲迎合載垣等，衆所共知。以上二人，均屬一二品大員，聲名如此狼藉，品行如此卑污，若任其濫廁卿貳，何以表率僚屬？陳孚恩、黃宗漢均著革職永不敍用，以爲大僚諂媚者戒。至侍郎劉琨、成琦、太僕寺少卿德克津太、候補京堂富績，與載垣等雖無交通實據，而或與往來較密，或由伊等保舉，或拜認師生，衆人耳目共見共聞，何能置之不議。劉琨、成琦、德克津太、富績均著即行革職。許彭壽糾劾各節，朕早有所聞，用特懲一儆百，期於力振頹靡。載垣、端華、肅順三人事權所屬，諸臣等何能與之絕無干涉，此後惟有以寬大爲念，不咎既往。爾諸臣亦毋須再以查辦奸黨等事紛紛陳請，致啓訐告誣陷之風。惟當各勤厥職，争自濯磨，守正不阿，毋蹈陳孚恩等惡習，朕實有厚望焉。」未幾，查鈔肅順家，得陳孚恩手書，有不臣語，乃復遣戍伊犂。先是，載垣等擬進年號，曰祺祥，已頒憲矣，有言其意義重複者，遂置不用。初九日甲子昧爽，穆宗御正殿，即位，以明年爲同治元年，上母后皇太后尊號曰慈安皇太后，聖母皇太后尊號曰慈禧皇太后，垂簾聽政。

文宗容納陸御史之直諫

咸豐季年，雛伶朱蓮芬善崑曲，能作小詩，工楷法，文宗嬖之，不時傳召。有陸御史者，亦狎之，因不得常見，遂直言極諫。文宗閱之，不加罪，大笑曰：「陸都老爺醋矣。」即批其摺云：「如狗啃骨，被人奪去，豈不恨哉。欽此。」浙撫王有齡之父爲雲南昆明知縣，所用簽稿門丁，即兩江總督何桂清之父。有齡幼時讀書署中，桂清亦伴讀，聰穎異常，欲就試而無籍，乃占籍昆明，就試焉，遂補諸生，十八歲入翰林。咸豐己未，督兩江，有齡時亦由鹽大使升至江蘇布政使矣。杭城陷，巡撫羅遵殿殉難，何薦有齡可勝任。摺初上，文宗硃批，連書「王有齡王有齡王有齡」九字；摺再上，批云：「爾但知有王有齡耳？」摺三上，言「有齡如負委任，請治臣濫保之罪」，於是遂簡有齡爲浙撫。

德宗自述

德宗嘗語德菱女士云：「朕一生所處皆逆境，居嘗鬱鬱，且幼時體弱，讀書不多，而性好音樂。」又云：「朕惟欲求我國之强盛發達也，每聞各省偏災，輒憂形於色。」德菱且曾授德宗以批阿娜之華爾子簡調及英文。

德宗思得氣節之士

故事，廷試貢士，閱卷大臣擬前十本進呈，候欽定，然後拆彌封姓名宣布，往往如所擬名次，不更動也。光緒乙未殿試，德宗念國步多艱，思得氣節之士而用之，四川駱成驤名在第十，見其卷中有「主憂臣辱，主辱臣死」二語，大賞之，拔置第一。

德宗保全言官

德宗既親政，以頤和園爲頤養母后之所，間日往請安，每日章疏上閱後，皆封送園中。丁酉年，惲毓鼎附片劾太監牛姓在外招權納賄，請嚴懲以符祖制。牛姓者，頤和園親近小閹也。帝示翁同龢曰：

「此疏若爲太后所見，言官禍且不測，朕當保全之。」乃撤去附片，僅以正摺呈園。

德宗戊戌新政

光緒戊戌正月初六日，德宗以給事中高燮曾請設武備特科，因特諭飭軍機大臣會同兵部參酌中外兵制議奏。又諭：「貴州學政嚴修請設專科，所稱一爲歲舉，一爲特科，先特科，後歲舉。特科約六事：一內政，爲考求方輿險要、郡國利病、民情風俗者；二外交，爲考求各國政事、條約公法、律例章程者；三理財，爲考求稅則、礦務、農功、商務者；四經武，爲考求行軍布陣、管駕測量者；五格物，爲考求中西算術、聲光化電者；六考工，爲考求各物製造工作者。由三品以上京官及督撫學政各舉所知，無論已仕未仕，註明其專長，在保和殿試以策論，嚴定去取，評列等第，覆試後引見候擢，此爲經濟特科。以後或十年或二十年一舉，不拘常例。歲舉則每屆鄉試年分，由學政調取新增算學、藝學各書院學堂高等生監，錄送鄉試，初場專門，次場時務，三場仍《四書》文。凡試者，名曰經濟科，中貢士者，亦一體覆試殿試朝考等語。飭總理衙門議奏。」四月二十八日，召見康有爲、張元濟。五月初五日，諭：「自下科始，鄉、會試及生童歲科各試，一律改試策論。」十六日，諭飭兩江總督劉坤一查明上海農學會章程，咨送總理衙門查核頒行，並編譯外洋農學諸書。十七日，諭飭獎賞各省士民若有新書及以新法製成新器果係足資民用者，所製之器，酌定年限，准其專利。有能獨力創建學堂、開闢地利、興造槍砲各廠，有裨於興國殖民之計者，著照軍功例給予特賞。二十九日，諭飭迅印馮桂芬《校邠廬抗議》千部，送軍機處。六月初一日，諭飭鄉、會試仍爲三場，一場試中國史事論，二場試時務策各五道，三場試《四書》義二篇、《五經》義一篇。首場中額十倍録取，二場三倍録取，取者始准試次場，每場發榜一次，三場畢，如額取中。歲科試生童，先試經古一場，專以史論時務命題，正場試以《四書》、《五經》義各一篇。至詞章楷法，當先期降旨考試，偶一舉行，不爲常例。嗣後一切考試，不得憑楷法之優劣爲高下。七月初三日，諭飭嗣後殿試，卽量爲授職，停止朝考。初六日，諭准主事康有爲所呈京師設立農工商總局，派直隸霸昌道端方、直隸候補道徐建寅、吴懋鼎等督理。十三日，諭准湖南巡撫陳寶箴奏保湖南候補道夏獻銘、黄炳離，前内閣學士陳寶琛，侍讀楊鋭，禮部主事黄英采，刑部主事劉光第，廣東候補道楊樞、王秉恩，江蘇候補道歐陽霖、杜俞、柯逢時，江西候補道惲祖祁，湖北候補道徐家幹、薛華培、左孝同來京預備召見。十四日，諭飭詹事府、通政司、光禄寺、鴻臚寺、太僕寺、大理寺等衙門，歸併内閣及禮、兵、刑等部辦理。湖北、廣東、雲南三省巡撫並東河總督，一併裁撤，均著以總督兼巡撫事。河督卽歸併河南巡撫，漕督及各省不辦運務之糧道，及向無鹽場僅管疏銷之鹽道，均著裁撤。各省同通佐貳等官無地方之責者，查明裁汰。又著將各局所冗員裁撤淨盡，並將分發捐納勞績人員，嚴加甄别，限一月辦竣。十六日，諭飭禮部尚書懷塔布、許應騤，侍郎堃岫、徐會灃、溥頲、曾廣漢交部議處，王照原呈留覽，以懷塔布等不爲王照遞呈也。十九日，吏部議懷塔布等革職，王照賞三品頂戴，以四品京堂用。二十日，諭飭工部會同步軍統領衙門、五城街道廳，挑挖京城内外河道，修墊街巷，款由户部籌撥。又諭内閣候補侍讀楊鋭、刑部候補主事劉光第、内閣候補中書林旭、江蘇候補知府譚嗣同賞四品卿銜，在軍機章京上行走，參預新政事宜。二十四日，諭准孫家鼐請設醫學堂，由大學堂兼轄。又諭准徐致靖酌置三、四、五、六品學士。又諭准主事蕭文昭請設各省茶務學堂、蠶桑學堂，著各督撫迅速籌辦。二十七日，諭准黄思永籌款設辦速成學堂。又諭准都察院代奏四川舉人陳天錫所請，將大挑教職謄録各項人員，於會試薦卷中挑取，及科甲候補人員，一體考差。又諭飭詳議中書祁永膺所奏各省教職改爲中小學堂教習。又諭准刑部主事顧厚焜所請舉辦郵政分局。又諭着瑞洵於京師創設報館，繙譯新報。又諭飭各督撫查明四月二十三日以後所關新政之諭旨，迅速刊刻謄黄，切實開導州縣教官詳切宣講。並飭令藩臬道府上書言事，毋得隱默顧忌，其州縣官應由督撫代遞，即由督撫將原封呈遞，此次諭旨並著懸掛督撫大堂，俾衆共觀。二十八日，諭飭各省藩臬道府，凡有條陳，自行專摺具奏，毋庸由督撫代遞；至州縣等官言事者，即由督撫將原封呈遞；至士民有欲上書言事者，即由本省道府等隨時代奏。

德宗戊戌密諭

德宗曾有賜楊鋭等密諭，文曰：「朕近來仰窺皇太后聖意，不願將法盡變，亦不欲將此輩老謬昏庸之大臣罷黜，而登用英勇通達之人，令其議政，以爲恐失人心。雖經朕屢次降旨整飭，而並且有隨時幾諫之事，但聖意堅定，終恐無濟於事。即如十九日之硃諭，皇太后已以爲過重，故不得不徐圖之，此近來實在爲難之情形也。朕亦豈不知中國積弱不振？至於阽危，皆由此輩所誤，但必欲朕一旦痛切降旨，將舊法盡變，而盡黜此輩昏庸之人，則朕之權力實有未足。果使如此，則朕位且不能保，何況其他。

今朕問汝，可有何良策，俾舊法可以全變，將老謬昏庸之大臣盡行罷黜，而登英勇通達之人，令其議政，使中國轉危爲安，化弱爲强，而又不致有拂聖意。爾等與林旭、譚嗣同、劉光第及諸同志等，妥速籌商，密繕封奏，由軍機大臣代遞，候朕熟思審處，再行辦理。朕實不勝十分焦急翹盼之至。特諭。」是亦可見當時之束手無策，躊躇滿志也。

德宗欲開懋勤殿

懋勤殿在乾清宮西廊，屋五楹，爲列聖燕居念典處。咸豐中，何秋濤主事以進《朔方備乘》，原名《北徼彙編》，文宗賜今名。詔在懋勤殿行走。同治後，殿久虛，惟南書房諸臣時就其中應制作書，以其與南齋毗連也。光緒戊戌六月，有意復古賓師之禮，將開懋勤殿，擇康有爲、梁啓超、黄紹箕等八人待制，燕見賜坐，討論政事，聞者謂爲二千年未有之盛舉，惜未及開而八月之變作矣。

德宗諭黄紹箕掄才

瑞安黄仲弢提學紹箕，初以湖北主考陛辭請訓，德宗諭之曰：「現在百姓困苦已極，皆朕不德所致，然卿輩亦不能辭咎，朝政非更張不可。卿此去，極宜留意掄才，爲朕得可用之人。」

德宗聽講下淚

德宗讀書，翁同龢實傅之，一日，授讀「惟女子與小人爲難養也」章，引史事數十條，反覆講論。德宗爲之下淚，曰：「女戎之禍，其中必有小人！」蓋指李蓮英也。翁復引明懷宗故事曰：「懷宗能知女子小人之難養，斥魏忠賢、客氏，而用人不專，終至失國。」語爲李所聞，譖之於孝欽后，光緒戊戌遂有政變之禍。

德宗註論語

德宗好學，手不釋卷，光緒戊戌以前，每於經筵聽講《論語》時，遇有新義可以發明經語者，恒以片紙録出，其後成帙，藁藏正大光明殿扁額中。

德宗之記憶力

光緒己亥十月，召见惲毓鼎，孝欽后語及豫省疏報雹災事而忘其縣名，顧德宗曰：「皇帝記爲何處？」卽應曰：「鞏縣也。」時馬家埠至永定門方新設電車，孝欽問及，復顧德宗曰：「此何國所爲？」應曰：「德使海靖也。」以一循例報災之摺，數年前所興之工，猶留心不忘如此。

德宗親翁同龢

德宗冲齡典學，暱就翁同龢，或捋其髯，或以手入懷撫其乳，故常熟在書房二十五年，最爲上所親。嘗乞假回虞山省墓，雅不願其去，不得已，始允假一月。陛辭日，堅與約曰：「下月今日，朕與師傅相見於此矣。」

德宗自奉儉約

德宗自奉極儉，某年，諭內務府大臣增某製一書案，諄囑勿尚華麗，但求適用。及案成而猶未加漆，卽命進呈，問其值，以七百金對，怒曰：「一書案而糜款若是，汝輩積習何時始能革除耶！」又以足蹴其背而斥之曰：「混蛋！還不滾下去。」外間於是哄傳德宗性情乖張矣。

德宗羈縻董福祥之手詔

董福祥，字星五，甘肅固原州人，貧無資籍，以武健稱。同治初年陝甘回亂，董與同里沙三、張俊約爲弟昆，沙以年長爲首領，董次之，張又次之，集里中武勇少年得數十人，保據一方，式遏寇亂，而恒分道往鄰縣，掠糧以自給。嗣張與沙不協，私與董謀，乃除沙三而由董統其衆，張副焉。迨左文襄督軍隴上，董、張率所部詣大軍，乞擊回自效，皆以嫻習山川險要，且甘人耐勞苦，所向屢有功。復從劉錦棠出塞平新疆，別爲一軍趨和闐，克之。和闐在崑崙旁，瀕於沙漠，風寒日薄，亦惟甘人能堪之。此董之建功之始，旋爲新疆喀什噶爾提督。歲乙未，平甘肅河州回亂，授固原提督，入統武衛後軍。光緒庚子，八國聯軍入京師，董隨扈至西安，解兵歸里，陛辭日，德宗出手詔畀之，慰勉甚至，亦羈縻之策也。其詔曰：「上諭董福祥知悉，爾忠勇性成，英姿天挺，削平大難，功在西陲。近以國步艱難，事多掣肘，朝廷不得已之苦衷，諒爾自能曲體。現在朕方屈己以應變，爾亦當降志以待時，決不可以暫時屈抑，隳却初心，他日國運中興，聽鼓鼙而思舊，不朽之功非爾又將誰屬也。尚其勉旃。」董捧詔感泣，遂終老邱園，没齒無二，戊申春，病卒，年七十矣。董有四妻，皆無出，以猶子天純爲嗣，早卒。二孫恭、温。董形貌壯偉，性勁戇，善馭將，漢、回諸將皆奉命唯謹，董軍之名震於關西。家居惠安堡，在金積堡旁，亂後於金積堡設廳治曰寧靈廳。饒於財，嘗捐金三十萬修靈夏渠，引黃河水以溉田，民利賴之。

德宗西狩瑣聞

德宗久制於孝欽后，光緒庚子拳亂之始，心非之而不敢言。及西狩，恒思援各省督撫以自助，勤王之師陝藩岑春煊最先，岑故先朝勳裔，頗重之，擢陝西巡撫。一日召入，叩頭畢，帝甫有言而孝欽適至，德宗色變，岑亦汗下流背，乃亂以他語而罷。

當西狩日，衣履敝垢，一日内侍進呈新襪，式劣，不悦。俄而孝欽至，問：「襪佳耶？」德宗曰：「然。」孝欽又曰：「差長否？」德宗曰：「然。」孝欽乃笑。

迴鑾計定，德宗命將新製二轎試坐，巡撫督夫舁入，德宗奉孝欽出，命内侍八人舉之，孝欽先坐以爲適，乃命德宗坐。德宗見孝欽立於地，不敢坐，促之，德宗踧踖曰：「不敢。」孝欽笑曰：「汝略坐無妨。」乃作半跪式，略坐即下。

德宗抑鬱

光緒辛丑，德宗自西安迴鑾，見外患日逼，大局至危，宵旰憂勞，遂攖心疾，嘗以椅横貫以竹，命兩小太監肩之而行。帝手持小銅器，以物觸之作聲，口中喃喃曰：「外國人如此鬧法，怎麼了，怎麼了！」且行且語，不意竹椅傾斜，踣於地，兩璫皆伏地請罪，帝曰：「不干爾事。」一躍而起，狂奔入内。

最初兩后之垂簾也，德宗中坐，後蔽以紗幕，孝貞、孝欽則左右對坐，孝貞崩，孝欽獨坐於後。至光緒戊戌訓政，則孝欽與德宗並坐，若二君焉，臣工奏對，嘿不發言，有時太后肘使之言，不過一二語止矣。及幽於南海瀛臺，則三面皆水，隆冬冰堅結，常攜小閹踏冰出，爲門者所阻，於是有召匠鑿冰之舉。偶至一太監屋，几有書，取視之，《三國演義》也，閲數行，擲去，長嘆曰：「朕且不如漢獻帝也！」

德宗自晦

光緒甲午、乙未交，德宗頗信用長麟、汪鳴鑾言，一日三遷，悉由散秩而拔置卿貳，召對無虚日。二人造膝密陳，雖欲有所規畫，卒以出言不慎，爲内監所詗知，故事，召見在養心殿側一小書室，僅帝與被召見者二人而已，軍機侍值例須退出。譖於孝欽，立罷二人職，諭中並有「迹近離間永不敍用」等語。嗣後母子之間始起猜嫌，而帝之一舉一動，乃無日不遣内監偵報矣。帝每日黎明，必往孝欽處請安，長跪宫門外，有時内監不爲傳報，不命之起，即伏地不敢起。庚子變作，兩宫西狩，既就道，行在湫隘，聞孝欽聲輒長跪，以在宫日聞孝欽至，跪地以迎，久而習慣也。及抵西安，處分和約及軍國重要事，悉孝欽一人獨裁，間亦一詢帝，帝唯唯，不置可否也。居陝無事，日惟遣小閹嬉弄洋犬，以消永晝，蓋欲因以自汚也。迴鑾未久，遂拘禁深宫矣。

清稗類鈔

恩遇類

親郡王配享太廟

親郡王配享太廟者，皆祀於東廡。通達郡王雅爾噶齊、武功郡王禮敦巴圖魯、此巴圖魯三字即其名，非勇號也。慧哲郡王額爾袞、宣獻郡王界堪、禮烈親王代善、睿忠親王多爾袞、鄭獻親王濟爾哈朗、豫通親王多鐸、肅武親王豪格、克勤郡王岳托、怡賢親王允祥、蒙古超勇襄親王策淩，及同治丙寅奉旨之科爾沁忠親王僧格林沁，凡十三人。

滿漢文武大臣配享太廟

滿、漢文武大臣配享者，皆祀於西廡。英誠武勳王揚古利、信勇直義公費英東、宏毅公額亦都、忠義公圖爾格、昭勳公圖賴、昭勳即直義子，忠義即宏毅子，父子皆得配侑，允爲極榮。文襄公圖海、文端公鄂爾泰、文和公張廷玉、文襄公兆惠、文忠公傅恒、文成公阿桂、文襄公福康安，凡十二人。

瀛台賜宴

翰林賜宴瀛台，定在暑節。輒乘早涼，入西苑門，大柳星稀，高槐露下，宫牆緣岸間，安步徐行。菰蒲四面，水禽啁哳，與江南水鄉無異。渡板橋，則荷香襲衣，牐流滴耳。復從内苑牆入小紅門，劃然大湖，有紅板長橋，横跨水面，橋夾朱欄。其外雜列魚罾，朝士渡橋者均許抽罾捉魚，得即攜歸。於是迤邐達瀛台門。惟賜燕時，則從牐口北上，直西浮道通梁，中有層亭，兩面帳房，列如號舍。上命登舟泛太液池，即從過船亭登舟，芰荷十里，望如蕃錦，北望金色摇曳，則别一境矣。

派喫祭肉及聽戲王大臣

大内於元旦次日及仲春秋朔，行大祭神於坤寧宫。欽派内外藩王貝勒輔臣六部正卿，喫祭神肉。上面北坐，諸臣各蟒袍補服入，西嚮神幄，行一叩首禮畢，復向上行一叩首禮，合班席坐，以南爲上，視御座爲尊也。膳房大臣捧御用俎盤跪進，行髀體爲貴。司俎官以臂肩腰骼各盤列諸臣座前，上自用御刀割折，諸臣皆自鸞割。食畢賜茶，各行一叩首禮，上還宫，諸臣以次退出。是晚各賜糕資酏醬，攜歸邸。至上元日及萬壽節，召諸臣於同樂園聽戲，分翼入座，特賜盤餐肴饌。禮畢，各賜錦綺如意及古玩一二器，以示寵眷。

宴外藩

年終，諸藩王貝勒更番入朝，盡執瑞禮。除夕日，宴於保和殿，一二品武臣咸侍座；元旦後三日，宴於紫光閣；上元日，宴於正大光明殿，一品文武大臣亦入座。

冬至賜貂

冬至賜貂，唐例也，國朝亦仿行之。南書房、如意館、昇平署供奉諸人，各得數張不等。

賜荷包鐙盞諸物

歲暮，諸王公大臣皆有賜予，御前王大臣所賜爲歲歲平安荷包一，鐙盞數對，及福橘、廣柑、遼東鹿尾豬魚諸珍物；外廷大臣亦間有賜荷包一者，皆佩於貂裘衿領間，泥首宫門，以謝寵眷。

會親

公主、福晉、格格及外戚眷屬，歲時有賜，入内謝恩，謂之會親。宫門外施以黄幂，謂之闌防。

克勤郡王墓開隧道

克勤郡王岳托，禮烈王長子。崇德壬午冬，從征山東，薨於途。喪返，太宗痛甚，及葬，命開其隧道，以便歲時賜奠，撫柩而哭。高宗東幸，亦親往賜奠。

范文程以生員受知太祖

國初，范文程出關葬親，宿一牛录莊，問：「此有游憩所乎？」牛录云：「咫尺間爲查孝廉學詩之居，書室楚楚。」乃與二牛录三騎往，查迎坐書室。范欣然曰：「可下榻乎？」查曰：「不鄙荒陋，幸甚。」雞豚雉兔，略具盤飧。范飲噉至飽，遂借宿。晨興，語查曰：「獨行無侶，苦岑寂，能從我游乎？」則借馬從之。至墓所，范曰：「太祖定遼陽，壯者配營中，殺老弱，已而漸及擁厚資者，慮有力爲亂也。」及行，又指一地曰：「此將就僇處也。十七人皆將就刑，太祖忽問我識字乎，以生員對。太祖大喜，盡十七人録用，我至今職，始望豈及此乎？」葬地迴抱山林，堪輿家言，此地貴不可言，將相不足道也。文程與江浙諸范通譜，稱爲文正公後，嘗捐金買田吴中，修文正祠。

范文程脱包衣籍

凡隸牛录下人曰包衣。牛录包衣者，猶人之投胎也。范文程歷相三朝，世祖爲捐金一萬，贖之本旗牛录，始脱籍。

列聖呼范文程官而不名

范文程在盛京時，列聖皆呼其官而不名，以其形貌頎偉，是以御賜衣冠，皆出特製。

世祖賜宋犖食於中和殿

世祖御極之初，命公卿大臣子弟入衞。時商邱宋文康公長子犖年甫十四，儀觀俊偉，冠侍從冠，蟒衣袴褶，帶刀侍左右。上愛重之，恆賜食中和殿。一日，犖對食逡避，私出帶間斜幅，裹餅餌棗栗，將懷之。上怪問，犖前跪謝曰：「臣有祖母，老甚，愛臣。臣懷以獻，榮上之賜也。」上喜，自是每賜食，必書敕以歸。

吳綺以傳奇受知世祖

順治壬辰，江都吳園次綺以拔貢授中書舍人，奉詔譜《楊繼盛傳奇》，稱旨，即以楊繼盛之官官之。

世祖擢胡學士

山陰胡學士爲庶常時，一日，同官皆出院，學士獨留。世祖微行入院，屏息立其後，良久。學士方習滿文，迴顧，見世祖，驚起俯伏。世祖笑曰：「若誤矣。」學士曰：「小臣不得近天顏，然朝謁瞻仰久矣。」問諸庶吉士安在，若何獨留此？學士奏：「諸臣習清書，幸已成，各有事歸私寓。臣鈍劣，每後於人，私習以補其拙。」世祖曰：「諸臣何事，惟博弈耳！今已分曹他適飲酒矣。」即日傳旨，超擢爲侍讀。

世祖讚譽慎交社

世祖召修撰徐元文、編修張若靄、華亦祥入乾清宫。世祖科跣，單紗暑衫褌褶，曳吴中草鞵，命三臣升殿，賜觀殿中書數十架，經史子集、稗官小説、傳奇時藝，無不有之。中列長几，商彝周鼎、哥窰宜爐、印章畫册畢具，廡下珠蘭、建蘭、茉莉百十盆。賜席地坐，從容問羣臣賢否，時政得失，皆謝以初進小臣，不能備知。因及書史古文，又問及近來名流社會，且云：「慎交社可謂極盛，前狀元孫承恩，亦慎交中人也。」良久，始遣出。

張宸以祭文受知世祖

順治時，后喪，詞臣撰擬祭文，三奏草，不稱旨。最後内閣中書張宸撰，中有句云：「眇兹五夜之箴，永巷之聞何日？去我十臣之佐，邑姜之後何人？」世祖閲之墮淚，尋遷張兵部車駕司主事。

世職知縣加東昌府通判銜

順治朝，曲阜世職知縣孔允醇以居官廉能，加東昌府通判銜，仍任知縣事。

世祖贊王熙爲公輔器

王文靖公熙，宛平人，文簡公崇簡子，少年登第。世祖喜曰：「公輔器也。」命供奉內廷，親教以滿文，兼習釋典，與孫學士承恩、麻文僖公勒吉日侍西清。世祖升遐時，命與文僖同撰遺詔，受顧命。康熙中正首揆，繼命專管密本。前此漢官不與聞軍機，異數也。

聖祖詔繪覺羅武默訥像

康熙庚申，特召內大臣覺羅武默訥入養心殿，命工繪其像，即以賜之，諭曰：「將此像給爾子孫世世供享，以昭加恩之意。」

韓文懿以時文受知聖祖

長洲韓文懿公菼，康熙癸丑科會試殿試皆第一。撤闈後，上取墨卷覽之，稱主司得人。是年冬，召至起居注，命將平日窗稿進呈，遂以刻本五十篇進。復召至弘德殿，問平日所作必多，館師熊文端公代奏曰：「尚有三十二篇，以題目小，不敢進呈。」上曰：「不妨，都進來。」其三篇，即鄉試墨卷也。某年，詞臣進表，有用「豈弟君子屬之臣」者，聖祖摘其訛，將加譴責。奏曰：「屬之臣固誤，然古人斷章取義，亦有君臣兩屬者，如《禮經》所云『豈弟君子，求福不回』，其舜、禹、文王、周公之謂與是也。」

聖祖呼尤侗爲老名士

長洲尤侗，字悔庵，官侍講。世祖嘗稱爲真才子，聖祖亦稱爲老名士。

杜立德入殿賜宴

寶坻杜文端公立德，以薦授内閣中書，尋登揆席，居相位十餘年。嘗賜宴内廷，特命列坐殿中。漢大學士入殿坐，蓋自立德始也。後以疾未預宴，上特遣中使齎酒饌賜之，諭曰：「卿弼亮老臣，久任機密。兹海宇蕩平，時當令序，賜宴羣臣，念卿卧病，故遣使慰問，且賜醴饌。卿其加餐珍攝，副朕惓惓至意。」

杜立德乞歸賜詩

杜文端公屢疏乞歸，聖祖慰留至再，其後請益力，乃頒宸翰云：「内閣大學士杜立德，弼亮老臣，綸扉久重，引年請歸，陳乞至再。遐心既固，未可勉留，詩以送之。十載資賢佐，勞深致太平。訏謨留紫闥，風度重丹楹。方倚鹽梅略，難違邱壑情。餐芝黄綺伴，軒冕有餘清。康熙二十三年八月初九日御筆。」又賜「洛社怡情」圖書一方，御書唐詩三軸，墨刻二册。

聖祖加恩范承勛

漢軍鑲黄旗范大司馬承勛，開國名相文肅公第三子，殉難閩督忠貞公弟也。康熙癸酉冬，以雲貴總督陛見至京師，值上謁孝陵，因迎至米峪口。上見范，天顔和霽，諭曰：「爾盛京舊人，爾父兄累朝効力，爾兄又爲國盡節。朕見爾，思及爾兄，心爲慘切。不見爾幾八九年矣，爾鬚髮皓白如此。郊外寒冷，今將貂帽、貂褂、白狐腋袍賜爾。此時更換，恐受風寒，明日可服之來謝恩。」並賜御書「世濟其美」額。

聖祖寵任張文貞

康熙丙子，聖祖親征噶爾丹，至科圖，詔漢臣皆止，丹徒相國張文貞公玉書獨堅請扈從深入；噶爾丹已破走，復請從至歸化城受降。聖祖賜所御衣帽禦寒，戒毋露宿，軫恤甚至。嗣是寵任益專，爲漢臣冠。

聖祖優禮陳廷敬

聖祖南巡，澤州相國陳廷敬方扈從。既至杭州，乞假游西湖一日，奉旨免朝，且云：「廷敬老臣，遇宮眷車不須避路。」

聖祖賜宋犖豆腐法

聖祖南巡，宋牧仲在蘇撫任內迎鑾。某日，有内臣頒賜食品，並傳諭云：「宋犖是老臣，與衆巡撫不同，著照將軍、總督一樣頒賜。」計活羊四隻，糟雞八隻，糟鹿尾八箇，糟鹿舌六箇，鹿肉乾二十四束，鱘鰉魚乾四束，野雞乾一束。又傳旨云：「朕有日用豆腐一品，與尋常不同。因巡撫是有年紀的人，可令御厨太監傳授與巡撫厨子，爲後半世受用。」

聖祖推恩于襄勤父

漢軍于襄勤公成龍之擢安徽按察使也，聖主方以巡狩還京師，特詔獎襄勤賢能廉介，賜其父原任參領于德水貂裘；又通諭八旗都統侍郎諸臣有子弟官外者，各貽書訓勉，效于成龍潔己愛民。

聖祖賜曹寅母御書匾額

康熙己卯夏四月，聖祖南巡回馭，駐蹕於江寧織造曹寅之署。曹世受國恩，與親臣世臣之列，爰奉母孫氏朝謁。上見之色喜，且勞之曰：「此吾家老人也。」賞賚甚渥。會庭中萱花盛開，遂御書「萱瑞堂」三字以賜。

聖祖矜恤翰林官屬

康熙庚辰，聖祖以翰林官及庶吉士有貧不能具衣服乘騎者，諭大學士查明候旨施恩，並於丁憂告假之庶吉士無力至京者，飭各省督撫酌量資助。

皇子臨喪行拜奠禮

康熙壬午，少傅王文靖公卒於家。聖祖諭皇子直郡王往奠，並諭之曰：「前此大臣病逝，間有命皇子臨其喪者，從未施拜奠之禮。大學士王熙因係世祖舊臣，特令汝行禮舉哀致奠。」

聖祖賜蔡升元葬親銀

德清蔡升元，康熙壬戌一甲一名進士，方由修撰遷中允，即請終養。癸未，迎駕嘉興，奏對御舟。翼日得旨：「蔡升元在講筵甚久，家計甚貧，賜銀六百兩，爲葬親費，事竣即來京。」時行在侍臣有感泣者。

聖祖御書文恪二字賜勵杜訥家

大臣身後予謚，皆由禮部奏請，既得旨，内閣擬字進呈，候上圈出，此定例也。康熙癸未，侍郎勵杜訥卒於官，已特賜祭葬矣。越二年，聖祖駐蹕静海，追念其効力南書房二十餘年，敬慎勤勞，特旨賜謚，並御書「文恪」二字賜其家。

聖祖賜胡朏明御書

康熙甲申，聖祖南巡，德清胡朏明渭撰《平成頌》，並以所著《禹貢錐指》獻諸行在。有詔嘉獎，召至南書房直廬，賜饌，御書「耆年篤學」四大字賜之。後閻潛邱垂老入都，諄諄以求御書爲言，蓋深羡朏明之遇也。

聖祖爲張文端奏請多留江寧一日

康熙乙酉南巡，駐蹕江寧，將啓鑾矣，以在籍諸臣籲請，允留一日。時桐城張文端公英已以大學士致仕，迎鑾淮南，隨至金陵，亦以爲請。得旨：「念老臣懇求諄切，准再留一日啓行。」丁亥，文端迎於清江浦，仍隨至金陵，上亦允其奏多留一日。初，文端予告時，瀕行，御書「篤素堂」三字以賜；在淮安，則御書「謙益堂」及「葆靜」匾額；在江寧，則御書對聯及「世恩堂」匾額，他所賜賚，不可勝言。

聖祖追念李霨勳勞

高陽相國李文勤公霨，以康熙癸亥薨於位。庚寅，上追念勳勞，特諭李霨任大學士時始終恪慎，懋著勤勞，其孫工部主事李敏啓可超擢太常寺少卿，以示優禮舊臣至意。

聖祖稱湯西厓爲詩公

浙江詩派，朱竹垞後，必以懷清堂爲大宗。康熙癸巳，湯西厓右曾以少宰兼掌院，赴熱河謝恩。滿掌院揆敍適侍班，聖祖垂問曰：「湯右曾工於詩，有刻成者，可令進呈。」揆奏：「刻者未之見，右曾昨在臣寓，有所作《文光果》詩。」上命取閱，隨御製一首賜和，中有「叢香密葉待詩公」之句，舉朝傳誦，羣然屬和，世遂稱西厓爲詩公。

聖祖褒于清端

永寧于清端公成龍，聖祖褒爲真理學，又褒爲古今廉吏第一。康良親王，總督蔡毓榮，巡撫張朝珍、吴興祚俱器重之，所舉如于襄勤公成龍、董秉忠、陳大楝、邵嗣堯、王燮、孫宏業、衛濟賢等，皆著聞於時。

聖祖題徐湘蘋畫大士像

陳素庵相國妻，即湘蘋夫人也。夫人徐姓，工詩詞，精繪事，嘗以從宦不獲供奉吴太夫人甘旨，手畫大士像五千四十有八幅，以祈姑壽。聖祖曾取入内廷，寵以御題。

傅臘塔受知聖祖

清端公傅臘塔督兩江，薨於位。聖祖命太僕卿楊舒往祭，傳諭江南官民曰：「爾等悲傷感痛，朕聞之。」向來外官溘逝，從來未有此遣祭之例也。

編檢得賜禁城騎馬

康熙朝，編檢入直，亦有朝馬之賞，朱竹垞嘗得之。

聖祖加惠二程後嗣

錢塘徐文敬公潮撫河南時，五經博士程延祀請給二程子祭田，格於部議。聖祖諭曰：「程子宋之大儒，祀典不可有缺，第恐祭田年久變鬻，其更籌久遠策。」潮奏請於每年春秋致祭外，別給其後嗣銀四十兩，俾展時祀。從之。

聖祖加恩傅忠毅生母

傅忠毅公巡撫廣西，佩撫蠻滅寇大將軍印。聖祖鑒其忠赤，特封傅生母但太君一品夫人，賜第會城，敕和碩簡親王、兩江總督董衛國、巡撫佟國楨、總兵哲爾肯加意頤養。又念侍奉乏人，復命忠毅妹原適鑲白旗驃騎將軍汪宗宏者，馳驛歸里，以代定省。

世宗寵待大臣

世宗知大臣祿薄不足用，故定中外養廉銀兩，歲時賞上方珍物無算。鄂爾泰召入時，上特命海望爲之起第於大市街北，凡器用無不備。張廷玉嘗小疾，及痊，告近侍曰：「朕股肱不快，數日始愈。」衆爭來問安，上笑曰：「張廷玉有疾，豈非朕股肱耶？」陳時夏籍滇南，上因其母老，特命雲貴有司置傳送至任所。岳鍾琪出征西域，上特命其子濬送至玉門關以慰之。

世宗加恩陳時夏生母

雍正癸卯，閣學陳時夏以御史授河南開歸道，仍帶臺銜。丙午，署江蘇巡撫。世宗念時夏母老家居，以道遠未迎養，特命雲南督撫資送至蘇州，復賜人葠，以慰高年行役之勞。

世宗召高宗入養心殿賜食

雍正癸卯，次辛祈穀禮成，爲世宗登極初次大祀之典，特召高宗入養心殿，賜食一臠。

賞花釣魚

世宗馭下嚴肅，然每假以詞色。雍正丙午秋，特宴文武大僚於乾清宮，賦詩飲酒。每佳時令節，必賜諸王大臣游讌，泛舟福海，賞花釣魚，竟日乃散。

世宗優禮蔣文肅

雍正丙午秋，蔣文肅公主順天鄉試。時太夫人高年在堂，世宗恐其懸念，命樞府諸大臣索其家平安信，於降旨之便，傳入闈中，以慰其心。

知州蒙世宗特賜

雍正丁未，馮少寇以知州開復，蒙世宗超授廬州知府，並於請訓之日，特賜貂裘、錦綺、端硯、法帖諸珍。

世宗慰留朱文端

高安朱文端公軾晚歲多病，屢乞身，世宗嘉奬而慰留之。雍正辛亥，又具摺奏請。内閣傳出上諭：「爾病如不可醫，朕何忍留；如尚可醫，爾亦何忍言去？」文端感激涕零，從此不復有退志。

蔣文肅屢受世宗賞賜

蔣文肅官庶常，即蒙聖祖賜第西華門右，御題匾曰「揖翠堂」。雍正戊申，大拜後，復賜新第於得勝門。舊例，年終賞大臣福字皆用紅箋。丁未冬，世宗以其母曹夫人服未除，特書金箋福字以賜；壬子，賜人參至十二斤。

世宗召見布衣方觀承

方恪敏公觀承，少時愛楚詞，自懺云：「愛讀《離騷》便不祥。」後以《南山集》獄起，全家謫戍黑龍江，恪敏與兄觀永往來南北，營塞外菽水之資，或日一食，或徒步百餘里。及壯，歸金陵，家無一椽，借居清涼山僧寺。雍正壬子，入京師，旅人某爲薦入平郡王藩邸，王與語，奇之。癸丑，王爲定邊大將軍，征準噶爾，奏恪敏爲記室。世宗命以布衣召見，賜中書銜偕往。凱旋，以軍功實授内閣中書。被薦詞科，臨試不赴。尋遷吏部主事，歷文選司郎中，出觀察清河，累遷至制府。雖貴，手不釋卷，好吟詩，工書，善騎射。年六十一而卒。

張廷玉鄂爾泰受知世宗

雍正時，滿、漢大臣執政權而始終寵任者，漢人則張文和公廷玉，滿人則鄂文端公爾泰。文和登朝五十年，長詞林二十七年，主揆席二十四年，凡軍國大事，承旨商榷，無不合廟堂意旨。身後配享太廟。漢人之有勢力者，僅張一人。然頗樹黨，汪由敦其一也。當時有張、姚二姓占過半部縉紳之言。鄂則世宗暮年，寸步不離，恆留宿禁中，逾月不出。世宗嘗云：「朕有時自信，不如信鄂爾泰之專。」事無大小，必令鄂平章以聞。

世宗賜張廷玉聯

張文和公輔政時，世宗御書春聯以賜曰：「天恩春浩蕩，文治日光華。」傳寫者改「天」字爲「皇」字。後此聯遍天下，而無人知爲御製矣。

高宗賜張廷玉詩

張文和公於世宗時允其配享太廟，及予告將歸，復面求高宗。高宗以其不赴宮門謝恩，降旨切責，且曰：「朕前旨原謂配饗大臣，不應歸田終老，今憐其老而賜之歸，是特恩也。既賜歸而又曲從伊請，許其配饗，是特恩外之特恩也。乃在朕則有請必應，而彼則恬不知感，則朕又何爲屢加此格外之恩！且何以示在朝之羣臣！試問其願歸老乎？願承受配享恩典乎？令明白回奏。」張大懼。及事少解，入朝謝恩，高宗憐之，仍賜詩以歸。

世宗屢賜張廷玉金

世宗朝，張文和公在政府，十數年間，六賜帑金，每賜輒以萬計。屢懇辭，上諭云：「汝父清白傳家，汝遵守家訓，屏絶餽遺。朕不忍令汝以家事縈心也。」文和歸，遂以賜金名其園。

給還張廷玉家資

張文和公有一姊，歸姚氏，早寡，著《蠹窗詩集》，有智略。雍正間，文和告歸在家，有兩江總督查看家産之旨，先期得聞，亟歸視文和，檢書牘手録册子，攜回夫家。文和家無長物，兄弟戚友恐啓寄藏之疑，助成十萬金，以待查看。迨兩江總督復命，仍飭給還，文和亦未具領，存江寧藩庫。

世宗呼閻百詩爲先生

閻百詩名璩，晚年名動九重，世宗在潛邸，手書延請，後至京師，執手賜坐，呼先生而不名。凡飲食、藥餌、衣服及几研陳設諸物，罔不精腆。偶感疾，命太醫院朝夕視。既病劇，求移館，世宗固留不可，則命以大牀爲輿，上施青紗帳，二十人舁之，至城外十五里，如卧牀，不覺其行也。殁後，親撰文以祭，並賜輓章。

歡喜老人

歡喜老人者，生海寧，居海壖，考察浙江海塘，垂六十年，捍禦修培，堅守古法，當事極倚重之。老人陳氏，名訏，字言揚，嘗官温州府學教授，年八十。時第三子存齋方伯世倕以河南按察使入覲，蒙世宗垂詢年齒履歷，御書「松柏堂」匾額，並賞人葠、貂皮、寧紬諸品，俾歸遺其親，諭云：「爾父有德有壽，給他老人家歡喜。」老人感激聖恩，遂有是號。

奉旨觀劇

巡撫李某，雍正時人，由軍官轉至巡撫者。性喜觀劇，會有言官具疏劾之，世宗遂諭其明白回奏。李乃與幕府磋商，有謂此事無實據，可云並未演劇者，有謂可以託詞酬神者。李聞之，皆以爲不可，曰：

「若等不知帝之爲人，不可欺也。余意直認不諱。但余本係武夫，不知禮數，觀劇可藉以習禮。余又未讀書，於前代人物，茫然不知，觀劇即可知某爲善人，某爲惡人，擇其善者從之，惡者戒之。且余到任已久，並未嘗因私廢公，既蒙聖恩垂問，嗣後更不敢觀劇。如此具覆，定可無事。」幕府乃本其意，爲之擬稿。疏既上，世宗親批准其觀劇，但囑其不可有誤政務，一時遂傳爲奉旨觀劇焉。

世宗信任李衛

雍正一朝，疆臣最蒙恩眷者，莫如田文鏡、李衛，而信任之專，似李尤在田上。李以康熙末年授雲南驛鹽道；雍正癸卯，管理銅廠；甲辰，擢雲南布政使，仍兼理鹽務；乙巳，撫浙江；丙午，管理兩浙鹽政；丁未，授浙江總督；戊申，命江蘇所屬七府五州一切盜案俱令管理。復因廷議築松江石塘，上以江南督臣范時繹辦理未協，令李查議具奏，奏上得旨，仍令會同江南督撫稽查辦理。十二月，上以李留心營務，凡江南軍政舉劾，命同范時繹等辦理。時適遣侍郎王璣、彭維新往江南清查積欠錢糧，亦令與聞。己酉，加兵部尚書銜。庚戌，江寧有張雲如者，以符咒惑人，謀不軌。李遣弁密訪，得其黨甘鳳池等私相煽誘狀，令游擊馬空北齎文往緝。旋以范時繹及臬司馬世炌回護失察咎，又曾與雲如往來輾轉關查不解，且賄空北稟飾，具疏劾之，命尚書李永昇赴浙會鞫得實。時繹解任，世炌以下論罪如律。壬子，調督直隸，命節制提督等官。乾隆丁巳，猶以奏誠親王府侍衛庫克於安州民爭控淤地案赴州屬託，諭嘉其執法秉公，特賜四團龍服。戊午，疏參直隸總河朱藻挾詐誤工貪劣等款，及藻弟蘅干預賑務。奏入，命尚書訥親、孫家淦會鞫得實，革藻職，擬杖流，衡亦擬杖。

漢員賜宅

在京漢員，皆僑寓南城外，地勢湫隘，賃屋之值皆昂，漢員咸以爲苦，列聖每加體恤，故漢閣臣多有賜第內城者。如張文和廷玉賜第護國寺胡同，蔣文肅廷錫李公橋，裘文達曰修石虎胡同，劉文定綸阜城門大街，劉文正統勳東四牌樓，汪文端由敦汪家胡同，梁文定國治拜斗殿，董太保誥新街口，皆榮遇也。

梁文莊墨漬袍袖

雍正間，錢塘梁文莊公入直上書房，獲侍高宗暨誠、和兩親王講讀，以舊學受知遇。晚年自言嘗爲高宗作擘窠大字，適世宗駕至，諸臣鵠立以竢，世宗命竟其書，以墨漬袍袖，復令高宗曳之。文莊藏此衣三十年，薨時服以就木，以存殁志君恩也。

梁文莊素衣入直

梁文莊公官侍講學士時，丁母憂歸，詔賞藩庫銀五百兩治喪。乾隆丙辰，諭曰：「向來翰林官丁憂有在京修書之例，梁詩正著來京在南書房行走。」詔以素服入直，照現任學士例給俸，兼直懋勤殿，與侍講顧成天恭校御製《樂善堂全集》，賜第南城。

王蘭生稽古之榮

交河王少司寇蘭生，起家秀才。康熙丙戌，李文貞薦，召直内廷。癸巳，賜舉人，蒙養齋開局，與編纂事。後以母病請急，有旨將韻書攜回，就家纂輯。服闋，復赴書局，日侍講筵，承顧問，辰入酉歸，無間寒暑，時猶未通籍也。辛丑，賜進士，以庶吉士充武英殿總裁，留館。踰年，即署司業，典廣東試，督浙學。歷康熙、雍正、乾隆三朝，凡天禄祕書頒行海内者，靡不與點勘之役；樂律一門，尤專屬焉。文柄屢握，賜賚無算。年僅中壽，蚤躋列卿。

山高水長樓看烟火

乾隆初，歷年於上元前後五日，觀烟火於西苑西南門内之山高水長樓。樓五楹，不加丹雘，其前平圃數頃，地甚寬敞，遠眺西山，如髻出苑牆間。申刻，内務府司員設御座於樓門外，宗室外藩王貝勒，及一品武大臣，南書房、上書房、軍機大臣，以及外國使臣等，咸分翼入座。圃前設火樹，棚外圍以藥欄。上入座，賜茶畢，各營角伎及僸佅兜離之戲，以次入奏畢，上命放瓶花，火樹泙湃，異觀也。膳房大臣跪進果盒，上親頒賜，凡侍座者咸預。次樂部演舞鐙伎，伎畢，命放烟火。火繩紛繞，儼如飛電，俄聞萬礮齊作，轟雷震天，逾刻乃已。

賜田文鏡入祀賢良祠

田文鏡，漢軍正黃旗人，以福建長樂縣丞起家，薦至總督。雍正癸卯，以內閣侍讀學士告祭華嶽，復命時，面奏山西荒歉情形，即命赴山西振濟平定等四州縣，並授山西藩司，旋調河南。久之，授河南、山東總督。卒謚端肅，於河南省城建立專祠，並入祀豫省賢良祠。乾隆庚申，河南巡撫雅爾圖奏：「文鏡在豫，百姓至今怨恨，豫省賢良祠不應列入。」奉諭：「此等事何須亟亟爲之，若行撤去，豈不有悖前旨呼？使田文鏡尚在，朕不難去之罪之，今已没矣，在祠不在祠，何礙於事。況今日在祠，將來應撤者，正不知幾何也，何必亟亟於一田文鏡。若出於識見之迂，尚可，若出於逢迎與彼不合之人之意，則朕所望於汝者，又成虛矣。朕觀雅爾圖此奏，並不從田文鏡起見，伊見朕降旨令李衛入賢良祠，其意以爲李衛與大學士鄂爾泰素不相合，特借田文鏡之應撤，以見李衛之不應入耳。當日王士俊請將田文鏡入賢良祠，係奉皇考諭旨允行，今若撤出，是翻從前之案矣。試思田文鏡留於祠中，於國計民生有何關係，而此時必欲行此翻案事乎？又如前日查克旦奏請弘晫迎養嫡母一事，弘晫係獲重罪之人，朕所以給與紅帶子者，誠恐日久之後，漫無分別，多有未便，乃事之不得不如此辦理者。至於迎養伊母之奏，朕若允行，在伊一家，自必感激朕恩，然以今日之迎養爲恩，必以從前之治罪爲怨，似此市恩翻案之舉，朕必不爲也。當日鄂爾泰、田文鏡、李衛，皆督撫中爲皇考所最稱許者，其實田文鏡不及李衛，李衛又不及鄂爾泰，而彼時三人素不相合，亦衆所共知。從前蔣炳條陳直隸裁兵一事，又有人條奏直隸總督應改爲巡撫者，外間皆以爲出於鄂爾泰之意。前日李衞之子李星垣初到京師，即具摺奏稱伊父李衞平日孤身獨立，恐不合之人，欲圖報復。朕命訥親嚴行申飭云：『汝不過一武職小臣，即有與汝父不合之人欲圖報復者，朕乾綱獨攬，洞察無遺，誰能施其報復之私心？汝係新進之人，即存此念，甚屬糊塗，將來豈能上進？』李星垣陳奏雖未明言，朕即知其指大學士鄂爾泰也。從來臣工之弊，莫大於逢迎揣度。大學士鄂爾泰、張廷玉，乃皇考簡用之大臣，爲朕所倚任，自當思所以保全之，伊等諒亦不敢存黨援庇護之念。而無知之輩，妄行揣摩，如滿洲則思依附鄂爾泰，漢人則思依附張廷玉，不獨微末之員，即侍郎、尚書中亦所不免。即如李衞身後，無一人奏請入賢良祠者，惟孫嘉淦素與鄂爾泰、張廷玉不合，故能直攄己意，如此陳奏耳。朕臨御以來，用人之權，從不旁落。試問數年中，因二人之薦而用者爲何人？因二人之劾而退者爲何人？即如今日進見之楊超曾、田懋，皆朕親加簡拔，用至今職，亦何嘗有人在朕前保薦之乎？若如衆人揣摩之見，則以二臣爲大有權勢之人，可以操用舍之柄，其視朕爲何如主乎？但人情好爲揣摩，而返躬亦當愼密。即如忒古爾德爾因派出坐臺，託故不往，朕加以處分。又刑部承審崔超潛一案，擬罪具題時，鄂爾泰曾爲密奏，後朕降旨從寬，而外間即知爲鄂爾泰所奏。若非鄂爾泰漏洩於人，人何由知之？是鄂爾泰愼密之處不如張廷玉矣。嗣後言語之間，當謹之又謹。又額駙策令到京，曾奏忒古爾德爾年老，請令回京。又法敏、富德、常安輩，策令亦曾在朕前獎以好語。又謂富德宜補隨印侍讀。此必鄂爾泰曾向伊言之，故伊如此陳奏也。今鄂爾泰奏辯，並未向伊言之。夫向伊言之而奏，固屬不可，若未向伊言而伊揣摩鄂爾泰之意，即行陳奏，則勢力更重。額駙且然，何況他人。鄂爾泰亦能當此語乎？朕於大臣視同一體，不但欲其保全始終，且於疑似之際，亦每爲留意，以杜外人之議論。即如前日刑部侍郎缺員，朕原欲批用張照，因彼時鄂爾泰未曾入直，而張廷玉在內，朕恐人疑爲張廷玉薦引，是以另用楊嗣璟。又如勵宗萬人不安静，鑽營生事，朕因其小有才具，尚可驅策，令其在武英殿行走，亦足滿其分量矣，而外人以爲張廷玉所劾，不得起用。其實當日勵宗萬保舉受賄一節，果親王曾經奏聞，並非出於張廷玉也。朕之用舍，悉秉至公，繼述期於至當。若謂皇考當日所用之人不應罷黜，所退之人不應登進，如大學士鄂爾泰，豈非告退閑居，而朕特用之大臣乎？又如前日吏部爲恆德襲職事具摺請旨，朕因摺内奏稱雖與銷減之例相符，而與奉有特旨多頗羅之案似同一例等語，恆德係訥親一族，不應如此措辭，朕不准行，且面加訓諭。鄂爾泰、張廷玉乃皇考與朕久用之好大臣，衆人當成全之，使之完名全節，永受國恩，豈不甚善。若必欲依附逢迎，日積月累，實所以陷害之也。朕是以將前後情節，徹底宣示，深欲保全之。二臣更當仰體朕心，益加敬謹，以成我君臣際遇之美。欽此。」

沈德潛校御製詩

詩人遭際，唐、宋以來，以長洲沈德潛爲第一。當進呈新詩時，中有《夜夢俞淑人》一首未删，高宗見之，謂：「汝既悼亡，何不假歸料理。」因賜詩送行。還朝後，偕内直諸臣恭和悼孝賢皇后輓章，中有兒字亡字難於措詞，沈獨云：「普天同灑淚，老耄似童兒。」又云：「海外三山杳，宮中一鑑亡。」命即寫卷後，傳示諸臣。及告歸，命大司馬梁詩正奉御製詩十二本，令德潛逐日校閲。先繳進四本，上命之曰：「改幾處，俱依汝。惟《大鐘歌》中云『道衍儼被榮將命』，汝改『榮國』，因道衍封榮國公也。榮將本黄帝時鑄鐘人，汝偶然誤會。然古書讀不盡，有我知汝不知者，亦有汝知我不知者。餘八本盡心校閲，不必依違。」至於賜序私集，俯和原韻，並稱以老名士、老詩翁、江浙大老也。

高宗賜沈德潛詩

沈德潛入詞館後，以悼亡假歸。高宗賜詩，有「我愛德潛德」句，錢文敏公因贈詩云：「帝愛德潛德，我羨歸愚歸。」

高宗賜徐文穆詩

錢塘徐文穆公本以東閣大學士入軍機，乾隆甲子正月，以病請解任，上慰留。六月，具疏力請，得旨，加太子太傅，准解任。八月，諭曰：「大學士徐本老成謹慎，宣力有年，今以抱恙懇請回籍調理，朕心眷注，特賦詩篇以寵其行，并賜御用冠服及内府文綺貂皮等物，令御前侍衛都統永興齎往，宣朕諭旨。朕於本月二十五日行幸南苑，當親至大學士邸寓慰問之。」詩曰：「枚卜資賢輔，調元贊眇躬。攄忠一心切，論道八年同。績茂台衡列，勤宣警蹕中。百司方仰矩，二豎偶興戎。遽爾辭榮禄，能毋遂退沖。青門名不減，黄閣惜何窮。别緒紛秋日，歸舟急北風。尚期食履健，重入綍扉崇。」九月，疏請給其子内閣學士以烜假，送歸。允之，命在籍食俸十年，復念其歸里將一載，御製詩賜之，詩曰：「道義愜同好，衣冠崇老成。八年資襄贊，千里睽音聲。宿疾今何似，秦醫胡不靈。每懷故老凋，錯落如晨星。臨風瞻越雲，惘惘心靡寧。長夏宜林居，山水秀且清。峯迎南北翠，月印三潭明。卿雖適江湖，豈不念朝廷。努力加餐飯，慰予跂望情。跂望情何極，頻年共濟人。爵禄非可私，義難阻歸輪。常謂二疏去，於道昧致身。卿以謝病返，安忍責恝分。恝分亦已久，日歷冬春夏。乃知白駒速，寸晷不相假。看禾新雨後，把卷萬幾暇。披薰對南風，心因到越下。所願眠食佳，早整歸朝駕。」

元旦恩錫筵宴

乾隆庚午元旦，恩錫大廷筵宴，王大臣九卿而下，翰詹科道皆侍，庶吉士亦得與焉。

高宗以御題墨刻賜督撫

高宗嘗以御題《雞雛待飼圖》、《韓幹試馬圖》、《太常仙蝶詩》諸墨刻，賜各省督撫，皆上駢文謝表，惡之，勅曰：「《試馬圖》之題，朕原因唐太宗以英武定天下，不數傳而至天寶，躭於逸樂，罔念祖宗創業艱難，文恬武嬉，釀成漁陽之變，倉卒播遷，國勢遂以不振。朕撫圖增惕，形諸篇什，以爲考鏡得失之林。又如《雞雛待飼圖》之鑒切民依，凡有撫綏之責者，各應顧名思義。至於《仙蝶詩》，亦因太常署中，實有其物，朕曾目覩，於幾餘學詠，藉記事實，遂以分賞各督撫，何必紛紛用駢體鋪張。玩物喪志，帝王所戒，朕豈肯以玩好禨祥，啓導臣工，流傳後世耶！」

方勤襄三大榮遇

方勤襄公維甸初入京，賜舉人、内閣中書、軍機處行走。其始生時，父恪敏公方總制畿輔。彌月之辰，恪敏適扈從行在，面陳後，攜抱入覲，賞賚駢蕃，一也。未弱冠，賜中書，所聘雲南裴撫軍女，猶未娶也，會引見，垂詢，命金壇于相國傳示裴中丞，早爲畢姻；嗣裴夫人歸寧滇南，又有旨下直隸制軍，沿途促返，二也。勤襄督閩浙，以太夫人年逾八旬，拜疏歸養，後有詔召贊樞務，勤襄奏稱「臣母不能頃刻離臣，臣又不能奉母就道」，懇辭新命。上聞，憫而許之，乃輟詔，復加賜珍物，以遂其孝養之私，三也。

高宗釋董文恭婦翁

董文恭公誥夫人秦氏，爲禮部郎雄褒女。雄褒先緣事遣戍，及秦夫人卒，高宗以文恭故釋歸里。雄褒至京，詣文恭言謝，門者述文恭語曰：「此恩出自上。」且諭令回籍，至京何爲者，終不見。

陳杰以勤樸受知高宗

乾隆己巳，高宗命工部侍郎三和修静漪園别館，中有複道，可通西苑，萬幾之餘，嘗乘小輿，由複道往監工，外廷未知也。時陳提督杰爲中營千總，日夕危坐宫門側，督率工匠，初無怠容。上心識其人，諭傅文忠公曰：「汝中營有偉髯千總，其人勤樸可任事。」因詢其名姓，命文忠保薦之，不數載，至專閫。

任啓運受研窮經學之褒

荆溪任釣臺宗丞，以雍正癸丑通籍，年六十四矣。殿試之明日，以能通性理八人奉旨引見，世宗反覆下詢，奏對詳盡，蒙恩奬人甚聰明，即授檢討，上書房行走。逾年抱疾，上廑聖懷，賜藥賜醫，院使院員，更迭前往，以口傳天語。越月疾愈，趨謝，特諭繞廊而進，再四慰安，務自保愛，並命侍臣扶掖以出，憑御座遥望之。高宗登極，仍直上書房，充講官，擢中允，由左僉都御史洊升卿貳。偶遭傾跌，賜藥賜金，服食寢興，時降清問，而且官翰詹，即免其考試，佐憲職，不責以糾彈。迨乾隆己巳，宗丞棄世久矣，詔舉經學士，聖諭猶舉以爲勸，有「故宗人府府丞任啓運研窮經學，整樸可嘉」之褒。

裘文達賜御衣冠

裘曰修字叔度，江西新建人。乾隆丙辰，以廩生薦博學鴻詞，己未，中進士，大考，遷侍讀學士，任九卿者三十餘年。貌清整，眉有濃翠，顧盼間精神淵映。居恆喜賓客，工諧謔，而遇事神解超釋，每詣一曹，受一職，手文書，嘿然，數日後，判決如流。丙子，征伊犁，面奏軍務機宜。高宗大悦，以其才似舒文襄公，賜御衣冠，乘傳至巴里坤，傳宣聖意。會逆酋莽阿里克遣其弟詭稱押送諸番，探信卡倫，裘與哈密鎮臣祖雲龍縛畀總督，發其奸。哈密兵少，有赴巴里坤種地者七百人，裘請暫留爲衛，撥河州五衛麥石，添備支放，餘者分散各塘路站平糶之，上皆奬許。凡有事四方，與大學士劉文正公先後奔走，前命未復，後命又至，雖侍内廷領六部，而足跡常周全國，讞决無苛，亦無縱。尤善治水，常奏：「治水當先審其受病之由，再論治病之法，就一縣一府而言，病有其處，合一省而言，則不然；就一省言，病有其處，合數省而言，則又不然。若僅於一處受病處治之，而下流之去路未清，則爲患滋甚。」上深然之。所治黄、淮、淝、濟、伊、洛、沁、汜等，凡九十三河，疏排濬瀹，貫穿原委，可爲後法。遇事有犯無隱。上鑒其誠，雖忤旨，時加嚴訓，不逾時，恩禮如初，亦與舒文襄公相似。年六十二，病噎。上賦詩存問，醫藥不絶於道，加太子少傅。薨，賜謚文達，入賢良祠。

高宗賜裘文達繼母生母匾額

裘文達自乾隆丁丑戊寅，周歷山東、河南、安徽三省，疏濬修築，河患粗已。高宗深嘉之，明年，特旨賜其繼母郝氏「八旬衍慶」、生母王氏「七袠連祺」匾額。

賜錦堂

趙谷林徵君昱家藏側理紙，蓋南越人以海苔爲之，質堅而膩，世不輕有。高宗南巡，獻之行在，拜賜宫錦四端，沈椒園觀察以賜錦名其堂。

五徵君

乾隆癸巳，四庫館初開，以翰林官纂輯不敷，劉文正公保進士邵晉涵、周永年，裘文達公保進士余集、舉人戴震，王文莊公保舉人楊昌霖，同典祕籍，後皆改入翰林，時稱五徵君。

高宗獎江右兩名士

蔣心餘初入京師，才名藉甚，裘文達以心餘與彭文勤並薦。及文勤召見，高宗屢問蔣某何在，文勤以母老對。上賜文勤詩，兼及心餘，有江右兩名士之目。

高宗嘉惠梁詩正父

梁薌林相國詩正爲户部侍郎時，值封翁七十壽，高宗諭賜官誥，及五言近體一首，「傳經介祉」四大字。相國兄薮林，方以庶常侍養家居，特旨免其散館，授編修。及相國參大政，一日，上忽語之曰：「汝父明年八十矣。」即日賜以閣部之封。乾隆辛巳南巡，封翁迎駕吴江。上停舟勞問，召見行幄，令二子扶掖上殿，稱其多福，賜貂賜幣賜資餌，及七言近體一首，「湖山養福」四大字。封翁既退，偕浙東西士大夫爲太后祝釐於淨慈寺，上復賜燕湖上。瀕行，又賜相國「台階愛日」四大字，及白金三百兩，爲封翁頤養之資。

高宗賜陳文勤予告詩

海寧陳文勤公世倌，乾隆丁丑以首揆予告，陛辭，賜銀五千兩，命在家食俸，並御製詩賜之，有「老成歸告能無惜，皇祖朝臣有幾人」之句。

高宗褒賞劉文正送行詩

劉文正統勳不以詩名，然偶有作，必出人頭地。乾隆中，桐城張文和公廷玉予告歸里，奉勅撰送行詩，門下士如趙編修翼等舊客於文正，並令擬作，卒莫有稱意者。文正在樞廷，自握管爲之，中一聯云：「住憐夢裏雲山繞，去惜天邊雨露多。」恭繕進呈，高宗大加褒賞，一時送行詩，遂無有出文正右者。

阮文達以眼鏡詩受知高宗

儀徵阮文達公元以文學侍從受知於乾、嘉兩朝，任封圻，正撰席，當時著述，蔚爲一家。然當其進身之始，亦阿附權門也。初入史館，適和珅掌院事，執弟子禮甚恭，和收之門下。未幾，大考翰詹，高宗以眼鏡命題。和知上高年不用鏡，先洩意於元，故元詩云：「四目何須此，重瞳不用他。」高宗以押他字脱空，議論又暗合己意，遂置高等，尋開坊。

畢秋帆以廷對屯田事拔第一

畢秋帆尚書爲軍機章京，代友直班，適陝督黄廷桂疏至，言新疆屯田事，熟讀之。及廷對，問屯田，條對精核，高宗拔爲第一。其侍藉田，亦代友值班，上詢布穀、戴勝是二是一，畢言布穀即戴勝，上稱善。

楊瑞蓮以誠實受知高宗

梁詩正有戚楊瑞蓮者，工篆隸書。乾隆中，開西清古鑑館，楊充寫官。八月十三日午後，一偉人徐步至，楊漫揖之，既就坐，問館中人何往，曰：「悉入闈就試矣。」問胡不往，曰：「所以留者，恐內廷有傳寫事件耳。」遂問姓名籍貫，楊具以對。索觀所爲書，極稱賞。忽數內侍聞聲至，方悟，亟蒲伏叩頭。高宗笑頷之，明日，語梁曰：「汝戚楊瑞蓮，甚誠實，篆隸亦佳，惜不得預試，可賞給舉人。」梁頓首謝。楊旋以修書敍績，選湘潭令。以自矜重其書，忤撫軍，被劾。上曰：「楊瑞蓮老實人，朕所深知，所參不准。」乃擲還原奏焉。

漢命婦榮遇

乾隆庚寅，太后八旬萬壽，凡六十以上齊眉命婦，均得邀綵緞珍品之賜。漢臣中同時受賞者，有吏部尚書程景伊妻金氏，禮部尚書蔡新妻何氏，吏部侍郎曹秀先妻劉氏三人。

香山九老

乾隆辛巳，孝聖后七旬萬壽，賜三班九老宴於香山。在朝王大臣九人，武職九人，致仕諸臣九人。

有《香山九老圖》，爲貝子弘旿所繪。迨孝聖八旬萬壽，即乾隆辛卯。仍賜宴香山，命齊赴乾清門，令畫苑艾啓蒙繪圖。文職九老爲顯親王衍潢，恆親王弘晊，大學士劉統勳，協辦大學士官保，吏部尚書託庸，刑部尚書楊廷璋，理藩院尚書素爾訥，刑部侍郎吴紹詩，工部侍郎三和；武職九老爲都統四格、曹瑞，散秩大臣國多、歡甘都，副都統伊松阿、薩哈岱、李生輝、福僧阿、色端察；致仕九老爲刑部尚書錢陳羣，内大臣福禄，禮部尚書陳德華，兵部尚書彭啓豐，禮部侍郎鄒一桂，左都御史吕熾，内閣學士陸宗楷，詹事陳浩，國子監司業王世芳。

高宗目錢文端爲江浙大老

嘉興錢文端公陳羣，幼貧甚，隆冬，早起讀書，竈無宿薪，汲井水盥手，膚爲之拆。未弱冠，依人京師，傭書餬口。冬無裘，入市，以三百錢買皮袖，自綴於袍，鈔纂益力。踰數年，旋里，課兩弟讀書於南樓，去梯級，縋繩送飲食。歲除，始一下樓。如是者二年，學大進，遂以文字邀異遇。高宗南巡，扶杖迎鑾，御製詩有江浙大老之目。

高宗賜王大臣曲宴

乾隆中，元旦後三日，欽點王大臣之能詩者，曲宴於重華宫，演劇賜茶，命仿柏梁體聯句，以紀其盛。復當席御製詩二章，命諸臣和之，歲以爲常。

賜外官花翎

定制，外任文臣無賜花翎者。乾隆中，方敏恪公觀承官直隸總督，聖眷頗優，以古北口大閱，乞賜花翎，遂邀特賞。嗣後外任督撫屢有蒙恩賜者。惟劉文正公督陝時，特賜花翎，回京繳還，上亦優容，不加責也。

盧明楷以精樂律受知

寧都盧詹事明楷，於樂律有宿悟，審辨律吕，清濁高下，不失絫黍。爲貢生，已預内廷修書之役。會和碩莊親王、尚書張文敏公奉詔編次《律吕正義》，卽薦盧爲纂修官，時猶未通籍也。樂部向以王大臣兼領，盧官侍讀時，特旨令撰擬樂章，兼樂部行走。凡所撰進，皆播之管絃，列於法部。

高宗御題南樓老人畫册

錢文端公母陳太夫人，節藝雙絶，鬻畫養親，世所稱南樓老人也。文端既貴，嘗以其畫册十幀，進呈御覽。一畫一魚一黑犬，一畫一蜨未入花叢時，一畫一蝦一蟹一小魚，一畫花籃，一畫大柏，一畫梅花仙女，一畫修篁茂林，一畫楊梅枇杷二桃，一畫喜雀，一畫蘿蔔白菜，皆清華名貴，秀溢人寰。每幀有其夫綸光題詩二句。乾隆丁亥，高宗於每幀題七絶一首，并御題一跋於後發還。文端及其子侍郎汝誠，各作十詩，恭和元韻，而侍郎詳跋於後，以詳慶幸。逮乾隆壬寅，文端父子皆没，高宗因閱錢選所畫犬鳥，偶憶陳太夫人原册，遣人至浙，取至京師，再呈乙覽，復御製七律一首，長跋一幀，仍歸錢氏。

陳文肅一日數召見

祁陽陳文肅公大受未達時，家貧甚，耕於山麓，同舍漁者每夜出捕魚，文肅爲候門，則讀書以爲常。後以大考受上知，拜協揆，直軍機。值金川用兵，高宗憂勤方略，軍書如織，雖夜分必達，一日數召見。或夜宿直廬，倏卧倏起，出入常見星。偶歸邸，則閣部公牘積數寸，刻燭披覽，不覺其勞。

巴延三以直宿受知高宗

巴延三制府初任軍機司員，無他能，人鄙之。嘗值宿，夜有西域用兵飛報至，大臣俱散出，高宗問值宿者，以巴對，因呼至窗下，立降機宜，凡數百語。巴小臣，初覲龍顔，戰慄應命，出後，一字不復記憶。有小侍臣鄂羅哩，素聰黠，頗解上意，遂代起草。上閱之，稱善者再，問其名，默誌之。數日，語傅文忠公恆曰：「汝軍機處有若等良材，奚不早登薦牘。」立放潼商道。不數歲，至兩廣總督，毫無建樹，終以貪黷罷。惟感鄂切骨，常以恩人呼之。

寧壽宫賜宴功臣

乾隆丙申，平定兩金川，孝聖后御寧壽宫，高宗侍膳，賜將軍阿桂、豐昇額等功績最著者三十六人宴於階下，爲歷來未有之盛典。

福文襄異數十三

福文襄公康安，初以領隊大臣隨征金川，攻克得楞山，賞嘉勇巴圖魯，後即以嘉勇二字疊爲封爵佳號，異數一也。索諾木就縛，金川平，封三等嘉勇男。班師，上幸良鄉，行郊勞禮，賜御用鞍轡一。旋御紫光閣，飲至，詔圖形閣中，上親製贊，異數二也。甘肅逆回田五等滋事，授參贊大臣，擒賊首張文慶等，晉封嘉勇侯，異數三也。臺灣逆賊林爽文圍嘉義，詔以爲將軍，馳驛往勦，立解縣圍，捷聞，封一等嘉義公，賜寶石頂四團龍服，異數四也。生擒林爽文檻送京師，臺灣平，賜金黄帶、紫繮、金黄辮、珊瑚朝珠，又命於臺灣郡城及嘉義縣各建生祠，再圖形紫光閣，上製贊如初，異數五也。廓爾喀賊匪竄後藏，詔以爲將軍，疊克賊寨，奏入，御製《誌喜》詩，書箑以賜，佐以御用佩囊，異數六也。甲爾古拉集寨之捷，酋懼乞降，詔許班師，晉大學士，加封忠鋭嘉勇公。會十五功臣圖像成，上復親爲製贊。時大學士阿文成以未臨行陣，奏讓首功，異數七也。尋賞一等輕車都尉，命照王公親軍校例，給六品藍翎三缺，賞其僕從，異數八也。由川督移雲貴，會黔苗石柳鄧圍大營、嗅腦營、松桃廳三城，楚苗石三保圍永綏廳，逆渠吴半生附之，有旨命督師進勦，未市月，立解三圍，賞戴三眼花翎，異數九也。屢燬賊營，奪賊卡，降七十餘寨，詔晉封貝子銜，仍帶四字佳號，照宗室貝子例給護衛，異數十也。吴半生降，賞其子德麟副都統銜，授御前侍衛，異數十一也。積功無可加，賞晉其父文忠公貝子爵，異數十二也。逮薨，特旨賞郡王銜，賞庫銀萬兩治喪，並於家廟旁特建專祠，以時致祭，其父傅恆追贈郡王銜，子德麟襲貝勒。喪入城，親往賜奠，御製詩哭之，配饗太廟，並入祀賢良、昭忠二祠，復奉諭德麟承襲貝勒後，其子襲貝子，孫鎮國公罔替，異數十三也。

尹均與千叟宴

内閣典籍尹均，雲南蒙自人，内閣學士壯圖父也。乾隆乙巳，以就養京邸，特旨入千叟宴，賜賚珍異，與一品大臣列坐丹墀東。

宗室公賜紫

舊制，親郡王用金黄輿服，貝勒貝子用紫色輿服，宗室公與大臣同。乾隆丁未，特賜宗室鎮國公輔國公紫色輿服，其未入八分公者仍舊制。

繪功臣像三次

乾隆間，詔繪功臣像，凡三次。一，丙申平金川五十功臣；一，戊申平臺灣三十功臣；一，癸丑平廓爾喀十五功臣。高宗皆親灑宸翰，製贊褒美。

高宗加恩百歲翁

高宗八旬萬壽，各省奏請加恩耆老，百歲者多至數百人，慶源藍祥一百六十六歲，賞六品頂戴。

王文莊受二十四福之賜

錢唐王文莊公，賜第在京城護國寺西。文莊内直二十四年，以除夕蒙賜福字二十四懸其間，曰二十四福堂，外無餘地。其子請曰：「此後拜賜，何以置之？」文莊曰：「别置一軒，可名曰餘福。」而文莊不久捐館，語竟不遂。

鄒小山以崑曲受知高宗

無錫鄒小山侍郎一桂，工畫花卉，嘗作百花卷，各賦詩一絶進呈。高宗亦賜題百首，並賜額四字，曰「黄華知己」。錢文端公陳羣嘗游盤山，時杏花盛放，文端出藏紙，索寫《盤山杏花圖》，侍郎即於花下點染，屋宇頹垣，山嵐花氣，一一入妙。人皆知花草之工，而不知山水之佳著之也。侍郎有《題盤山天成山》詩云：「天遣垂虹掛作泉，更留盤石坐人便。平分遠岫雙蛾翠，獨立孤峯一指彈。麅伏自來經座側，鴿馴時下飯鐘前。是花色相誰能辨，繞澗山花爛欲然。」侍郎微時，好狹邪游，喜擫篴。封翁性嚴正，屢戒勿悛，逐之出，不承爲子。侍郎困甚，丐人哀其父，不爲動。時已爲諸生，因以措資應試請，封翁曰：「汝果賢，貧賤何害；不賢，即富且貴者，寧遂免若敖氏之餒耶！」乃隻身北上，僅攜一布被。途間，去被中絮，乘夜，實草根敗葉於内，壓背隆然，詣旅邸求宿。翌晨，傾被中物於地，置被懷袖間，悄然扃門出。邸中人意負物在室中，必無他慮，不知已得膳宿一夕，垂橐而去矣。長途轉徙，悉用此術以抵都。維時崑曲盛行，好事者率自置鞠部。一日，高宗傳旨進樂，酒酣，自演《李三郎羯鼓催花》劇。主器者苦不能稱旨，侍郎獨能隨其意爲節奏，抑揚頓挫，無不合拍。高宗大悦，亟使納監入北闈，獲雋，遂以一甲第三人及第。

錢維城以繪事受知高宗

武進錢司寇維城畫，與富陽董宗伯邦達齊名，皆以幽深兼沈厚。蓋司寇秀骨天成，而通籍後又得力於東山者也，均爲高宗所賞。嘗扈游中盤，上顧司寇，使畫盤山圖。閱日進覽，御製三十韻題圖首，司寇作恭和詩，有句云：「繪圖奉宸命，怵惕久未報。」乃知能事不受相促迫，以供奉内廷人奉旨繪圖，猶久未報，不獨王宰也。

趙秉沖以諸生入直

上海趙謙士侍郎秉沖未達時，游京師，無所遇，意將旋南。其兄實君觀察以廕官中書，將從高宗避暑熱河，謙士請與偕，遂往。一日，上坐碧紗幮，謂某相國曰：「此處須書畫各四幀。」相國出，商諸實君，倉猝無以應。謙士乃自請，爲代寫真草隸篆梅蘭竹菊以進。上嘉賞，問誰作，相國對中書趙秉淵。召見，將有賜，秉淵以臣弟秉沖對。及熱河回鑾，適懋勤殿人員缺，急欲得人，相國以秉沖名上，然恐格於例，惴惴焉。上曰：「熱河作書畫之趙秉沖耶？可召之。」令以諸生掛朝珠入直，旋賜舉人。值上七旬萬壽誕期，獻「古稀天子」寶；後十年，獻「八臻耄念」玉印，俱悦聖心，遂自中書洊擢卿貳。

高宗賜曹文埴父母壽

高宗時，新安曹文敏公文埴以大司農歸養，特賜藏佛於其家，爲父母壽。

高宗賜段秀林黄馬褂

提督段秀林官古北口時，扈從熱河。高宗召見，問：「爾年逾七十，尚能射否？」對曰：「騎射，武臣職也。臣雖老，尚能跨鞍彎弧，爲將士先。」一日，上在宫門懸鵠，命秀林射，秀林一發中侯心。上大喜，賞穿黄馬褂。

翁方綱清書牙拉賽音

乾隆已前，新進士用館職，例擇年少者十數人學習滿書，庶常館課及次科散館，皆以滿書第甲乙。翁學士方綱散館時，上以繙繹陶潛《桃花源記》命題。是日午刻，學士已脱稿，適聞駕出，上步自西階，至其跪所，取卷閱之，問姓名至再，諭曰：「牙拉賽音。」漢語甚好也。次日，御定一等一名。嗣是纂修祕籍，掌握文衡，靡役不與，遂褎然爲北學領袖矣。

福字備賞

康熙間，聖祖御書大福字，賜編修查慎行。蓋年例於嘉平朔日，開筆書福，王公大臣內直侍從皆得預賜。世宗每遇書福之辰，頒及直省將軍督撫，硃批諭旨，於各省奏到恭謝頒賜福字之摺，時加訓勉。誠以福乃天下之公，非一身一家之私，封疆大吏董率文武，必所轄地方家給人足，樂業安居，始足爲一省之福，推而至於天下，莫不皆然。高宗自乾隆甲辰以後，每歲遂爲常例。開筆之日，御重華宮，書第一福字，揭之乾清宮正殿。所用筆，鐫正書四字曰「賜福蒼生」，相傳爲聖祖御用留貽，管髹漆，色黝，字填以金。每開筆時，御用一次，即珍弆檀篋。各宮殿御園等處所用福字，亦親書分貼。書福之箋，質以絹，傅以丹砂，繪以金雲龍，宮廷所貼用者，及硃紅對箋壽字箋，歲由江蘇按照尺度製進，頒賜臣，則南省方物所陳也。自乾隆丙寅建闡福寺，壬申以後，每歲臘月朔日，先詣寺拈香，回宮書福。開筆時，爇香致敬，用硃漆雕雲龍盤一，中盛古銅八吉祥鑪、古銅香盤二，握管薰於鑪上，始濡染揮翰。其預頒賜者，皇子以及內廷行走宗藩並在廷諸臣工，則命分進名牌，簡派親書以賜，及分賞餘福，宣傳給領，其各省將軍督撫，則令摺使齎回，新疆將軍參贊辦事大臣，並付驛馳給。乾隆己巳，《書福》詩前序云：「歲暮書福，以賜廷臣，謹遵皇考成例，迓禧斂錫之義，於是爲昭。」詩云：「近始藩屏逮百僚，臨軒書福慶恩昭。九疇箕子疇書衍，一筆王家筆陣超。嘉與紅箋迎介祉，相敷彩勝焕元朝。不徒弄翰欽敷錫，家法繩承仰聖堯。」自是每值開筆，紀以題詠。蒙古藩王締姻天室，歲時趨直內廷及年班來覲在御前行走者，皆以得先賜爲榮。書福之外，有五七言至十三言硃紅雲龍對聯，長壽字，「宜春迓祥」、「宜入新年」、「一年康泰」等帖，不下百餘幅，皆親染宣毫。乙卯嘉平月朔，開筆，疊癸丑韻詩，有「六旬忽週紀，明歲合移疇」之句，注云：「明年爲嗣皇帝嘉慶元年，值嘉平月朔，亦應書福賜天下。」仁宗開筆書福，則自辛酉以後，每歲亦必紀以詩。丙寅嘗命題聯句，用新韻。開筆之典，每歲元旦子刻，上御養心殿東暖閣，案設金甌玉燭，御用筆曰萬年青，管曰萬年枝。先染硃毫，繼宣墨翰，各書吉語數字。自乾隆甲子，每歲元旦，有試筆詩。庚辰以後，春帖子歲以五言絶句二首、七言絶句二首爲率。內直詞臣所製，則聯書黃摺以進。椒屏之製，以絹素爲質，內直諸臣擬古語吉字爲標題，並擬所畫景物音義相叶，繕寫清單，於臘朔呈覽，交內府工匠繪畫人物器飾，而綴以椒。每幀署原擬吉字，復製頌一章，題其上，亦內廷翰林所書也。

仁宗存問謝墉疾

嘉善謝金圃侍郎墉，乾隆辛未，以優貢應南巡召試，列第一，賜舉人，授內閣中書。明年，賜進士出身，改翰林，因撰文錯誤落職。己卯，獻《平定回部鐃歌》，復原官，在上書房行走。嘗館大學士傅文忠公家，額駙尚書忠勇公暨文襄王皆沖齡受業。九掌文衡，而在江南，則典試督學，皆再任。己酉，降編修，偶病痙，上猶遣太醫院堂官臨視。乙卯，休致，時已疾篤，仁宗方在青宮，與諸皇子皇孫遣中使存問無虛日。

朱文正奉命侍仁宗讀書

朱文正公珪以侍讀學士授福建驛糧道，擢按察司，調山西，升布政司。以按察使黄檢奏「朱珪終日讀書，於地方事無整頓」，旋入覲，復授翰林學士。迴翔中外十四年，仍居原職，仕宦不可謂不鈍。然在朝一載，即奉高宗命，侍仁宗讀書，自此外而方伯連帥，内則宰相六官，實亦黄檢所謂終日讀書之效也。

五千餘人與千叟宴

康熙癸巳，聖祖六旬，開千叟宴於乾清宫，預宴者一千九百餘人。乾隆乙巳，高宗五旬，開千叟宴於乾清宫，預宴者三千九百餘人，各賜鳩杖。嘉慶丙辰春，聖壽八十六，内禪禮成，開千叟宴於皇極殿，六十以上預宴者五千九百餘人，百歲老民以十數計，皆賜酒聯句。

刺史與千叟宴

千叟宴，外吏惟封疆大臣年齒及格者，或得恩旨召入，餘皆弗預。嘉慶丙辰，奉新劉鐵樓刺史適牧通州，獲與京職一體入宴，劉因繪《恩宴臚歡圖》以紀特恩。

仁宗親視朱文端疾

嘉慶丙辰冬，高安朱文端公軾病篤，仁宗親臨視疾。文端力疾朝服，令其子扶掖，拜户外。上嘉歎，稱其知禮，後於《懷舊》詩中稱之爲可亭先生。

仁宗作詩賀董誥

董文恭公誥居太夫人憂，常徘徊一室，若有所甚憂，或執象笏擊几，笏爲之裂。人疑其與和珅同居樞密，必有所甚不得已者。嘉慶初元，珅勢益張，外而封疆大吏，領兵大員，内而掌銓選，理財賦，決獄訟，主諫議，持文柄之大小臣工，順其意，則立榮顯，稍露風采，折挫隨之。太傅朱文正公以德行文學受兩朝知遇，歘歷中外，垂五十年，時以内禪禮成，例得進册，珅多方遏之；既上，珅又指摘之。高宗諭曰：「師傅之職，陳善納誨，體制宜爾，非汝所知也。」旋召文恭以吏部尚書協辦大學士。仁宗作詩寄賀，屬稿未竟，珅取以白高宗曰：「嗣皇帝欲市恩於師傅耶。」高宗色動，顧董文恭曰：「汝在軍機刑部之日久，是於律意云何？」董叩頭曰：「聖主無過言。」高宗默然良久，曰：「卿大臣也，善爲朕以禮輔導嗣皇帝。」乃降旨，朱珪仍留兩廣總督之任，旋又改巡撫安徽。是時直内廷者無不色變震恐，文恭獨從容謝過，書旨而退。

李松雲以麥浪詩受知仁宗

乾隆某年，高宗謁陵，中途嚴寒。上廑念二麥，從官以麥宜寒涼對，上因歎爲君之難。旋考試差，詩題「麥浪」得「難」字。時惟李松雲太史堯棟獨得其解，詩中「一天新雨露，萬傾緑波瀾」十字，極蒙宸賞。仁宗親政，李已外任，陛見時，猶垂問及之，蓋在潛邸時奉派讀卷，實手定李卷第一也。

曹錫寶以劾和珅家人得追贈

乾隆間，御史上海曹錫寶劾和珅家人劉全倚勢營私，家貲豐厚，爲同郡某侍郎漏言，和得部署掩蔽，奉旨勘查，無蹟，曹亦尋卒。仁宗親政，珅下獄賜死，諭云：「當和珅聲勢熏灼，舉朝無一人敢於糾劾，曹錫寶獨能抗辭執奏，不愧諍臣。著加恩追贈副都御史，伊子照加贈官銜，給予蔭生。」

雒昂乘傳從軍

嘉慶己未，仁宗親政，首下求言詔，九卿臺諫紛紛言事，四方布衣亦有上書希進用者。惟雒太守昂以從九品上書言教匪事，上以其言中肯，命乘傳從軍。太守卽短衣匹馬，從諸大帥捕賊，以勇略見。額勒登保屢保薦之，數年，遷司馬，後任荆州太守。

仁宗賜大挑舉人葛紗

嘉慶辛酉，例舉大挑。時仁宗以畿輔久旱，盼雨甚殷，挑日，適甘雨應時，上大喜，傳諭賞本日挑取一等舉人葛紗各一匹。

宗室宴

乾隆甲子，高宗宴王公及近支宗室百餘人於豐澤園，乃更其殿名曰惇敍殿。壬寅，普宴宗室於乾清宮，凡三千餘人。嘉慶甲子，仁宗遵舊制，宴近支宗室百餘人於惇敍殿，賜酒賦詩，其聯句詩爲成親王所書。

朝馬肩輿之賜

明制，朝臣皆自左右長安門步行至午門，從無賜禁城騎馬者，故閣臣沈鯉扶病入掖垣，屢至顛仆。至國朝，則王貝勒貝子皆乘馬入禁門，至景運門下騎，諸大臣一仍明制。乾隆庚戌，上念諸臣待漏入直，每遇風雪，徒步數里，甚爲顛蹶，因降諭曰：「內外文武大臣，特恩賞在紫禁城騎馬，用資代步。但年老足疾之人，上馬亦覺艱難，嗣後已經賞馬之大臣因有疾艱於步履者，仍加恩準令乘坐椅，旁縛短木，用兩人舁行入直。」嘉慶己巳，仁宗特旨，諸大臣年逾七十者，賜肩輿入直，尤曠典也。

大庾戴氏叔姪之恩眷

嘉慶朝，戴文端公在樞府，其季父可亭相國以學差還都，方掌京畿道，例改六部員外郎，仁宗命以科道應升之鴻臚少卿候補。及可亭相國督南河，積勞遘疢，假歸里門。時河工未蕆，兩江總督鐵冶亭保請帑六百萬。命文端偕覺羅長文敏公麟赴工審度，並諭文端曰：「清江距江西才二千里，使事畢，卿可一歸省卿叔父。」故文端紀恩詩有「此去竹林勤問訊，親傳天語到柴門」之句。

仁宗識拔戴文端

雍正中設軍機，張觀齋相國實綜其事，時諭旨盡出其手，後汪文端、于文襄等莫不衣鉢相傳。戴文端衢亨爲于得意門生，詩文字法，悉效其師，纖髮畢肖。和珅惡之，屢阻其陞階。乾隆庚子秋，木蘭射鹿，獻之。高宗雖賜以詩，亦鄙其躁進，故迴翔樞府者二十餘年。仁宗知其才，驟進司空，機務皆與贊畫，寵眷甚隆。因與商人查有圻連姻，及殿試讀卷取中洪殿撰瑩事，爲花曉亭御史所劾，上皆優容之。嘉慶辛未春，扈從五台，道中遇寒疾，誤服參而歿，上甚哀悼之。文端貌清癯，性聰敏，雖爲于、梁之系，然頗伉爽，盡心國事。嘗奏請承旨後有所見解，許其附牘以聞，仿古批駁之意，上允行之。當川楚用兵，文端擬書詔令，其獎勵斥責處，動中竅要，諸大將皆讋服。

仁宗親臨戴文端喪次舉哀

戴文端公薨於位，嘉慶辛未四月朔日也。翼日，既命榮親王奠醊矣，越六日，仁宗復親臨喪次舉哀，奠爵者三。

仁宗因得雪加恩朝臣

嘉慶壬申，稀雪。歲闌，仁宗齋禱深宮，除夕，始祥霙普沛，喜甚。元日，特降恩旨，大學士慶桂、董誥由太子太師銜晉賞太保，儀親王、成親王、慶郡王各賞銀四千兩，定親王、榮郡王各三千兩，且命分賞其下，以布春祺。是日，朝賀諸臣均加一級。

仁宗眷念吴塏

林清之變，吴塏實爲首功。嘉慶癸酉七月，金鄉縣邪教萌動，巡撫同興以吴可任大事，屬往捕，遂由泰安權金鄉。時八卦教潛煽曹、衛間數十州郡，密訂變期，倡言八九月有白陽大劫，誦八字訣可不死，愚民狂驚恐後。金鄉教首崔士俊遥戴劉林爲教主，劉林，即林清也。吴至，遽斂其迹，以計獲士俊，並其徒黨數十人，亟送省獄，悉斬之。大府始得以士俊等從林清謀逆内連宦豎狀，飛章上奏，並以逆黨之隸直隸者，馳告直督。賊由此驚惶，自亂其約，而兇渠林清又入禁闥，首尾失應，遂得旦夕殲滅。吴在金鄉，運奇縛姦，完危城，保良弱，賊鋒猝興，累戰皆靡，鄉團助順，縛送城下者凡斬馘五十，斷脛斲筋者又十有奇，而金鄉以靖。明年，曹、衞悉平。仁宗著《天人交感説》，亦以吴之竭忠濟公爲足多也，論功，賜花翎，擢署曹守。入都，上急欲見之，詢大臣曰：「吴到京未？」大臣以告，特旨令即日入見。召對，詢戰守顛末，奬勵優異。越三年，復朝京師，天顔霽和，深厪其病喉，慰諭至再。既而失察所屬鄆城單縣獄，部依法，兩議降調。仁宗始則優詔許留，繼則召至闕下，予復秩。審喉音而知其未愈，聖情惓惓，命善自養。每遇山東大吏述職，必咨詢及之。

康紹鏞受知仁宗

興縣康光禄紹鏞值軍機時，勤於趨職，專心掌故，以周知當世之務爲急，大樞董文恭、戴文端、盧文肅諸公咸倚如左右手。嘉慶癸酉，林清倡亂畿南，山東、河南響應。康方隨扈，即以各省應行防堵之處，及將弁姓名、曾否經歷行陣、所轄兵數多寡，記之小册，以自隨。會上詢問各要隘將弁，當軸即以其册進，上由是知其才可大用，遂擢鴻臚卿，敭歷封疆，於此兆矣。

明文襄養疾受全俸

明文襄公亮出入將相五十餘載，性豪邁，不積餘財，又屢遭籍没，晚年貧甚，負券山積，居京城文廟小巷，破屋數椽，僅避風雨。應門惟老嫗，二子又相繼喪亡，益憔悴，故請致仕表有「擔石無儲，二子先逝」之語。仁宗爲之動容，命給全俸養疾。逾年薨，仁宗親賜奠，命入賢良祠，以侯世其長孫。

在旗大臣賜紫

國初諸勳臣以開創大功，賜紫者不乏人。乾隆中，閣臣則傅文忠公恆、福文襄王康安、阿文成公桂及和珅；勳戚則福額駙隆安、福尚書長安、超勇親王拉旺多爾濟、海蘭察，悉賜紫色輿服。嘉慶中，慶文恪公桂、德楞泰、額爾登保，皆以平定三省教匪功，亦賜紫焉。

賜奠

國朝寵待勳臣，飾終之典，倍極哀榮，有親臨賜奠者，有特遣皇子大臣代賜者。乾隆戊戌，高宗念禮親王開創功，特往園寢賜奠。嘉慶丙子，仁宗念朱文正公輔導功，駐蹕趙新店，猶命近臣代奠，有「哀我哲輔，松楸在望」之諭，後復親往其塋賜奠，尤爲一時榮遇。

湯文端受知三朝

湯文端公金釗以公廉强正，受知三朝。宣宗在潛邸，夙敬禮之，登極後，言聽計從，屢被命出使。道光丁亥九月，使山右；明年，使宣化；十月，使四川；明年四月，還至褒城，復奉命循漢而東，治獄於武昌；六月，抵京師；十月，又使八閩。其所陳奏，最爲有裨國脉。嘉慶間，尚書英和請定州縣陋規限制；道光初，總督孫玉庭請南漕浮收不準過八折，湯皆痛陳流弊，其事獲寢，世多稱之爲小睢州。

松文清受知宣宗

仁宗梓宫回京，宣宗步送，羣臣皆伏地哭。上忽趨至甬道邊，扶一跪伏者之手，大哭失聲，衆驚察之，則蒙古松文清公筠也。時松謫驍騎校，上當哀痛之際，獨於千萬衆中物色見之，非夙重其名，不及此。

宣宗宣慰黄勤敏之悼亡

道光辛巳六月，黄勤敏公悼亡，越二日，宣宗卽命軍機章京户部郎中趙光禄賫硃筆宣慰，諭云：「伉儷之情，自難强抑。然卿已逾七旬，氣質非十分强壯者可比，矧天時暑熱，祇可於無可如何之中，節之以禮，切勿有過哀傷。總之國事爲重，倚任方深，務加意自重，永保康彊，佐朕以襄上理。」勤敏北鄉頓首，次日卽入朝，内直如故。

宣宗賜黄勤敏人參

黄勤敏公自道光丙戌七十七歲，蒙恩予告，戊戌，猶特賜人葠八兩，飭其子祠祭司員外郎富民赴樞廷祇領，並降手諭云：「江湖阻隔，倏爾數年矣，想精力自必如常。知卿原不假葠苓之力，聊伸眷念耳。

轉瞬明秋，特頒慶賜，故卿其善自靜攝，朕欣待之也。」蓋次年八月，爲勤敏九十生辰，聖心已先計及之矣。

李文恭受知宣宗

新進士引見，御筆注名單之朱圈者，得館選，部曹則加尖角。世傳李文恭公星沅通籍時，宣宗始角其名，垂視久之，塗以圈，蓋簡在自此始也。

鮑桂星閉門思過

歙縣鮑覺生侍郎桂星，仁宗時被口語，飭其閉門思過，不准回籍。宣宗初元，召見，詢其近作，即占進一首曰：「二十年前舊史官，敝裘羸馬怯春寒。階前一片如霜月，曾在先皇殿上看。」即伏地大哭。宣宗亦哭，立授編修，旋擢詹事。

宣宗宴十五老臣

道光癸未八月初七日，宣宗幸萬壽山玉瀾堂，錫宴十五老臣，踵乾隆乙巳正月初六日千叟宴故事，賡歌繪圖。時與宴諸臣，以和碩儀親王爲首，若御前大臣賽沖阿、大學士託津、大學士軍機大臣曹振鏞、大學士戴均元、大學士兩江總督孫玉庭、户部尚書軍機大臣金鉞、禮部尚書穆克登額、工部尚書初彭齡、禮藩院尚書富俊、左都御史松筠、郡王銜都統哈廸爾、都統阿那保、致仕大學士伯麟、致仕都統穆克登布，皆黄髮番番，躬逢嘉會。宣宗嘗賦七言古詩以紀其事。

宣宗特賜英和福字

列聖每於年終御書福字，賜中外大臣及翰林之值兩書房者，兼賜福壽字爲異數，召入親瞻御書即時受賞者，尤爲異數。至於嘉平朔日，聖駕在重華宫，以康熙年間賜福蒼生筆書福字斗方十幅，則用以張貼宫庭，從不須賜臣下。道光癸未，宣宗御此筆，於十幅外，别書福字一幅，交總管太監梁寶，傳旨賞協辦大學士英和，實爲非常恩遇也。

英和比翼朝天

英和以道光癸未冬充册封佟雅皇后持節使，其夫人薩克達氏先奉諭旨徑詣后宫行家庭禮。屆期，偕英之夫人同入東華門。觀者羡之，請英爲《比翼朝天圖》，以紀其盛。

特詔圖像紫光閣

道光戊子，平回疆張格爾之亂，特詔繪軍機大臣曹振鏞以下四人、功臣長齡以下四十人像於紫光閣，像各有贊，踵乾隆故事也。

老司員以報捷賞花翎

方回疆張格爾之亂，宣宗鋭意太平，望捷若渴。舊例，各省文報，由兵部轉達奏事處，捷音至，兵部司員直班者奉檄進奏。一日，兵部辦事畢，各員自公退食，有老司員某，性恬静，宦況清涼，衣冠闇淡，獨乘驢車出入，行止皆居人後，衆鄙爲寒傖翁。日暮，猶在署辦事，適擒張捷報至，不及派本部直班者，即檄老司員往，時道光戊子正月二十四日戌刻也。上聞捷音，大喜，詔曰：「報捷音者，賞戴花翎，着軍機處行走。」逾年，即擢卿貳。

澄懷園賦詩書扇

道光戊戌四月二十四日，宣許乃普、龍瑛、龔文煥、徐經、朱蘭、戴熙在澄懷園軍機處賦詩書扇，各賜内紗一端。

戴文節以書畫受知宣宗

戴文節公熙以書畫供奉南齋，道光戊戌，被命視廣東學。陛辭日，宣宗諭之曰：「汝畫筆清絶，然胸中目中，衹是吴越間山水，此行獲覩匡廬、羅浮之勝，巉巖演迆，雄麗奥曲，别有一種奇致，於畫理當益進。汝品學，朕素知，公餘游藝，兼可成全老畫師也。」戴謝而出。途次遇名勝，輒研弄丹墨，自江右至嶺南，一壑一邱，咸爲寫照。抵粤一載，裝巨帙，貢進呈御覽，上奇賞之。畫家評戴作，謂粤游後筆墨超特，若有神助。

宣宗念師傅吴穀人之子

錢唐吴清皋、清鵬，穀人祭酒之第六第七子也。清皋以孝廉授中書，晉階侍讀，考御史第一。未及補，擢守江西撫州。宣宗召見曰：「汝，師傅吴穀人之子耶？汝學問乃不得進士也。」世以爲且大用，乃自撫州調南昌，僅一攝吉南贛寧道，再攝鹽法道，舉卓異。入都，道卒。清鵬以高第歷職清曠，自放於詩酒，終順天府府丞。

宣宗賜耆臣紫繮

道光戊申正月初二日，宣宗以元日晴朗，年豐兆象，嘉奬耆臣，特賜大學士潘世恩太傅紫繮，時年八十，賜大學士寶興太保，尚書保昌阿、勒清阿、李振祐、左都御史成剛均太子太保，時年皆七十以上。

宣宗推恩廉吏後裔

固始吴淪齋中丞其濬，氣深識沈，操守貞白。撫山西時，裁革鹽規，不以入告。道光己酉，已没矣，以整理山西鹽務，因緣達天聽，上大嘉歎，立賜其子承恩、洪恩、孫樽讓舉人，承恩並賜主事。

楊忠武歿後恩諭

楊忠武公遇春歿後，襲昭勇侯海梁撫軍服闋入都，宣宗召見，詳詢忠武染病原委，天顏慘怛，面諭云：「朕望爾父親多活幾年，如國家有事，他雖不能親戰陳，我問問他，也得主意。他歿時並無大病，這就算無疾而終。爾父親忠勇，朕深信不疑，爾總要體貼爾父親，實心報國，他在地下，也喜歡的。」諭畢，嗚咽者久之。

黔中三奇男蒙特恩

黔西李漢三世傑以巡檢至本兵，謚恭勤，廣順劉松齋清以拔貢官總兵，松桃楊誠村芳以吏員取通侯。並天挺異才，兼資文武，皆不由科目進身，蒙特恩，時稱黔中三奇男。

文宗親賜杜文正奠醊

杜受田侍學龍樓一十七載，咸豐壬子，薨於位。文宗眷念舊學，飾終典禮極優渥，贈太師，謚文正，皆出特旨。時文正父侍郎堮猶存，特頒内府珍藥，遣官存問。子翻翰，皆由翰林晉階坊局。輿機之日，車駕親臨，灑淚奠醊。

吴存義受黑貂之賜

泰興吴和甫少宰存義直南書房時，文宗偶臨幸，見其貂褂黯敝，笑詢之，叩首對曰：「臣自授編修至今，已二十年矣。」上太息。次日，即蒙黑貂之賜。後少宰督滇學還，奉命兼署順天府丞，召對時，諭之曰：「朕聞順天府丞，每逢考試，賣卷可得千金，聊償汝在滇之清苦。」

文宗輓林文忠聯

林文忠在官日，嘗自誦「苟利國家生死以，豈因禍福避趨之」二句。及薨，文宗製聯輓之，曰：「答君恩清慎忠勤，數十年盡瘁不遑，解組歸來，猶自心存軍國；殫臣力崎嶇險阻，六千里出師未捷，騎箕化去，空教淚洒英雄。」知臣莫若君，誠哉！

沈文肅超擢巡撫

沈文肅公葆楨以御史典郡，咸豐丙辰，守廣信。時粵寇楊輔清由吉安入寇，所過輒陷，文肅激厲兵民，登陴死守，城卒獲完。當圍城岌岌時，林夫人輒撤内署金帛犒士，列巨鍋於大堂，親職炊以飽饑卒。文肅臥起睥睨間，督士卒守禦，幕僚星散，軍火芻薪、文檄判牘，咸出夫人手。夫人，林文忠公女也，蓋家教使然。文肅旋以知府告養，温旨慰留，擢吉南贛寧道，復申前請，許之。江皖軍事棘，命赴曾文正訾。未出境，特旨超擢江西巡撫。時明詔有云：「該撫雖係回籍養親之員，第賊匪一日未平，則臣子之心一日不得自安。況移孝作忠，古有明訓，該撫家有老親，因擇江西毗連省分，授以疆寄，風土不殊，迎養亦近。如此體恤，如此要任，諒不至再有瀆請也。」文肅自此一出，累任封圻，裕舉船政，武功焯耀，吏事修明，威惠滂敷，中外翕服，卓然爲東南柱石者二十年。

駱文忠姪孫蒙蔭

花縣駱文忠公秉章歇歷封圻，不攜眷，惟姪孫肇銓隨侍。殁後，温諭軫卹，二子四孫均賞給科第官階，肇銓亦蒙恩以知縣選用。

厮養遇穆宗而至粵海關

穆宗微行，偶避雨僧寮，遇一人，落拓殊甚，詢其業，乃某姓厮養也，爲主人所逐。又問爾輩何處出息最優，以粵海關對，遽假紙筆作函，令交步軍統領衙門。時某親貴執大金吾，得函，即予金治裝，赴粵海關承役，其人遂以起家。

王景琦以二簧晉秩

穆宗好微服冶遊，從者僅一二内臣。嘗至著名飯莊宣德樓，時王景琦太史適偕某部郎小酌，王工唱二簧，部郎長崑曲，乃以紅牙檀板，各獻所長。一曲終，忽隔座一客欣然至前，詢太史等姓名官階，曰：「所奏曲良佳，盍爲我再奏一曲。」太史心知其異，乃如命爲之再歌。歌未竟，驀有二少年被服華服，立簾外探望，見客，則拱立肅然。俄而車馬喧闐，轟傳恭王至，行馬數十，擁一朱輪車，停樓下，恭王從容下車，入與客耳語。久之，客始微頷，怏怏從之去。客登車，恭王爲之跨轅，游龍流水，頃刻已渺。太史與部郎皆心驚，知遇皇帝也。不數日，上諭下，二人皆不次晉秩。部郎以枉道爲恥，辭不拜，太史則以是遷至侍郎，宏德殿行走，所以鼓惑上者，無所不至。上竟以此得痼疾不起，所謂出痘者，醫官飾詞也。及崩，有撰輓聯諷其事者云：「宏德殿，宣德樓，德業無疆，且喜詞人工詞曲；進春方，獻春策，春光有限，可憐天子出天花。」王後爲陳六舟中丞彝所劾，革職永不敍用。

寶文靖謚合素志

寶鋆退閒後，常語門下士曰：「吾他日身後，得謚文靖，於願足矣。」及其薨也，易名之典，適符素志，蓋門下士具以寶意啓樞臣，而樞臣爲之乞恩也。

潘霨以醫擢官

蘇州潘蔚如中丞霨初以巡檢需次直隸，每衙參，恆以市車往，御者某輒受雇，習矣。某日，某他往，遂顧他車。越日，見而問之，御者言，以妻病，弗遑執鞭也。問何病，則絆戀愆期，《聾碎録》云：絆戀，婦人有汙也，一作姘變。漢律云，見姘變，不得侍祠。田子藝云，幼女未通，老媪當絶，故字从半女。圜的不施繁欽《弭愁賦》：點圜的之熒熒。一作元的。王粲《神女賦》：施元的兮結羽釵。《釋名》：以丹注面曰的。的，子藥切，灼也。天子、諸侯有羣妾者，以次奉御，有月事者，重以口説，故注此於面，灼然而識也。《藝文類聚》作華的。數月矣，於婦科爲險證，往往弗治。潘夙諳歧黄家言，謂御者曰：「我善醫，曷御我往診。」御者亟鞠艂謝。御潘至家，爲診之，方再易而病瘉。明年，潘補蘆溝橋巡檢。時那文誠公清安總督直隸，一日，潘忽奉五百里札調，大驚，不解其故。星夜晉省，面謁首府探詢，亦不知所爲，第爲先容，則立予傳見。蓋文誠之女公子，已拴婚恭邸爲福晉，滿大臣女奉懿旨指婚王公貝勒，謂之拴婚。嘉禮將屆，乃嬰病，與某御者之妻同，比歷諸醫，悉窮於術。適某御者執役督署，知潘之善醫也，輒稱道弗去口，輾轉達於文誠，故亟札調。洎入診，益復澄思研慮，竭盡所長，蓋未幾而霞侵鳥道，月滿鴻溝，女公子當浣濯矣。此語見《堯山堂外紀》，陶穀《謝韓熙載書》。及既爲福晉，德潘甚。旋恭邸枋鈞，潘蒙不次遷擢，遂開府貴州。

沈源深受知德宗

光緒甲申春，恭忠親王、寶文靖、李文正之出軍機也，是日，方預備入對，忽奏事内監傳旨，令王大臣皆毋庸入見，僅召領班章京沈源深進内獨對。於是承諭擬旨述旨，皆沈一人爲之。

孝欽后以陸元鼎辦事爲可放心

仁和陸春江中丞元鼎初官上海縣，任滿，以道員召見。孝欽后問曰：「聞人言，汝在上海作官，名譽頗佳，外人交涉，措置合宜，究是何術？」對曰：「臣在上海，遇有外人交涉，臣不欺之，卻亦不畏之。」孝欽大悦，嘗告樞臣：「陸元鼎辦事，可放心。」由是而監司方伯，不十年，遂撫三吴。

慶寬以畫得二品頂戴

慶寬姓趙，字小山，工畫，嘗繪頤和園全圖，由醇賢親王進獻孝欽后，喜，賞二品頂戴以酬之。其後投旗，隸漢軍，司柴炭庫。故事，每交冬令，内監須向郎中索柴炭以禦嚴寒，慶寬不予，羣譖之於德宗前，又授意某御史列款糾參。慶懼，浼人説項，内監必欲銀三十萬，慶無策，已自分入囹圄矣。世續知其隱，言於上，謂慶寬爲醇賢親王賞識之人，父功之，子罪之，恐未免貽人口實。上悟，置不問，慶遂免於危。

管劬安以畫得寵於孝欽后

陽湖管劬安面目姣好，善繪事，能唱小曲。父以其好游蕩而屢耗貲也，逐之，遂孑身入都。會如意館招孜畫工，應試，膺首選，遂入館供奉。孝欽后召見，試之畫，大稱旨，内監且爲之延譽，遂充如意館首領。乃時以江南淫靡之曲爲孝欽奏之，遂得出入宮禁，屢蒙賞賚。旋命近侍爲置家室，賜第東華門外，且恆以吾兒呼之。或大内，或頤和園，隨駕往來，十餘年如一日也。

孝欽后賞福壽字

故事，內外臣僚，除內廷供奉之南、上兩齋及內務府外，非官至二品不得賜福字，非年至五十不得賜壽字。孝欽后不然。蓋孝欽好觀劇，嫌南苑伶工無歌喉，南苑戲班皆由太監爲之，故無嗓音也。遍傳外班，如譚鑫培、孫菊仙、汪桂芬、楊小樓等，皆入宮演劇。晚年，尤喜觀楊劇，楊入宮，必攜幼女同往。一日演畢，特召楊攜女入見，指案上所陳豬羊及一切餺飥之屬，謂之曰：「皆以賜汝。」楊跪地碰頭曰：「奴才受恩深重，此不敢領。」問何故。楊曰：「此等物已蒙賞賚不少，尚求老佛爺賞幾個字。」孝欽曰：「聯耶？扇耶？」楊曰：「求賞福壽字數幅。」因復碰頭不已。孝欽立命以紙墨進，書大福字大壽字數方，並前所指案上各物賜之，云：「此賞小女孩可也。」及光緒辛丑回鑾以後，興致頓衰，偶傳戲入座時，未半，則倦而思臥矣。時供奉諸伶，則爲余莊兒、孫怡雲諸人。

知府得賜福字

光緒庚子十二月二十八日，孝欽后特賜西安府知府胡延、內務府郎中增崇、河南布政使端方、署陝西布政使胡湘林、按察使馮光遹、署督糧道李紹芬御書福字各一方，諸臣同詣前殿謝恩。后數目胡延，端方奏曰：「此西安知府胡延也。」后頷之。時委員湯志尹立門前，司啓閉，聞后謂左右曰：「胡延較前清瘦，首郡政繁，勞苦可知也。」

袁樹勳以一哭受知孝欽后

袁海觀制軍之受知，實始於庚子。兩宮既避聯軍之亂，狩於西安，袁以某省候補知府，率五營勤王，召見。孝欽后諭畢，袁不發一言，惟叩頭大哭。后謂德宗曰：「知府，末秩耳，乃竟有此忠君愛國之心，真不可多得。」不久，即簡爲某省道員，嗣調蘇松太道，擢某省按察使，轉順天府尹，遷民政部左侍郎，出爲山東巡撫，歷京外，遂至兩廣總督。海觀，名樹勳，湘潭人。

孫家鼐受賜茶饍

光緒季年，孫相國家鼐於六月初十日寅初赴頤和園，入内，恭捧進皇上賀皇太后表文。時甫夜半，距行禮時尚早，相國坐殿外恭候，爲内侍所見，奏知孝欽后。后以相國年高，長夜辛苦，特遣内侍率茶膳房諸人赴前殿，備茶膳賞之，黎明始去。

孝欽后賜醇王福晉杏黃轎

醇賢親王福晉爲承恩公惠徵女，孝欽后胞妹也。光緒間，曾奉懿旨賜坐杏黃轎。福晉秉性謙沖，至内廷，仍不用也。

孝欽后賜榮禄夫人福壽字

榮禄夫人年終蒙孝欽后賞福壽字。其賞軸式樣，中書福壽二大字，旁書「慈禧皇太后御賜勅封正一品夫人大學士榮禄之妻臣妾劉佳氏」。

榮禄妾得寵於孝欽后

榮禄妾本某府中婢，生一子，年十七，光緒辛丑扈蹕回京時，中途夭折。孝欽后温言慰藉，入侍宫内，遂以爲常。孝欽曰：「吾欲賞榮禄以宫女，恐其將來受氣，不如代覓一良家女爲較便。」抵京，即賞銀二萬兩，其餘各物，所賜尤多。入宫朝見，均由其頂馬戈什哈唐小山爲護衛。每入宫一次，孝欽必賞銀四兩，遇聽戲，則加賞二十兩。

三星照

内務府大臣福錕之妻、榮禄之劉夫人及大公主三人，俱能得孝欽后歡。孝欽嘗以福兒、禄兒、壽兒呼之，賞賚無算。太監每見其聯裾入，則曰三星照來矣。

孫多祺母以進素肴而得賞

光緒庚子，兩宫西狩，行在供支局委員孫多祺以夤緣李蓮英，得邀孝欽后恩賞。一日，孫入内澆花，后問年幾歲，有父母否？對曰：「有老母，年七十八歲。」后病，孫進素肴，云其母自製。后大喜，乃賞孫母福壽字，並金鐲一對。孫之父聞而歎曰：「我尚在，而汝但云有母，吾其死矣！」遂自經。

織婦恃寵辱官

孝欽后晚年，志存頤養，命疆吏選能書畫琴棋之婦人入內供奉。又留心民事，命杭州織造選進能蠶織婦人數名入內，供顧問。織造因選之杭湖兩府，然恐民間婦女不諳體制，乃令人教導之。入內供奉，頗蒙優眷。年餘，給假令歸省。而諸人以在大內久，承寵眷，多爲諸大臣所未有，遂傲睨一切。至家，一湖州婦人見縣令時，言語頂撞，令呵之，婦曰：「我在內廷，見大官無算，汝一知縣，敢如此耶！」令大怒。次年，諸人入都，當由縣起文，令乃不使此婦得行，以病詳織造。後諸人入，孝欽詢此婦何病，他婦訴稱爲令所遏，孝欽怒，令織造勘送入都。令不得已，乃遣婦。

婦孺獻果賜銀牌

光緒庚子九月，孝欽后率德宗西狩，由蒲津渡河，入潼關，婦孺跪迎道左，咸捧果物上獻。孝欽后於輿中手取一二，親賜銀牌以爲答。

清稗類鈔

巡幸類

聖祖六巡江浙

聖祖南巡，始於康熙甲子十月二十六日，御舟抵滸墅關。先於二十四日過揚州，將由儀徵幸江寧，忽遇順風，可以速達京口，遂乘沙船順流而下。次早幸金山，晚登舟揚帆，過丹陽、常州、無錫，俱未及泊，一晝夜，行三百六十餘里。時湯斌爲巡撫，務儉約，戒紛華，御舟已入邑境，縣令猶坐堂皇決事也。上騎而入閶門，士庶夾道，輒緩轡，命勿跪，訪求民間疾苦。至接駕橋，南行，幸瑞光寺，巡撫前導，由盤門登城，從齊門而下，幸拙政園。晚達葑門，駐蹕織造署。

第二次南巡爲己巳二月初三日，御舟抵滸墅關，蘇州在籍諸臣汪琬、韓菼、歸允肅、繆彤等接駕。日晡時，入城，衢巷始結燈綵。次日幸虎邱，登萬歲樓。時樓前有玉蝶梅一株，盛開，注目良久，以手撫之。出至二山門，有蘇州士民劉廷棟、松江士民張三才等伏地進疏，請減蘇松浮糧，命侍衛收進，諭九卿科道會議。

第三次南巡爲己卯，奉慈聖太后以行。三月十四日駕抵蘇州，在籍紳者接駕，俱有黃綢旛，旛上標明都貫姓名恭迎聖駕字樣。於姑蘇驛前虎邱山麓，凡駐蹕之所，皆建錦亭，聯以畫廊，架以燈綵，結以綺羅，備極壯麗，視甲子已逾十倍矣。十八日，恭逢萬壽，詩若干帙，分天地人和四册，以祝萬年之觴。又於諸山及城中名刹普設祝聖道場。十九日，召蘇州在籍官員翁叔元、繆日藻、顧汧、王原祁、慕琛、徐樹穀、徐升入見，賞賜各有差，又賜彭孫遹、尤侗、盛苻升御書匾額。二十日辰刻，御駕出葑門，登舟，幸浙江。時兩江總督爲遂寧張鵬翮，江蘇巡撫爲商邱宋犖也。上問云：「聞吴人每日必五餐，得毋以口腹累人乎？」鵬翮奏云：「此習俗使然。」上笑云：「此事恐爾等亦未能勸化也。」四月朔，駕由浙江回蘇。初二日，傳旨：「明日欲往洞庭東山。」初三日晨出胥口，行十餘里，漁人獻鯽魚、銀魚二筐。又親自下網，獲大鯉二尾。上色喜，命賞漁人元寶。時巡撫已先候於山，少頃，有獨木船二撥槳前行。御舟近岸，而從者未至，巡撫備大竹山轎一乘，伺候升輿，笑曰：「亦頗輕巧。」有山中耆老百姓等三百餘人執香跪接，又有比邱尼豔妝跪而奏樂。上云：「可惜太后未來。」先驅引導者，倪巡檢、陳千總也。在山士民老幼婦女，觀者雲集。上諭衆百姓：「你們不要踹壞了田中麥子。」是時菜花結實成角，命取一枝細看，問巡撫何用。奏云：「打油。」上曰：「凡事必親見也。」是日，有水東民人告菱湖坍田賠糧，收紙，付巡撫。上問扈駕守備牛斗云：「太湖廣狹若干？」奏云：「八百里。」上云：「何以《具區志》止稱五百里？」奏云：「積年風浪衝坍隄岸，故今有八百里。」上云：「去了許多地方，何不奏聞開除糧稅乎？」奏云：「非但水東一處，即如烏程之湖漊，長興之白茅嘴，宜興之東塘，武進之新村，無錫之沙瀫口，長洲之貢湖，吴江之七里港，處處有之。」上云：「朕不到江南，民間疾苦利弊，焉得而知耶。」初四日，由蘇起鑾回京。

第四次南巡爲癸未二月十一日，駕抵蘇州。時巡撫宋犖在任，一切行宮綵亭，俱照舊例。犖扈從時，見上逢名勝必有御製詩或寫唐人詩句，犖從容奏云：「臣家有別業在西陂，乞御筆二字，不令宋臣范成大石湖獨有千古。」上笑曰：「此二字頗不易書。」犖再奏云：「臣曾求善書者書此二字，多不能工，倘蒙出自天恩，乃爲不朽盛事。」上即書二字頒賜。頃之，又命侍衞取入，重書賜之。

第五次南巡爲乙酉三月十八日，駕抵蘇州。是日爲萬壽聖誕，奉上諭：「江南上下兩江舉監生員人等，有書法精熟，願赴内廷供奉鈔寫者，着報名齊集江寧、蘇州兩處，俟朕回鑾日，親加考試。」四月十四日，命掌院學士揆敍赴府學考進呈册頁，取中汪泰來等五十一人，同前考過郭元釪等十人，俱赴行宮引見，各蒙賜御書石刻《孝經》一部。是年，駕又幸崑山縣，登馬鞍山，旋往松江，閱提標兵水操。

第六次南巡爲丁亥二月二十六日，上幸虎邱山。三十日，幸鄧尉山。聖恩寺僧際志恭迎聖駕。午後傳旨宮門伺候，御賜人參二觔，哈密瓜、松子、榛子、頻婆果、葡萄等十二盤。上云：「吾見和尚年老也。」初，無錫惠山寄暢園有樟樹一株，其大數抱，千年物也，聖祖每幸園，嘗撫玩不置，回鑾後，猶憶及之，問無恙否。查慎行詩云：「合抱凌雲勢不孤，名材得並豫章無。平安上報 天顔喜，此樹江南只一株。」

聖祖南巡賦詩

康熙己卯，聖祖第三次南巡視河工迴蹕，有御製詩云：「行徧江南水與山，柳舒花放鳥綿蠻。明朝又入邳徐路，鳳闕龍樓計日還。」

聖祖賜青浦孔宅匾聯

衢州孔氏，世稱聖裔南宗，而江蘇青浦縣城北亦有孔宅。攷孔宅志，孔子二十二代孫潛，字景微，先居梁國，爲漢太子太傅，避地會稽，遂爲郡人。至三十四代正，爲蘇州長史，隋末亂離，奉先聖衣冠寶玉葬於大盈浦上，立家廟以祀，子孫家焉。康熙乙酉三月，巡幸江浙，塗經青浦，貢監生員孫鉉等籲請御書，匾云「聖蹟遺徽」，聯云：「澤衍魯邦，四海人均化育；裔分吳會，千秋世永蒸嘗。」雍正甲寅，詔立五代王祠。乾隆丙寅，禮部題準奉祀生。己亥，巡撫楊魁疏奏估修，嗣後多請帑重修，沿爲故事。

高宗六巡江浙

高宗南巡亦六次，始於乾隆辛未，終於甲辰，其間奉皇太后以行者四，僅率諸皇子以行者二。然辛未、丁丑兩度，不過令河臣慎守修防，無多指示，至壬午，始有定清口水誌之説。丙午，乃有改遷陶莊河流之爲；庚子，遂有改築浙江石塘之工；甲辰，更有接築浙江石塘之諭。餘如高堰之增卑易瓶，徐州之接築石隄，類皆遲之又久，始底於成者也。其時所過郡邑，恒減免租稅，增廣學額，優禮耆年，以誌盛舉。

高宗南巡供應之盛

高宗第五次南巡時，御舟將至鎮江，相距約十餘里，遥望岸上著大桃一枚，碩大無朋，顔色紅翠可愛。御舟將近，忽烟火大發，光焰四射，蛇掣霞騰，幾眩人目。俄頃之間，桃砉然開裂，則桃内劇場中峙，上有數百人，方演壽山福海新戲。彼時各處紳商，争炫奇巧，而兩淮鹽商爲尤甚，凡有一技一藝之長者，莫不重值延致。又揣知上喜談禪理，緇流迎謁，多荷垂詢，然寺院中實無如許名僧，故文人稍通内典者，輒令髡剃，充作僧人迎駕。並與約，倘蒙恩旨，卽永爲僧人，當酬以萬餘金，否則任聽還俗，亦可得數千金。故其時士子稍讀書者，卽可不憂貧矣。又南巡時須演新劇，而時已匆促，乃延名流數十輩，使撰《雷峰塔傳奇》，然又恐伶人之不習也，乃卽用舊曲腔拍，以取唱演之便利，若歌者偶忘曲文，亦可因依舊曲，含混歌之，不至與笛板相迕。當御舟開行時，二舟前導，戲臺卽架於二舟之上，向御舟演唱，高宗輒顧而樂之。

高宗南巡禁衛之嚴

高宗南巡之經揚州也，地方官辦皇差者，每於運河兩岸之支港汊河，橋頭村口，各設卡兵，禁止民船出入。御舟行時，塘河兩岸，左右打繂，曰龍鬚繂。每繂道一里，設站兵三，惟許村鎮民婦跪伏瞻仰，於應迴避時，令男子退出，而不禁婦女。一日，御舟過平望，兩岸市廛櫛比鱗次，適一女子將炊，於樓頭鑽石取火，火光熠爍不定。御前侍衞見之，以爲潛蓄逆謀，將危及鹵簿也，遽從舟中發一箭，女遂應弦死。

高宗命對燒酒

高宗南巡，舟至横塘，以横塘之向出燒酒也，乃以「横塘鎮燒酒」五字命隨鑾諸臣對。諸臣瞠目苦思，皆辭不能。蓋此五字，初視之無甚難，而其偏旁適按木土金火水五行，故不易也。

高宗南巡賦詩

沈文愨公嘗扈從高宗游幸西湖，嚴冬大雪，高宗戲吟曰：「一片一片又一片，三片四片五六片，七片八片九十片。」沈鞠跽而前曰：「請皇上賞與臣續。」高宗許之。沈吟曰：「飛入梅花都不見。」高宗擊節稱賞，且解貂裘賜之。

高宗止幸浙東

天台雁宕之勝，甲於東南。高宗南巡時，一日，召見齊召南，詢兩山古蹟，齊以未游對。上曰：「卿籍隸台州，以何不到？」齊云：「山勢岧嶤，谿流深險，臣有老母，不忘『孝子不登高不臨深』之古訓，是以不敢往游。」時上適奉孝聖皇后南來，聞齊言，遂不復巡幸浙東。

顧棟高不以高宗南巡爲然

無錫顧棟高舉經學入都，蒙召見，面諭云：「看汝年衰，是以準令回籍頤養，將來朕巡幸江南，尚可見汝。」顧奏云：「皇上尚須南巡乎？」高宗默然。旋賜國子監司業銜放歸。

程文恭奏止高宗巡幸湖州

高宗將南巡，浙藩徐澍調補山東，陛覲，面奏湖州山水清遠，請翠華臨幸，得旨回浙辦理。徐抵任，先開城南碧浪湖，大興工役。一日，召問武進相國程景伊，對以湖州春季蠶忙，恐妨民事，立奉停止之詔，徐仍調山左。

高宗幸安瀾園

海寧陳氏有安瀾園，高宗南巡時，駐蹕園中，流連久之。

高宗閱冰嬉水圍

年例，十二月於西苑三海閱冰嬉，御前侍衛率八旗兵隊奔馳，張弓挾矢，分樹五色旗，以爲次第。乾隆間，高宗歲奉孝聖后閱視於三海中。冬令乘坐冰牀，亦謂之拖牀，上用者以黄緞爲幄，如轎式然，以八人推挽之，爲幬貂座。

淀園舊有水圍，其後停罷，而水亦涸，總督高斌復濬之。乾隆甲戌，高宗嘗奉孝聖后觀水獵於昆明湖，嘉、道以還不復踵行矣。

嚮導處勘程途

定制，上巡狩時，豫遣大臣率各營將校之深明輿圖者往勘程途，凡御蹕尖營，相去幾許之橋梁道塗，皆令有司修葺，名曰嚮導處。獲是差者，皆爲美選，沿路苞苴，肆意徵索，稍不滿意，則以修治道塗爲名，墳墓隴畝，任其蹂踐。有司畏之，罔敢拂其意。高宗知之，懲數人，其風稍斂。

奏飛燕捉天鵝曲

高宗巡幸木蘭，每秋獮行圍，輒歌《飛燕捉天鵝》之曲。

御槍處導引

侍衛章京中選火器精熟者數十人爲御槍處，巡狩日相導引。其長服黃緣紅馬褂，餘紅緣白馬褂。上合圍時，皆下騎執火器，翼列扈從，以防猛獸奔突。上御火槍，則争相貳副。舊時郊行免從，自嘉慶癸酉變後，凡郊社大祀，皆服蟒袍從焉。

詠文宗秋駕詩

咸豐庚申，文宗駕幸熱河，變起倉卒，詔天下勤王，訖無應者。漢陽黄文琛《秋駕》詩云：「秋駕崑崙疾景斜，盤空輦道莽風沙。檀車好馬諸王宅，翠褥團龍上相家。膹有殘燐流憤血，寂無哀泪落高牙。玉珂聲斷城西路，槐柳荒涼怨暮鴉。」

德宗西狩手攜小匣

光緒庚子拳匪之亂，八國聯軍入京，孝欽后挾德宗出走，皆單衣也。德宗捧小匣一以從，日夕不去手。至懷來縣，某貝子接之，啓視，則其中藏南棗五枚、燒餅一枚而已。縣令出迎，孝欽入署，令其妻爲之理髮，進麵食，即命庖人從以赴陝。

庚子西巡瑣記

光緒庚子兩宮西巡，後宮從者惟隆裕后、瑾妃二人，同居德宗寢宮後小屋三楹。德宗每晨梳櫛，隆裕親往侍之。

近支王公隨扈者，惟貝子溥倫，王公福晉及外戚夫人隨扈者，僅慶王之二側福晉及桂公夫人。每逢令節頒賜，入宮謝恩，平日未嘗召入。

慶王之女三人，亦隨駕。其一少寡，宮中呼爲元大奶奶，葛帔練衣，不施朱粉，居於孝欽后寢宮西偏。

孝欽后將至太原，某夕，夢中驚啼。適岑春煊自甘肅率勤王師至，是夜，立寢門外，聞驚啼聲，亟呼曰：「臣春煊在此保駕，請太后毋恐。」於是后醒。

孝欽后在太原時，一日，小有不豫，晉撫薦縣丞葉嗣高請脈，立和胃舒肝之方，煎膏以進。既至西安，大臣復薦知府吳觀樂、知縣徐本麟與太醫莊守和，於視朝後入內請脈，以爲常。

兩宮在太原，下詔巡幸西安，護撫臣端方奏明設局，恭備供奉事宜，飾南北兩院爲行宮，北院巡撫所居，南院則總督行館也。聖駕蒞止，居於北院，以其屋舍較多也，然草草修葺，僅蔽風雨而已。

太原啓鑾時，有三內侍病不能從，遂留於太原，無何，死其一。冀寧道許涵度爲營棺殮，寄櫬蘭若，作佛事三日。其一扶病行，間關至長安，兩宮以涵度能恤旅客也，頒江綢數卷賞之。

駕至沙河，岑春煊之材官林泰清者，短小精悍，膂力過人，步行扈駕，跬步不離。潰兵亂民有來犯者，輒手刃之，日恒殺十數人。

陝西護撫端方，以保護教堂最力，兩宮深獎其能，擢任湖北巡撫，旋加頭品頂戴尚書銜。陛辭日，召對獎勉，時逾六刻之久。瀕行，復賚宸翰殊珍以寵異之。

孝欽后寢宮有老婦二人侍奉，皆自京都隨至者，宮中呼爲媽媽，月錢在糧臺支給。

聖駕初至，宮門委員陳官韶每晨入內視灑掃。一日，孝欽后見之，謂陳曰：「汝何官？」陳跪奏曰：

「臣大挑知縣也。」蹙然曰：「汝舉人耶？」

夜有内監數人於寢宫外更番坐守，卧者，即於階上陳茵褥焉。

孝欽寢宫之階窄而長，夏令日光偪射，殊苦炎熱，特命製竹簾數掛，垂於簷際。

寢宫無晷漏，孝欽后命於院東置小土臺，上設木晷，以測日景。

孝欽后每晨於寢宫院内設案置鑪，燒藏香一枝，妝罷傳膳，香亦燼矣。

行在膳房極簡率，以生魚難求，故傳單不用魚。

行宫大門内外、二門内宿衛，皆岑春煊部下甘軍，以金造、林泰清、馬福祥三人分統之。兩宫將行，乃命固原提督鄧增率所部隨扈。

行宫内夜無報更者，兩重門内，邏者各二十人，皆岑春煊所部甘軍。殿上惟虎神營兵四五人，秉燭守夜而已。

孝欽后入長安時，任民間婦女瞻仰。某家婦年二十許，在宅門内，鑾輿至，少婦出跪門外，見其補服，知爲命婦，嘉其有禮，命以銀牌賞之。回鑾時，蹕路左右有老幼廢疾跪送者，悉賞銀牌，命芬車等按名發給，牌由前路糧臺先期鑄進。

長安苦熱，求冰不可得，巡撫升允購青瓷大缸二，分進兩宫，日注清泉，以代冰桶。

行宫惟終南仙館植花木，德宗寢宫在焉。東有樓，顏曰「悠然見南山」，巡撫畢沅筆也。視朝之暇，時往登眺。

終南仙館池水久涸，德宗命汲井水灌之。新種芙蕖，以水性過暖，不能開花，惟翠葉翩翻而已。

行宮之茶膳，月需三四千金，廚房百餘人，茶飯皆在此數。每晨支應局進生菜，悉依傳單購備，雞三四隻，豬肉十餘斤而已。如膳房添進時鮮，或多用雞肉，則在內司房領價，不得於支應局常供有所增益。

行宮極陝隘，膳房在東，炭房在西，內監惟御前供奉者在宮中，餘俱在宮門外東街箭道，謂之大坦坦。兩宮太監數千人，其奏事首領稱爲寬爾達，餘亦各有品秩。此次隨扈者不及百人，在御前給事者，數人而已。

兩宮傳膳，內監十數人，來往傳遞杯槃，極嚴肅。供此役者，冠皆無頂，蓋新進無秩者也。間有供奉勤慎者，超出儕輩，冠始有頂矣。

長安果品少，無可進御，惟同州瓜、渭南桃較佳，撫藩每購數百枚以進。兩宮輒增悽感，再三慰勞，並止後毋進呈，慮費財力。其實每貢一次，不過費錢十數千而已。

御膳房製乳酪，買牛最難，蓋秦中年荒牛少故也。數月之間，僅購得七八頭。回鑾後，命西安府豢養，芻秣取給公家，於府署馬廄側，樹木柵以養之。

隆裕后晨詣孝欽后寢宮問安，恒立於殿後祗候，平日但梳平髻，御便服長袍，外罩繡花半臂。

隆裕后出都，倉皇未攜奩具，至太原，始稍稍增置。冬月在長安，命中官出購瓷合木篋以盛脂粉，皆民間常用至粗之品也。

行宮院中少花木，由某局月進盆花數種，修蒔皆不如法。惟端方進石榴數盆，老根蟠結如石，孝欽后愛之，常臨階賞玩。

德宗寢宮涼棚，由巡撫升允入內帶匠，上見而避於東園小方壺，內監捧書卷茶銚以隨。小方壺者，池上堂名，巡撫畢沅所題也。

德宗每日寅初必起，盥櫛後，天猶未明，俟孝欽后輿，卽入寢宮問安，同覽章奏。少選，出御便殿，召見臣工，日以爲常。所居東院北室，本名四來堂，後改四喜。兩宮每出，凡遇晴雨，兩內監擎黃繖蔭之，天陰則否。

西巡倉猝，德宗定十日一薙髮，時宮監執此役者，均未從行。屆日，特命侍郎溥興覓工，出入由侍郎帶領，每請髮一次，賞工銀四兩。半年後，始有內監擅此藝者自都至行在。

舊制，內廷設內外奏事官，外奏事以滿部員充之，內奏事則太監也。行宮無外奏事，惟內奏事一辛姓太監，遞摺宣旨，往來兩宮間。各部院司員領批摺者，悉集前殿東室，而軍機大臣內直廬，亦假此室。辛丑夏，外奏事官始至行在。

慈駕幸陜未久，卽值萬壽，當事者欲選梨園子弟以進，兩宮聞之，嚴斥不許。嗣後每遇佳節，一切典禮筵宴，均先期降詔停止。

每晨兩宮披覽奏章，俱在寢宮窗下，奏事太監呈摺訖，卽跪於案前，臣工有事入內，輒立牕外。扈從諸臣，平日俱行裝，惟萬壽、元日著蟒袍補服。某相以數金買一朝珠，兩宮見而問之，相國具以實對，君臣感喟之餘，轉以爲笑。德宗言出宮時未攜烟壺，適相國囊中貯有二壺，乃自都攜出者，立以進御。長安諸工皆劣，貂皮又遠莫能致。

德宗冬日猶御絨簷秋帽，岑春煊請易貂簷，親手捧出，偏覓豐貂不得，僅以敝貂羃之。

行在書籍絶少，兩宮時遣人在坊間購石印《三通》、《九朝聖訓》、《御批通鑑輯覽》、《淵鑑類函》諸書。當事者欲求善本以進，竟不可得。

吏部尚書敬信自京師至行在，召對移時，面奏儀鸞殿被焚及都中近事，兩宮慘然不悦。兩宮至長安，譴責肇禍諸臣。命下之日，由胡延率緹騎詣載瀾、英年、趙舒翹行館宣詔，即逮瀾、英入獄。次日，復以官車遣瀾就道，瀾以宗室近支，得從議親之條，發遣新疆。

孝欽后慮長安糧台支應局不免有内監求索，特召主者，謂宮中支一錢，必以朱文小印爲信，以是兩局月費不及萬金，始終無求索之弊。印文曰「鳳沼恩波」，孝欽所常佩者也。

胡延守西安日，充行在内廷支應局提調，每日辰初入内，午初散值。聽差委員湯志尹、馬蔭梧、舒鋆、陳官韶等八人，朝夕在宮門應候。遇有傳辦之事，内監輒語委員曰：「有旨傳爾堂官胡延來。」蓋不知中外官秩之分，竟以堂司爲長官屬吏之通稱也。

有織婦挈一子，居宮中，五齡矣，能言能笑，請安跪拜如儀。孝欽后甚愛之，每膳投以果餌，必跪謝而後食。冬月在行宮，驟感寒疾，一夕而夭。孝欽不懌者累日。

行在兩宮侍女不及十人，年皆二十許。其月錢在前路糧台支給，謂之女子口分。行宮鋪地以極薄舊氈，官吏欲易以新者，孝欽后不許。寢宮門槅之玻璃已破，命以紅紙翦如錢式連綴黏之。

光緒辛丑四月，命將行在寢宮窗格改糊冷布。東西配殿，三格格所居，壁黏小幅壽星像，純用硃筆鉤勒，筆意超妙，乃孝欽后御筆，以賜格格者。

長安漢、唐古蹟久湮，伽藍名園，百無一存，存者亦不堪臨覽。緇流羽士，日望臨幸。顧兩宮不肯輕出，惟啓鑾時道經東城八仙菴，因內務府大臣繼祿之請，暫憩片刻而去。

長安碑林多古刻，兩宮命秦撫各拓一本呈覽。拓本百餘種，惟命將唐開成石經精搨數十本，車載以歸，餘則選閣帖數種而已。

西藏、蒙古屢貢佛於行在，兩宮以無地供奉，先後命胡湘林、李紹芬等賚至省城卧龍寺，設龕以祀。

廣東貢雷州葛，質細而色黃，兩宮以爲佳，特頒內廷行走諸臣，撫藩亦得與焉。

兩宮將回鑾，或進蒙古包十餘座。製如行帳，以布爲之，有窗有門，可容十許人。斂之，一馬可馱。命在行宮東院張之，親臨驗視。

七月杪，孝欽后命勘視東路行宮蹕路，飭各州縣官不得妄事供張，一切務從儉約。早晚兩膳，仍依傳單備進，由膳房烹飪。惟庚子西幸，沿途井水味劣，此次命汲本地山泉以供御茗。臨潼無山泉，特自長安載西關井水一車，足一日之用。渭南以下，皆有山泉，不復用西關水矣。

辛丑回鑾，當起蹕時，城中街道均蓋黃色土，兩旁店鋪更結綵懸燈，設立香案，以糖果餅餌置其上。黎明，行李車先發。辰刻，觀者塞途，一路有兵彈壓。少選，前導馬兵出城，次爲各太監及衣黃馬褂官員。太監見桌上果餌，擇佳者攫食。中有乘車者，乘馬者，又次黃轎數乘，則駕至矣。沿途肅静無譁，並由禁衛軍令百姓分跪道左，不許仰視。有一人狀類癡狂，奔至轎前跳躍，曳而斬之道旁。孝欽后轎以三十六人舁之，人均衣團龍褂。後爲皇后妃嬪，最後爲大阿哥，末爲親王軍機大臣及扈從諸臣。

鑾輿將啓行，秦中祠宇悉頒匾額，凡四十餘所。是時南齋供奉，惟尚書陸潤庠一人，奉召一日畢書。德宗以銀絹賚之。

回鑾過華陰，駐蹕二日。華山下固有玉泉院，縣官略加修飾，以備宸遊。兩宫於召見臣工後，親往臨覽。是日微雨，大臣騎馬秉蓋以從。

孝欽后又擬幸華山，胡延面奏華山險巇偪仄狀，遊幸之意乃輟。

清稗類鈔

宮闈類

大内聯色尚白

大内宫殿春聯，例用白絹，由翰林謹書呈進。蓋宫殿漆柱，俱大紅色，故以白者映之。

皇子皇女之起居

皇子生，無論嫡庶，甫墮地，即有保母持付乳媪手。一皇子乳媪四十人，保姆、乳母各八，此外又有針線上人，漿洗上人，燈火上人，鍋竈上人。既斷乳，即去乳母，增諳達，凡飲食言語行步禮節皆教之。六歲，備小冠小袍褂小靴，令隨衆站班當差，教之上學，即上書房也。黎明即起，亦衣冠入乾清門，雜諸王之列，立御前。門限不得跨，内侍舉而置之門内。惟與生母相見有定時，見亦不能多言。十二歲，有滿文諳達教滿語。十四歲，教弓矢騎射。至十六或十八而婚。如父皇在位，則居青宫，俗呼之曰阿哥所；如父皇崩，即與其生母福晉分府而居焉，母爲后則否。皇女於其母，較皇子尤疏，自墮地至下嫁，僅與生母數十面。其下嫁也，賜府第，不與舅姑同居，舅姑且以見帝禮謁其媳。駙馬居府中外舍，公主不宣召，不得共枕席。每宣召一次，公主及駙馬必出費，始得相聚，其權皆在保母，即管家婆是也；否則必多方阻之，責以無恥，雖入宫見母，亦不敢訴，即言亦不聽。故國朝公主無生子者，有亦駙馬側室所出。若公主先駙馬死，則駙馬當出府，房屋器用衣飾悉入官。

妃嬪位次

妃嬪位次凡七級，曰皇貴妃，曰貴妃，曰妃，曰嬪，曰貴人，曰常在，曰答應。較漢時增級十四者，可謂減損。大内東西各列六宫，六宫左右，謂之東西長街。

先朝嬪御

先朝嬪御退居别宫者，每月分例銀至薄，不足自給，往往作針黹，令内監鬻於市肆。

宫女

宫女皆辮髮，必俟得寵幸後，加以位號，始上額。

宫女日課

宫廷歲選秀女，凡選中者，入宫，試以繡錦、執帚一切技藝，並觀其儀行當否。有不合者，命出，以次遞補，然後擇其尤者，教以掖庭規程。日各以一小時寫字及讀書，寫讀畢，次日命宮人考校。一年後，授以六法，俊者侍后妃起居，次爲尚衣、尚飾，各有所守，絶不紊亂。出宮而嫁旗下男子或侍之餬口，而轉賣他處，孤苦飄零，絶無加憐者亦有之。

太后下嫁攝政王

攝政睿親王多爾袞元妃，於順治己丑十二月二十八日薨。庚寅春，王納肅親王豪格之福音，後頗指以爲多爾袞罪狀。復又與太后婚。考世祖有兩太后，一太宗元后，謚孝端文皇后，崩於順治己丑，較前於其元妃之死者數月；一太宗妃，以生世祖，遂稱太后。世祖崩後，康熙朝所孝養之太皇太后，一再奉以巡幸五臺，至康熙丁卯始崩，謚爲孝莊文皇后者也。下嫁者，未知爲孝端，抑孝莊。意太后下嫁，並不降爲王妃，故元妃之稱自若，太后之稱亦自若。張蒼水詩集中有「春宮昨進新儀注，大禮恭逢太后婚」，則見爲見於文字之一證。光緒間學士柯劭忞，先世有通籍於順治初年者，試策卷尚在禮部，竊取而歸，則見其上有「皇父攝政王」字樣，「皇父」字雙擡，與皇上字相並，頌揚之詞，固先皇父而後皇上也。今考順治丁亥、己丑兩科試策，得稱皇父攝政王者，仍有三卷，有稱皇叔父攝政王者，亦有僅頌皇上不及皇父者。惜每科前十卷進呈後留之內府，不歸禮部，即存禮部，亦多散失，故僅得三卷。其時善頌者必甚多也。

相傳當時太后下嫁，敕禮部議禮，部議成書六册，名曰《國母大婚典禮》。其領銜者爲錢謙益。聞當時百官賀表，亦出錢手筆。高宗見其書，疾謙益，故虞山著述見擯於時。

考攝政王多爾衮殁於順治庚寅，庚寅以後，當不復見試策。其婚太后，今不能定其何年，亦未見此其中一卷係武進董應謇，明崇禎壬午舉人，順治己丑中式殿試，今録其頌皇父一節，以見當時士習。其辭云：「重以皇父攝政王，訏謨偉伐，不殊一德阿衡。且啓沃忠誠，早見東山赤舄，綢繆不遺桑土，何智計之周詳也。吐握大彙風雲，又何延攬之汲皇不暇也。是真伊周作相，應五百年興王之會，合萬國而傾心，纘三十世開國之勳，大一統而爲烈者矣。」見右一段冠以「重以」二字，乃先頌皇上而後及攝政王者，擡頭字幾於一句數見。當時不禁提行，遇擡頭字多，行格稀疏，甚省筆墨，字亦草率多破體，絶無貼黄簽出。蓋當時士風，祗求空疏不觸忌諱無政治之談，以避與亡關係之語，即爲合式。此可證皇父之稱，爲臣下之頌禱，非國初所諱言也。策卷較近代者紙稍薄易書，惟摺疊較寬。董名在三甲第一百三十七。

某巨室鈔本《東華録》中載此事，則有一詔書，謄黄宣示。略謂「太后盛年寡居，春花秋月，悄然不怡。朕貴爲天子，以天下養，乃僅能養口體，而不能養志，使聖母以喪偶之故，日在愁煩抑鬱之中，其何以教天下之孝？皇父攝政王現在鰥居，其身分容貌，皆爲中國第一等人，太后頗願紆尊下嫁。朕仰體慈衷，敬謹遵行，一應禮典，著所司預備」云云。

不准纏足女入宫

順治初年，孝莊后諭：「有以纏足女子入宫者，斬。」此旨舊懸神武門内。

世祖自撰董妃行狀

世謂世祖之妃董氏，爲如皋明冒辟疆之妾董宛，而世祖自撰董妃行狀，則謂其爲滿人。其文如下：

「順治十七年八月壬寅，孝獻莊和至德宣仁温惠端敬皇后崩。嗚呼！内治虚賢，贊襄失助，永言淑德，摧痛無窮。惟后制行純備，足垂範後世，顧壼儀邃密，非朕爲表著，曷由知之。是用彙其平生懿行，次之爲狀。后董氏，滿洲人也。父内大臣鄂碩，以積勳封至伯，歿贈侯爵，謚剛毅。后幼穎慧過人，及長嫻女工，修謹自飭，進止有序，有母儀之度，姻黨稱之。年十八，以德選入掖庭，婉静循禮，聲譽日聞，爲聖皇太后所嘉與。於順治十三年八月，朕恭承懿命，立爲賢妃。九月，復進秩册爲皇貴妃。后性孝敬知大體，其於上下，能謙抑惠愛，不以貴自矜。事皇太后，奉養甚至，伺顔色如子女，左右趨走，無異女侍。皇太后良安之，自非后在側，不樂也。朕時因事幸南苑，及適他所，皇太后或少違豫，以后在，定省承歡若朕躬，朕用少釋慮，治外務。即皇太后亦曰：『后事我詎異帝耶！』故凡出入必偕。朕前奉皇太后幸湯泉，后以疾弗從，皇太后則曰：『若獨不能强起一往，以慰我心乎？』因再四勉之，蓋日不忍去后如此。其事朕如父，事今后亦如母，晨夕候興居，視飲食，服御曲體罔不悉。即朕返蹕晏，后必迎問寒暑，或意少亂，則曰：『陛下歸且晚，體得無倦耶？』趣令具餐，躬進之。居恒設食，未嘗不敬奉勉食，至飫乃已。或命之共餐，即又曰：『陛下厚念妾幸甚，然孰若與諸大臣，使得奉上色笑，以沾寵惠乎？』朕故頻與諸大臣共食。朕值慶典，舉數觴，后必頻教誡侍者：『若善侍上，寢室無過煥。』已復中夜惐惐起曰：『渠寧足恃耶！』更趨朕寢所伺候，心始安，然後退。朕每省封事，抵夜分，后未嘗不侍側。諸曹章有但循往例待報者，朕寓目已，置之。后輒曰：『此詎非幾務，陛下遽置之耶？』朕曰：『無庸，故事耳。』后復諫曰：『此雖奉行成法，顧安知無時變需更張，或且有他故宜洞矚者，陛下奈何忽之。祖宗貽業良重，即身雖勞，恐未可已也。』及朕令后同閱，即復起謝曰：『妾聞婦無外事，豈敢以女子干國政，惟陛下心裁察。』固辭不可。一日，朕覽廷讞疏至應決者，握筆猶豫未忍下，后起問曰：『是疏安所云，致軫陛下心乃爾？』朕諭之曰：『此秋決，疏中十餘人，俟朕報可，即置法矣。』后聞之泣下，曰：『諸辟皆愚無知，且非陛下一一親讞者，妾度陛下心，即親讞，猶以不得情是懼，矧但所司審慮，豈盡無寃耶？陛下宜敬慎求可矜宥者全活之，以稱好生之仁耳。』自是於刑曹爰書，朕一經詳覽竟，后必勉朕再閱，曰：『民命至重，死不可復生，陛下幸留意參稽之。不然，彼將奚賴耶？』且每曰：『與其失入，毋寧失出。』以寬大諫朕如朕心，故重辟獲全大獄末減者甚衆。或有更令覆讞者，亦多出后規勸之力。嗟夫！朕日御萬幾，藉后內助，故得安意綜理，今復何恃耶？寧有協朕意如后者耶？諸大臣有偶干罪戾者，朕或不樂，后詢其故，諫曰：『斯事良非妾所敢預，然以妾愚，謂諸大臣即有過，皆爲國事，非其身謀。陛下曷霽威詳察，以服其心，不則諸大臣弗服，即何以服天下之心乎？』嗚呼！乃心在邦國繫臣民如后豈可多得哉！后嘗因朕免視朝，請曰：『妾未諳朝儀何若。』朕諭以祗南面受羣臣拜舞耳，非聽政也。后進曰：『陛下以非聽政，故罷視朝。然羣臣舍是日，容更獲覲天顏耶？願陛下毋以倦勤罷。』於是因后語頻視朝。后每當朕日講後，必詢所講，且曰：『幸爲妾言之。』朕與言章句大義，后輒喜；間有遺忘不能悉，后輒諫曰：『妾聞聖賢之道，備於載籍，陛下服膺默識之，始有裨政治；否則講習奚益焉？』朕有時蒐狩，親騎射，后必諫曰：『陛下藉祖宗鴻業，講武事，安不忘戰，甚善。然馬足安足恃，以萬邦仰庇之身，輕於馳騁，妾深爲陛下危之。』蓋后之深識遠慮，所關者切。故值朕騎或偶蹶，輒忪然於色也。后自入宫掖數年，行己謙和，不惟能敬承皇太后，即至朕保姆，往來晉接以禮，亦無敢慢。其御諸嬪嬙，寬仁下逮，曾乏纖芥忌嫉意，善則奏稱之，有過則隱之，不以聞。於朕所悦，后亦撫恤如子，雖飲食之微有甘毳者，必使均嘗之，意乃適。宫闈眷屬，小大無異視，長者媪呼之，少者姊視之，不以非禮加人，亦不少有誶詬。故凡見者，蔑不歡悦，藹然相親。值朕或譴責女侍宫監之獲罪者，必爲拜請曰：『此曹蠢愚，安知上意，陛下幸毋怒。是瑣瑣者，亦有微長，昔不於某事曾效力乎？且冥行干戾，臧獲之常也。』更委曲引喻，俟朕意解乃止。后天性慈惠，凡朕所賜賚，必推施羣下，無所惜。封皇貴妃有年，乃絶無儲蓄。崩逝後，諸含殮具，皆皇太后所預治者，視他宫侍亦無少差别，均被賜予，故今宫中人哀痛甚篤，至欲身殉者數人。初，后父病故，聞訃哀怛，朕慰之，抆淚對曰：『妾豈敢過悲，厪陛下憂。所以痛者，悼答鞠育恩耳。今既亡，妾衷愈安。何者？妾父情性夙愚，不達大道，有女獲侍至尊，榮寵已極，恐自謂復何懼，所行或不韙，每用憂念。今幸以時終，荷陛下恩，卹禮至備，妾復何慟哉。』因遂輟哀。後復有兄之喪，時后屬疾，未使聞。后謂朕曰：『妾兄其死矣。曩月必再遣妾嫂來問，今久不至，可知也。』朕以后疾，故仍不語以實，慰安之。后曰：『妾兄心矜傲，在外所行，多不以理，恃妾母家，恣要脅，容有之。審爾，詎止辱妾名，恐舉國謂陛下以一微賤女，致不肖者肆行罔忌。故夙夜憂懼，寢食未敢寧。今幸無他故，歿足矣，妾安用悲爲！』先是，后於丁酉冬生榮親。初，后於朕偶有未稱旨者，朕或加譙讓，始猶申己意以明無過，及讀史至周姜后脱簪待罪事，翻然悔曰：『古賢后身本無諐，尚待罪若彼，我往曾申辨，殊違恪順之道。嗣即有宜辨者，但引咎自責而已。』后之恭謹遷善如此。后性至節儉，衣飾絶去華采，即簪珥之屬，不用金玉，惟以骨角者充飾。所誦《四書》及《易》，已卒業。習書未久，天資敏慧，遂精書法。后素不信佛，朕時以内典禪宗諭之，且爲解《心經》奥義，由是崇敬三寶，栖心禪學，參一口氣不來向何處安身立命語，每見朕，即舉之，朕笑而不答。后以久抱疾，參究未能純一，後又舉前語，朕一語答之，遂有省。自嬰疾後，但凭几倚榻，曾未偃卧。及疾漸危，猶究前説，不廢提持。故崩時言動不亂，端坐呼佛號，嘘氣而化，顔貌安整，儼如平時。嗚呼！足見后信佛法究心禪教之誠也。先是，后初病時，恒曰：『皇太后眷吾極篤，脱不幸，病終不瘳，皇太后必深哀戚，吾何以當之！』故遇皇太后使來問安否，后必對曰：『今日少安。』一日，朕偶值之，問曰：『若今疾已篤，何以云安也？』后曰：『惡可以妾病遺皇太后憂。我死，乃可聞之耳。』洎疾甚彌留，朕及今皇后諸妃嬪眷屬環視之，后曰：『吾體殊委頓，殆將不起。顧此中澄定，亦無所苦，獨念以卑微之身，荷皇太后暨陛下高厚恩，不及酬萬一。妾没後，陛下聖明，必愛念祖宗大業，且皇太后在上，或不至過慟，然亦宜節哀自愛。惟皇太后慈衷肫切，必深傷悼，奈何？思及此，妾即死，心亦弗安耳。』既，復謂朕曰：『妾亡，意諸王等且必皆致賻。妾一身所用幾何，陛下誠念妾，與其虚糜無用，孰若施諸貧乏爲善也。』復囑左右曰：『我逝後，束體者甚毋以華美。皇上崇儉約，如用諸珍麗物，違上意，亦非我素也。曷若以我所遺者，爲奉佛誦經需，殊有利益耳。』故今殮具，朕重逆后意，概以儉素，更以賻三萬餘金施諸貧乏，皆從后意也。凡人之美，多初終易轍，后病閲三歲，雖容瘁身癯，仍時勉謂無傷，諸事尤備，禮無少懈，後先一也。事今后克盡謙敬，以母稱之，今后亦視后如娣。十四年冬，住南苑，皇太后聖體違和，后朝夕奉侍廢寢食，朕爲皇太后禱於上帝壇，旋宫者再，今后曾無一語奉詢，亦未曾遣使問候，是以朕以今后有違孝道，諭令羣臣議之，然未令后知也。後后聞之，長跪頓首固請曰：『陛下之責皇后，是也。然妾度皇后斯何時，有不憔悴憂念者耶？特以一時未及思，故失詢問耳。陛下若遽廢皇后，妾必不敢生。陛下幸垂察皇后心，俾妾仍視息世間，即萬無廢皇后也。』前歲今后寢病瀕危，朕躬爲扶持供養，今后宫中侍御尚得乘間少休，后則五晝夜目不交睫，且時爲誦書史，或常譚以解之。及離側出寢門，即悲泣曰：『上委我候視，倘疾終不痊，奈何？』凡後事，咸躬爲蒇治，略無倦容。今年春，永壽宫始有疾，后亦躬視扶持，三晝夜忘寢興，其所以慇慇慰解悲憂，預爲治備，皆如待今后者。后所製衣物，今猶在也。悼妃斃時，后哭之曰：『韶年入宫，胡不於上久効力，遂遽夭喪耶？』悲哀甚切，踰于倫等。其愛念他妃嬪，舉此類也。故今后及諸妃嬪皆哀痛曰：『與存無用之軀，孰若存此賢淑，克承上意者耶！吾輩曷不先后逝耶？今雖存，於上奚益耶？』追思夙好，感懷舊澤，皆絶葷誦經，以爲非此不足爲報云。后嘗育承澤王女二人、安王女一人於宫中，朝夕鞠撫，慈愛不啻所生。兹三公主擗踊哀毁，人不忍聞見。宫中庶務，曩皆擗經理，盡心檢核，罔不當，雖未晉后名，實后職也。第以今后在，故不及正位耳。自后崩後，内政叢集，待命於朕，用是愈念后，悲感不能自止。因歎朕伉儷之緣，殊爲不偶。前廢后容止，足稱佳麗，亦極巧慧，乃處心弗端，且嫉甚，見貌少妍者卽憎惡，欲置之死。雖朕舉動，靡不猜防，朕故別居，不與接見。且朕素慕簡朴，廢后則擗嗜奢侈，凡諸服御，莫不以珠玉綺繡綴飾，無益暴殄，少不知惜。當膳時，有一器非金者，輒怫然不悅。廢后之行若是，朕含忍久之，鬱慊成疾。皇太后見朕容漸瘁，良悉所由，諭朕裁酌，故朕承慈命廢之。及廢，宮中人無一念之者，則廢后所行，久不稱衆意可知矣。今后秉心淳樸，顧又乏長才。洎得后才德兼備，足毗內政，諸朕志，且奉事皇太后恪共婦道，皇太后愛其賢，若獲瓌寶，朕懷亦得舒，夙疾良已。故后崩，皇太后哀痛曰：『吾子之嘉耦，卽吾女也。吾冀以若兩人永偕娛我老，玆后長往矣！孰能如后事我耶？孰有能順吾意者耶？卽有語，孰與語耶？孰與籌耶？』欲慰勉朕，卽又曰：『吾哀已釋矣，帝其毋過傷。』然至今，淚實未嘗少止也。見今后及諸妃嬪哭后之慟，諭曰：『若輩勿深哀，曷少自慰。』乃一時未有應者，皇太后泫然淚下。朕曰：『若皆無心者乎，胡竟無一語耶？』蓋追惜后之淑德，爲諸人所難及，故每曰：『諸妃嬪可勿來，重傷我心。』於此益見念后之至也。抑朕反覆思后所關之重，更有不忍言而又不能自止者。皇太后雅性脩潔，雖尋常起居細節，亦必肅然不肯苟且，如朕爲皇太后親子，凡孝養之事，於理更有何忌，但以朕乃男子，故當有引嫌不能親及者，故惟恃后敬奉，能體皇太后。卽皇太后千秋萬歲後，諸大事俱后經治是賴，今一朝崩逝，後脫遇此，朕可一一預及之乎？將必付之不堪委託之人。念至於玆，朕五中摧痛，益不能不傷痛無已矣。后持躬謹恪，翼贊內治，殫竭心力，無微不飭，於諸務孜孜焉罔弗周詳。且慮父兄之有不率，故憂勞成疾。上則皇太后慈懷軫惻，今后悲悼逾常，下則六宮號慕，天下臣民莫不感痛。惟朕一人，撫今追昔，雖不言哀，哀自至矣。嗚呼！是皆后實行，一辭無所增飾，非以后崩逝故，過於軫惜爲虚語。后𢡟素著，筆不勝書，朕於傷悼中不能盡憶，特撮其大略狀之，俾懿德昭垂，朕懷亦用少展云爾。」

世祖乳母封奉聖夫人

明熹宗卽位，封乳保客氏爲奉聖夫人，而本朝亦有之。康熙丁巳七月二十五日，特封世祖之乳母樸氏爲奉聖夫人，頂帽服飾，照公夫人例。自是以後，常有乳母之封，外廷諸臣且有不知其姓氏者。

世祖有廢后

順治乙未八月，世祖諭禮部云：「自古立后，皆愼重遴選，使可母儀天下。今后乃睿王於朕幼時因親定婚，未經選擇，宮闈參商，已歷三載，淑善難期，不足仰承宗廟之重。謹於八月二十五日，奏聞皇太后，降爲静妃，改居側宫。」

聖祖停止漢官命婦入宫之例

皖中某氏某氏，國初皆爲漢族大家之一，世爲婚姻。康熙時，某爲首輔，次子某京卿，娶於某，有國色。會皇太后萬壽，預詔漢官命婦隨滿人一體入宫叩祝。屆期，在京漢族命婦之貴顯者皆入朝，兩家婦女亦盛飾而往。禮畢，皇太后命賜讌内廷。讌畢，相率乘肩輿歸。及抵家，則某京卿妻者，衣飾猶是，面目全非，蓋已易一人矣。兩家心知其故，然不敢言。旋爲聖祖所知，漢官婦女入宮之例，遂著永遠停止。

聖祖廢理密親王

理密親王允礽，聖祖諸子中之嫡而長者也。直郡王允禔最長，然非嫡出，故立允礽爲皇太子，命大學士張英教之，又令扈從巡狩，講解性理。然諸王覬覦儲位，允禔意尤顯，乃令蒙古喇嘛呪詛允礽，用魔術以厭之。由是允礽性貪暴，甚至窺伺乘輿，狀類狂疾。康熙戊子，詔廢幽禁。旋因究得允禔用魔術事，己丑，復立之，而允礽性情如故，乃復廢之，自此不再言建儲事矣。

康熙以後，既不立儲。高宗以皇次子永璉爲孝賢后所生，特書名，封貯於正大光明殿扁中。未幾薨，謚曰端慧太子。復以皇七子永琮亦爲嫡出，隱有書名之意，而永琮又薨。孝賢后傷悼過甚，不數年崩。

高宗有廢后

高宗繼后那拉氏隨侍孝聖后南巡，忽自翦髮，失其常度，中途送還京師。滿俗最忌翦髮，高宗諭旨，謂本應廢立，以其繼位中宮，故優容之。越數年薨，命以皇貴妃禮治喪，不得祔廟。或謂后爲尼於杭州，誤也。

高宗納銀妃

銀妃，山東青州人，乳名珠兒。父某，諸生，年五十六，生銀妃。未二年而父死，母以家貧，不及卒養，乃送與同里黄氏爲義女，故笄後尚承黄姓。黄故望族，加以珠兒有豔名，媒妁遂相屬於道，黄氏悉婉謝之。珠兒嘗語所親曰：「所貴美女者，當屏絶男子耳。明珠白璧，豈可使有瑕玷哉！」於是豔名益著。乾隆某年，高宗南巡，經魯境，有纚珠兒之美者，默誌之。及回鑾，手諭魯撫，命與黄婉商，欲迎珠兒入宫。魯撫奉諭造黄，出手諭。黄北向叩首應命，次日，輦珠兒入都。高宗安置之於坤寧宫，復恐太后知，又匿之於四知書屋。某夕，喧言珠兒承恩，敕封銀妃，佩符矣。一日，黄夤緣某監入乾清宫，高宗偶見之，問何人，黄伏地不語。内監奏爲銀妃父黄某，親送銀妃入都者。高宗命回魯，詔之曰：「已有密旨至濟南矣。」黄返，則居宅一新，又有良田美池，簿録萬數；文武官皆郊迎請聖安。黄至是遂以富稱於鄉。珠兒初入宫，禮節未諳，夜闌，輒背燈暗泣。或以奏聞，特旨慰之。某夜，偶以事忤，高宗大憤，徑出，宫人皆爲之危。少選，復來昵之。越數年，征回部，獲香妃。香妃初入，與銀妃同宫，居未久，香妃遷他宫，高宗時幸之，有所賜，亦優於銀妃。香妃死，高宗大哭至病目，而棄銀妃若敝屣矣。然此實道路傳聞之傅會，未可信也。

高宗斥秀女

高宗嘗選秀女，忽見地上現粉印若蓮花，推問。有一女雕鞋底作蓮花形，中實以粉，故使地上蓮花隨步而生。上怒，遽令內監逐之。

宣宗立文宗爲太子

道光庚戌正月，宣宗違豫久，猶日至奉三無私，寢宮四字別殿名。召見辦事。十三日，召見慎德堂，名。僅軍機大臣大學士祁寯藻、杜受田，尚書何汝霖，侍郎陳孚恩、季芝昌五人，語良久。十四日卯初，諸臣甫入直，已傳旨召對，凡十人，蓋定郡王載銓，及軍機大臣五人，御前大臣怡親王載垣、鄭親王端華、科爾沁王僧格林沁三人，暨內務府大臣步軍統領尚書文慶也。宣宗冠服端坐，命至榻前，告以立文宗爲皇太子。須臾，文宗入，宣宗取緘匣硃旨傳示，並諭勉諸臣，畢，各退。文宗命軍機大臣五人同閱章奏。移時，甫還直廬，忽急宣趨入，驚聞大行皇帝龍馭上賓矣。

宣宗殺宮眷

道光中，某夜，宣宗在乾清宮，盛怒，厲聲呵斥，立召值班侍衛王某入宮門，授以寶刀，令一宮監帶至某宮第幾室，於牀上取一宮眷首覆命，不知其爲何事也。

文宗傳位之異聞

恭王爲宣宗第六子，天姿穎異，宣宗極鍾愛之，恩寵爲皇子冠，幾奪嫡者數。宣宗將崩，忽命内侍宣六阿哥。適文宗入宫，至寢門請安，聞命惶惑，疾入侍。宣宗見之微歎，昏迷中，猶問「六阿哥到否」。迨王至，駕已崩矣。文宗卽位，恭王被嫌，命居圓明園讀書。咸豐庚申，海氛日急，文宗幸熱河，王從扈，卒柄大政，蓋不預外事已十年矣。

文宗保全奕訢

宣宗倦勤時，以恭王奕訢最爲成皇后所寵，嘗預書其名，置殿額内，有内監在階下窺伺，見末筆甚長，疑所書者爲奕訢，故其事稍聞於外。宣宗知而惡之，乃更立文宗。成皇后後宣宗崩，病篤時，文宗侍側，后昏瞀，以爲奕訢，乃執其手而謂之曰：「阿媽滿語呼父爲阿媽，呼母爲額尼。本意立汝，今若此，命也。汝宜自愛。」旋悟爲文宗，窘極。文宗乃叩頭自誓，必當保全奕訢。及穆宗以冲幼嗣立，奕訢遂長軍機，秉政。

琳皇貴太妃留居禁中

醇賢親王母琳皇貴太妃烏雅氏，性賢明。文宗卽位，王分府於太平湖畔。太妃例應歸府，文宗甚尊敬之，故仍居宮中。

文宗有五春之寵

文宗喜園居。年例正初入園，冬至始還宮。園中傳有五春之寵，所謂天地一家春者，乃孝欽后所居，其杏花春、武陵春、海棠春、牡丹春，皆漢女分居之。

文宗忌辰

七月十七日爲文宗忌辰，十五日早，全宮移居西苑，以百僧誦經，超度孤魂。夜，孝欽后率宮眷乘船游湖，製荷花式燈，中插一燭，放於水面，意在放光明於夜間，使鬼魂得以來享也。此月中，宮眷皆不得衣鮮衣，惟深藍、淺藍二色，孝欽則黑服，手巾同色。每月朔望，例戲亦停，亦不奏樂。十七日早，孝欽跪於文宗神座前，哭泣良久。宮中皆禁葷，齋戒三日，以表誠敬。

穆宗憎洋貨

侍郎夏同善值毓慶宮，伴穆宗讀，嘗衷一計時表，私視之，爲上所見，詢是何物，侍郎直對。穆宗取而碎之，曰：「無是物，即不知時耶！」殆以熱河之恥，痛切於心，藉以抒其積憤歟？

穆宗微行

穆宗嘗微服出游。湖南舉人某以候試居會館，與曾國藩邸舍相望。一日午睡，見有少年人，就案視其文，以筆塗抹殆遍，匆匆即去，怪而詢諸僕，僕曰：「此曾大人之客也。曾大人出外未回，故信步至老爺處耳。」曾歸，舉人白其狀。曾大驚曰：「此今上也。」舉人駭甚，不敢入春闈，即日束裝歸。又嘗至琉璃廠購玉版宣，以瓜子金抵其值，肆夥辭不受，乃囑其隨往取銀。至午門，不敢入，棄紙倉皇遁。翌日，遣小監如數償之。又嘗自稱江西拔貢陳某，與毛昶熙遇於酒肆，微笑點首。毛趨出，亟告步軍統領，以勇士密隨左右。相傳如此，不足信也。

穆宗賓天之異聞

穆宗爲孝欽后所出，世皆知之。或曰，實文宗後宮某氏產，時孝欽無子，乃育之，潛使人酖其母，而語文宗以産子月餘矣。文宗聞之大喜，因命名曰載淳，封孝欽爲貴妃。其後文宗遺命，以載漪承大統。時載垣等扈蹕熱河，膺顧命，知孝欽必專政，謀輔幼主，宣言上非孝欽所生。孝欽怒，與恭親王奕訢謀誅載垣，自是，遂無人敢言上之自出矣。穆宗既長，微聞之，乃陰求其生母遺像。孝欽大懼，以毒物密置食物中，遂暴崩，外廷不知，遂以爲痘耳。或曰，穆宗疾大漸，召軍機大臣李鴻藻。鴻藻至，立命入。時孝哲后侍，將引避，穆宗止之曰：「勿爾，師傅爲先帝老臣，汝乃門生媳婦。吾方有要言，何用迴避耶？」鴻藻免冠伏地，不敢仰視。穆宗曰：「師傅快起，此猶講禮時耶？」因執其手曰：「朕不起矣。」鴻藻失聲哭，孝哲亦哭。又止之曰：「此非哭時。」因顧孝哲曰：「朕脫不諱，必立嗣子，卿意誰屬？盍速言之。」孝哲曰：「天下多故，國賴長君。實不願居太后之虛名，貽宗社以實禍也。」穆宗莞爾曰：「汝能知大義，吾無憂矣。」乃與鴻藻謀，以貝勒載□最賢，令入承大統，口授遺詔，命鴻藻即御榻側書之，凡千餘言，所以防閑孝欽者甚至。詔草成，穆宗閱之，謂鴻藻曰：「甚善，師傅可休息，明日或猶得一見也。」鴻藻既出宮，戰栗無人色。恐爲孝欽知，將不利，復馳詣孝欽宮門，請急對。孝欽召入，出詔草袖中以進。孝欽閱畢大怒，碎其紙，擲之地，叱鴻藻出。旋命斷御前醫藥飲膳，不得入乾清宮。移時，報上崩矣。或曰，穆宗患痘，孝哲怨懟孝欽於帝前，穆宗慰之曰：「卿暫忍之，終有出頭日。」時孝欽竊聽良久，遽入，捽孝哲髮，將杖之。穆宗睹狀，驚暈去，及醒，痘潰，遂崩。

德宗自述

德宗嘗語宮眷德菱女士曰：「西人對朕之評論若何，甚願聞之。知彼必視朕如小兒也。」德菱曰：「外人咸信聖躬大安。」德宗曰：「外人有所誤會，皆是朝廷守舊之故。朕無機會宣布意旨，或有所作爲，故皆不知朕。朕惟作人之傀儡耳。以後如再詢及，儘可告以實情。朕有意振興我國，奈不能自主，此固爾所知者。至於太后，卽有本領改革，亦不願做。朕知離真正改革之期甚遠，倘能如歐洲之皇帝，赴各處游歷，自是最好，然今日萬不能行耳。」德菱曰：「聞有某郡主，欲觀聖路易賽會，果往，亦可藉知外國各事，與我國異點之所在。」德宗曰：「此事向未允准，未必竟能實行。惟朕極願游歷歐洲，自爲考察也。」

德宗繼統

同治甲戌十二月，穆宗大漸，孝貞、孝欽兩太后召惇親王奕誴、恭親王奕訢、醇親王奕譞、孚郡王奕譓、惠郡王奕詳等入。孝欽后泣語諸王曰：「帝疾不可爲，繼統未定，誰其可者？」或言溥倫長，當立。惇親王曰：「溥倫疏屬不可。」孝欽曰：「溥字輩無當立者。奕譞長子，今四歲矣，且至親，予欲使之繼統。」蓋醇親王嫡福晉，乃孝欽后妹也，孝欽利幼君可專政，儻爲穆宗立後，則己爲太皇太后，雖尊而疏，故欲以內親立德宗也。諸王不敢抗，議遂定。是日，穆宗崩，德宗入居宮中，遂即位。兩太后旨，略謂皇帝龍馭上賓，未有儲貳，不得已，以醇親王奕譞之子載湉承繼文宗，入承大統，俟生有皇嗣，即承繼大行皇帝爲嗣。改元光緒。醇親王疏言：「臣侍從大行皇帝十有三年，時值天下多故，嘗以整軍經武，期睹中興盛事，雖肝腦塗地，亦所甘心。何圖昊天不弔，龍馭上賓。臣前日瞻仰遺容，五内崩裂，已覺氣體難支，猶思力濟艱難，盡事聽命。忽蒙懿旨，擇定嗣皇帝，倉猝昏迷，罔知所措。迨舁回家，身戰心搖，如痴如夢，致觸犯舊有肝疾等病，委頓成廢。惟有哀懇皇太后恩施格外，許乞骸骨，使臣受栟幪於此日，正邱首於他年，則生生世世，感戴高厚鴻施於無既。」旋諭令王公大學士六部九卿會議具奏，詔准醇開去各差，以親王世襲罔替，醇奏辭，不許。兩太后遂垂簾聽政。初，穆宗寢疾時，羣疑弘德殿行走翰林院侍講王慶祺導帝冶游，致疾不起。御史陳彝假他事劾之，並謂街談巷議無據之詞，未敢瀆陳，要亦其素行不孚之明證，若再留禁廷之側，爲患不細，非獨有玷班行而已。詔褫慶祺職，封穆宗皇后爲嘉順皇后，即孝哲后也。李鴻藻、徐桐、翁同龢、廣壽請開去弘德殿行走，許之。罪總管太監張得喜等，戍黑龍江。內閣侍讀學士廣安奏，略謂：「大行皇帝冲齡御極，蒙兩宮皇太后垂簾勵治，十有三載，天下底定，海內臣民方將享太平之福，詎意大行皇帝皇嗣未舉，一旦龍馭上賓，凡食毛踐土者，莫不籲天呼地。幸賴兩宮皇太后坤維正位，擇繼咸宜，以我皇上承繼文宗顯皇帝爲子，並欽奉懿旨，俟嗣皇帝生有皇子，即承繼大行皇帝爲嗣。仰見兩宮皇太后宸衷經營，承家原爲承國，聖算悠遠，立子即是立孫。不惟大行皇帝得有皇子，即大行皇帝統緒，亦得相承勿替，計之萬全，無過於此。請飭下王公大學士六部九卿會議，頒立鐵券，用作奕世良謀。」奉兩宮懿旨：「前降旨俟嗣皇帝生有皇子，即承繼大行皇帝爲嗣，業經明白宣示。茲據內閣侍讀學士廣安奏，請飭廷臣會議頒立鐵券等語，冒昧瀆陳，殊堪詫異。廣安著傳旨申飭。」孝哲后本失愛於孝欽，穆宗病，孝欽以其不能防護，掌責之；又以孝欽不爲穆宗立後，以寡嫂居宮中，滋不適，乃仰藥殉焉。光緒甲子四月，命翁同龢、夏同善授讀毓慶宮。御史潘敦儼請表揚孝哲后，以光潛德。詔稱：「孝哲毅皇后已加謚號，豈可輕議更張。該御史率行奏請，已屬糊塗，并敢以無據之詞登諸奏牘，尤爲謬妄。」下吏議奪職。丙寅三月庚午，葬穆宗孝哲后於惠陵。吏部主事吳可讀先以御史請誅烏魯木齊提督成祿，言過戇，落職，穆宗登極，起廢員，用主事。可讀慮大統授受之間，類多變故，鑒宋太宗、明景帝之故事，思以尸諫，而堅爲穆宗立後之信，乃請於吏部長官，隨赴惠陵襄禮。還次薊州馬伸橋三義廟，於閏三月五日之夜，飲毒畢命，遺疏請吏部長官代奏，自稱罪臣以聞。吏部以其疏上。詔言：「同治十三年十二月初五日降旨，嗣後皇帝生有皇子，卽承繼大行皇帝爲嗣。此次吳可讀所奏，前降旨時，卽是此意。着王大臣大學士六部九卿翰詹科道將吳可讀原摺會同妥議具奏。」可讀遺言葬薊州，謂出薊州一步，卽非死所。旋有徐桐、翁同龢、潘祖蔭連銜一疏，寶廷、黃體芳、張之洞、李端棻各一疏，均付王大臣併議。四月，禮親王世鐸等奏：「遵旨於本月初一日齊赴內閣，將可讀奏摺公同閱看。據奏內有仰乞我皇太后再降諭旨，將來大統仍歸承繼大行皇帝嗣子等語，臣等恭查雍正七年上諭，有曰：『建儲關係宗社民生，豈可易言。我朝聖聖相承，皆未有先正青宮而後踐天位，乃開萬世無疆之基業，是我朝之國本有至深厚者，愚人固不能知也。欽此。』跪誦之下，仰見我世宗憲皇帝詒謀之善，超亘古而訓來兹。聖諭森嚴，所宜永遠懍遵。伏思繼統與建儲，文義似殊，而事體則一。建儲大典，非臣子所敢參議，則大統所歸，豈臣下所得擅請。我皇上纘承大位，天眷誕膺，以文宗之統爲重，自必以穆宗之統爲心，將來神器所歸，必能斟酌盡善，守列聖之成憲，奉天下以無私。此固海內所共欽，而非此時所得預擬者也。況我皇太后鞠育恩深，宗社慮遠，前者穆宗龍馭上賓時，業經明降諭旨，俟皇帝生有皇子，卽承繼大行皇帝爲嗣。懿訓煌煌，周詳慎重。是穆宗毅皇帝將來繼統之義，已早賅於皇太后前降懿旨之中，何待臣下奏請。吳可讀以大統所歸，請旨頒定，似於我朝家法未能深知，而於皇太后前次所降之旨亦尚未能細心仰體。臣等公同酌議，應請毋庸置議。」旋奉兩宮懿旨：「前於同治十三年初五日降旨，俟嗣皇帝生有皇子，卽承繼大行皇帝爲嗣，原以將來繼緒有人，可慰天下臣民之望。第我朝聖聖相承，皆未明定儲位，彝訓昭垂，允宜萬世遵守，是以前降諭旨，未將繼統一節宣示，具有深意。吳可讀所請頒定大統之歸，實與本朝家法不合。皇帝受穆宗毅皇帝付託之重，將來誕生皇子，自能慎選賢良，纘承統緒，其繼大統者，爲穆宗毅皇帝嗣子，守祖宗之成憲，示天下以無私。皇帝亦必能善體此意也。所有吳可讀原奏，及王大臣等會議摺，徐桐、翁同龢、潘祖蔭聯銜摺，寶廷、張之洞各一摺，並閏三月十七日及本日諭旨，均著另錄一分，存毓慶宮。至吳可讀以死建言，孤忠可憫，著交部照五品官例議卹。」

德宗習英文及與德菱女士之談話

宫眷德菱女士，於夏季，日以一小時教德宗英文。德宗能強記，進步亦速，雖口音不甚清，而不久即能誦讀本中之短篇故事，且兼習古字花字。孝欽后覩之，亦喜曰：「我也想學。」但讀兩課後，即不耐煩矣。一日，德宗語德菱曰：「汝勸太后行新政，朕未見如何有效。」德菱曰：「菱入宫已見多事，新建之殿，亦其一也。」德宗聞之，皆以爲不足道，曰：「至正當之時，或有用汝處。」言畢，有沈吟不定之狀。

德宗在瀛臺之起居

德宗幽居瀛臺，所居爲涵元殿，僅三楹，每楹不過方丈。其對面之扆香殿，爲隆裕后所居，南北寬不過八尺。德宗偶一登樓遠望，或有吁嘆聲，宫監卽密報孝欽后。其地四面皆水，水闊一丈五尺餘，有吊橋，日間放下，夜拽起。光緒戊戌冬，某日大雪，孝欽在慈寧宮，命小内監某攜狐裘一襲，送瀛臺賜德宗，諭曰：「爾持以與帝，言爲老佛爺所賜。衣料雖非緞類，鈕扣皆金所製，須連續言之。帝有何語，歸卽報我。」内監領命去，以裘進帝，如孝欽旨。德宗曰：「吾知之。」某連言不絶，怒曰：「吾知之矣，死未得其時與地耳！歸報太后可也。」

兩宮先後升遐

光緒戊申十月十九日，迎醇王載灃之子入宮。時孝欽后已病篤，尚召至牀前。明日，德宗賓天。樞臣草遺詔，孝欽扶病披閲；又明日，孝欽上仙。蓋兩宮升遐，相去僅一日耳。

宣統帝入嗣

光緒戊申，兩宮病篤。十月某日午，召樞臣世續、張之洞、那桐入，奕劻適謁東陵，孝欽后詢諸臣擇近支王子入宮讀書事，諸臣莫敢言。世續奏曰：「太后擬選儲爲社稷萬世計，此周文、武之用心，甚盛甚盛。惟今内憂外患，交乘洊至，奴才不敏，竊以爲宜選擇年長者。」定制，親王以下滿員稱奴才，宣統初革除。孝欽拍牀怒詈曰：「此何等重事，而若敢妄言！」張之洞曰：「世續承太后垂詢，臣亦據愚慮約言之。立儲自宜禀宸斷。」孝欽默然良久，徐言：「載灃子溥儀尚可，但年稚耳，須教之。爾等議所可者。」之洞曰：「載灃懿親賢智，使攝政，當無誤。」引國初睿親王輔導事證之。孝欽曰：「得之矣。」趣擬詔。之洞謂奕劻東陵卽旋，請翌晨進呈，孝欽促卽下詔。次晨，奕劻輕輿抵宮門，諸人達孝欽意，奕劻攢眉曰：「方今國家多難，選儲似宜年長者。」諸人邀奕劻入對自陳之。既見孝欽，索閱草詔畢，云：「趣下詔，布天下。」奕劻卒未敢言。宣統帝入宮時，醇王太福晉大哭，以爲「殺我子，復戕我孫，雖擁皇帝虛名，實等終身圈禁耳」，抱宣統帝不釋手。經諸臣婉勸，謂不可抗旨，始由侍衞及諸王公大臣擁之去。

美人述宮事

美醫古力架曾入宮，爲宣統帝診疾，出而語人曰：「帝食燕窩太多，致不消化，喉吻奇渴，故頻頻飲茶。」帝卧床極大，足容五六人，晨六時，卽起而啖飯，然後往謁隆裕后。日夜保抱者，爲宮人張氏，年約四十餘歲，並教其寫字。張爲孝欽后生時所選用者，卽卧帝床側。帝室多置奇物古玩，以供娱賞。

孝貞后嫻禮法

孝貞后工文翰，嫻禮法，容色冠後宮。先爲貴妃，孝德后崩，遂正位。文宗幾暇，偶以遊宴自娱，婉言規諫，未嘗不從。外省軍報及廷臣奏疏之寢閣者，聞孝貞一言，無不立卽省覽。妃嬪偶遭譴責，皆爲之調停，旋蒙恩眷。咸豐庚申，英法聯軍入京，恭王留守，文宗倉皇擕后妃奔熱河，聖意不樂，因御書「且樂道人」四字，命張諸行殿。孝貞執不可，云：「天子一日二日萬幾，安有自求逸樂之理。今雖蒙塵，尤不宜有此。」親督内侍去之。次年秋崩。是時穆宗生已六歲，孝欽后以子貴，已並位稱太后矣。坐朝，穆宗中位，孝貞、孝欽坐幪中，朝臣跪於地毯，內臣並稱曰東太后、西太后。東后謂孝貞，蓋以坐位名之也。時孝貞二十七歲，少孝欽一年，而容貌如五十外人。服御簡樸，一若寒素。當孝欽初得幸時，文宗常晏起。故事，帝宿某處，御某人，有册籍報后，不合格者，杖斥。內監之承伺者，屆時於寢門外誦祖訓，帝必披衣起而跪聽，出朝乃止。丙辰春，文宗宿孝欽所，數日不視朝。孝貞諗其故，乃頂祖訓至宮，正跪，命人請皇帝起，聽訓。文宗亟止之，曰：「予即聽朝，勿誦訓。」逮出朝，少時即退，問后何在。或對御坤寧宮，坤寧宮者，皇后行大賞罰之所也。文宗至，則孝貞坐於中，孝欽跪於下，孝貞歷數其過，將杖辱之。文宗大呼曰：「請皇后免責，渠已有娠矣。」孝貞下座，曰：「帝胡不蚤言。吾之杖伊，遵祖制也。受杖墮娠，失祖訓矣。皇上春秋雖盛，儲宮未備，吾安可守一訓，而失列祖列宗萬世之遺意哉！」因涕泣久之。及與孝欽后垂簾聽政，首簡恭王入軍機處，時國人稱孝貞優於德，而大誅賞大舉錯，實主之；孝欽優於才，而判閱奏章，裁決庶務，及召對時諮訪利弊，悉中窾會。孝貞見大臣，吶吶如不出諸口，有奏牘，必孝欽爲誦而講之，或竟月不決一事。然至軍國大計所關，及用人之尤重大者，孝貞偶行一事，人皆額手稱頌。同治初元，鑒曾文正公之賢，自兩江總督簡授協揆。迨何桂清失陷封疆，厥罪甚重，刑部已論斬矣，潛乞同鄉同年及同官京朝者十七人上疏救之，朝廷幾爲所惑。孝貞后獨納太常寺卿李棠階之奏，命斬桂清以警逃將，全國爲之震肅。尋以李棠階碩望名儒，命爲軍機大臣，一歲中遷至尚書，其後頗多獻替。勝保以驕蹇貪淫，逮下刑部獄，亦用棠階言賜死。蘇、浙之復也，曾、李、左錫封侯伯，實出孝貞意。及太監安得海稍稍用事，潛出，過山東，巡撫丁寶楨劾奏之，孝貞問軍機大臣以祖制，大臣對言當斬，即命就地正法。孝欽性警敏，鋭於任事，孝貞悉以權讓之。穆宗孝事孝貞，能先意承志，孝貞撫之，亦慈愛備至，故上亦終身孺慕不少衰，雖孝欽爲上所自出，無以逾也。

孝哲后爲穆宗所敬禮

孝哲后爲承恩公崇綺女，同治壬申，與鳳秀之女同選入宮，時年十九，而鳳女年十四。孝欽后欲立鳳女，孝貞后欲立孝哲，相持不決，召穆宗自定之，如孝貞旨，遂立之爲中宮，封鳳女爲慧妃。孝欽大不懌，諭穆宗曰：「慧妃賢明，宜加眷遇。皇后年少，未嫺禮節，皇上毋得輒至中宮，致妨政務。」而陰使内監監視之。穆宗意亦不懌。然孝哲氣度端凝，不苟言笑，穆宗始終敬禮，宮中無事，恆舉唐人詩以試之，輒應口背誦。穆宗益喜，伉儷綦篤，雖燕居，曾無褻容狎語。孝貞尤甚鍾愛之。而孝欽則大忿，孝哲入見，從不假以辭色。既失歡，又遭穆宗賓天之變，獨處宮中，益鬱鬱。孝貞時召與語，力撫慰之。

或曰，穆宗升遐時，孝哲力争立嗣，孝欽意已定。鴻藻方入内，孝哲向之泣告，且謂之曰：「此事他人可勿問，李大臣，先帝之師傅，當獨力維持。我今爲此大事，給師傅磕頭。」鴻藻亟退避，卒緘默無言。

孝欽后自述

孝欽后嘗語人曰：「我自幼受苦，父母不愛我，而愛我妹。入宮後，宮人以我美，咸妒我，但皆爲我所制。文宗專寵我，迨後皇子生，我之地位更鞏固矣，惟以後又交否運。咸豐末年，文宗卧病，外兵入城，燒圓明園，我避難熱河。時予年尚輕，文宗病危，皇子又小，東宮之姪，乃一壞人，謀奪大位，勢甚危急。予抱皇子至文宗牀前，問大事如何辦理，文宗不答。予復告以兒子在此，文宗始張目答曰：『自然是彼接位。』語畢，即賓天矣。予見大事已定，心始安。然彼時雖極悲痛，以爲猶有穆宗可倚。孰意穆宗至十九歲，遽又夭折。自此予之境遇大變，希望皆絶。東宮又與予不和。越數年，東宮去世。今上初入宮時，方三歲，瘦弱多病，其父母不敢給以食物。汝等知其父即醇王否？其母爲我之妹，我妹之子，即與我親生者無異，故決意立之也。」

「據李蓮英言，外國教士以藥給我國人服食，故我國人心變壞。在初入教時，教士每假意令人細思，表面故作不强人入教之態度。我國小兒，輒被騙去挖眼睛作藥。」

「汝等知義和團因何起事？蓋從教者恃教爲護符，横行鄉里，故義和團起而復仇。但行爲亦太過，在京縱火圖財，不問是否教民，概被亂刼。汝等要知從教者乃極壞之人，每强奪他人田產，外國教士偏信袒護，不問事之是非情理，凡教徒犯罪，見官不跪，放肆無禮，不服國法。外人信一面之辭，强迫官吏釋放罪人，真是不平已極。我看我國上等好人，亦未必入教也。」

「康有爲擬設法使皇帝歸教，然我在，總不能允。外國之海陸軍及機器，我亦稱之，但文化禮俗，總是我國第一。外間多謂庚子年，政府與義和團通同一氣，其實不然。我知以後必貽禍，故頒發上諭，飭兵勦拿，奈其時事已不可收拾矣。我本決意不出宮，一老婦耳，生死何足介意，而端王、瀾公勸予卽行，復以喬妝相勸。予怒斥之。及還京，頗聞有人謂予出宮時，着僕婦服，坐破騾車，而僕婦則僞飾予妝坐轎，其實安有此事。拳匪亂時，無一人願隨我行，且有先遁者，否則亦不肯事事。予因宣言曰：『汝等願隨者隨！』當時應者極少，計不過太監十七人，僕婦二人，宮女小珠一人也。宮中原有太監三千，早已逃矣，且有面予而將貴重花瓶擲碎於地者。我憤極大哭。既在途，某日大雨，轎夫數人逃去，騾亦死數匹，大雨不止，其苦爲生平所未受。某知縣辦差頗盡力，惜食物缺乏，有時聞太監向知縣咆哮，知縣長揖以謝之。予怒責太監，謂我輩倉猝出行，凡辦差者，自應體諒，不能苛求。行月餘始抵西安，病三月。住撫署內，屋舊而溼，皇帝亦病。此行無異充軍。光緒二十八年返京，見宮中景象大變，貴重器皿，或毁或失，西苑珍寶，無一存者。予每日禮拜之白玉觀音，被人斫斷手指，且有洋人曾坐予寶座攝影者。迄今言之，不禁傷心至極也。

「予最恨人言庚子事。予乃最聰明之人，嘗聞人言英王維多利亞事，彼於世界關係，殆不及予之半。予事業尚未告成，亦無有能逆料者，或尚有可使外人震驚之事，或尚有迥異於前之事，均未可知。英爲世界最強國，然亦非維多利亞一人之力。英多賢才，各事皆由巴力門議定，彼惟畫諾而已。我國大事，皆予獨裁，雖有軍機大臣，亦惟贊襄於平時，皇帝更何知。庚子以前，予之名譽甚佳，海內晏然，不料有拳匪之亂，爲夢想所不及。綜稽生平，謬誤卽此一舉。予本可隨時諭禁拳匪，而端、瀾力言拳匪可信，爲天所使驅逐洋人者，蓋卽指教士而言。予固最恨耶教，當時聞言默然，後亦知端瀾所行之太過。一日，端王率領拳匪頭目至頤和園，召集太監，在殿前查驗頂際有無十字。既而端王謂有二監信教，當如何辦理。予怒斥之曰：『未發詔旨，何故擅領彼等入宮！』端王謂其權力甚大，可以殺盡洋人，有諸神保護，不畏鎗礮，曾經試驗，鎗打並無傷痕。因擅將二監交與拳匪頭目辦理，予亦允之。旋聞二監被殺於園。次日，端瀾又帶拳匪頭目入宮，令太監燒香爲非教徒之證。自此遂逐日進宮，授太監法術，謂京城人民大半已習拳矣。第三日，宮監皆作拳裝，坎肩包巾皆紅色，褲獨黃，予之左右皆然，心甚不悦。瀾公復以拳衣進呈。時軍機大臣榮禄方請一月病假，一日，忽報病愈，明日即須入宮，知其必有要言也。及榮禄至，則謂拳民煽惑百姓，殺洋人，恐國家受害。余問應如何辦理，榮禄謂須與端王商量。次日，端王入宮，謂昨與榮禄大争，今京城已成義和拳之世界矣，若與反對，彼必盡殺居人，大内亦難幸免，董福祥已允助攻使館。余至是大懼，知大事已去，立召榮禄，並留端王在側。榮禄至，顔色憔悴。告以端言，大驚，請立發一諭，聲明拳爲祕密會黨，百姓不可信從，飭步軍統領悉逐其在京者。端大怒，謂此諭果下，拳必入宮，大肆誅戮。余不得已而從端言。端去，榮禄謂拳必爲禍，端喪心病狂，必助其圍攻使館。拳民未嘗讀書，以爲祇有在華之些少洋人，殺之即爲無事，不知各國如何强大，若將在華者殺之無遺，必將報仇。洋兵即殺一百拳民，毫不費事。請余飭聶士成防守使館，余即允之。又令榮禄就商於端瀾。一日，端瀾進宮，請諭飭拳民先殺使館洋人，再殺其餘，余却其請。端謂事急不能再延，拳已備明日攻使館。余怒，令監逐出。端臨行，言：『我當代發諭旨，不問爾之願否。』既出，即矯詔行事。於是遂死無數生靈。及後，端見拳不可恃，洋兵將至，始勸余等離京。余之名譽，遂隳於一旦。

此事由於前無主意，鑄此大錯，誤信端王，皆爲彼一人所害也。」

孝欽后起家貴人

孝欽后初入宫時，封蘭貴人，後封懿嬪，再進懿妃，咸豐辛酉，遂爲天下母。

孝欽后省親

穆宗誕生九月，時孝欽后猶爲妃也，承文宗特恩，賜回家省親一次。先有太監至其家，告以某時駕到。屆時，太監及侍衛羣擁黄轎而至，其母率家人親戚排立院中。入内堂，太監請妃降輿，登堂升坐，除母及長輩外，皆跪地叩頭。排筵宴，母陪坐於下，蓋以妃爲皇子之母也。

孝欽后誅肅順之異聞

肅順之伏法，孝欽后欲以滅其口耳。初，孝欽入宫，撥充宫苑女侍，地曰桐陰深處者，卽其給役所也。天性敏慧，喜歌，以少從其父惠敏宦南中久，善南曲。一日，文宗微步至苑林，聞有曼聲度南歈者，尋聲而往，因得見，遂幸之。有機智，遇事輒先意承旨，深嬖之。未幾，生穆宗，進封爲妃。迨貴，漸怙寵而肆驕，久之，不能制。適粤寇難發，文宗憂勤國是，叢脞萬端，乃得以弄權宫掖。文宗寖知之，漸惡其爲人。肅順者，才略聲華爲宗室冠，文宗素倚重之。孝欽知文宗且疏己，隱冀得肅以自援，而肅則以諗知后之往事，良輕后，后因是銜肅。一日，文宗於宮沼爲春日泛舟之戲，后自陳寓南方久，習操舟技，乃親理篙楫以侍。詎文宗立未定，而后篙遽下，舟爲之側，文宗顛墮水，創其足，文宗乃深憾后。會又有間后者，以那拉將覆滿洲咀咒之説進，文宗乃擬致之死，嘗謂肅曰：「朕不日將效漢武帝之於鉤弋夫人故事，卿謂何如？」肅噤齘，不敢置一辭。后聞之，愈啣肅。熱河之狩，變起倉卒，文宗憂憤，乃遷怒於后。病漸篤，自爲遺詔曰：「朕死，必殺西后以殉，毋使覆我宗。」急召肅，將使受顧命，行遺詔事。有李蓮英者，后之梳頭監也，工按摩術，因進技於上，窺枕角，得遺詔，亟訴后。后乃泣籲於醇王之福晉，福晉曰：「此亂命也，當爲若已之。」立戒車，馳赴行在。及入宮，文宗已崩，搜衾枕，獲遺詔，就殘燭爇之，灰甫燼而肅已至。肅入，知已崩，詢監以時，監懵然不能對，迴首御榻側，見后擁穆宗立。轉以詢后，后解襟端所繫時表，直前授肅，厲聲曰：「若自省之！」未幾，肅退，后乃密謀醇王，置肅於法。

孝欽后輕騎入圓明園

咸豐時，尚書江寧何某值圓明園。忽聞警鞭鳴，急率百官跽迎門外，見乘輿尚遠，有一騎如飛而前，坐一宮人，垂鞭欹躬，向衆而哂曰：「何今日侏儒之多也！」舉鞭揚長而去。蓋百官皆跽，故皆如侏儒耳。後訪知乘者，爲生皇子之貴妃，即孝欽后也。

孝欽后戒煙

道光季年，五口通商，洋藥弛禁，朝野上下，無不嗜之。文宗初立，亦常吸，呼爲益壽如意膏，又曰紫霞膏。及粵寇事急，宵旰焦勞，恆以此自遣。咸豐庚申，英法聯軍入京，文宗狩熱河，有汲汲顧景之勢，更沈溺於是，故孝欽后亦沾染焉。所吸鴉片，稱福壽膏。福壽膏者，粵人陸作圖所製者也。其家有井，水湛然而碧，以熬煙，殊佳。及陸作圖死，而其妻繼其業，凡以煙求熬者，需銀二兩，煙成，試吸，芬芳酷烈，迥異尋常。其法不傳戚友，惟陸妻得其窔奧，故每月可獲二百餘金。孝欽喜之，賜名福壽。煙鎗亦廣州竹，質粗如兒臂，上安小管，藉通呼吸。煙鎗有架，隨燈之高下遠近爲之。內監跪地燃膏以進，不敢稍稍欹斜也。曾持至某骨董鋪中修理，色如紅玉，斗下陷痕分許，彎環似帶，則信已月久年深矣。光緒末年，再申煙禁，孝欽亦自克。及大漸，慶王勸開禁，以小金盒進曰：「太后爲天下臣民主，朝野攸賴。日來慈躬不豫，艱鉅益增，今以戒煙致疾，一旦不諱，恐非所以重蒼生之寄託也。」孝欽擲其盒於地，且加申飭，翌日遂崩。

孝欽后之門禁

凡在宮諸人之入孝欽后宮者，必先奉命，否則無論何人，概不得逕入，皇后亦然。

孝欽后起居

孝欽后所居，廣廈十楹，作横排式，屋宇深邃。窗槅之屬，髹工極細，五色繚繞，令人眩耀。玻璃窗低垂錦幔，其中陳設，非外人所能窺見矣。及寢，兩首領太監侍坐床前，名曰押風；小太監百餘人，侍立迴廊，名曰坐更，天明始散。並有宮女爲之捶腿，至睡熟乃已。

孝欽夢回枕上，必鍊八段錦工夫，繼進人乳一盃，然後離床盥漱。内監揭繡花窗擋，則晨光尚覺熹微也。有報請者，如古時叫旦雞人，孝欽晨興，其人必在窗外大聲呼曰：「老佛爺醒了！」内監輩乃魚貫入寢宮，趨蹌伺候。

孝欽后牀榻之陳設

孝欽后每日晨起，輒命太監將被褥曝於院中，以刷刷牀。於氈上加黄緞褥三條，各色絲被單數條，其上又鋪黄被單，爲金龍藍雲頭花樣。枕甚多，一實以茶葉，一即耳枕，約長十二寸，中有方約三寸之穴，乾花塞之，睡時可聽聲，蓋慮爲人所暗算也。黄被單，又有紫藍淺紅緑色被六條。紬帳鑲花，牀懸滿儲香料之紗袋，其中麝香頗多，孝欽所嗜也。

孝欽后出行之鹵簿及后妃之轎色

孝欽后乘輿出，德宗亦必隨扈，炎風烈日，迅雷甚雨，不敢乞休也。孝欽轎過宮門時，后妃以下皆跪送，轎過乃起，各上轎隨行。孝欽轎前導以兵，左右有親王四人騎馬夾護，太監四五十人騎而從於後。帝后轎與太后轎均正黄色，妃嬪轎暗黄色，餘爲紅色。

孝欽后閒游

孝欽后散步園中，行路甚速，從者追隨其後，不敢言憊，然太監輒擕黃緞椅在後，以便困時小憩。又有一犬隨之。有時坐轎，則與早朝之敞轎不同，黄桿黄繩，一太監抬之，每角有一太監，都凡四人扶之而行。孝欽喜雨行，若非大雨，輒不張傘。隨侍宫眷之太監皆備雨傘，惟不敢用，凡事皆然。如孝欽欲步行，宫眷亦隨之步行，如欲乘輿，宫眷亦隨之乘輿。孝欽晚膳後，必在寢宫前後巡行一周，然後闔門，宫監謂之遶彎子。侍臣聞下筦鑰，即歸休矣。

孝欽后閲封奏

日由太監將奏事處所進黄紙封盒上呈，孝欽后輒自啓封。德宗侍側，孝欽閲畢，交德宗，德宗閲後，仍置盒内，不置喙也。

孝欽后選處女爲宫眷

侍奉孝欽后、皇后之宫眷，有時爲德宗司侍奉之役，此輩大率自滿洲上三旗選之。上三旗者，正黄、鑲黄、正白三旗也。且多選處女，間亦選有夫者，有夫者每隔二三月許回家一次。

孝欽后戲繆素筠

滇中繆素筠女士以代孝欽后作畫，供奉宮中，軀肥而矮。孝欽嘗覓得大號鳳冠一頂及玉帶蟒袍之類，命著之，侍立於旁，以爲笑樂。

孝欽后寵李蓮英妹

李蓮英之妹頗慧黠，爲孝欽后所寵，嘗入宮隨侍，或值宿，經月始出，其時尚未適人。某日，侍孝欽游頤和園，遇蘇拉某，頗英秀，孝欽曰：「此人有後福，可妻也。」遂以李妹指婚，蘇拉叩謝。不數月，此蘇拉者，已擢爲内務府堂郎中矣。爲内務府最佳之缺。婚之日，孝欽賜奩資甚厚，尋常格格不能及也。

孝欽后逐金華櫃夥

孝欽后好食熟鷄卵，晨必四枚，需二十四金，皆金華飯館所進。其櫃夥史某，嘗隨李蓮英潛入宮。一日，爲孝欽瞥見，蓮英以實告，孝欽大怒，令逐之。

孝欽后有遺帑

光緒甲午，中日戰事亟，孝欽后欲以所積金銀合一千五百萬鎊交匯豐銀行，運至英倫，匯豐索酬資每百二鳌五，不允。和議成，遂止。庚子西狩，則悉埋於地，旋被人發掘，取去無數。其地後歸美軍管理，然僅餘九百餘萬。及回鑾，一以儲蓄爲事，繼長增高，至末年，乃積至二千五百萬鎊。世所稱孝欽遺帑者，卽此也。

孝欽后待滿族

本朝開國，重用滿人。咸、同間，粤寇搆難，曾文正、胡文忠、左文襄、李文忠次第蕩平之，滿員著武功者，塔忠武、多忠勇而已。孝欽后秉政，封疆重寄，治兵提鎮，漢員約十之九。光緒甲申後，興海軍，建署天津，醇王統之，李爲副，實則李爲政也。甲午師潰，承恩公桂祥奉命巡邊，越月而卽召還。

孝欽后怒責德宗

光緒戊戌八月初四日，黎明，德宗詣宮門請安，孝欽后已由間道入西直門，車駕倉皇返。孝欽直抵德宗寢宮，盡括章疏，攜之去，怒詰曰：「我撫養汝二十餘年，乃聽小人之言謀我乎！」德宗戰栗，不發一語，良久，囁嚅曰：「無此意。」孝欽唾之曰：「癡兒！今日無我，明日安有汝乎？」遂傳懿旨，以上病不能理萬幾爲辭，臨朝訓政，凡所興革，悉反之。譚嗣同等之死，御史黄桂鋆實促之，疏謂該員罪狀已明，可無事審訊，説者謂桂鋆恐對簿時牽及聖躬也。

孝欽后欲使德宗割股

孝欽后不豫，德宗侍，太監李蓮英在內供奉。孝欽笑曰：「我病恐不起，俗云以人肉煎湯服之，便愈。」語畢，視德宗，德宗默然。李退，即請假。遣太監德存往問，德報曰：「蓮英憂太后體不豫，驚卧不起。」越數日，孝欽漸痊，始探悉李曾割股肉煎藥也。孝欽聞之，歎息者再，於是益疏德宗而愛李。

孝欽后謀廢德宗

載漪諂事李蓮英，使在孝欽后前陷德宗，李終不忍。太監馮某，豺狼性成，於孝欽前時有獻計，頗爲所動，立大阿哥之事，馮實居禍首。李嘗謂人曰：「我在后前，惟有順旨，絶不敢逢惡。外人皆詛詈我，不知我實爲馮所賣也。」光緒戊戌事敗，德宗聞耗驚絶，跪求計於李。李曰：「求馮。」馮對曰：「恐不可活。」帝入後宮，欲自殺，俄侍衛擁至，遂被禁。孝欽急召近支王公及載漪、徐桐、王文韶等，欲飲德宗酒。時德宗面如死灰，喘息急促，著一履。孝欽欲親賜酒，羣臣呼萬歲，文韶等不奉詔，遂得免，因命以瀛臺居德宗。

每朝罷，即以籐椅舁德宗置臺中，后及妃嬪均隔絶，侍者皆孝欽所派，一舉一動，皆密報。一日，帝於後宮與宮人私語孝欽，孝欽知之，傳宮人嚴責之，宮人謂謗后，益怒，盡拷宮人。某宮人曰：「帝將不利聖后。」遂將前所傳之人杖殺之，派李等二十人監視德宗，此戊戌十二月事也。次日，即召王公大臣密謀廢立，意既定，遂先以溥儁爲穆宗嗣，諭軍機草詔進。孝欽在慈寧宮，召德宗入，以詔示之，盛氣謂曰：「汝意若何？」帝頓首曰：「此素願也。」孝欽曰：「汝既願之，曷繕此發布。」言已，命內侍以硃筆進，乃照錄一通，甫竣，咯血不止，幾暈仆。孝欽佯惻然曰：「汝宜保重。」即命內侍以籐椅至，爲整理枕褥，扶令上輿，若不勝其慈愛者。及德宗回瀛台，孝欽色復變，翌日，立嗣之詔遂下。

光緒戊戌政變後，論者皆謂立大阿哥溥儁事，徐桐預其謀，然徐之不召見者近十年。己亥十月，忽入直，孝欽后賜食，特撤御筵銀魚火鍋賞之。食訖，入謝，慰勞備至。語及穆宗時事，因垂泣曰：「皇帝不能生育，穆宗不可無後。」徐曰：「皇上能否生育，宮壼事，臣不能知。」孝欽復曰：「穆宗終不可無後。」徐亂以他語，孝欽默然，遂退。某日將夕，內監傳語太后有旨，令中堂至菊兒胡同榮相宅，有大事會議。徐至，則崇綺已在。語及廢立，徐曰：「老臣不敢與聞。」榮曰：「我亦如是。」徐立呼輿歸，入門，氣憤憤，頓足撕朝珠，立斷，曰：「崇文山荒謬之至，荒謬之至！」家人莫測其故，不敢問也。越數日，薄暮，其門生御史楊崇伊往謁，辭以將睡。楊告以有大事，堅請見。坐甫定，呈摺稿，蓋請廢立也。徐閱甫半，曰：「我勸君不可如此荒唐。」端茶呼送客。楊出門，車後載氈被，徐家人尾之，驅向定王府大街去矣。

孝欽后立溥儁爲大阿哥

孝欽后欲廢德宗，於是文廷式、翁同龢皆罷歸，李鴻章以文華殿大學士爲首相，李故骨鯁，孝欽頗敬憚之。光緒己亥冬杪，兩廣總督出缺，命李往任事。故事，京大員外放，約半月始行。李始陛辭，命下督迫殊急。抵粵未幾，某日午，法領事詢海關監督某，本日有立儲事。某詢奚至，法領謂今晨駐京使電巴黎政府，政府轉安南法督，更電粵。某偕司道謁李。故事，宮中大事，由閣臣軍機會議後行。時鴻章去京日邇，聞言良久，曰：「寧有此？吾未奉詔，而法領先有聞乎？」午後四時果奉詔，法領事之言始信。

溥儁，端王載漪子也。端之福晉爲阿拉善王女，雅善詞令，能伺孝欽后意旨，日侍左右，親爲扶輿。大阿哥之入嗣也，福晉之力爲多。

溥儁頑獃肖其父，孝欽篤愛之。不樂讀書，時與内監擊瓦片水上，計其縱躍次數以賭勝負，俗名打水撇。又嘗於西安行宮殿上踢毽子。毽子以二銅錢布包裹，插雞毛錢孔中，兩足内轉，向空中送之，能者高丈許。冬月門上侍衛及内監爲之以禦寒。殿官謂寶座前不宜作此，溥儁駡曰：「寶座是我所坐，爾乃相尼邪！」後以光緒庚子拳匪事，防外人干涉，除名，孝欽命月給四百金贍之。

孝欽后率德宗西狩

光緒庚子，孝欽后率德宗西狩。既出險，語侍臣云：「吾不意乃爲帝笑！」至太原，德宗稍發舒。一日，召載漪、剛毅痛呵，欲正其罪。孝欽云：「我先發，敵將更要其重者。」德宗曰：「論國法，彼罪不赦，烏論敵如何。」漪等亟稽顙。時王文韶同入，孝欽曰：「文韶老臣，更事久，且帝所信，爾謂如何？」文韶喻旨，婉解之，德宗退猶聞咨嗟聲。漪等出，心猶慄慄也。未幾，剛毅恚而死。抵潼關時，德宗曰：「我能往，寇奚不能。卽入蜀，無益。太后老，宜避西安，朕擬獨歸。否則兵不解，禍終及之。」孝欽及左右咸相顧，有難色，顧無以折德宗，會晚而罷。翌晨，乃聞扈從士嘈雜戒行，鳴炮，駕竟西矣。德宗首途，淚猶溢目也。或曰，聯軍之炮擊宮城也，德宗冠服欲往使館，孝欽亟止之。德宗曰：「彼軍法文明，往必無害，且可議款。」孝欽以爲發狂，疾擁之行。

孝欽后逼死珍妃

德宗所最寵幸者爲瑾妃、珍妃。二妃爲同懷姊妹，珍妃色尤殊。孝欽后以隆裕后不得志於德宗，遷怒二妃，遇之甚苛。一日，隆裕爲其父乞督外省，德宗頷之，隆裕退，珍妃以《漢·外戚傳》諷上，事遂寢。隆裕深銜之，日伺其隙。珍妃於上前稱文廷式才，隆裕遂奏孝欽，謂婦女不應干國政，乃廢妃。德宗雖痛之，而無如何也。光緒庚子拳變起，倉皇議西狩。車駕將出發，適珍妃在側，以未預隨扈，目注德宗，嗚咽不勝。忽爲孝欽所見，卽叱之曰：「汝年少，丁茲國家多故，皇帝蒙塵，若不早自裁，乃猶作兒女子態耶！」立傳旨賜自盡。或云投井死，或謂內監乘亂縛妃投入井，有所主使而歸獄於孝欽耳。

孝欽后受主位所製棉衣

光緒庚子聯軍入都，宫内先朝主位，尚有祺皇貴太妃諸人，禁門以内，不敢驚擾，每日照例進膳。主位等手製棉衣，令太監賫至行在，進呈孝欽后。

孝欽后愚德宗

光緒庚子之役，八國聯軍將不令孝欽后回鑾。孝欽知之，密召德宗曰：「汝爲我竊繆素筠妝篋來。」其意蓋欲帝佯爲狂愚也者，使外人知之，則已不得不歸也。德宗乃徑至繆室取之。繆不見篋，心知有異。俄頃，孝欽召繆入，手篋而言曰：「汝知之乎，帝瘋矣，乃竊汝篋。」則擇一新者賜之，繆拜謝，然不適於用。他日遇德宗，懇其賜還。德宗曰：「老佛爺所命奈何？」繆固請，乃陰返之。回鑾日，途運之物，有破虎子、舊門板等，悉蓋以黄布，上標御用，見者或疑德宗真狂，不知非也。

德宗素畏雷，嘗命宫人羣呼勿雷，孝欽聞而笑曰：「是真愚蠢耳！不能治一人，何能治天下。」益輕視之。一日，孝欽在煖宫書字，召德宗入，仰視德宗曰：「汝能書此否？」德宗適旁視，愕然不知所措。孝欽曰：「外間有鴻鵠乎？」德宗曰：「未見。」孝欽曰：「汝亦知祖宗締造艱難乎？」德宗默然。李蓮英跪奏曰：「祖宗締造國家艱難，皇帝嘗爲奴才道及，此特懾於聖威，不敢發揚其説耳。」

孝欽后行慈善事業

孝欽后於光緒辛丑回鑾後，好行慈善事業，特發帑銀數萬兩交張百熙、陸潤庠等經理施醫總局。

光、宣之際，基金頗富，且有捐款開局施診。

孝欽后嗜小説

孝欽后嗜讀小説，如《封神傳》、《水滸》、《西遊記》、《三國志》、《紅樓夢》等書，時時披閲，且於《封神傳》、《水滸》、《西遊記》、《三國志》節取其事，編入舊劇，加以點綴，親授内監，教之扮演。一日，語侍臣某曰：「我國果得若輩，與以兵權，豈猶畏外國人之槍礮乎？」此光緒庚子拳禍之所由來也。及辛丑回鑾，則於《海國圖志》、《瀛環志略》諸書展誦不輟，意謂可藉窺外人情事也。一日，大學士徐郙入值，孝欽詢以我國所譯東西洋書籍之最佳者爲何種，徐謂西國槍礮固足制勝，若政教風俗，則遠不及我國，所譯之書，實荒誕不經也。孝欽頷之，曰：「吾亦云然。」

瑾妃游蘇州

光緒庚子，兩宫出狩，宫中秩序頓亂，溥良適入宫，見瑾妃尚在，知爲德宗倖妃，挈之至江蘇，寓蘇州拙政園。當時大吏聞信郊迎，諱言爲某公主，實瑾妃也。

孝欽后痛惜名人書畫

宫中壁間窗槅，皆糊名人書畫，有時剥落，則易新者，宫監輩私售諸外，名曰貼落。自道、咸以來，猶未盡易，至孝欽后移居三海時，被人撕毀，恆痛惜之。

孝欽后以村市景自娛

孝欽后在三海，置地十餘畝，遍種野菜，有賣各種蒸食者，有賣茶者，儼如鄉村。孝欽常自以錢購食物，准賣者較低昂，不許跪拜。德宗買食物時，則常吝不與。或曰：「此皇帝也。」賣物者曰：「皇帝孰與老佛尊！」視之而嬉。並有時呼孝欽曰老太太，皇后曰大姑，或曰小姐，或曰奶奶，呼帝曰阿哥，又曰爺。一日，大公主與孝欽弈棋，德宗侍久，頗憊，大公主故作倦態，始命罷棋。

孝欽后受生母拜跪禮

故事，太后母入宮，必行大禮，多不敢受者。隆裕后則側身避之，孝欽后獨端坐受焉，母恨之。母喜淡妝，惡花，入宮，孝欽輒爲滿簪於頭，母大恚，後遂不入。

孝欽后崩後情狀

孝欽后崩時，宮中擾擾，聞有混入竊觀者。孝欽尸身，以龍緞蓋之。自海還宮，內監拈香前引者，可數十人。陳尸廣殿中，殿極陰沉，燃微燈，光射數步以外。聞巨璫言，尸身皆黑，似中毒者，有數親貴之眷屬在殿隅坐語焉。

隆裕后與德宗不睦

隆裕后爲孝欽后内姪女，孝欽自以由西宫出身，故必欲以家人爲德宗后。德宗先已專寵珍妃，又頗不屬意於隆裕，顧以孝欽之强迫指定，遂勉奉之。德宗既不見悦於孝欽，自光緒戊戌變政後，拘置瀛臺，隆裕又非其所悦，一日盛怒，乃將其髮簪擲碎，簪爲乾隆時遺物。隆裕馳訴於孝欽，孝欽亦無多語，但令移居己之别室。自此，隆裕遂與德宗隔别。其年月雖不可考，蓋終德宗之身，已十年矣。

隆裕后奉孝欽后命爲太后

孝欽后崩時，即指立隆裕后爲太后，其遺詔有「軍國大事攝政王當秉承后意辦理」之語，故中間曾有垂簾復活之説。但隆裕頗以攝政王所爲不當，詔令入宫申斥也。

瑜貴妃不願稱奴才

瑜貴妃者，穆宗妃也。有幹才，得孝欽后歡，隆裕后亦仰其鼻息。光緒戊申，兩宫殂，隆裕晉太后，瑜妃往見，須伏謁稱奴才，乃大恚。孝欽奉安時，偕珣妃、瑨妃謁陵。禮畢，不肯還宫，謂將從孝欽於地下。時攝政王派載振等前往奉迎，妃正色語載振等曰：「皇上是專繼德宗，抑係兼繼穆宗？」振曰：「兼繼穆宗。」妃曰：「既兼繼穆宗，孝欽后及孝哲后今已賓天，則穆宗一系，我爲之長。皇上既係過繼，何得獨以隆裕太后爲母，而我爲奴才？」載振等悚惶，力言請妃還宫，從長計議。妃謂還宫作奴才，不若從孝欽於地下也。珣、瑨二妃亦附和之。載振等乃還京，與攝政王、慶王等商定，晉封爲皇太妃，不稱奴才，禮請還宫，警蹕而入，妃及二妃均增加月費。此宣統己酉事也。

隆裕后臨終語

隆裕后性節儉，自宣統辛亥遜位後，漸汰内監宫人，頗遭怨謗。瑜妃從而收拾人心，宫中益惡隆裕。故隆裕崩時，僅宣統帝、世續、二三宫女在側而已。大漸以前，語世續曰：「孤兒寡母，千古傷心，覩宫宇之荒涼，不知魂歸何所。」又語宣統帝曰：「汝生帝王家，一事未喻，而國亡，而母死，茫然不知。吾别汝之期至矣，溝瀆道途，聽汝自爲而已。」

清稗類鈔

朝貢類

御門

御門之典，六部堂上官及司員均得侍班，故人才賢否，堂陛熟知。自此典輟，而司員黜陟，惟憑曹長一言，祇於外轉時一覲天顔而已。

視朝陞殿

陞殿之儀，樂先奏，殿後户闢。駕將入殿後户，御前侍衛左右交互，往來於殿門之内。内侍二人，執二紅燈，盤旋而舞。少頃，各肅然就列，樂亦頓闋，皇帝已端拱座上矣。陛下鞭聲起，三鳴鞭而贊作。

朝賀大會

朝賀大會之日，諸王貝勒貝子公皆於丹墀上行禮。行禮處横布褸毯，由東而西，作一字形。元日皆貂服，二品以上同，三品以下朝服，餘日則皆朝服。

站山子

太和殿墀品級山，鐫正一品至九品，文左武右，合正從計之，爲行四，爲數三十有六。恭遇皇上升殿，科道官立山旁糾儀，謂之站山子，卽宋人排班石遺制，此則有笵金爲山形之差别耳。朝官戲呼站山子科道爲天罡星，蓋舉其數以相嘲也。

大朝筵宴之陳設

大朝筵宴，内務府設朱漆反坫於丹陛之中。坫方可八尺，上陳碧玉洗一，徑可二尺，厚可二寸，中鐫御製玉盂聯句，于文襄公敏中書；玉勺二，長二尺，交陳洗上；玉壺二，高亦二尺；碧玉琖八，徑九寸者二，徑七寸者六。

常朝

列聖憂勤國事，帷宮燕寢，無不披覽奏章，召對大臣。其王公將軍各部人員無政事之責者，於每月五日早集午門前，朝服坐班。上駐蹕大内日，王公皆於太和門坐班，侍衛奉旨賜茶，始散。上駐蹕園中，王公則偕百官坐班午門外，科道官輪班察覈，不至者劾之，謂之常朝。

御便殿

皇帝將御便殿時，前導之内監以静鞭鳴地作響，王大臣皆鵠立，不聞聲息，間有朝靴槖槖聲，來往盤旋而已。

坐班

午門坐班典禮，沿明之舊，各衙門堂派者，皆資淺無差之員，屆時齊集朝房，俟糾儀御史至，傳呼上班，則各設品級墊，盤膝列坐。糾儀御史巡視一周。有頃，退班，各遞職名紅紙書之。而散。

年班朝覲

蒙古内外札薩克、青海、伊犂、科布多、察哈爾所屬各旗，回部等處汗、王、貝勒、貝子、公、額駙、台吉、塔布囊、公主子孫，及奉天、熱河、五台山内外札薩克喇嘛，四川土司等，均有年班朝覲之例。逢元旦進内，行三跪九叩禮。皇帝臨幸各處及内廷宴賞，則又有跪迎跪送跪受等禮。

年班進京所帶行李人役

喀叶噶爾伯克等年班進京，定例，每一伯克，准帶跟役一人，其行李斤兩，則三品伯克准四千斤，四品准三千斤，五品准二千斤，六品准一千五百斤。回子王照三品伯克加一倍，准八千斤。貝勒六千斤，貝子四千斤，公三千斤，各伯克子弟六百斤。行李斤兩較多，跟役名數較少，回人每於定例外多帶跟役，於是驛站大被滋擾。其後議定回子公及伯克子弟行李尚不甚多，照例准帶，其回子王貝勒各減行李二千斤，貝子至五品伯克各減行李五百斤，六品伯克減三百斤。有於例外多帶跟役者，多一人，再減行李二百斤，多二人，則減四百斤，再多，則以次遞減之。

慶祝萬壽

萬壽節，王公大臣文武職官等，黎明時，咸蟒袍補服，排班於圓明園之正大光明殿前；三品以下者，排班於出入賢良門外。上龍袍珠冠入座，鴻臚官唱排班引導宣贊，一如大朝儀。上受賀畢，始還宮。

早朝時刻及升御之殿

唐之早朝在日出後，朝罷議政，國朝則不御門而但辦事，引見或升殿，亦必先辦事。國初，趨朝皆在辨色後；嘉慶中有卯正入值之旨；同治初以垂簾漸晚，至辰刻；光緒以後，改用寅刻，朝退甫卯正耳。康、雍以前，皆以乾清宮爲寢殿，乾隆以後，改御養心殿，殿在月華門外，凡召對辦事，皆於此。每日軍機大臣先入，始由吏部兵部堂官帶領京外文武官員引見。

紅緑頭牌

召見引見等名次，皆用粉牌書名以進。王貝勒用紅頭牌，公以下用緑頭牌，俗稱紅緑頭籤，皆繕寫姓名籍貫及入仕年歲、出師勳績，以便御覽。

碰頭殿磚

殿磚下行行覆瓿，履其上，有空谷傳聲之概。大臣被召見，恩命尤篤。或綸音及其祖父，則須碰響頭，須聲徹御前，乃爲至敬。然必須重賂内監，指示向來碰頭之處，則聲蓬蓬然若擊鼓矣，且不至大痛，否則頭腫亦不響也。

奏對以三語爲率

軍機大臣每日召見，須長跪良久，至以爲苦。相傳祕訣，無論奏對何事，必以三語爲率，並須簡淺明白，不須皇帝再問也。

吏部引見

吏部帶領京外文官引見之例，司員以五鼓入朝房，書吏亦至矣。尚書、侍郎至，則排班，以五六人爲一排，班首班尾，皆以司員一人領之，一領班，一押尾。未引見前，即刊引見單，按其衙門之先後，人數之多寡，開具履歷事由，分若干員名，若干起。每員均有綠頭籤，籤以白硬骨紙製成之，上半段綠色，首尖而下長，中寫引見人姓名履歷。尚書、侍郎跪御座側，呈遞皇帝閱看，閱後，仍發交軍機處擬旨，籤亦發還原官保存之。每屆三年京察引見，分別記名與否，至記名御史補缺，翰林開坊遷轉，均吏部承辦。引見御史、翰林，凡記名在前之五六人，均須列入引見單，依次引見。其圈出者，向係第一人，至第二次，第二人變爲第一人。其名列在後者，須引見至四五次，方得補缺，然明知名列在後，而引見萬不能不往者，謂爲陪客。推原定制，恐同班中有奏對不稱旨者，故多開員名，以備首列之人事出意外，可點用其次人員。故於擬正之外，復有一人擬陪。

兵部引見

京外武職人員之引見，則由兵部掌之，一切規制，略如吏部之帶領文官引見也。

世祖登極

世祖即位，年甫七齡，崇德癸未八月二十六日行登極禮。是日天寒，出宮時，侍臣進貂裘，却而弗御。將升輦，乳媼欲同坐，上曰：「此非汝所宜乘。」弗許。及升輦，由東掖門出，諸王貝勒文武百官均跪迎。上御殿，顧謂侍臣曰：「諸伯叔兄朝賀，宜答禮乎？宜坐受乎？」侍臣答曰：「不宜答禮。」於是鄭親王濟爾哈朗、睿親王多爾衮率内外諸王貝勒貝子公文武大臣，行三跪九叩首禮，頒大赦恩詔，諸王貝勒復叩首。時喀爾喀使者來朝，隨班祝賀，拜跪失儀，卽宣問禮臣，答以遠方使者未嫺禮節，乃悅。禮畢，上起立，因讓禮親王先行，始升輦入宫，顧謂侍臣曰：「適所進裘，若黄裏，朕自衣之，以紅裏，故不服耳。」

世祖逢五視朝

世祖初御宇，魏文毅公疏言少而勤學，古人比之日出之光，宜及時肇舉經筵日講以隆治本。辛卯二月，世祖親政時，嘗言深居高拱，不如詢訪臣鄰，批答詳明，不若親承顔色。故事，有朔望之朝，有早朝晚朝内朝外朝，今縱不能如往制，請一月三朝，以副勵精圖治至意。自是遂定逢五視朝之制。

高宗卯刻視朝

高宗視朝，必以卯刻。每歲十二月二十四日後，自寢宫至乾清宫，每過一門，必鳴爆竹一聲。軍機大臣之在直廬者，聞聲自遠漸近，則知上已視朝矣。

劉於義朝拜暴薨

武進劉相公於義，性剛毅，受世宗知，佩征西將軍印，屢破準噶爾。乾隆中，年已七十餘，奏事養心殿，跪良久，立時誤踏衣袂，仆倒。體素肥，因暴薨。高宗甚惜之。傅文忠公出告人曰：「劉相公死得其所矣。」

乾隆朝之正殿朝會

正殿朝會，雖舊典，然率不舉行。乾隆庚辰，高宗以平定金川，又值聖壽四旬之慶，故一舉行。後十年，西師武成，綏服回部，拔達克山、安集延、哈薩克、布魯特咸稱臣入貢，兼值五旬萬壽，仍命在太和殿朝會宴饗。時將軍兆惠自葉爾奇木得回部樂，奏送適至，因命於大饗所陳諸部之末肆之。天顏大喜，作歌兩章，以紀其盛。

宣宗復召對賜坐之制

凡王公大臣召對賜坐，故事，蒙諭宣賜叩頭即坐。自嘉慶初年成哲親王秉性謙温，謝而不坐，遂以爲例。道光初，諸臣面奉諭旨，仍復舊制。

勞文毅朝畢忘戴冠

勞文毅公崇光官兩廣總督時，入覲召對之際，上語及特恩事，文毅免冠碰頭。向例，凡臣工召對涉及謝恩者，均須免冠碰響頭，於時，自摘冠置面前地上，碰頭後，仍取戴之。勞以天威咫尺，敬畏過甚，免冠後而忘復戴，禿首而退。上笑顧内侍曰：「外官不慣朝儀，矜持太過，乃致此失，汝輩可送還之。」且諭諸廷臣，勿以失儀糾之也。文毅既出，猶不自覺，及内侍持冠戲之曰：「公已不須此乎？」文毅恍然，皇恐異常，即欲接冠，内侍靳之曰：「紅頂花翎，價值不貲，談何容易！」文毅許以重酬，而後與之。嗣知出自上恩，則已親許之，不能悔矣。

韓文鈞朝見遽起去

穆宗視朝之將退也，每整衣示意，則召見者肅然引退。内閣學士韓文鈞於同治間曾攷差一次，請訓時，亦如此。光緒某年，以京察一等隨班召見，碰頭畢，德宗身微起，以手理襟袖，韓遽恭請聖安出。德宗方欲諮詢一切，見其狀，頗深怪異，與軍機處王大臣言之。有奏此係穆宗成例者，德宗愴然，眷念老成，未幾，竟放督糧道。

孝欽后視朝時之儀從

孝欽后之出寢殿而往視朝也，輒坐敞轎，以身衣禮服之内監八人舁之。李蓮英扶轎行其左，别有一二内監行其右，轎前有五品太監四人，轎後有六品太監十二人，各持衣鞋巾梳刷香粉香爐銀𥗽筆墨黄紙旱烟水烟及各式鏡；最後一人持黄緞椅；尚有阿媽二人，宫眷四人，亦各持有物品。德宗亦步行在轎右，皇后與阿媽宫眷均行於轎左。

召見膝裹厚棉

大臣召見，跪久則膝痛，膝間必以厚棉裹之。光緒某年，李文忠公鴻章以孝欽后萬壽在邇，乃在直督署中日行拜跪三次，以肄習之。

孝欽后六旬萬壽

光緒甲午冬，孝欽后六旬萬壽，疆吏派員祝嘏，自頤和園至西苑，沿途分段點景。會中日戰事方亟，廷臣交章諫諍，乃命停止點景，僅於園内排雲殿受賀。

萬壽期前，主位命婦每日習禮，隨孝欽聽戲，宮眷仍如常伺候，預至劇場，立院中。孝欽至，咸跪迎，最前爲皇帝，次則后妃公主宮女，又次爲主位命婦，皆聽皇帝記號，即跪於地。十月初十日早，宮眷每人購鳥百種，獻孝欽，孝欽亦購鳥萬頭以放生，殿懸鳥籠無數。孝欽先擇午後四時，率宮人登山，山顛有廟一，先焚香禱神。太監各攜一籠，跪孝欽前，孝欽開籠放之，祝其不再爲人所捉。中有各色之鸚鵡，皆鎖以鍊，開鍊後，有立而不飛者，孝欽異之。李蓮英因跪奏曰：「老佛爺福大，鸚鵡感動慈悲，自願在宮伺候。」孝欽乃大悦。實則李預令太監馴養已久，藉以博孝欽歡，使其以爲己心果慈，故能感及鳥獸耳。

最可哂者，孝欽放生時，山後即有太監捕之，復售之於外矣。

德宗萬壽

德宗值萬壽，即衣繡金龍之黄袍，外罩棗紅外褂，冠綴大東珠。先詣孝欽后宫請安，繼至列祖列宗神位前叩首，以及於孝欽，乃陞殿受文武百官朝賀。行禮時，奏樂，有硬木所製樂器，底平，徑約三尺，其上爲半圓形，約高三尺，中空，有一專司之官執木槌擊之。皇帝即位時，亦用此器。又有一器，虎形，亦硬木，緣革，置院中，作聲如連珠炮。又有木鼓聲，震耳欲聾。旁有贊禮官，呼跪起叩首等。又有木架一，高八尺，寬三尺，有三横木，下垂十二鈴，純金所製，擊以木錘，其聲如以齒輪旋轉之琴音而略大。此架在殿之右，左亦有一架，爲玉鈴，音極純美。禮畢，德宗回宫，后妃以次皆叩頭。皇后跪上如意一柄，有全玉者，有木製而嵌以玉者。妃嬪行禮，亦奏樂，太監等叩首則否，宫女繼之。德宗又詣孝欽宫謝恩，孝欽率全宫之人觀劇，並賜宫眷糖食。

奏對行一跪禮

光緒庚子初秋，德宗奉孝欽后狩於太原。是冬，自晉沿汾溯河而入秦。孝欽以時事艱難，禮數宜略，諭侍從諸臣登御舟奏事者毋拜，但行一跪禮，旋起立而敷陳，不似尋常朝典之尊嚴矣。

三樞臣朝拜傾跌

光緒辛丑，兩宮自西安回鑾以後，時軍機大臣爲榮文忠公禄、鹿文端公傳霖、王文勤公文韶，年皆耆耋。一日，朝拜方輿，文端誤踐文勤朝衣，文端既跌，文勤亦仆，文忠爲文勤所擠，又仆，遂皆叩首而興。孝欽后爲之莞然，德宗亟命太監掖之。

貢物之弊

定例，採辦貢物，如果品之屬，由官給價，向民間平買。厥後吏胥舞弊，尅扣價目，十給二三而已，甚至併十之二三而亦無之。業此者，須先與議定，每年應納幾何，方准給據採辦。又如佛手一物，閩中所貢，年不過六百斤，例由將軍署給價銀九十六兩，令民間領辦，嗣則每年轉納百餘元。小民有栽種佛手者，僅得售與辦貢之人，其價目高低，亦由辦貢人定之。盛京貢遼陽香水梨五十擔，至京，除霉爛外，惟餘三十擔輸入大內。其地僱夫五十名，挑運十餘日，所費已不貲矣。且盛京官吏藉辦貢之名，婪索小民，所得頗多。

年例進呈貢物

外省鹽關織造，向有年例辦進備賞等物，亦止准備進一分。蘇楞額爲兩淮鹽政，年例進風猪肉一百塊，皮糖八匣，加倍進呈，擲還一半，仍處分之。

冬季進呈冬筍冰鮮

每屆冬季，崇文門進呈冬筍及冰鮮魚。冬筍來自楚、皖，分年進京，楚筍當年，則入京在秋杪；皖筍當年，則入京必冬初也。冰鮮産於津沽，以總督署前玉帶河所産者爲上品，卽銀魚也。

吉林歲貢

吉林所貢方物，歲有數次。四月，進油炸白肚魚肉丁十罈。七月，進窩雛鷹鷂各九隻。十月，進二年野猪二口，一年野猪一口，鹿尾四十盤，鹿尾骨肉五十塊，鹿肋條肉五十塊，鹿胸岔肉五十塊，曬乾鹿脊條肉一百束，野雞七十隻，稗子米一斛，鈴鐺米一斛。十月，由圍場先進鮮味，計二年野猪一口，一年野猪一口，鹿尾七十盤，野雞七十隻，樹雞五十隻，稗子米一斛，鈴鐺米一斛。十一月，進七里香九十把，公野猪二口，母野猪二口，二年野猪二口，一年野猪二口，鹿尾三百盤，野雞五百隻，樹雞三十隻，鱘鰉魚三尾，翹頭白魚一百尾，鯽魚一百尾，稗子米四斛，鈴鐺米一斛，山查十罈，梨八罈，林檎八罈，松塔三百箇，山韭菜二罈，野蒜苗二罈，柳木鎗鞘八根，柳木綫鎗鞘八根，駮馬木綫鎗鞘八根，駮馬木鎗鞘八根，榅梨木虎鎗杆三十根，樺木箭杆二百根，椴木箭杆二百根，白樺木箭杆二百根，楊木箭杆二百根，海青蘆花鷹、白色鷹俱無額數，窩集狗五條，係奉旨之年賫進。賀哲匪雅喀奇勒哩官貂鼠皮二千五百八十二張。隔一年賫送進御覽。紫樺皮二百張，上用紫樺皮一千四百張，白樺皮改爲紫樺皮一千四百張，隔一年進御覽。官紫樺皮二千張，又交下五旗官紫樺皮一萬二千張，白樺皮三千張，煖木皮四百五十斤，莝草四百五十斤，又交下五旗，每旗煖木皮各五十斤，莝草各五十斤。以上俱賞送武備院查收。接駕及恭賀萬壽進貢物產，貂鼠，白毛梢黑狐狸，倭刀，黃狐貉，梅花鹿，角鹿，鹿羔，麅，麅羔，麞，虎，熊，玄狐皮，倭刀皮，黃狐皮，猞猁皮，水獺皮，海豹皮，虎皮，豹皮，灰鼠皮，鹿羔皮，雕鶴翎，海參，白肚鱒魚肉丁，烤乾白肚鱒魚肚囊肉，油炸鱘鰉魚肉丁，以魚油炸魚，滿語名黑伙。烤乾細鱗魚肚囊肉，草根魚，鰟頭魚，鯉魚，花鯚魚，魚油，曬乾鹿尾，曬乾鹿舌，鹿後腿肉，小黃米，炕稗子米，高糧米粉麪，玉秫米粉麪，小黃米粉麪，蕎麥糝，小米粉麪，稗子米粉麪，和的水𪘏餑餑，搓條餑餑，豆麪煎子股餑餑，打糕肉夾搓條餑餑，炸餃子餑餑，打糕餑餑，撒糕餑餑，豆麪餑餑，豆𪎊糕餑餑，蜂糕餑餑，葉子餑餑，水𪘏子餑餑，魚兒餑餑，野雞蛋，葡萄，杜李，羊桃，山核桃仁，松仁，榛仁，核桃仁，杏仁，松子，白蜂蜜，蜜脾，蜜尖，生蜂蜜，山韭菜，貫衆菜，蔞蒿菜，鎗頭菜，河白菜，黃花菜，紅花菜，蕨菜，芹菜，叢生磨菇，鵝掌菜。

六安州貢茶

禮部主客司歲額，六安州霍山縣進芽茶七百斤，計四百袋，袋重一斤十二兩。由安徽布政司解部，其奉檄摧茶者，則六安州學正也。

黑龍江貢貂

貂產索倫東北。捕貂以犬，非犬則不得貂。虞人往還，嘗自減其食以飼犬。犬前驅，停嗅深草間，卽貂穴也。伏伺噏之，或驚竄樹末，則人犬皆屏息以待。犬惜其毛，不傷以齒，貂亦不復動，納於囊，徐俟其死。人歲輸一於官，各私識毛色，彙送佐領處。每歲五月，黑龍江將軍至墟場，選以貢。凡三等，官給價有差，不入等者聽鬻。

黑龍江貢鷹

打鷹，黑龍江流人役也。人歲輸二鷹，以海青、秋黄爲最。貢無定數，多不踰二十，常保護之以防道斃。艾渾、墨爾根各三十架，送黑龍江將軍彙選之。江冰始獵，參領以下獵雉，將軍獵野彘，於通鑒河備貢數。通鑒，蒙古地，先期移文告之。

黑龍江貢柳葉魚

柳葉魚出黑龍江，將軍嘗令人捕取，以獻天廚。

布魯特貢馬

布魯特例至伊犂進馬，每年夏秋，將軍赴察哈爾、厄魯特游牧，查孳生牲畜。其馬羣扣限取孳，照三年一均齊之例辦理。馬之善走者，前肩及脊，或有小痂，破則出血，土人謂之傷氣，凡有此者多健馬。故古以爲良馬之徵，非汗如血也。

藏回例貢

喀爾喀圖什哲布尊丹巴呼圖克圖有進貢九白之例，札薩克台吉有進貢湯羊、活羊、馬匹、鷹狗、雕翎、貂皮等例，前藏達賴喇嘛、後藏班禪額爾達尼有各間二年遣使呈遞丹書克貢件之例，哈密、吐魯番回子郡王有請安進貢及哈薩克等朝覲貢馬之例，伊犂所屬哈薩克遣使貢伯勒克馬匹之例。

土司、土舍進獻禮物，謂之貢輸。

西藏喇嘛有進呈丹書克之例。

東北邊部落入貢

東北邊部落之入貢於寧古塔者八。每年自四月至六月，俱以次入貢。自寧古塔東北行四百餘里，住虎爾哈河松花江兩岸者，曰拏耶勒，曰革依克勒，曰裕什克哩。此三喀喇，喀喇漢言姓也。役屬已久，各有頭目。其少年精悍者，則漸移家内地，編甲入户，或有爲侍衛者，初服魚皮，後服國朝衣冠，名異齊滿洲；異齊者，漢言新也。其地産貂。自寧古塔東行千餘里，住烏蘇里江兩岸者曰穆連連，俗類窩稽，窩稽疑即古之室韋。《北史》，室韋在勿吉北千里，魏、齊後分爲五部，不相統一，所謂南室韋、北室韋、鉢室韋、深木怛室韋、大室韋。南北室韋皆捕貂爲業，冠以狐貂，衣以魚皮。鉢室韋用樺皮蓋屋，大室韋尤多貂皮青鼠。産貂。又東二百餘里，住伊瞞河源者，曰欺牙喀喇。其人黥面，其地産貂，無五穀，夏食魚，冬食獸，以其皮爲衣。自寧古塔東北行一千五百里，住松花江、黑龍江兩岸者，曰剃髮黑金喀喇，凡六，俗類窩稽，産貂。以上皆每年入貢。又東北行四五百里，住烏蘇里、松花、黑龍三江會流左右者，曰不剃髮黑金喀喇。類皆披髮，鼻端貫金環，衣魚獸皮，陸行乘舟，駕以狗，御者持木篙立舟上，若水行攔頭者然，所謂使犬國也。其語與窩稽異，無文字筆墨，以皮條紀事，小大隨之。其地産貂。又東北行七八百里，曰飛牙喀，俗産與不剃髮黑金同，而赤臀無袴，以皮蔽其前。自寧古塔東北行三千里，曰欺勒爾，濱大東海，俗産與欺牙喀喇同。以上各種，皆三年一貢。凡歲貢者，除賜衣冠什器外，宴一次，固山大以下陪宴。三年一貢者宴三次，寧古塔梅勒章京陪宴。東邊部落貢盛京者，曰庫牙喇，俗與窩稽同，産海豹江獺皮。其地在圖們江北岸，與南岸朝鮮之慶遠府城相對，去寧古塔五百里，歲一貢。使鹿部約在使犬諸部之外。崇德丙子五月，額賴達爾漢追毛安部下逃人至使鹿部喀木尼漢，獲男女二十九人來獻。

進呈先時後時花果

諸王福晉，輒於歲首進奉石榴、桃、李、荔枝、枇杷、瓜、豆、花椒之類，餘如丁香、蘭蕙、海棠、茉莉、牡丹、紅綠梅、迎春、黄菊，合先時後時之物，亦紛紛呈進，以爲應運而生，爲熙朝祥瑞也。

錢謙益貢物

順治乙酉，豫王下江南，明臣皆致重幣，以錢牧齋所獻爲最薄，蓋自表其廉白也。所具柬帖，第一行細書「太子太保禮部尚書翰林院學士臣錢謙益」，末亦如之。其貢品乃鎏金銀壺、法琅銀壺各一具，蟠龍玉杯、天鹿犀杯、葵花犀杯、芙蓉犀杯、法琅鼎杯各一進，法琅鶴杯、銀鑲鶴杯各一對，宣德宫扇、真金川扇、弋陽金扇、戈奇金扇、百子宫扇、真金杭扇各十柄，真金蘇扇四十柄，銀鑲象牙箸十雙。以是爲薄，其厚者可知矣。

暹羅進白鼠

康熙朝，暹羅進白鼠三百頭，聖祖以賜四皇子，即世宗也。乃分四隊，日教之戰，不聽命者殺之。越日，未死者不及半矣。聖祖聞之，謂其自幼嗜殺，惡之。

西人貢火雞

康熙辛亥，西洋人有以火雞入貢者。舟進蘇州閶關，出雞於船頭，令市人聚觀之。赤色，與雞同，飼以火炭，如啄米粒也。

西洋貢獅

康熙乙卯秋，西洋遣使入貢，品物中有神獅一頭，乃繫之後苑鐵柵。未數日，逸去，其行如奔雷快電。未幾，嘉峪關守臣飛奏入廷，謂於某日午刻，有獅越關而出。獅身如犬，作淡黄色，尾如虎，稍長，面圓，髮及耳際。其由外國來時，繫船首將軍柱上，旁一豕飼之，豕在岸猶號，及入船，即噤如無力。解纜時，獅忽吼，其聲如數十銅鉦，一時并擊，某家厩馬十餘騎同時伏櫪，幾無生氣。

杜紫綸獨進一詞

杜紫綸名詔，少從其鄉先輩嚴蓀友中允、顧梁汾舍人游，故工倚聲。康熙乙酉，聖祖南巡，以諸生進迎鑾詞。駕幸惠山，召見，已而被召至京。一日，傳待詔者八人，命寫御製《金蓮花賦》，各賦紀恩詩一首。紫綸獨進一詞，拔置第一，旋命纂修《歷代詩餘詞譜》。

聖祖卻喇里達貢

聖祖幸索爾哈濟時，喇里達頭人進青翅蝴蜨一雙，謂能捕鳥，又彩鷂一架，謂能擊虎。上命侍衛毋納，厚賞其人而還之。

貢瓜

瓜以哈密爲上，聖祖常以之頒賜羣臣，皆西陲所貢者。而山右進獻有榆次瓜，閩中則臘月進瓜。

高宗卻粤貢

其中高宗屢降諭旨，不許購辦珍奇，如鄭大進貢物，金器甚多，粵海關節貢，有珍珠記念等項，粵撫王檢貢物，有小珍珠一項，均卽發還，并令嗣後毋得進呈金珠。

廣東貢米

粵東廣州府屬之番禺、花縣，肇慶府屬之陽春縣，徵收民米，向有廚房米、宮眷米名色。米必細長潔白，方準收納，計米萬二千餘石。此項嘉穀，產少價昂，民以爲大累。蓋事起於明，明以此貢王府之用，相傳廚房米爲王所食，宮眷米爲妃嬪所食。沿至國朝，卽以爲駐防旗營武職俸米，收時挑剔殊甚，乾隆間，兩廣總督覺羅鶴年奏禁之。

廈門貢燕

廈門貢燕一項，始於乾隆初年，由商人承辦。初祇一百斤，旋添辦六十斤，每年春秋兩季，分送將軍督撫衙門呈進。春貢七十斤，秋貢九十斤。迨巡撫缺裁，而貢額照常。此物出自南洋各島，萃於香港，初非廈產，歷年由商赴港采購。約計燕價及裝潢等費，每斤約需銀七八十圓，以歲貢燕菜百六十斤計之，約需萬圓以上，而貢行開支各項例規，暨用人辦事經費，數且倍之。其用費所出，由進口各貨釐金項下酌抽，名爲貢資，彙交貢商承辦。

特旨免貢長江鰣魚

長江漁船，每歲四月，向有貢獻鰣魚之例，沿明制也。康熙朝，奉諭停止。而地方有司改爲折價，向網户徵收，解充公用，胥吏因緣苛索，沿江居民捕魚爲業者苦之。乾隆初年，復奉特旨豁免，永著爲例。

吴中巨室進雞肝

吴中某巨室於乾隆時稱極盛。高宗南巡，在虎阜建行宫，巨室獻雞肝一種。上嘗之絶美，特加優賞，於是其家有乾隆雞肝之目。或謂以此對西肴中之明治牛肉，可云工巧無倫。

粤鄂浙三疆臣貢物

乾隆辛未十一月二十五日，爲孝聖后萬壽。自西華門至西直門外之高梁橋，經棚、劇場相屬於道，各省供奉，皆窮極工巧，粤、鄂、浙三省爲尤鉅麗。粤之翡翠亭，高三丈餘，廣可二丈，悉以孔雀尾爲之。鄂之黄鶴樓，形制悉仿武昌，重樓三成，千門萬户，不用一土一木，惟以五色玻璃甎砌成，日光照之，輝映數里。浙之鏡湖亭，以徑可二丈許大圜鏡，嵌諸藻井之上，而四圍以小圜鏡數萬，鱗砌成牆垣，人入其中，一身可化百億。

吳氏獻砂仁肉圓

南匯吳省蘭、省欽兄弟，在乾隆朝，以附和和珅，得躋貴顯。高宗南巡，過松江，吳氏弟兄獻砂仁肉圓一味。高宗嘗之，舌本微麻，疑有異，出而哇之。吳氏弟兄大驚，急俯伏於地，以高宗已嚼之肉圓吞食淨盡，蓋恐高宗疑有毒藥在內，至蹈不測，故自食之，以明無他也。

西藏貢金鐘

乾隆乙亥，西藏進貢金鐘一架，計重二十八斤，確爲六朝流徙至邊之故物也。

西洋貢銅人

乾隆甲申，西洋某國貢銅伶十八人，能演《西廂》一部。人長尺許，身軀耳目手足悉以銅鑄成，心腹腎腸皆用關鍵湊結。如自鳴鐘，每齣插匙開鎖，有定程，誤開，則坐臥行止亂矣。張生、鶯鶯、紅娘、惠明、法聰諸人，能自開箱加衣，身段交接，揖讓進退，儼然如生，惟不能歌耳。一齣畢，自脫衣臥箱中，臨值場時，自行起立，仍立於氈，巧矣。

錢陳羣獻竹根如意

乾隆庚寅，舉行六十萬壽，錢陳羣獻竹根如意。高宗批云：「未頒僧紹之賜，恪致公遠之貢。文而有理，把玩良怡。今賜卿木蘭所獲鹿，服食延年，以俟清晤。」高宗在位六十年而内禪，爲太上皇，至嘉慶己未崩，壽八十有九。

虬髯客書萬壽無疆四字

高宗八旬萬壽時，兩廣總督福文襄王康安進奉之物爲小柟木匣一枚。啓之，則一小屋，中置屏風，屏風前一几，几列筆床硯匣。有機藏几下，捩之，一西洋少女，高可尺許，自屏右出，徐徐拂几上塵，注水於硯，出墨磨之。墨既成，從架上取硃箋一幅，鋪之几上，即有一虬髯客出自屏左，徑就几，擱管書「萬壽無疆」四字。書成，擲筆，仍返入屏後，女乃從容收筆硯，置原處，扃户而退。製此者，爲一院吏。製成，文襄躊躇曰：「四字如作滿、漢合璧，則更佳。」吏曰：「容歸思之。」既歸，即高卧，夕乃起，起輒以布一疋，緊纏其首，升屋瓦，坐達旦。如是者三日夜，躍然曰：「得之矣！」略增機括數事，於是所書者，居然成滿、漢文矣。文襄大喜，厚賚之。

廓爾喀十年一貢

乾隆壬子，廓爾喀舉兵，非抗中國，欲伐印度也。印、廓夙有仇，廓久欲甘心於印，自知力不足，欲借我國之兵力。而其時譯音不通，廓語又印、藏夾雜，不能解，邊吏見兵起，倉黄入告，高宗乃命福康安征之，一戰即降。降後，廓復上書於福，詳述由廓入印之行程，願導大兵收印度。福上聞，高宗疑廓將引我重兵深入腹地，聚而殲旃以復仇也，不允。且時正用兵西北，開闢新疆，亦無暇他顧。乃與廓定十年一貢之例。

張照獻製松苓酒方

張文敏公照獻製酒方：於山中覓古松，伐其根，將酒甕埋其下，使松之精液吸入酒中，逾年掘之，色如琥珀，名曰松苓酒。

王大臣進如意

年節，王大臣呈進如意，始自雍正年間。嘉慶丙辰，貝勒貝子公等，以至部院侍郎散秩大臣副都統，俱紛紛呈進兩分。於是定以限制，凡遇元旦、萬壽及慶節，惟宗室親王郡王滿漢大學士尚書始准呈進，其餘一概不准，並諭之曰：「諸臣以爲如意，在朕觀之，轉不如意也。」

檄諭緬甸國王

嘉慶丙辰，緬甸王以恭逢國慶，遣使敂關朝貢。雲南總督勒保以其使上年進京叩祝甫回，將原賫表文貢物令來使帶回。仁宗以其國地居炎徼，遣使遠來，徒勞跋涉，向化未伸，因命軍機大臣代擬巡撫江蘭檄諭之。檄曰：「雲南巡撫爲檄知事：照得該國王以今歲恭逢國慶，遣令頭目人等敂關賫到表文貢物，懇求朝貢進京，經總督部堂勒以該國貢使甫經回國，將此次原賫表文貢物，仍交來使帶回，令該國王俟嘉慶五年再行遣使赴京祝嘏具奏。蒙大皇帝俯鑒該國王抒忱效順，實出至誠，而總督部堂勒新任雲貴，不能仰體大皇帝懷柔至意，率將賫到表文貢物仍令來使帶回辦理，錯謬已極。欽奉諭旨，將勒保革去總督，並交部嚴加治罪，仍命將辦理錯誤原由傳諭該國王知悉。至該國使臣業經遣回，若又令進京朝貢，長途跋涉，未免來往煩勞，特令本撫諭知該國王，應俟嘉慶五年太上皇帝九旬萬萬壽，再遣使來京祝嘏，以遂瞻就之忱。並特賞該國王繡蟒袍料一件，織金蟒緞一疋，大紅片金一疋，大紅糚緞一疋，以昭懋賚而示體恤。爲此知會該國王，遵照祗領，須至檄者。」

外藩進白鷹海東青

嘉慶庚申冬，卓里克圖親王拉旺進白鷹，科爾沁達爾漢親王丹怎旺布進海東青。上召畫工各繪爲圖，命供奉内廷翰林賦詩以題之。

金甡貢萊石菊花

金海住尚書甡，嘉慶壬戌狀元，直上書房，質莊親王爲其弟子，性直鯁，遇諸皇子嬉笑，即面折之。體肥偉，夏日裸體園中。遇萬壽節，禁廷詞臣皆有貢獻，金貢萊石菊花一枚，號曰「東籬壽友」。同事者誚其弇陋，金曰：「天子富有四海，何所不備，吾輩措大所獻者，聯君臣之情爾。此物吾所珍惜，故貢諸丹陛，亦野人獻芹意耳。」

廓爾喀賀教匪蕩平

嘉慶癸亥八月十二日，廓爾喀國以教匪蕩平，奉表稱賀，其略曰「小臣廓爾喀額爾德尼王吉爾巴納足塔畢噶爾瑪薩，九叩跪奉如天覆育如日月照臨撫育萬國壽如須彌山堅固至大至尊文殊菩薩大皇帝寶座前。竊小臣聞湖南教匪滋事，致天威震怒，遣兵勦除。今已平定，從此永享昇平之福，小臣聞之欣慰。小臣受恩深重，虔脩土產微物表文，叩賀天喜。小臣屢蒙天恩，視如子民，惟有一心歸順，和睦鄰封。小臣陽布離京甚遠，小臣年幼，懇將小臣當作奴輩，常時施恩教導，沾恩不淺」云云。其貢物計十二事，有左插刀、灣刀、雙眼鎗、鍍金鍍銀鳥鎗等名。

仁宗令棄葉爾羌貢玉

和闐產玉之地有五，曰玉隴哈什，曰哈喇哈什，曰桑谷樹雅，曰哈琅圭，曰塔克。惟出玉隴哈什、哈喇哈什二河者美，其水皆出南山，東西夾和闐城而下。和闐，古于闐，《漢書》所謂于闐在南山下，其河北流是也。西曰哈喇哈什河。哈什譯言玉，哈喇譯言黑也，故玉色黯。東曰玉隴哈什河。玉隴譯言瞭視之辭，俗言瞧看。其玉尤佳。嘉慶間充貢之地皆罷採，歲惟取玉於此河。其葉爾羌之玉則採於澤，恆以秋分後爲期，河水深僅沒腰，然常渾濁。秋分時，祭以羊，瀝血於河，越數日，水輒清。蓋秋氣澄而水清，回人遂以爲羊血神矣。至日，葉爾羌幫辦大臣涖採於河，設氈帳，視之。採者爲回人，入河，探以足，且探且行，試得之，則拾以出水，河上鳴金爲號。一鳴金，官卽記於册，按册稽其所得，採半月，乃罷，所謂玉子也。道光以來，所產漸稀，回民應貢，出貲購以獻矣。葉爾羌西南曰密爾岱者，其山綿亙，不知其終，其上產玉，鑿之不竭，是曰玉山。山恒雪，欲採大者，必乘犛牛，挾大釘巨繩以上，納釘懸繩，然後鑿玉。及將墜，繫以巨繩，徐徐而下，山峻，恐玉之卒墮而裂也。斧鑿碎玉堆積，隨時可採。雀俟之玉色則青，蓋石之似玉者。《爾雅》云：「西北之美者，有崑崙墟之璆琳琅玕焉。」密爾岱是其地，可補《爾雅》註也。

葉爾羌辦事大臣嘗奏進大玉，運致頗艱。嘉慶己未，方弛採玉之禁，並命勿進此大玉，令於所至之地烏沙克塔克台棄之，此卽密爾岱所產者也。徐星伯行經其處，見有大者重萬斤，次者重八千斤，又次者重三千斤。初覆以屋，年久屋圮，玉之面南者爲風日所燥，剥落起皮。輦此大玉時，用馬數百。回人不善御，前却不一，鞭箠交下，積沙盈尺，軸動則膠固，回人持大瓶灌油以脂之，日纔行數里。奇豐額奏稱回民聞棄此玉，無不歡欣鼓舞也。

宣宗御用筆硯

宣宗卽位，内府循例備御用硯四十方，背鐫「道光御用」四字。上以所備過多，閒置足惜，因命分賜諸臣。御用筆，向皆選紫毫之最硬者，方得奏進，筆管鐫「天章雲漢」等字。上以其不合用，命英和以外間習用者進，試之，取純羊毫、兼毫二種，命仿此製造。復以管上鐫字多虚飾，命以後各視其筆，但鐫純羊毫、兼毫字而已。

顔檢奏罷福建貢荔

福建例貢荔枝，道光辛巳，經閩浙總督顔檢奏罷。

緬甸進平定回疆賀表

道光己丑十月，緬甸國王遣人進金葉表，因奉朝廷平定回疆，生俘首逆，恭進皇太后徽號之詔，畏服歡喜而來賀，經雲貴總督代爲奏進。

琉球四年入貢

故事，琉球國間歲一貢，道光己亥，詔改每四年遣使入貢。是歲，中山國王尚育咨達閩撫，謂琉球地濱海，最患多風，惟朝貢以時，則風雨和順，每遇貢年，歲必大熟。又貢船出入閩疆，歲頒時憲書，得以因時趨事，庶務合宜。又琉球不産藥材，賴貢船載回應用，至航海鍼法，全賴隨時學習，番休更替，若四年一朝，則豐歉不齊，人時莫授，藥品缺乏，鍼盤荒疏，請奏復舊制。時撫閩使者爲吳文鎔，疏聞。宣宗手敕報曰：「據奏情辭真摯，如所請行。」

廣東貢化州橘紅

化州屬廣東高州府，多橘樹，在州署者最著名，其結實與尋常異，皮厚肉酸，不適於口，分其皮爲五角或七角，治痰病如神。相傳橘樹下有礞石，每年結實後，州官循例驗明，遣役駐守，熟後派員督採，入貢者長須七寸。咸、同間，粤寇擾亂，州署被兵，樹爲火逼，大株遂枯，僅留孫枝，結實不及貢式。經大吏入告，嗣後所貢乃不拘分寸。凡近州治，得聞譙樓更鼓者，其皮均佳。橘蒂形凹，賴家園種者，往往亂真，州官每於皮上加印以别之。

廣橘貢費十數萬

同治時，有海軍將領王姓者，談者忘其名字。其所率兵艦自粤至北洋，饋某權要以廣橘數筐。時海道初通，京師素無此物，某以其一筐轉贈恭王。王之少子，袖數枚入宫，穆宗食之而甘，使内監至恭邸索之，會已罄，問所從得，以饋自某對，復索之某處，則亦投贈盡矣。以既經御賞，急遣王以兵艦至粤，盡購市上所有以來，費銀數萬。比上呈，内監索賂，某不應，内監銜之，剖其潰敗者以進。穆宗覺味遜於前，以詢某，某大恐，偵知其故，亟賄内監，乃以良者進。他日見某，偶言及之，某叩頭謝，冠索忽絶，觸階而墜，爲内監所持，將糾其失儀，又賄數萬金，始免。是役也，以一果餌之微，而某之所費已十數萬金矣。

曾文正貢石盂

曾文正公國藩初藏奇石一座，色潔白如璧，置日光中，石心隱隱有血紋無數。文正相度其形，製爲水盂一隻，兩耳各虬頭上仰，有環，置滴水，明日即盈盈滿矣。此盂能知晴雨，每當天將雨時，盂邊緣上垂露，滴滴如珠，色愈蒼潤，水忽現微紅色。若大雨數日，將晴之時，則盂珠頓落，一潔如故，而盂水忽復現淡緑色，一望深碧而有光。文正在軍中，每以此盂相隨，嘗言寧失兵丁一翼，必不可失此盂，蓋以其有益軍事也。同治甲子，粤寇平，文正獻於朝，入内庫。

琉球貢使

同治乙丑，有琉球貢使過常州，使舟泊西門外接官亭下，久之，二役舁一方箱至，一騎持名帖隨之，立岸上，高呼曰：「使臣接供應！」即見使舟有二人出，跪船首，向岸叩頭，亦高呼曰：「謝天朝賞！」於是二役即舁箱入舟中。須臾，舁空箱，隨騎者匆匆去。久之，武、陽兩縣令呵殿來，輿立河干，兩令端坐不動，執帖者以名帖兩手高舉，高呼使臣接帖，於是正副二使臣出，向岸長跪，以兩手各捧一令名帖，戴於頂，口中自述職名焉。兩令但於輿中拱手，令人傳免而已，不下輿也。禮畢，使者入艙，兩令亦呵殿歸署矣。大郡守位尊，不往拜也。兩令名帖，以紅紙爲之，長二尺，寬八寸，雙摺，居中一行，大書「天朝文林郎知常州府某某縣某某頓首拜」，字大徑二寸許。

琉球貢道，僅許收福建海口，至閩後，即須由内地前進。抵閩，浙閩總督有驗貢之例。是日，總督坐大堂，司道旁坐，府縣立侍案側。兩貢使手捧表文貢單，至頭門，即跪，報名，膝行而進，至公案前，以表文貢單呈驗。總督略閲一過，傳詢數語，命賜食，即有一役以矮桌二，置大堂口，酒肴亦續續至，二使叩頭謝，就堂口席地，坐而食之，各官仍坐堂上也。須臾食畢，復向上九叩首謝恩畢，乃鳴礮作樂掩門。琉球貢使衣寬博，腰繫大帶，寬尺許，以顔色分貴賤，冠亦如之，其僕役則似戲劇中之蒼頭。

豐臺花匠貢盆菊

光緒中，順天豐臺花匠進呈盆菊，有一枝作深赭色者，名曰壽星袍。孝欽后至爲愛惜，與天津查氏之黄金印並列御榻前。

張樵野進人參酒

德宗體弱，張樵野侍郎嘗進人參酒，飲之甚適。其色如琥珀，香似麝蘭也。

志家進籠餅

德宗瑾嬪，爲志鋭妹。一日，志家庖丁自製籠餅，唐人呼饅頭爲籠餅，見《朝野僉載》及《倦游雜記》，又吴下呼餡腤，見《正字通》，腤讀若詐。餽進宫中。德宗食而甘之，謂瑾嬪曰：「汝家自製點心，乃若是精美乎？胡不常川進奉也。」不知宫門守監，異常需索，即此次呈進籠餅，得達内廷，所費已逾百金矣。

緬甸貢象

象房在京師宣武門内，仍明舊也。朝會大典，如獻俘宣赦等事，以馴象馱寶瓶，立朝班前。咸豐以來，越南、緬甸相繼屬於英、法，朝班無象者十餘年。至同治戊辰，雲南底定，緬甸始復貢象七隻。光緒甲申春，一象忽瘋，擲玉輅於空中，碎之，逸出西長安門，物遭之碎，人遇之傷，擲奄人某於皇城壁上。西城人家閉户竟日。至晚，始獲之。從此象不復入仗，而宣武門象坊之象亦多老死，此制遂廢。

廓爾喀貢使

光緒乙亥冬，廓爾喀使來貢，由安定門大街過天橋，入正陽門，至四譯館止焉。護送貢品行李隨從及兵役約四五百人。使臣二人，衣轇金寬博之衣，紅紫色，冠如僧所戴者，中較高，上有金繡。各手素珠，乘四人肩輿，無蓋無帷，如廟中神轎狀。四譯館通事能廓語者僅一人，幸廓使能英語，遂以英語相酬答焉。光緒乙巳，猶遣使入貢也。

孝欽后好貢獻

孝欽后好貢獻，自軍機大臣以下，月必有進，而太監索宫門費往往過其物價。孝欽時有賚，中涓因亦奢求，一食品亦索數十金，故軍機大臣雖年俸四五萬金，不足供需索之資。

某大臣貢儍白金魚

孝欽后喜蓄金魚，有儍白者，爲某大臣所進。孝欽每侵晨往視，内監以掌拍其缸蓋曰：「儍白，老佛爺來瞧汝矣。」即揚鬐而起，唼喋有聲，否則潛藏荇藻間，無從窺見。宫人以是目爲靈物。

藩王入貢

沙木胡索特王因逢孝欽后七旬萬壽，親賫貢物入京，凡三十箱，爲金沙、金豆、珊瑚、瑪瑙、狐豹皮、哈密瓜等物，均呈交理藩院，由理藩院轉交内務府，照單收納。

外臣進日本開國五十年史

日本大隈重信所著《日本開國五十年史》，曾於宣統己酉遣員賫送至京師，由外務部代奏進呈。卷首有大隈上奏文，純用漢文奏疏形式，摺首書「外臣伯爵大隈重信跪奏」字樣，蓋出青柳篤恒之筆也。青柳乃早稻田大學講師，爲日本最著名之精通我國官話者。

清稗類鈔

外藩類

蒙古十六國部落

太祖削平諸部，始於哈達、輝發、吳喇、葉赫，所謂扈倫四國，即明人所稱南關北關者也。乃以次臣服諸蒙古。至太宗時，凡十六國四十九貝勒畢歸，然後收服朝鮮，而塞外莫不享王矣。此開國用兵之次第也。其蒙古十六國部落，分爲四十九貝勒者，曰科爾沁，曰札賴特，曰杜爾伯特，曰郭爾羅斯，曰敖漢，曰奈曼，曰巴林，曰土嘿特，曰札魯特，曰阿魯，曰翁牛特，曰車里克，曰喀喇沁，曰吳喇忒特，曰察哈爾，凡十五國。而其時以察哈爾故太子爲諸貝勒冠，亦爲一國，天聰十年蒙古四十九貝勒勸進，亦以察哈太子爲之長。分察哈爾爲二，故號十六國也。

烏蘭察布盟旗之編制

蒙古各旗，以佐領爲編制之基礎，佐領例治箭丁百五十人。土色勒格氣一人，正二品，漢名幫辦台吉，其職司爲札薩克年班入京，代掌旗務。札克爾氣一人，從二品，漢名管旗章京，其職司同前。梅楞章京二人，正三品，漢名幫辦旗務章京，其職司同前。札蘭章京四人，從三品，漢名參領，其職司爲佐治全旗事務，治佐領五人。蘇木章京二十人，五品，漢名佐領，其職司爲直接治理民事，治箭丁百五十人。昆都二人，七品，漢名驍騎校，其職司爲幫辦佐領專司文牘事宜。

土色勒格氣至梅楞章京各職，均受命於朝，札蘭章京以次，王公札薩克有自行升降黜陟之權，他旗官員略有增損，昆都以次，又有筆切齊、即筆帖式。領催，皆無定額。梅楞、札蘭例有管印管兵之分，各旗有設專員者，後則無兵可管，多半兼差矣。

蒙官荐舉，多以情面。筆切齊爲入仕之階，以次推升，無越級者，如非台吉，至札克爾氣而止。行政官外，又有白呑大一，包衣大三，通稱長史，專司王公家事，階級在梅楞章京之次。長史出入王府，權甚重，或有升充梅楞者。

各旗職官，年分四期，輪流在衙門辦事，如有特別事件，則由王公函傳，分派首座五人。首座以次轉飭，由蘇木章京取締，人民攤派差徭，均依此例，富者攤財，貧者應差。如有某蘇木應攤之款，湊繳不齊，則由該蘇木申報，轉向轄境多富民之蘇木加徵焉。

烏盟蘇木所轄箭丁，多不足額。四子王旗二十蘇木，除喇嘛、台吉、塔布囊外，計不及二千丁，合烏之全盟計之，爲數僅萬餘人。蒙古人民以喇嘛爲最多，次台吉及塔布囊。台吉爲王公札薩克之近支，秩最貴，頭等二品，二等三品，三等四品，襁褓之孩，亦皆爲四品秩。塔布囊亦爲貴族之裔，秩亞於台吉，次箭丁，蒙民在王公台吉官長等處充當私奴，以邀榮幸，私奴日多，箭丁日少，後迄無一箭足百五十丁者。

蒙民在王公札薩克府應差者，出差時，則由府中領取錫製腰牌，回則呈繳，凡有腰牌者，在該盟可任換乘騎，如有重要事件，則別有印文。

人民滿十八歲，即有當兵應差義務，至六十歲而止。舊例，全旗之丁皆爲兵。蘇木、昆都皆治箭丁，皇帝秋獮，蒙古箭丁皆須隨圍。

外蒙服叛本末

外蒙喀爾喀諸部，本元裔達延車臣汗之後。達延車臣汗南徙近邊駐牧，明人稱曰小王子。其季子格埒森扎賚爾琿台吉留居漠北，析其部衆爲七，授子七人領之。分左右翼，有三汗，一曰土謝圖汗，曰車臣汗，曰扎薩克圖汗。崇德戊寅，三汗始入貢，然各王其國自若，不請吏，不置戍，且時叛服不常。順治中，以蘇尼特騰吉思之叛，曾與邊吏交兵，至康熙，土謝圖汗乃殺扎薩克圖汗，值準部噶爾丹汗強盛，乘亂侵之，土謝圖汗弗能禦。戊辰，全部南奔，聖祖受其降，安置牧所於多倫諾爾近地。丁丑，噶爾丹平，土、車、扎三汗始還原牧，然尚未置將軍大臣以統之也。其後，準部策旺那卜坦父子復阻兵侵喀爾喀，始於察罕瘦爾、推河、拜達克里河諸處，置軍戍以防準保喀。雍正中，西北路出師屢不利，喀爾喀親王策凌蒐部衆禦準，大捷，遂以爲定邊左副將軍，鎮烏里雅蘇台，總蒙部兵。朝褒其功，析土謝圖汗等所屬爲一盟，曰三音諾顏，使長之，準始請款。策凌卒，其子成袞扎布、車布登扎布等相繼爲將軍者數十年。乾隆中，平定伊犁，滅準部，西陲息警，而俄羅斯於庫倫屢有事。戊辰，始設庫倫辦事大臣，同蒙古王等辦事。滿大臣諾木渾、輔德等，與蒙王積不相能，先後劾罷，於是又命蒙古親王貝子桑齋多爾濟、貝子瑚圖靈阿等，相繼任庫倫大臣，奏事皆首銜，滿大臣柏琨、勒保等，與參佐無異。後烏里雅蘇台將軍雖用滿人，而猶擇蒙古王公一人爲參贊，四部之兵，皆統於每盟副將軍。又降旨，將軍大臣不得干預四部游牧事，舊設防兵盡撤，僅於烏里雅蘇台、科布多各留宣大換防兵一百二十名，三年一易。此外各城卡專用蒙兵，其詞訟事爲蒙人者，用蒙律，蒙地租賦皆歸蒙收，漢人不得墾蒙地開礦。蒙人生殺官缺予奪陞轉，皆爲各扎薩克特權，邊帥不得問。哲布尊丹巴地位在達賴、班禪之次，爲外蒙佛教主，尤貴重。定制，庫倫大臣必致敬禮，松筠述庫倫大臣職事，爲詩曰：「附四喀爾喀，奉一哲布尊。」其證也。當喀部被準侵迫內附時，本欲附俄，哲布尊丹巴力主歸中朝，謂奉黃教爲同教，故歷朝皆加優禮，建寺立碑，推挹之者無所不至。同治中，回陷烏城，設防庫倫，有宣化練軍之駐，亦旋撤。而自咸豐後爲將軍大臣者，皆非上選，每藉查卡倫禁地以需索蒙旗，奎昌、湍多布、桂斌、德麟、瑞洵、樸壽等皆以貪劾去，各王公又苦年班之費，其貸華商者，必索重息，以牲畜地土作抵。俄人著遊蒙古書，敍述策貝子等旗，積憾於朝廷者，歷歷如繪。而朝廷不之察，轉促辦新政，開礦，設審判，勘田地，以日攘哲布尊丹巴及各王公之權利，庫倫大臣三多奉行弗善，活佛以下視之如仇。迨兵備處設，愈觸俄忌，遂迫政府撤之。哲布尊丹巴及杭達王等內厭邊帥，外受俄餌，於宣統辛亥十一月初九日，用四部八十六札薩克名通牒中外，歷數政府種種苛虐，蒙人不堪，謂非獨立不可，因推哲布尊巴爲皇帝，建號改元，與朝廷斷絕關係。

三多去職，烏里雅蘇台將軍奎芳見通牒，亦棄烏城而去。庫倫私設內閣各部，自稱庫京，與俄立約，蓋外蒙之附，本不如四十九旗之久，《一統志》原稱曰新藩。乾隆丙子，以準部阿逆之叛，喀爾喀郡王青袞雜卜即有撤台阻兵之變，故用放任主義，聽其自治。咸、同以來，諸王公亦潛向俄人借債通款，而其季年，乃欲束縛而馳驟之，禍發辛亥，實匪一朝一夕之故矣。

青海蒙古

定制，青海蒙古每盟設正副盟長各一，簡軍實，閱邊防，理訟獄，審丁册，又增置蒙古巡防官軍。其始，每三載會盟，由青海辦事大臣奏選盟長，遇事，遣員賫勅以往，不論崇卑，王公以下跪迎。嗣後改定歲歲會盟，盟長無任事年限，非有事故，則終其任。

世宗駕馭蒙古

雍正時定制，蒙古人不得識漢字，凡射，以向天射下至地者爲合格。

高宗善待蒙古

蒙古生性強悍，世爲中原勁敵，如北魏、元代，雄起北方，然柔然、海都之叛未嘗絶。國朝威德布揚，氈裘同寢之士，始執殳效順，無異世臣。高宗恢廓大度，尤善撫綏，其名王部長，皆令在御前行走，結以姻誼，託諸心腹。西域之役，如喀爾沁貝子扎爾豐阿，科爾沁額駙索諾木巴爾珠爾，喀爾喀親王定北將軍成袞扎布，其弟郡王霍斯察爾，阿拉善郡王羅卜藏多爾濟，無不率領王師，披堅執銳，其子孫亦屢登膴仕，統領禁軍。上宴蒙古王公詩註「其令入宴者，率皆兒孫行輩」云云。及高宗崩，杜爾伯特汗某，幾欲以身殉焉。

三音諾顏部

三音諾顏初屬土謝圖汗，自額駙策凌以從征準噶爾功封王爵，其近族多附之，乃別成一部落，號三音諾顏部。策凌死，其後累有功於帝室，故爲喀爾喀四大部之冠，築烏里雅蘇台城，駐定邊左副將軍及參贊大臣，節制部衆。舊制，參贊大臣三，其一選自蒙古王公台吉中，後廢。

哈薩克人借地

新疆哈薩克人之借地遊牧，曾經奏明有案。光緒壬寅、癸卯間，科布多參贊大臣瑞洵奏請歸還借地，有云「塔城駐防委員延年，任令蒙、哈廣佔烏梁海」等語。奉諭：「事關北路大局，着潘效蘇詳查妥議具奏。」尋奏：「該大臣等所陳各節，無非以借地案懸日久，恐滋轇轕，現經奏准歸還，自可相安無事。」次年，瑞洵又奏哈巴阿一帶借給蒙、哈之後，烏梁海膏腴盡失，游牧無資，該處官兵深慮該地不能收回，羣情惶惑，請旨飭還。奉諭：「此項借地，轇轕多年，若如所奏情形，自應查明還地。前諭潘效蘇確切查復，該撫久任邊疆，於該處情形必所素悉，着卽秉公詳勘，會商瑞洵妥籌，不得以借地爲已成之案，憚於更正，總以足安人心有裨大局爲要。」此外志鋭亦有奏案，載在《光緒實録》，然皆以空言搪塞，迄未實行歸還借地也。

土爾扈特來降

準噶爾，本元太尉也速後，以元綱不整，遁居伊犂。分四部落，曰衛拉特，曰都爾伯特，曰和碩特，曰土爾扈特，各立可汗爲輔車計。後土爾扈特以噶爾丹不道，故率本部落遷入俄羅斯。彼國以其愚戇，時加欺凌。大兵既定伊犂，威布遐邇，土爾扈特部長聞之曰：「吾儕本蒙古裔，今俄羅斯種類不同，嗜好殊異，又復苦調丁賦，席不暇暖。今聞大皇帝普興黄教，奚不棄此就彼。」遂率其全部涉河繞道行萬餘里，始達哈薩克，失道，行入戈壁，復斃數萬人，抵邊者僅十之三。高宗命舒文襄赫德攝伊犂將軍篆，往爲安置。或疑其中有叛人舍楞，請上勿納。上曰：「遠人來降，豈可拒絶。況俄羅斯亦大國，彼既棄彼而南，又挑釁於北，進退無據，黠者必不爲也。」舒既抵邊，察其實，乃受降，厚加撫綏。

都爾伯特投誠之待遇

都爾伯特汗策凌、親王策凌烏巴什，乾隆癸酉秋，首先投誠，上錫王爵，優卹奴僕，定遊牧地方，以資生息。策等感上撫字恩，卒時，諄諄告其長吏曰：「天可汗之恩，萬世不可負也。」策凌烏巴什投誠年最少,至乾隆庚戌,始卒,西域大定數十年。

哲孟雄

印、藏之間,有小國哲孟雄,地僅七十餘華里耳。初爲藏番部落,每附西藏貢使,呈進貢物。英欲通商西藏,必開埠達吉嶺以便轉輸,而必假道哲孟雄,遂力爭於總理衙門,謂哲本印屬小國。總署貽書駐英公使,使爭之。公使詢之從官,鄒代鈞考之,知非印屬,告公使,公使復質之方培容,方曰:「彼據《海國圖志》、《瀛寰志略》等書,妄騰臆説耳。我國古書,萬不足恃。英欲得哲,不如與之,我國何在此七十里小部落哉!」公使不能決。方又曰:「盍商之馬參贊。」馬參贊者,英人馬格里也。馬雖英人,然忠於所事。公使詢馬,馬乃語鄒,令據我國古書,考察哲孟雄之所屬。鄒曰:「已告公使。」馬即詢之公使,公使曰:「方子涵謂我國古書不可恃。」馬曰:「是何言?中國書論中國事,猶不可恃,豈外國書論中國事轉可恃耶!」即取鄒稿,以譯英文,而覆英外部,英外部乃照租借例定議。

清稗類鈔

閹寺類

受宫

歷朝宫中使令，任用閹宦，此舉最賊人道，爲我國數千年相傳之粃政。閹宦類多河間人。既選爲内侍，則被宫。惟閹割之後，須居密室，避風百日，露風卽死，無藥可療。又須選取未成童者爲之，壯者受宫多危險。宫後，卽聲雌頷秃，髭鬚不生，宛然女子矣。

太監例選無家室者

《律例·雜犯門》載：新進太監，由内務府驗明，年在十六歲以下並未娶有家室者，交地方、熟火兩處首領太監管教；其已有家室者，則給與各王公。

私宅太監有定額

乾隆末年，以宫監時不敷用，因取之各王公大臣家。蓋緣王公大臣，所用過多，向無定額，太監多投充私宅。嘉慶己未，始定額數：親王准用七品首領一名，太監四十名；郡王准用八品首領一名，太監三十名；貝勒准用二十名；貝子准用十名；入八分公准用八名；一品以上文武大臣准用四名；公主額駙准用十名；民公准用六名；不入八分公及二品以下民爵侯以下，俱不准私用。其宗室王公等所用，年終報宗人府查核，一品文武大臣等所用，年終報都察院查核，俱各彙奏。

太監品級

雍正丙午，定宮殿監督領侍正四品，宮殿正侍從四品，即總管。宮殿監副侍正五品，即副總管。内廷侍從五品，執事六品，内廷待詔六品，内廷供奉七品，執守侍七品，内廷供用八品，侍監八品，均首領。内侍九品。

太監之稱謂服飾

太監之賞有頂戴者，稱老爺；無頂戴者，稱師父。太監頭目，俱收徒弟，下班後，捧盥漱具，執扇，持麈尾，皆徒弟爲之。爲頭目者，頤指氣使，又儼然一小至尊矣。

大小太監，夏日皆服葛布箭衣，繫白玉鉤黑帶。

世祖禁内監入班行禮

順治甲申，世祖定鼎，頒詔賜廷臣宴，有内監數輩先行拜舞。奉諭：「朝賀大典，内監不得沿明制入班行禮。」從户科給事中郝傑請也。

世祖高宗定太監職制

世祖諭令裁定内官員數。至高宗，又欽頒則例七條，宫殿監處分十一條，凡例四條，各處首領太監處分例十六條。錢糧按現行則例額數，不許增添。其錢糧之額，爲銀五錢、米半斛。銀自每月八兩至二兩，凡十三等。米自每月八斛至一斛半，凡十四等。其職掌，惟敬事房辦理宫内一切事務禮儀，承行内務府文移，收納外庫錢糧，餘則專掌隨侍、守護、承應、灑埽、坐更等事。

高宗令内監改姓

高宗待太監最嚴，命内務府大臣監攝之。凡預奏事之差者，必改易其姓爲王，以其姓多難辨，宵小無由句結也。

高宗選秦趙高三姓爲太監

乾隆初年，奏事太監爲秦、趙、高三姓，蓋高宗借此三字以自儆也。秦爲先朝之舊閹，偶有過失，譴罰必嚴。

高宗約束閹寺

高宗約束閹寺，不使縱恣。一日於乾清宮西煖閣牕中，望見西廊下有二職官自南而北，一太監自北而南，交臂不顧，竟不讓道。遂嚴諭總管太監約束，毋許肆慢，謂再不謹遵，當將總管太監一併治罪。

高宗不許内官干預政事

世祖鑒明閹宦之弊，既立鐵牌於交泰殿，戒内官干預政事。宦不得過四品，令隸内務府總管，歲時謁見，如堂司制，有周官冢宰統攝之義。高宗防馭尤嚴，有高雲從者，稍干涉外事，即遵世祖旨，立時磔死。和珅亦能體高宗之意以行之。内官嘗有背呼梁文定公名者，和聞之，憤然曰：「梁爲朝廷輔臣，汝輩安可輕之！」立杖數十，命向梁叩謝，乃免。其後，内務府大臣多由僚屬驟遷，又無重臣兼領，故敬事房總管輩多與大臣分庭抗禮，無復統轄之制。蘇大司空楞額曾對衆曰：「今日尚未見吾都堂。」雖一時詼語，亦可覩風氣矣。

高宗令太廟用王府中太監

乾隆癸亥，高宗以太廟中司香太監，太常寺多以庸悍老稚宮府所不用者充數，不足以昭誠敬，故命王公府中各交太監二名，備廟中司香灑埽。復賞給七品首領一員，以司其屬。

仁宗令廷杖曹進喜

奏事太監曹進喜，高宗時爲近侍，歷事三朝，年逾六旬，頗明政體，聲聞日著於外。其姪入試通州，學臣以進喜故，首列前茅，士論頗不服。又交結外省督撫，歲時皆有餽遺，間有王貝勒甘爲輸服者。仁宗以其無顯過，優容之。嘉慶癸未夏，吏部月摺交納逾期，方詢軍機大臣，進喜即揚聲殿陛間，斥吏部之延宕，又令兵部亦具月摺交付，以便召對。語聲徹内，上大怒，立加斥革，廷杖二十，貶於端門内司閽，永遠不許出外。

唐憲臣自宮

太監爲畿輔產，向無南人，有之，自青浦唐憲臣始。亦既娶妻生女矣，而行賈多折閱，乃北走京師，遽於康熙乙酉自閹爲寺人，入太廟管事。乾隆乙丑，以年老多病，奉特恩放還。及歸，治生產，撫兄子贇文爲子，女亦適人而育外孫。優遊十餘年而死，年七十七。

高宗改内監讀書之制

明制：内監入選，例入内書堂讀書。凡收入宫中年十歲上下者，二三百人，入内書堂讀書。本監提督總其綱，擇日拜至聖，請詞林老師，每一名，各具白蠟手帕、龍挂香爲束脩，人給《千字文》、《四書》，派年長者八爲學長。有過，詞林老師批付提督責處。國朝仍之，派漢教習一員，在萬善殿專課年幼太監。乾隆己丑，高宗諭：「内監職在供給使令，但使教之略知字體，何必選派科目人員與講文義。前明閹豎弄權，司禮秉筆，皆因若輩通文，便其私計。甚而選詞臣課讀，交結營求。此等弊政，急宜痛絕。現今讀清書之内監，在長房一帶，派内府之筆帖式課之。至漢書，亦派筆帖式之曾讀漢文者教授。所有萬善殿派用漢教習之例永遠革除。」

李金鳳與聞林清事

李金鳳，嘉慶時内監之與聞林清事者也。仁和諸生繆崇輝，有祖姑適崑山陸氏，未婚而夫死，守貞不嫁，披緇於龍山。繆爲築菴居之，家人歲一省視。崇輝長，祖姑年八十有餘矣。秋日，繆往省其姑，遇金鳳於座，不知其爲椓人也。然聆其聲雌，視其面類婦人，而行步則男子，心訝之，不敢問。祖姑曰：「此吾徒金鳳也，新收耳。」崇輝心又訝之，以爲「金鳳」二字，頗不似方外人之名，何也？顧其舉止落落，不甚與衆尼儕。崇輝宿菴三日，瀕行，瞯衆人方禮佛，則微以言叩其祖姑。姑戒勿宣揚於外，乃語其故，蓋金鳳即李文成之姪也。文成之先亦南人，常與教匪同叛，已而事敗，奉旨於南方名捕之，乃逃於北，始爲北人。文成懲前此齊、冉諸人之敗，欲自内起，顛覆乘輿，而後傳檄以定四方。顧宮禁深邃，警衛森嚴，計無所出。金鳳年纔二十餘，乃請自宮以入。衆未敢信，鳳拔刃一揮，流血如注，幾死矣，衆爲求良藥藥之，得不死。遂於嘉慶己巳得入禁中。金鳳深沈有心計，同事諸宮監以術籠絡之，皆得其歡心。總管某監者，仁宗寵之甚，常陵轢同輩，衆皆惡之。金鳳獨處之泰然。已而衆怨益甚，羣發其陰私，仁宗執之，杖數百，血肉狼藉，衆益從而姍笑之。金鳳獨爲之撫慰，且爲之簡料湯藥飲食，某甚感之。衆皆多其任卹，而不知金鳳已乘間動以大謀矣。仁宗怒已定，仍寵某如故。金鳳既得某，遂稍稍擴張勢力。已而侍衛缺出，天理教人鳩貲付金鳳爲之行賄，得補授其黨一人。及仁宗狩木蘭，遂尅期舉事。時金鳳與某在內籌畫一切，未及期，而李文成事泄，倉猝舉兵，李、林、王等內外皆死。金鳳知事急，竊宮內金符而跨善馬疾馳出，言往木蘭迎駕，門者不敢阻。金鳳出城，亟易衣而遁。其黨人有漏網者，設逆旅於歸德，主人見金鳳，不識也。然知其有珍寶，醉以酒，將殺之而取其貲。檢懷中，得金符，大驚；又於夾袋中，得事前所與林、李諸人計劃者一紙，乃不害而留之。藏複室中，年餘，聞事稍寢，乃衣以婦人衣，使二嫗從之以南。至靈隱寺，遇日照大師。師，高僧也，一見識之，蓋常晤於京師者也。即從之削髮，以僧寺中不可居，乃去爲尼，來菴中，居半載餘矣。明年，崇輝更視其祖姑，不復見金鳳。問之，云往朝普陀，剋日可返。崇輝欲就詢宮中事，待之，竟不至。又越數年，其祖姑圓寂，金鳳復來執弟子禮。居二十餘日，崇輝偶叩以前事，及此後所向，瞠目如癡。再三問，皆無言。旋去，竟不知所終。

戴文節不善事內監

戴熙在南書房時，不善事內監。一日，題畫，誤一字，宣宗令內監持令改之。內監至，但令別書，而不告以故。戴遂別寫一紙，而誤字如故。上以爲有意怫忤，遂撤差。

宣宗爲内監創白玉頂戴

道光中，内監美丰儀者，頗得幸。既復爲娶婦，使居南府中。然恃寵而驕，時多非分之請，宣宗悉涵容之。定制：章服不得過四品。一日，南府諸監固請進秩。宣宗既以情不可却，又不敢擅更祖制，乃特創一種白玉頂戴，凡幸御各監，均得用之。事傳於外，故一時輕薄者互相戲謔，有白玉頂戴之語。迨德宗朝，李蓮英輩得孝欽后歡意，變更祖制，竟至二品頂戴矣。

安得海伴太子讀

咸、同間，太監安得海藝術精巧，知書能文。晚年勢張甚，中外傾慕，欲一見顔色。初，宫中内官多讀書識字者，安得海入侍，過從問字，殷殷請益。久而斐然，出諸閹上，能講讀《論》、《孟》諸經，孝欽后深器之。會安與某親王不洽，孝欽令暫引去，以自遠禍。安遂自薦，請衞侍冲主，外取自退之名，陰爲自尊之舉。嘗自稱太子伴讀，以比先代名儒。

安得海伏法

丁文誠公聞安得海將過山東，密語德州知州趙新，如見其有不法情事，可一面擒捕，一面稟聞。

趙，能吏也，閱事多，計較利害亦頗熟。及安得海過境，欲勿稟，則懼爲丁所怒；欲顯稟，則恐不能去之，反攖其禍。因與幕客商，用夾單密稟，意謂丁如不參奏，則夾單非例行公事可比，既不存卷，安得海斷不知之；若竟參奏，則禍福丁自當之，與地方官無涉也。及丁疏既上，孝貞、孝欽兩后召軍機内務府大臣議之，皆力請就地正法。留中兩日，未下，醇親王復諍之。同治己巳七月某日，奉上諭：「丁寶楨奏太監在外招摇煽惑一摺：『據德州知州趙新稟稱：有安姓太監，坐太平船二隻，聲勢烜赫，自稱奉旨差遣織辦龍衣。船旁有龍鳳旗幟，帶男女多人，并有女樂，品竹調絲，觀者如堵。又稱本月二十一日，該太監生辰，中設龍衣，男女羅拜。該州正訪拏間，船已揚帆南下。該撫已飭東昌、濟寧各府、州，跟蹤追捕等語。』覽奏曷勝詫異。該太監私自擅出，并有種種不法情事，若不從嚴懲辦，何以肅宫禁而儆效尤。著山東、江蘇、直隸各督撫迅派幹員，於所屬地方，將六品藍翎安姓太監嚴密查拏。令隨從人等指證確實，毋庸審訊，即行就地正法，不准任其狡飾。儻有疎縱，惟該督撫是問。其隨從人等，有迹近匪類者，並著嚴拏分别懲辦。欽此。」安得海既在濟南伏法，籍其輜重，有駿馬三十餘匹，最良者日行六百里，黄金一千一百五十兩，元寶十七箇，極大珠五顆，真珠鼻煙壺一枚，翡翠朝珠一挂，碧霞朝珠一挂，碧霞犀數十塊，最重者至七兩，其餘珍寶甚夥，陸續解歸内務府。歷城縣令爲安得海購地葬之。

孝欽后待内侍

孝欽后故威重，宫中内侍過誤輒杖殪，一歲不可數計；次給杖謫弗少貸。定例：内監通外事，宫中杖斃；賜職不得越四品。蓮英以謹事承孝欽寵眷，論者輒不得直，實爲内侍之異數也。

三監綽號

「皮硝李」，爲李蓮英綽號，以曾業皮硝也。同時嬖閹，尚有「筐王」，王曾售考筐，即「香王」也。尚有「硬京音讀作印。劉」，則以劉之性硬也。「皮硝李」，婦孺知之，知王、劉者少矣。

李蓮英以梳頭得寵

李蓮英者，本爲孝欽后之梳頭房太監，河間人，幼失怙恃，曾以私販硝磺入縣獄，既出，業補皮鞋，以是得「皮硝李」三字之稱。太監沈蘭玉，其鄉人也，與有故，見而憐之，爲蓮英介紹入宮。適孝欽聞京市盛行新髻，飭梳頭房太監仿之，屢易人，不稱旨。蘭玉偶在闒闒房言之，闒闒房者，内監之公共休息所，蓮英嘗至此訪蘭玉者也。既知孝欽欲梳新髻事，遂出外周覽，於妓寮中刻意揣摹，數日技成，告蘭玉，蘭玉薦之，而蓮英遂從此得幸矣。及孝貞后殂，蓮英益無忌，由梳頭房擢總管，權傾朝右，至與孝欽並坐聽戲。孝欽進膳，遇蓮英所嗜之品，多節食以賜之，或先命小璫撤去，留俟蓮英。其四十壽辰，御賜珍品蟒緞福壽等字，侔於大員，樞臣疆臣無不慶祝。贓私之積，以千萬計。

李蓮英深銜德宗

李蓮英雅善音律，工演山門、伏虎、别母、慘覩等齣。演京劇亦佳，能串鬚生、老旦、黑頭，而黑頭戲尤擅勝場。滬上名淨劉壽峯，卽其徒也。一日，李串黄金臺之田單，當查夜猝見太子時，飛足踢燈籠，用力過猛，致燈籠飛落前庭，中德宗額。帝大怒，命笞四十。李跪而哭，孝欽后爲之緩頰曰：「此誤傷也，當曲恕之。」命叩頭求主子開恩，德宗揮手命去，遂不歡而散。由是李深銜德宗。

李蓮英調停修園事

光緒初年，孝欽后已事游晏。一日，召軍機大臣，欲修某園，限期竣工，命與工部籌辦。時醇親王領軍機，遵旨向工部尚書某籌議，則需款過巨，庫帑復支絀，而慈意甚決，又不敢違，商竟日，無法解決。醇曰：「無已，商之李總管乎。」遂於次日偕工部堂司各員集朝房，令内侍召李蓮英。李至，王告以慈意，並述爲難情形，乞其轉圜。蓮英曰：「此大事也。王爺面奏，無不允者，奴才何人，敢語此？」王曰：「汝苟得便，第畧言之，不相強也。」蓮英沈思久之，曰：「老佛爺事多，此項工程，或偶然興至，欲修理耳。如不再催，似可暫置，奴才終不敢言也。」醇曰：「諾，敬俟後命可耳。」久之，孝欽亦不問。

李蓮英隨醇王校閲海軍

光緒甲申以後，與練海軍，李鴻章實主其事。海軍成，奏請欽派大臣校閲，孝欽后命醇親王至天津閲之。醇以孝欽后頗猜忌之也，恒自危，奏請以李蓮英自隨，蓋不啻自請監軍也。李爲之設行臺，王與蓮英居處，一切無軒輊，惟閱兵時，王坐於前，蓮英立於後而已。於是丁汝昌、衛汝貴、衛汝成、葉志超、趙桂林、龔照嶼諸人，皆奉厚贄蓮英門下，稱受業。

李蓮英侮李鴻章

李文忠由直督入相，自負勛勞，遇同輩，恒亢傲視之，人多懾其名位，弗與較也。嘗失禮於李蓮英，蓮英啣之。一日謂文忠曰：「老佛爺欲修頤和園，但國帑支絀，不欲撥款興修，公爲國家重臣，何不報効爲諸臣倡。」文忠欣然諾之。蓮英復曰：「吾先導公入頤和園，驗其應修之處，庶入告時較有把握。」文忠信之。蓮英乃使人導入，而乘間奏其擅入禁地，不知何意。德宗大怒，下詔申飭，交部議處。

李蓮英侮福錕

光緒中葉，李蓮英怙寵滋甚。儀鸞殿側有斗室，爲大臣內直憩息之所，一日，李在此室，於玻璃窗中見大學士福錕將至，故含餘茶於口，俟福至，甫及簾，李驟揭簾，對福噴茶，若吐漱然，淋漓滿面。亟笑謝曰：「不知中堂到此，殊冒昧。」福無可如何，徐徐拭乾而已。

李蓮英有四子

李蓮英有四子：曰福恒、福德、福立、福海。皆捐三品銜郎中，簽分户、兵、刑、工四部。其驗到時，直隸結局，甚爲居奇，四人共費印結銀一萬兩。

李蓮英有精舍

李蓮英於宫中，别闢精舍數間，在孝欽后寢宫之後。中設地鑪一，高三尺許，其餘鋪墊陳設，如著衣鏡、自鳴鐘之類，燦然大備，幾與上用者相埒。

李蓮英用紅緞鋪墊

光緒庚子西幸，陝撫某辦皇差，爲李蓮英備行館，器具一切，均極精潔。前站某王見之曰："此豈可居李總管耶！"命速更易，須與辦老佛爺者一律。但黄緞鋪墊改用紅緞可耳。

李蓮英未獲譴之故

光緒戊申，德宗大漸，隆裕后欲視之，恐蹈孝哲后覆轍，徬徨無計。李蓮英進曰："皇帝疾甚，皇后何不視之？"隆裕曰："無老佛爺旨。"李曰："此何時，皇后速往，老佛爺見責，奴才任之。"后始得與德宗訣。或謂德宗崩後隆裕始至。參看《宫闈類》德宗崩時情狀條。孝欽后尋亦崩。隆裕本惡李，以此深德之，故未獲大譴，乃令爲某宫小花園總管，及死，特賞銀二千兩。世稱蓮英爲總管，實則别有一都總管，總理宫中一切之事，賞四品銜，内務府有名册者。蓮英特隨侍孝欽左右，爲管理服御之總管耳。

香王爲孝欽后之探

德宗左右，有宦官王某，宮中通稱之爲「香王」。王亦爲孝欽后私人，每侍德宗半月，必轉侍孝欽半月，孝欽輒詢問德宗半月中之情狀及舉動。故時人又呼香王爲后探也。

孝欽后樂與硬劉談

孝欽后最寵用之內監，其先爲安得海，後則硬劉、李蓮英、小德張三人。硬劉之寵眷，實在張、李以上，以其早死，名遂不甚著。劉爲河間人，性機警，略通書史，頗知時局形勢。孝欽在宮，無可與語，李、張輩不過承意旨供使令而已，故尤樂與劉談。孝欽素猜疑，且守歷朝內監不得干預朝政之訓，遇有疑難，輒借端論列，劉亦默喻其旨，爲之罕譬曲喻，以彼證此，以是多所啓沃，甚倚重之。劉初患石淋症，延西醫割治得愈。比再發，而醫謝不能治，以是竟死。時方侍孝欽在萬壽山，命以竹輿舁之下山，親自送之，賜坐小舢板出園。頤和園各船有平頭船、望江南、小舢板種種名式，小舢板即洋划子，非王公親貴不蒙賜坐，與紫韁、黃韁等賜同爲異數。臨別時殷殷慰諭，因而下淚。劉死，孝欽鬱鬱不樂，蓮英侍側，亦屢因事受呵叱。蓮英嘗告人曰：「小劉在日，屢受其氣，今死矣，尚累及我。」故宮中當日有「死劉氣煞活李」之謠。

西巡時太監之多

光緒庚子西巡，扈從太監初僅十七人，沿途先後會集，及隨後入關者，至千數百人。李蓮英爲之魁，崔二亞之，侍孝欽后側。蓮英賞用二品服，稱大總管。崔服役御前，用五品服，稱二總管。又有三總管者，則掌理皇后宫中庶務者也。總管以下各有等次，有五品、六品、七品冠帶，餘皆無頂戴。衆監見李、崔，如屬員之謁長官，見三總管，則彼此字呼，嬉笑怒駡，漫無規束。大、二總管月俸不得其詳，三總管月領百二十金，以下依次遞減，至六十金止。總管鼎峙，各爲其主，分門户以樹黨援，内容勢如冰炭。然二、三總管勢力不逮大總管遠甚。大總管居室近終南仙館，樓臺池沼，花木泉石，別開世界，備孝欽暇豫游宴。蓮英常設座是園，朝臣亦得入覲。董福祥來，必延坐，霽顔相接。一日，董偕提督鄧增入園，鄧亦有勳勞於國者，董先入，謁蓮英，鄧止立門外。談次，董謂蓮英曰：「鄧某偕來相謁，今在門外。」蓮英不語。頃之，董又曰：「盍請鄧某一見。」蓮英以他語亂之。董性戇直，不能忍，盛氣曰：「大總管以鄧爲何如人耶，何不稍予體面。」蓮英曰：「室僅二椅，無餘席可坐。」董曰：「若然，則當讓兩客坐，主人立談可也。」蓮英曰：「生客不便見。彼有要公，盍請自便。」董忿然出。蓮英鐵色怒目送之，摇首者再，乾笑曰：「董老倔強性至死不改。」數日，鄧復入，蓮英殷勤推讓，談笑甚歡。則鄧以千金之貂絨鞋，賸以四百金，先期送入矣。

高四歷事三朝

光緒庚子，兩宫西狩，時内監有高四者，年六十八矣。自言昔隸宫中樂部爲生角，旋改隸後宫給事，咸豐庚申京師之變，曾侍孝貞后幸熱河，後復隸乾清宫。嘗自言歷事三朝，兩隨播遷，衰病侵尋，思歸至切。回憶五十年前圓明園紅氍毹上，緑髩簪花，不知是真是夢矣。

張某以墨污試卷自宫

太監中有張某者，寵眷與李蓮英不相上下。張，秀才也，某科省試，墨污其卷，恚而自宫，得不死，遂入宫。孝欽后每就之詰疑問難，張條對無誤，孝欽喜，賞四品頂戴。

太監奉旨申飭張唐

京官之被旨申斥者，由太監傳旨，跪聆宣旨畢，太監破口辱詈，狀至不堪，如納銀四百兩，則免。外官由督撫代宣者，無此狀。光緒間，郵傳部初立時，簡張百熙爲尚書，唐紹儀爲侍郎。張謝恩後，即謁唐，備致謙詞，唐操粤語答之，張不甚解，有誤會。次日，唐答拜，面請奏調各員，並交銜名單一紙，張唯唯。及奏案發表，單中無一人入選，唐大怒。由是兩人交惡，具摺揭參，俱留中。又互請病假不到部，爲御史所劾，兩人均着傳旨申斥。唐已贈太監銀，張不知也。及傳張，跪聆宣旨畢，太監頓足大罵：「混帳王八旦，滚下去。」張叩首起立，面無人色。次傳唐申斥，則無此狀。張益恚憤，回宅而病作矣，未幾，以憂鬱卒。戊申十月，疊遭德宗、孝欽后二喪，照例，十九日内，不准各官遞封奏。大學堂監督、編修劉廷琛，忽破例遞摺，傳旨申斥。劉不能具四百兩，又不能堪此辱駡，意大窘，浼人關説，納半數。屆時，申斥，僅叱「混帳下去」，所謂半罵也。劉退而告人曰：「士可殺，不可辱，吾初不料國家有此惡例。」或曰：「以視明代廷杖何如？」劉亦無以答。

小德張暴富

小德張，河間府人，世有謂其非閹人者，讕言也，確爲椓人。第其設法騙取宮中之錢，實有之。先是，宮有佛殿數座，孝欽后在時已曠廢，小德張乃聳恿隆裕后修理，報銷至二百餘萬。時內務府大臣奎俊自請處分，謂報銷太不實，隆裕以經手者實爲小德張，置不問。且又嘗慫恿隆裕游頤和園，預算經費甚鉅。卽黃轎八乘，已由小德張直接向崇文門稅務項下撥銀十八萬兩。時蒙古公爵博迪蘇及尚書宗室壽耆同爲崇文門監督，密以聞諸攝政王。王怒，召小德張至，切責之，游園之議乃罷。而小德張遂切齒於王。故事，凡親王或世子入承大統者，其潛邸例須改建佛寺以祝釐焉。王以別築新邸，土木丹青，備極崇麗，估計工程，乃須款至二百五十萬之多。度支部入奏，王報可。越日，軍機王大臣叫起，尚未下，內廷忽傳懿旨，召王卽入對。凡三小時而後出，則氣促汗流，面色如土矣。大忿回邸，立邀度支部尚書載澤密議。不久而特別解款之事起，由度支部左丞傅蘭泰、鹽政處總辦晏安瀾同具銜名，通電各省關監督及鹽運使，督率籌解。未及一月，卽籌有特別解款六百萬兩，爲宮中工程歲修之用。然三年以內，絕無一木一石之新建築也。隆裕服闋時，須易青轎而乘黃轎，製轎之費至七十餘萬，亦小德張所經手。於是小德張乃暴富，而內務府總管大臣繼祿亦霑溉不少。

小德張驕倨

李蓮英既死，隆裕后即以李所總管之小花園賜小德張居住，一切皆承李之後。故其時勢燄薰赫，大官中多有與之結爲兄弟者。一日，世續議減宮中炭費，而内監及内務府人員抗不遵命，竟至宮中無炭可燒。小德張乃云不礙，可至外購之也。及隆裕病篤時，溥倫薦曹某入診。時后擁被三四重，面冷如冰，而房中爐火甚熾，重幕四周。溥倫與醫生汗流如注，溥倫謂屋中熱度如此，即健康之人亦非所宜，何況病人，乃稍啓窗幕。曹醫開方，中有一藥，與御醫意見不合，曹争之甚烈。帝、后有疾，御醫與内醫常結合一致，溥倫恐有意外，小德張曰：「無礙，我自煎之。」蓋非復前此之跋扈貪冒矣。隆裕崩，瑜妃命小德張往見，小德張竟稱疾不往。

王子元中飽

太監王子元名寶義者，德宗時，充織造、營造二司掌庫。後拜小德張之母爲乾孃，漸引至隆裕后前差遣。小德張去，王遂得寵。後因宣統帝年幼，宫院地面凸凹不平，不便行走，特令王子元督工修理。王竟開銷至銀一百四十餘萬，其私囊中飽者，約六十餘萬。

清稗類鈔

外交類

外人譏吾外交

外人恆譏吾國之外交，爲兒戲之外交。英使威妥馬嘗曰：「總理衙門大臣，皆喃喃學語之小兒耳，擊之則號哭，撫之又驕慣。左手打之，右手摩之，乃對中國外交家之善法也。」某爲駐日公使時，各國公使玩弄之，彈某之面曰：「貴公使福人福相，尊面之滑潤，尚如嬰兒。」又牽其朝珠曰：「貴公使有此奇寶，宜終日玩不釋手，如小兒之得食物也。」駐華俄使與總署王大臣往還，每投贈金錢爲禮物，語人則曰：「今日又投若干錢，與小兒買饝饝饅頭也。矣。」

各國與上海之關係

上海爲吾國通商巨埠。然在乾隆時，已有東印度公司代理人英人名比谷者，至上海察看形勢。道光壬寅，復有林德賽、葛勞甫二人，以廣東禁止開艙，此別一事，非道光戊戌因鴉片而禁止開艙者。乃北航至上海，亦極稱之爲通商善地。此爲鴉片開戰前英人垂涎上海之始。及白門訂約，五口開埠，時爲道光壬寅八月也，其關係則中英兩國間也。至道光甲辰，法人、美人繼英而起，要求按照英約，締結《中法黄埔約》、《中美望厦約》，此爲法、美人後至上海之證。

誤以賠款爲撫恤

國際賠款，始於道光壬寅《中英江寧條約》。該約第四款以洋銀六百萬元償補鴉片原價，第六款償補兵費洋銀一千二百萬元，此爲國際賠款之始。厥後咸豐戊午中英法之役，光緒甲申中法、甲午中日之兩役，至辛丑十二國和約之賠款四萬五千萬爲極矣。無戰不敗，敗必償款，此爲國恥，寧不彰彰。然吾國公私文書，則每每諱賠償爲撫恤。中日甲午開戰，吴大澂奉命督師，書生言兵，檄文中歷敍天朝深仁厚澤，柔遠有經，而於道光壬寅、光緒甲申兩次戰事之賠款，謂係中國戰勝外夷，撫恤遠人，恩威並用之至意。此文傳至滬，《申報》首先登載，繼由各西報譯登。英、法領事即致書詰問，謂賠款約章俱在，何得肆爲侮訐。卒由蘇松太道復書道歉而事始寢。

張文襄與各國領事立約

光緒庚子拳匪初起，甫自淶水擾定興。南皮張文襄公之洞方督鄂，五月初四日，電總署請電禁勦捕。嗣後於五日内疊次電奏，斥爲邪教亂民，請保護使館，力勦各匪，勿召回出使大臣。單銜徑電各國外部及在華水師提督，與約保護東南，勿擾京城，勿驚乘輿　並聯合各省督撫十餘人電各國外部。與劉忠誠會同駐滬各國領事立約，不得犯長江。聖駕西幸，與各國堅明約束，勿擾襄樊，以通東南貢賦之道。庚子西狩以後，和局將定，朝廷斟酌回鑾之舉，外人來言：諸禍首雖已治罪，然大阿哥溥儁事未辦，名位如故，兩宮到京後，各國必力要之，得請乃已。文襄因密電樞廷，勸其面奏，乘兩宮未到京之先，出自慈斷，以全國體。此議遂定。時乘輿尚在汴也。及回鑾時，外人以爲言，乃撤去大阿哥名號，命卽日出宮。癸卯冬，文襄以述職在京，時日俄將開釁，政府令往勸日本駐使勿與俄戰，拒之，並述西國公使之言曰：「日俄開戰，此於中國有益之事，何爲見阻？」因請政府據以上聞，以後遂不復有勸阻日俄用兵之説。或曰：東南保守之約，榮禄實陰主之，且阻董福祥之攻各國使館。然榮之陰持匪類，使不得逞，乃用其門人樊增祥之言。

王某某畏葸誤國

光緒庚子之變，至召外侮。孝欽后曾命軍機大臣王某某往東交民巷使館解釋其事，而王畏葸不敢前。是日適大雨，次晨入見，乃以雨阻對，孝欽默然。

賽金花保全都人

蘇妓賽金花，卽傅新寶，亦卽曹夢蘭，嘗嫁洪鈞，有狀元夫人之稱。洪奉命使德，從之往，遂能操德語。洪卒，傳行，乃重入女閭，輾轉至京師。庚子拳匪之禍，時八國聯軍統領德帥瓦德西入城，數數招傳往，備極綢繆，惟傳言是聽。乃請保護大內，並約束諸將，勿使任意劫掠，瓦從其言，都人因之多所保全。

庚子和議

光緒庚子和議，以奕劻、李鴻章爲全權大臣，與八國開議條款。又命外省督撫於條款利弊論列奏聞。李文忠公主張疎節闊目，於事之可許者，慨然許之，不稍留難；不可許者，斷然絶之，毋於字句之間，斷斷駁辨。而張文襄公頗持其後，往往於字句間争論得失。李歎曰：「不謂香濤作官數十年，仍是書生之見。」

八國開議條款時，先請懲辦禍首，乃酌辦載瀾、董福祥、啓秀等數人。仍要索未已，李文忠奏聞。政府覆電有云：「此次肇事諸臣，俱已懲辦，各國素敦睦誼，諒不至强人所難。」八國聯軍入京時，各劃界而治，日本最平靖，英、美次之，而德、法最騷擾。日人之用心深哉。

展拓使館界址

各國公使館本在京都東交民巷一帶。光緒庚子，拳匪肇釁，八國聯軍入都，兩宫西狩。辛丑，和議成，各國强迫展拓使館界址，劃兵、工兩部衙門於界内，且許其永駐重兵，以爲防守。

京師使館界内之防疫

宣統庚、辛之交，東三省鼠疫發生，蔓延津沽，幾及京師。官廳從事於撲滅防備之術，成績優美，然實出於旅華外人之强迫也。某日，領袖公使奥使以事至外部，談畢，偶及防疫。奥使謂：「設北京果有傳染，使館界内，擬與外間隔斷交通，屆時請就近設立電報分局，以期消息靈便。」奥使所云，僅係擬議將來之詞，並未加以敦促也。外部諾之，即移知郵部，請迅設分局，並有「限三日竣工，事關交涉，切勿遲誤，致干未便」等語。郵部轉飭電局照辦，局員即至使館界内，勘擇地點。但交民巷僅方隅之限，苦無餘屋可租。後得數楹，又因隔斷之期，久暫無定，炊具食品，必備必豐，而室小不能容，事迄無成。輾轉問，限期僅一日矣。外部、郵部時有電話督責，局員乃逕袖公文謁奥使，語以故。奥使啞然曰：「吾第與外部偶爾談及，乃虛擬之語，交通隔斷一事，各使尚未議決，實行無期，何急遽乃爾。吾即致函貴外部，後如實行有期，當逕與貴局接洽也。」

文祥與外使議覲見禮節

同治朝，有各國公使六人請覲見，總理衙門大臣文祥與議禮節極嚴，至有擲碎茶杯之事。初，公使欲佩刀，並欲多帶從人，文皆不可。屆時，諸使入覲竟帶多人，文命每門截留數人，至紫光閣，僅餘繙譯而已。

去酒果

光緒丁酉，李文忠公鴻章以兩廣總督入總理各國事務衙門。總署故事，外使至，輒款以酒果，不問其是否一日數至也。文忠命去之，曰：「外賓始至，乃有此禮，再至則無之。」諸使皆不懽，然無與争者。

海宴堂宴外賓

光緒戊戌以後，駐華各使眷屬每以歲時入覲，厚加讌賚。辛丑回鑾，以舊時瀛秀門內儀鸞殿址改建海宴堂，專爲接見外賓之地。

宮廷燕享外賓

席爲滿式，與漢式異。漢俗，置菜於桌，隨意食之，滿式略同歐洲，客各一份，每座各置桃式銀碟，中儲杏仁、瓜子、蜜餞、果子，每客計有二十四品，箸之外尚有刀叉。某日，孝欽后飯畢，太監請宮眷陪外賓密司卡爾用饍，桌旁設椅，爲從來未有之舉，宮人皆大驚。既而探知孝欽之意，恐外人不知中國宮廷禮節，將笑我爲野蠻，故令宮眷坐食也。

重陽宴各國公使夫人

光緒某年九月初九日，孝欽后頒賜各國公使參贊夫人菊花，以應重陽佳節。客爲法國慕文琦之夫人，法國蘇馨之夫人，法國安剌伯之夫人，英國梅爾思之夫人，英國景某之夫人，英國燾納理之夫人，俄國璞科第之夫人，俄國特太太，日本新國之夫人，日本小池張造之夫人，日本牧田之夫人，美國某太太。或四盆，或二盆，大約黄菊最多，以上等瓷盆栽植。聞孝欽預操西語，令梁誠側聽，問得其似否。梁奏曰：「太后音甚正，並不影響模糊。」已而公使夫人齊集，乃特離寶坐，握手爲歡。然有一二臨期不到者。筵終，賜桂花及糕果，亦有設詞遜謝者。

各使恭送孝欽德宗梓宮

宣統己酉九月二十七日，孝欽后梓宮奉移。前三日，二十四日。由外務部派弁導引，各國公使乘馬車至東華門外下車，換乘椅轎，參隨等皆步從。進東華門，至御箭亭後棚前下椅轎，入棚少坐。九時四十五分，外務部大臣帶領，按排定次序，分班進錫慶門、皇極門、寧壽門。至皇極殿前一鞠躬，至孝欽后几筵前一鞠躬，側向監國攝政王一鞠躬。監國攝政王答禮致謝，各使退後一鞠躬。禮畢，仍至御箭亭後布棚内少坐。乘椅轎出東華門，換乘馬車，至景山東門外帳房内少坐候。屆十一時，外務部大臣帶領，按排定次序，分班進景山東門。至觀德殿前一鞠躬，至德宗几筵前一鞠躬，側向監國攝政王一鞠躬。監國攝政王答禮致謝，各使退後一鞠躬。禮畢，出景山東門回館。二十七日晨五時，各使至皇極殿恭送梓宮，至東直門而返。

陳其元折服英美商人

同治丁卯九月，海寧陳其元令南匯。有英商某，以船載煤赴滬，舟膠於沙而沈，煤浮海面，海濱居民撈而藏諸家，固不知有洋船也。未幾，一英人偕譯人來，懸言船爲南匯民所焚，煤悉被掠，索償五萬金。陳拒之。繼思若不查還其煤，必且肇衅，聞諸總署，所傷尤多，是不賠而賠矣；且庸知總署不飭令賠償者。方自赴鄉查勘，而英領事已照會江海關道，委員暨繙譯官偕英商來矣。海面又時有兵艦，往來鳴礮，南匯民大震。陳力與争辯曰：「吾民果掠爾船，自應治罪。今船自擱淺沈没，民僅撈取水面之煤，何罪之有？藉曰煤不應取，而乞我爲代查，我體兩國交誼，自當竭力查辦。爾所失者煤，安得賠銀？今言銀，是訛詐也。訛詐安有交情。我官可去，銀不可得。」委員亦以大義責之。英商氣沮。陳因與約，煤船既擱沈，必不能復得全數，將來查得若干，即以若干還之。英商亦首肯。陳翌日赴鄉，召集村民，告以此案顛末，又以拚一官保衛百姓之意，反復申喻數千言。民皆感泣，均願以所撈者送還之。數日間，繳煤十八萬斤，事乃已。又美商運貨赴滬，遭風，滯於沙，不能行，乃雇滬上漁船爲轉運，議定每人日給銀二元，往返十餘日，始竣事。向索工資，則盡縛其十六人送江海關道，謂係海賊搶劫者。道發上海縣研訊，俱不承。十六人者，中有南匯人七，乃發南匯。陳詢悉始末，知其寃，乃具禀昭雪。美領事執不肯，復提往滬訊，仍不承。則再移解南匯，而七人中已死其一矣。陳直陳其本末於蘇撫丁日昌，丁得禀而震怒，亟札知江海關道，命立釋此十五人。道悚息受命，而美領事亦不復過問矣。

高宗勅英王諭

乾隆癸丑八月，高宗有勅諭英吉利國王文一道。文曰：「爾國王遠慕聲教，嚮化維殷，遣使恭齎表貢，航海祝釐，朕見爾國王恭順之誠，令大臣帶領使臣瞻覲，錫之筵宴，賚予駢蕃，業已據給勅諭，賜爾國王文綺珍玩，用示懷柔。昨據爾使臣以爾國貿易之事，咨請大臣等轉奏，皆係更張定制，不便准行。向來西洋各國及爾國夷商赴天朝貿易，悉於澳門互市，歷久相沿，已非一日。天朝物產豐盈，無所不有，原不藉外夷貨物以通有無。特因天朝所產茶葉、瓷器、絲斤爲西洋各國及爾國必需之物，是以加恩體恤，在澳門開設洋行，俾得日用有資，并霑雨潤。今爾國使臣於定例之外多有陳乞，大乖仰體天朝加惠遠人、撫育四夷之道。且天朝統馭萬國，一視同仁，卽在廣東貿易者，亦不僅爾英吉利一國，若俱紛紛效尤，以難行之事妄行干瀆，豈能曲徇所請。念爾國僻居荒遠，間隔重瀛，於天朝體制原未諳悉，是以命大臣等向使臣等詳加開導，遣令回國。恐爾使臣等回國後，禀達未能明晰，復將所請各條，繕敕逐一曉諭，想能領悉。」

鮑鵬與英領事義律議款

鮑鵬，原名聰，香山人，英商顛地孌童也。時道光戊戌，林文忠公來粤，事事嚴密，且有水陸偵探四十人，分布省城内外，及黃埔、澳門裙帶路，逐日有報，奸宄無從窺探消息也。由是英領事義律密令鵬攜十萬金入都。時琦善官直隸總督，適有南海舉人招子庸官直隸某縣令，琦訊及粤人有能通洋語來京者，招以鵬對。洋人爲易其姓名曰白如鵬。三字急讀即鮑鵬二字音。鵬固黠，自入琦幕，寡言語，少出入，布衣淡食，月得薪水五十兩，而應酬幕府官親、巡捕、門印，投贈百數十金，物品亦不惜，言及洋人，即憤懣不平，現於辭色，琦深信之。隨來粤，琦力主和議，盡反文忠所爲，使鵬與義律議款。

琦善受欺於英

道光庚子，琦善以大學士任直隸總督。英人義律猝至大沽口，以書獻琦善，謂焚毀鴉片之釁，起自林則徐、鄧廷楨二人，向索償不與，反遭訴逐，故入浙江，遞書與總兵，不受，再遞書與浙撫，又不受，故越浙而至此。琦遽信其說，據以奏聞，與英人議和之說，遂肇端於是。時天津道陸建瀛謂英兵尚踞定海，而來此託詞請撫，是據邑以要我也，宜與戰，俟奪其艦，俘其人，俾之還我定海，然後議和，方爲善策。琦執不可。旋宴其艦中軍士十餘人，且以温語慰藉之，謂已乞恩朝廷，將特遣重臣馳赴廣東，平反焚燬鴉片事，義大喜。未幾，朝命下，即以琦爲欽差，令赴廣東查辦。尋又命爲兩廣總督。時蘇撫裕謙方任江督，聞之，撫髀流涕，歎琦之誤國。琦抵粤，先撤虎門之防。義遂索賠款，要求割香港全島。琦不遽答，義乃遣人挑戰，琦欲止之，義曰：「戰而後商，未爲晚也。」而廣州之戰釁開。於是攻虎門，先陷口外大角、沙角兩礮臺及靖遠礮艦。水師提督關天培告急於琦，請增兵以固省城門户，琦仍執和議。天培固請，僅予兵二百，令暗渡助之，天培卒戰死。

唐景星折英使威妥馬

香山唐景星，名廷樞，有幹才，洞悉歐洲情勢。同治初，奉旨在總理衙門行走。時諸大臣未諳歐洲交涉之術，每歐使盛氣相凌，諸大臣輒噤縮相顧，不敢發一語，於是外人玩侮益甚。一日，駐華英使威妥馬爭一事未得，輒拍案厲聲。唐忽奮拳起曰：「威妥馬，汝何得如此！」威怒曰：「汝何故無禮，敢直呼我名！」唐曰：「此何地，而汝敢拍案，吾何得復有禮於汝！」威出不意，聞是言，遂稍戢其威。後有人詢唐以何敢開罪於大使，唐曰：「吾在歐久，熟知彼中事，在公堂拍案，彼已有過，故彼無以罪我也。」然諸大臣終以唐在衙門，恐啓釁端，遂出之。

英使翻辰州教案

光緒壬寅秋，駐華德使宴慶王於東交民巷之館，飲次，德使突謂慶曰：「上海將議退兵，君意何如？」慶曰：「固所願也。」德使曰：「吾甚慮貴國不能保守長江利權，必將設法使他人不得干與揚子江利權方可。」慶曰：「甚善。」談飲至洽。次日，德使函致慶曰：「昨夕之言，貴邸若以爲然者，請覆函有以教之。」慶不覺，乃函覆，謂：「昨聆貴大臣議論，甚爲欽佩。」已而語爲英外部所聞，電其駐使，使速詗探。英使廉得其實，乃函問慶有無此事，而慶答以無。於時辰州教案將結，英使怒慶，以爲待華人非取嚴厲手段不可，深悔辰州教案辦理太輕，因翻前議，論斬者數人。

與英重訂藏約

羅卜藏丹津以崇德壬午，表貢方物，上曼殊師利大皇帝徽號，輸誠内屬，垂之百年，與青海蒙古各部汗王世爲臣僕，屏翰皇室。中更第巴、桑結之亂，朱爾墨特之變，胥藉大兵竭力救定。以駐藏大臣鎮撫其地，設吏置戍，藏官自戴琫、噶布倫以至達賴，除授必請朝旨。職貢隸理藩院，賜租税疆宇自治，弗給，發内帑濟之。光緒朝，藏人啓邊釁，唐紹儀與英使薩道義重訂藏約於京師。丙午四月，張蔭棠奉命自印度入藏，循約闢埠，議善厥後，發善後二十四條，諭商上三大寺議之。

雲南勘界

光緒間，廣西周德潤至雲南勘界，攜會典爲憑，會勘者亦以此爲憑。既而有水，觀其源流高低之勢，合歸我國，而官書不載，外人遂欲攔去。據形勢再三争之，逾月始允。洋使曰：「我固知此水合歸貴國，然會典爲貴國欽定之書，固將昭示中外，何獨不載此水？」

天津焚法國教堂案

曾文正一生憾事爲天津教案，輒以「外慚清議、内疚神明」八字以自責。有知其事者，爲言此案發見，文正以一身當其衝。時同治壬申，粤捻餘孽未平，開釁外人，絶非得計，固惟和平了結之一法耳。

然外人於此，欲望甚奢，不重懲亂民，無以塞其口。而亂事初起，又實皆千人一手，首從無所分，盡誅之，則其勢不能；姑寬焉，則又苦無術。其進退維谷，殆百倍於祁門督兵時矣。有張某者，回教人。時爲天津四門千總，小有才，富於貲，既知已責之難逃，且審文正艱苦狀，思迎其意而解焉。乃賄買貧民十六，使伏罪。十六人者，人得津錢五百千，初許其不殺者也。及案定，而十六人竟駢首死。罔民之罪雖在張，而文正實操縱之，其所以慚疚者在此。

李文忠語法使

光緒丁酉，李文忠在總署時，法使爲施阿蘭，其人狡甚。一日，謁文忠，驟詢曰：「爾年幾何？」西人不喜人問年，然懾於文忠之威望，不能不答。文忠笑曰：「是與吾第幾孫同年耳。爾知吾在巴黎，曾與爾祖劇談數日乎？」施踧踖無地。

德拒我使

初與歐美諸國通聘，僅設三公使駐其國：一英、法、義、比，一俄、德、奥、和，一美、日、比。額缺之增，自光緒乙亥、丙子間始。時中日和議甫定，俄、德、法有迫還遼東之舉，政府以法國交涉事，乃設專使駐巴黎。由是英法分爲兩使。未幾，德人亦援例以請。會駐英公使龔照瑗、駐美公使楊儒均期滿，當受代，於是諸大臣會保使才，以黃遵憲、羅豐禄、伍廷芳名上。廷議將以黃使英，羅使德，伍使美。

議早定，適某大臣檢交涉舊案，知黄前爲新嘉坡領事時，曾被英人某以債務事誣控有案，事雖辨明，恐或以是爲英廷所輕視，遂議黄改使德，羅改使英。命既下，循例鈔録諭旨，照會各國駐華公使。時德人以三國迫還遼東之舉，俄、法皆得厚酬，德獨向隅，意甚不平。其駐使海靖，性極驕暴，方自南非量移至華，公牘往來，往往於一字一句間，索垢尋瘢，稍有疑似，輒駁回改繕，其蓄意伺隙也久矣。新使命下，海靖乃大憤，謂中國尊英而卑德，英之所不欲，始令赴德也。立具文，照會總署，聲明決不接待，並請於三日内收回黄使成命，其言極慢。不得已，乃改命許景澄爲德使。許時方使俄，以楊儒易之，而授黄長寶鹽法道。又二年，戊戌夏，日本使裕庚期滿，日政府預以黄請，始命黄使日。

萊陽中德之交涉

光緒辛丑春，萊陽有教民唐賓慶者，其父入耶穌教。一日，勾通洋工程師哈司台而致函於縣，謂家被大刀會匪刼掠，懇求賠款。縣令即覆書曰：「萊邑上年並無大刀會匪，該教民家被竊，應按例飭差勒緝，無賠贓明文，貴工程師毋得瀆請勒賠。」賓慶又請德國教士盧威廉函乞償卹。適有縣民李某者，賓慶誣指爲竊賊，捕送至縣，教唆李某妄扳修洛五等人爲賊，意欲藉此羅織多人，僞勒賠贓。縣令察知其妄，痛斥賓慶，函致盧威廉，令查明賓慶慫縱不法各節，照約應由中國官長自行嚴辦。盧威廉遂不干涉。

日本利用毛昶熙之讋言

武陟毛文達公昶熙，當咸豐時，由翰林起家，洊至冢宰，與河内李棠階以道義文章相砥礪。李薨，朝列清望，遂獨歸毛一人。穆宗親政後，數出微行，遨遊妓寮、劇園間，每夜出不歸，臣工皆私憂竊歎，無敢言者，毛獨犯顔苦諫。每獨對，未嘗不反覆侃侃言之，穆宗雖不能用，然終不以爲忤也。其爲河南團練大臣督辦河北三府河防，措置亦悉中機宜，獨其爲總理各國事務衙門大臣時，嘗有一言之失，遂造禍於後來。同治中，有琉球商船駛行太平洋，遇颶風，漂至臺灣後山，爲生番所掠，死者五十四人，日本商民四人亦與焉。癸酉四月，日使副島種臣來，換約於天津。事既竣，入都，呈遞國書，使其副使柳原前光至總署，言其事，要償卹，且發兵勦生番。時恭王筦總署事，不常至署，文祥爲大臣領班，方有疾，在告，毛以吏部尚書班最居前，遂延見前光。告以臺灣生番，本屬化外，猶貴國之蝦夷，王化所不能服，貴國商船被戕情事，至可矜卹，然中國實無從辦理。前光曰：「敝國本擬發兵問罪生番，徒以兩國盟好，故不得不要求中國自行懲辦，若中國竟舍而不治，則敝國將自行出兵矣。」毛又答以生番既屬化外，則出師與否，惟貴國自裁之。前光歸，以此語報日本，翌年，遂有征臺之役。時李鶴年爲閩浙總督，令臺廈道移書往詰日帥西鄉從道。覆書曰：「敝國興師問罪於貴國化外之地，非境内地可比，且此固受命於貴總署也。」鶴年無以難，急報之總理衙門。朝命沈葆楨爲欽差大臣，赴臺查辦。沈抵臺，佈置防務，與日本議定撫卹。七月，日本遣大久保利通至京，受償款五十萬，始遵約退師。然光緒甲午之役，終以全臺割讓於日。

日人誘降丁汝昌

光緒甲午一役，北洋水師提督丁汝昌以兵艦降日，而自戕於威海衞，實日本大山元帥致書誘之降也。書曰：「公座前：今兩國不幸以兵戎相見，然一時之爭戰，實不必舉全國之友誼而犧牲之。中日之交，夙稱敦睦，吾爲此故，敢陳書左右，若以尋常誘降書目之，則殊未悉吾人之苦衷也。吾作此書，籌思至再，計爲益於貴國，與有利於明公，非此莫可。默爾而息，非善鄰之誼，特吾言之真理，或爲戰雲所掩，明公不必見之甚瑩耳。貴國海陸兩軍，連戰連北，其故安在？旁觀者清，想亦無所逃於明公之鑒也。蓋貴國之統治者類皆文臣，惟長於文者足以致高官，掌軍國，數千年來，事同一轍。吾亦不敢謂此法不良，然使中國仍得閉關自守，其法可與終古，或未可知。而今非其時矣，世界大通，已不容有何國深閉而固拒。三十年前，日本胡以締造艱難，幸免亡國之慘，明公諒熟聞之。舍其舊而新是謀，乃保有國威之第一要素。此要素，今日之於中國，猶前日之於日本，萬不容忽者也。如或忽之，則國家之亡，亦遲速異耳。中日之衝突，出於偶然，自茲以往，何在不足與他國開釁。當是時也，在真能愛國者，自重其仔肩，留此身以有待，而顧爲事勢所縛，取小節而不顧大義乎？明公試思之，苟能再造中國，使世界最古之國，嶄然露其頭角，則區區一艦隊之見降，一軍團之覆没，又奚足云。明公如誠忠於王事，則請垂聽鄙夫之言，須知吾言乃出自交戰國之代表，而又寄滿腔之同情者也。吾言之意，乃乞明公辱臨日本，養晦待時，俟中國翻然變計，明公自計得行其志，然後遄返。古之英雄，恒不惜一時之屈辱，求得當以報於漢，中國國史，例不絕書，此豈待鄙夫相瀆。吾今之欲爲明公進者，則如法蘭西元帥麥馬韓，曾爲質於敵國，卒歸而改造政府，舉國不以爲辱，且奉爲共主焉；土耳其大將奥期們帕沙見辱於俄，終得改造陸師，以一雪其恥。前例若此，明公何疑焉。至明公抵日，禮遇何似，亦請爲明公言之。吾天皇之豁達大度，曠世無儔，凡臣民之悖亂者，不獨恕之，而且量才而授以位，日臣夏本及樞密院員大島，其前事也。況明公乃非日本臣民，而勳名復滿四海，則吾皇之仁厚，萬萬有加。吾言至此，請以一問題直捷陳於明公之前：明公其寧以國家爲孤注，而自犧牲一身，以致一敗而不可收拾乎？抑將暫紓國難，留爲將來改革之地乎？吾知貴國吏習，夙尚浮誇，雅不欲以真相示人，已則無力，而諱之惟恐不深，幸明公勿堅執此見。吾作此書，非漫無省察者，首陳利害之論，繼以忠誠之詞，惟明公實圖利之。」汝昌受書未卽答，已而聞東撫退兵電訊，乃大沮喪。至十二月十二日晨八時，汝昌報書降，旋自裁於艦上，艦揭白旗。十三日，日軍入劉公島收船械，復以康濟一艦送汝昌櫬南歸。

總署論中日和約

光緒甲午，中日開衅時，灌陽唐景崧方署臺灣巡撫，統領福軍劉淵亭永福督師臺灣，紳民擬舉義旗，不甘淪陷。彼時總理衙門大臣有復唐書一通，書云：「來電均已進陳，和議一事，現已於十八日定約。臺灣久隸版圖，感激朝廷恩澤，一歸他屬，忠憤勃發，自在意中。但時勢所迫，勉從其議者，大要約有兩端：一則戰不可恃，慮其進逼京師，利害所關，視臺尤重；一則臺無接濟，一拂所請，勢必全力併攻，徒損生靈，終歸淪陷。查自三月起屢次來電，有云臺無兵輪，坐困絕地，其危可知；有云臺營分布則少，防不勝防，勇難急到；有云一二仗後，無營接替，勉強久支，難操勝算。此皆貴署撫體察情形，不可因一時義激，遂置前電所陳患害於不顧也。現在定約：由日本聲稱本約批准交換後，限兩月之內，地方人民願遷居，准變賣所有田地，退去界外；但限滿之後，未能遷徙者，宜視爲日本臣民云云。是彼雖得地，而百姓之不願居臺者，仍有遷、賣兩途，似尚不致坐困。貴署撫須念朝廷愛護臺民不忍塗炭之意，并以上定約所云，勸全臺紳民勿得一時執意，致罹禍害。以後辦法，當隨時電知。有所約，於定議後限二十日互換，再限兩個月交接臺地。餘與華官無涉。此時務當妥爲撫字，免滋事端，致礙大局。至來電所稱臺民集義勇萬人襲澎，商月內起程，此時和議已定，奉旨禁止勿發，即速辦理毋誤。」

李文忠主與日和

光緒甲午之役，喪師失地，我以朝鮮内亂事與日本失和而戰，海陸軍皆敗，割臺灣以和。然李文忠公老成持重，瞭然於勢之不可爲，故發難之始，即主持和議。當時交口非之，後出師果不勝利。迨李奉使議和，嘗因宴會，伊藤博文口占一聯曰：「内無相，外無將，不得已玉帛相將。」索李屬對。李知諷己，思有以報之，顧久索不得，歸語其參隨，咸默然。浙人某，有雋才，而不爲李所重，至是，獨慨然曰：「是不難，何不云『天難度，地難量，這纔是帝王度量』。」李歎息稱善。

日本少佐干預詞訟

光緒甲辰，日俄戰事亟，萊陽在德國膠澳環界左近，與煙臺、旅順各海口毗連，日本間諜改服華裝者日必數至，俄諜間亦有之，萊陽遂有日本陸軍步兵少佐干預詞訟案。蓋縣民張緒顯以坟塋細故，與同族訟，被告張文成匿不到案。萊陽令飭差勒緝張文成，乃延張清勾出日本兵坂本與之助。至縣謁見，縣令告以詞訟案件，地方官自有權衡，非外國人所能干預。張文成如果被誣，自有縣官秉公作主，日人身服華裝，潛踪內地，當此嚴守中立之際，亦不便任其逗遛。卽派差護送煙臺監督衙門，交日領事管束，不准復入內地，致違中立條約。嗣日本陸軍步兵少佐又與關道交涉，縣令仍據理力爭，日領事乃將案注銷。

李文忠不慊於日

李文忠公使俄，在馬關議約之後，道出日本，當易舶，日本爲供張行館，文忠不就。且以舢板之爲日本舟也，不欲乘，令於兩舟間架飛梁，始履之以往新船。

德宗聯日

光緒戊戌夏，命黄遵憲爲出使日本大臣，時方有聯日之議，總署撰國書，依故事擬草上。德宗閱之，殊不愜意，因於大日本國皇帝之上，親加「同洲同種同文最親愛」九字，其他詞意，亦多所改定。

太宗自稱金國汗

天聰、崇德間，我與朝鮮來往公文，太宗自稱金國汗。

洪秀全亦知外交

咸、同間，洪秀全據金陵，一日，忽有汽船一艘駛至，疑爲官軍也，將舉礮轟之。船主亟升白旗，時軍中有曾至香港者，識升旗例，爰以小艇抵汽船，問來意。船將答曰：「我國商人雲集上海，江寧既下，恐君逼近，此來兩不相助，祇爲保護計耳。」兵士以告楊秀清，秀清轉達秀全。秀全乃遣使延船將，與之歷覽各營，且曰：「彼此通商，理所當然，將來事定，惟有洋烟勿再來華，其餘貿易無禁。」後船將歸上海，秀全使弟仁玕同行報聘，晤英、法、美各領事。美領事曰：「敝國正以解放黑奴有南北洲之戰，天王爲人民自由，實東方大革命也。天王曷遣使敝國，一通交好。」仁玕反江寧，呈美領事書，即遣仁玕使美。時美領事歸國，齎秀全書同行，書曰：「太平天國天王告美國大民主：前上海貴國領事以民主意上書，書達金陵，經東王閱過，呈朕覽。以貴民主遠居海外，音問不通，翩然肯來，實洽朕意，特遣朕弟仁玕遠使貴國。朕聞貴國重人民，事皆平等，以自由爲主，男女交際，無所軒輊，實與我朝立國相合，朕甚嘉賞。一切交涉事件，可與朕弟仁玕往還。凡貴國人民來我國者，皆上帝之子孫，必以兄弟相待。以後兩國永久和好，朕有厚望焉。」仁玕承命使美，二年而歸，著有《使美日記》。